叢書・身体と文化

3

表象としての身体

鷲田清一・野村雅一 編

大修館書店

●叢書
身体と文化
全三巻
●《編集》
野村雅一
鷲田清一
菅原和孝
市川　雅

叢書・身体と文化　第3巻　表象としての身体

身体と文化 第3巻 表象としての身体

目次

第IV部　身体の運動空間

身体と文化／第3巻

序論

表象としての身体

身体のイメージとその演出

鷲田清一

人間の声が言葉としてはたらくところに典型的にみられるように、身体は生きものとしての〈いのち〉の座であるとともに〈文化〉の媒体として、わたしたちの社会生活、個人生活をいわば内側からかたちづくっている。生活は身を動かして働くなかで維持され、再生産され、思想や道徳は語り、書くことで伝えられ、芸術は作り、演じるなかで生成し、政治は話し、訴えるなかでかたちづくられていく。身体はこのように、それぞれの文化のなかで、一定のふるまいの技法として、しかも他の身体との交わりをとおして、生成してきた。

本叢書の第一巻『技術としての身体』、第二巻『コミュニケーションとしての身体』では、そういう媒体としての身体のはたらきをさまざまな場面で浮き彫りにしてきたが、本巻『表象としての身体』では、そういう媒体としてのみずからの身体的存在そのものをひとびとが全体としてどのようにイメージしたり解釈してきたかを考察する。

身体の位置

二〇世紀半ばごろまでの学問体系のなかでは、身体についての研究は生理学や医学といった自然科学の領域に属するとされてきた。これは、歴史とか文化といった人間の精神活動が媒介となって生みだされるものについては人文・社会科学が研究の対象とし、それ以外の、天体の運動や物体・生体の組成などのように人間の精神活動の関与なしに生成する事物や出来事については自然科学が研究の対象にするといった学問理念からきている。ここではいうまでもなく、自然科学と人文・社会科学（文化科学とよばれることもある）の区分の根拠は、精神（知能や意志や感情）の関与の有無にもとめられている。つまりここにあるのは、世界が精神と物質とからなるといういわゆる二元論（ないしは二世界論）の考え方であり、さらにそれを人間という存在に適用したいわゆる心身（精神と身体）の二元論の考え方である。

わたしたちは日本語でからだ（身体）ともの（物体）とを区別しているが、近代科学はむしろ身体を物体のひとつとして理解しようとしてきた。じじつ、近代科学を生みだした西欧社会は身体と物体を"body"（あるいは"corps"、"Körper"）という同じ言葉でよんでいる。だから身体を物体から概念的に分離する必要があるときには、たとえば英語なら身体を"living body"〔生きた身体＝物体〕とか"human body"〔人間の身体＝物体〕というふうに表現せざるをえない。（ついでに言えば、わたしたちがふつう「行動」とか「ふるまい」と訳している"behaviour"には、同時に機械の「働き」や惑星の「運動」という意味もある。"body"の運動を意味するからである。）このような言葉の使い方にみられるような身体観が、人間の身体をも「動力装置」や「精密機械」にみたてる機械論的な自然観（これが近代の生理学や医学の飛躍的な発展を支えていたのだが）を生みだしてきたのであった。

具体的に見てみよう。身体はふつう、物体とではなく、「心」と対立するものと考えられている。たとえば、いまビルの屋上から飛び降り自殺を企てているひとりの男がいるとする。彼の「心」のなかではそれこそ凄惨なドラマが演じられているのだろう。そして跳び降りるも降りないも、いまは彼の「気持ち」ひとつにかかっており、彼の「気持ち」がこの後どうなるかは、理路整然とした物理的な因果関係からは説明も予測もできないだろう。しかし、いったん跳び降りると決めて身体を浮かせれば、彼の身体は物体と同様、落下の法則にしたがってそのまま地面に向けて落ちてゆく。たちまち路面に激突して、身体は原型をとどめないくらいぐしゃぐしゃに崩れてしまう。身体はこの点でまぎれもなく物体のひとつであると言えよう。

もっと卑近な例をあげれば、わたしたちは工作をするとき、たまに刃物で指先を切る。そして「痛い」と感じ、とっさに「しまった」とおもう。けれどもよく考えてみれば、指先が裂け血が滲みだすという現象と、「痛い」と感じ、「しまった」と思うこととのあいだには、現象としてなんの質的な共通点もない。ここには物体としての身体の出来事と、感覚や意識というかたちでの心的な出来事という、異なった二つの出来事が生じていると考えたほうが自然ではないのか。

わたしたちのこうした素朴な実感を哲学的に定式化したものとして、よく知られているように、デカルトのいわゆる精神と物体の二元論（二世界論とよばれることもある）がある。デカルトは、世界が二つのまったく異なる実体、すなわち精神と物体とからなりたっていると考えた。精神に本質的な特徴は〈考える〉〔意識作用〕ということであり、それは具体的には認識、意志、感覚、感情、欲望といったかたちをとる。他方、物体に本質的なのは〈拡がり〉ということであり、それは位置、形状、大きさ、重さ、運動といった様態をもつ。そして重要なのは、両者のあいだになんの共通項も交差点もないということだ。わたしたちは比喩的に「心が広い」「心が円い」「気が重い」「気が長い」などと言いこそすれ、精神が実際にそうした物体的な諸特性をもっているなどとは考えない。精神と物体はどこまでも、相互に独立な別領域に属するものであるはずだ。

ところが身体はといえば、これはまぎれもなく右で述べたような物体的な特性を十分に備えたものである。世界をデカルトのように精神／物体という二領域に分割したばあい、身体はあきらかに物体のひとつに数えなければならないだろう。そうすると、〔デカルトは動物も「自動機械」とみなすから〕人間は二つのまったく異なる実体が共存している例外的な存在だということになる。事実わたしたちは、悲しみに打ちひしがれているとき眼から涙を流すし、怒り心頭に発すれば身体が震える。羞ずかしさに顔面は紅潮し、緊張すれば手に汗にぎるし、怯えているときの身体の振動は止めようがない。

そうすると、ここからひとつの難問が出てくる。精神が身体〔＝物体〕に、あるいは逆に身体〔＝物体〕が精神に働きかけるということはそもそもどうして可能であるのか、いいかえれば、〈考える〉ことと〈拡がり〉という異なった属性をもつ二つの実体が相互に作用しあうということがなぜ可能なのか、という問題である。この問題は哲学史では「心身問題」とか「心身関係論」とよばれている。これに対してこれまで、並行論、随伴現象説、反映論、同一説などといったいくつかの解答の試みがなされてきたけれども、問題が変形されこそすれ、いずれにおいても原理的なアポリアそのものが克服されたとは言いがたい。心／身がなんの媒介項ももたない異質な二実体として想定されているかぎりは、心身関係の問題は最初から解決不可能な問題だと言うほかない。もちろん、だからといって心身関係というかたちで提起されている問題そのものが無意味だということにはならない。

精神が物体と峻別されるばあいの根拠のひとつとして、わたしたちの意識が意識それ自身にいつも直接（つまり無媒介に）与えられているのに対して、意識の対象である外界の事物はそのつどのわたしの知覚のパースペクティヴのなかで一面的にしか現われない、ということがよく指摘される。つまり、意識と物との関係は、経験するものと経験されるもの、すなわち主体と客体に置き換えられるわけだ。あるいは、経験のなかの意識的＝主体的な契機は内在化され、対象的＝客体的な契機は外在化されると言ってもいいだろう。そして身体は、わたしたちが見たり、触れたり、「内」から感じたりする対象として、わたしたちの経験の客体の側に配分される。身体は、わたしたちの身体〔について の〕意識に対置されるわけだ。

しかし、わたしたちが日々じぶんの身体をどのように経験しているかという視点から見るならば、事態はちがったふうに見えてくる。そのとき、物体としての身体（対象的な事象）、生理学的な身体（科学的な事象）という規定はわたしたちの身体にとっては第一義的なものではない。わたしたちが身体を物体のひとつとしてとらえるケースはたしかにあるが、そして身体はたしかに対象的な世界の内部に他の事物と並んで見いだされるものではあるが、しかしここで見逃せないのは、そういう世界とその内部の諸対象そのものがじつは身体という媒体をとおしてはじめて経験されるものだということだ。わたしたちはまさに眼で見、手で触れるのである。したがって、対象的な事象・科学的な事象としての身体のあり方には、世界という対象と環境がそこにおいてわたしたちにはじめて与えられることになる、そういう経験の一構造契機としての身体のあり方が、構造のうえで先行することになる。身体は、世界の内部にあるひとつの客体であるに先だって、まずは世界が現われる場、世界理解の条件というかたちで機能するものとして主題化されねばならないのだ。

感覚技法と文化

わたしが物を見るのであって、眼や大脳が物を見るのではない。わたしがこの街にいるのであって、身体がこの街にいるのではない。身体の問題は、わたしのこうした知覚経験やふるまいの身体性というかたちで、わたしたちと世界とのそのつどのかかわりという場面で問われ、記述されるべきことがらなのである。主体／客体、精神／物体、心的なもの／生理的なもの、（身体についての）意識／（対象としての）身体といった、あの心身の二項対立のなかで身体をとらえるのでなく、そのような二項対立のあいだ、あるいはむしろその手前に、身体固有の存在次元を取り戻すことがたいせつである。世界にはたらきかけ、また世界からはたらきかけられるといったわたしたちと世界との交わりのなかで、つまりはそういった活動の場面で、身体の生き生きとしたはたらきをとらえることが求められているのだ。わたしの前に対象としてある身体ではなく、世界とのかかわりのなかでいつもわたしとともにあるような身体が問題なのである。

さて、このように、わたしたちの身体的な存在にわたしたちがそれをどういうふうに生きているかという視点から光を当ててみると、物体としての身体とはずいぶん異なった相貌が浮かび上がってくる。たとえば、本叢書の第二巻でくわしく見たように、身体とはひとつの〈技法〉である。身体は、それを用いてある生きるために必要な具体的な行動ができるようになったとき、つまり身体があるふるまいの図式もしくはスタイルをおのれのうちに胚胎させたとき、はじめてたんなる物体ではなく「わたしの身体」となる。歩くとか坐る、掴むといった身の処し方から、さらには食べる、話す、作業するなどの共同的な行為まで、そこには文化によって異なったスタイルが見いだされる。そういう身体の使用の仕方を、マルセル・モースは「身体の技法」とよんだ。

行動やしぐさのスタイルだけではない。感覚にまで身体使用のスタイルはある。眼を開ければ眼の前の光景はだれにも同じように見えるわけではない。たとえば見えているものから何を見るかは、つまりは見えているもののうちから何が図として浮かび上がり、何が地として背景へと退くかは、個人の関心によって異なる。それだけではない。この見方にはある共同のスタイルといったものがあるのであって、それは単純に生理的な条件できまるものではなく、むしろ文化的な感受性や対象理解の言語的・概念的な構造によって深く規定されている。ましてや、何かを見てはいけないとか、何かに触れてはならないといった感覚のタブー現象などになれば、これはあきらかにそれぞれの社会がもっている世界解釈の方法と深く結びついたきわめて文化的な現象である。

異なる文化に属する人々は、ちがう言語をしゃべるだけではなく、もっと重要なことには、ちがう感覚世界に住んでいる。感覚情報を選択的にふるいわける結果、あることは受けいれられ、それ以外のことは漉しすてられる。そのため、ある文化の型の感覚スクリーンを通して受けとられた体験は、他の文化の型を通して受けとられた体験とはまったくちがうのである。人々が作りだす建築とか都市とかいう環境は、このフィルター・スクリーニング過程の表現である。事実、このように人間の手で変更された環境をみれば、感覚の使いかたがいかに異なっているか知ることができる。したがって、体験というものは、依存すべき照合点と考えることができない。それは人間によって型どられた舞台装置の中で生じるものだからである。

（エドワード・ホール『かくれた次元』、日高敏隆・佐藤信行訳）

感覚のあり方が文化的な意味の組織とだけでなく、身体の使用法とも深く結びついているのだとすれば、感覚にもまた技法があると言わねばならない。あるいはテクノロジーと結びついて、さまざまに拡張も微細化もなされうると言わねばならない。望遠鏡や顕微鏡によって、視覚能力も視覚世界も格段に拡張され、濃密化する。音響機器の開発によって聴覚能力は飛躍的なまでに微細化する。感覚はそのメディアと深く連繋しているのである。

感覚技法という点からすると、宗教という、一見したところ感覚と無縁におもわれるような現象もたいへんに興味深いものである。宗教はふつう、信仰内容や信仰形式の面から、あるいは教理の面から、儀礼や集団形成の面から、心理の面から分析される。しかし、これらに加えてもうひとつ、修行とか瞑想とか舞踊（トランスダンス）などの身体トレーニングや身体パフォーマンスの面から分析する方法も考えられるだろう。感覚訓練、つまりは技法としての感覚のトレーニングとしてである。科学が分析的知性をつうじて目に見えるより以上のもの、超自然的なものをとらえる技術であるとするならば、宗教における修行や舞踊というのは、諸感覚をとぎすまして、目に見える以上のものをとらえる技法の訓練であると言える。

宗教にはこのように感覚の技法として開発される面がある。感覚の技法というのは、宗教では、じぶんを超えた何ものかへの回路を開く技術でもある。植島啓司の指摘するところによれば、修行や舞踊というのは「じぶんを超えたものへの回路を開く」技法でもあって、たとえば解脱とは自己を自己自身からできるだけ遠ざける技術であり、救済とは逆に自己とは異なるものを呼び込む技術である。じぶんを超えたものへとじぶんを開くこと、あるいは逆にじぶんとは異なるものをじぶんのなかに呼び込むこと、これらはいずれも、じぶんを世界の側にすっぽりと委ねてしまうという技法、じぶんが世界にそっくり誘拐されてまう技法を意味する。

そういう技法や修業という視点から宗教的な現象を分析する可能性についてするどく指摘した学者に、ル・ルワ＝グーランがいる。

あらゆる文化において、習慣になっていない運動や、言語の表出の重要な部分は、精神環境の急変するなかで、新たな状態を求めた結果として生じる。このことを考慮するなら、リズムの均衡が破れることが重要な役割をはたしているのは認めなければならない。例外的な儀式や、恍惚状態のなかでの啓示や入魂の行などにおいて、当事者はそのあいだじゅう、高揚された超自然の潜在力にみちたダンスや音による表出に身をゆだねるが、そこにうまく合わせるには、例外なしに、断食や不眠によって生理器官の慣れをうち破り、当事者を日常のリズム周期の外におくよう訓練するのである。……自然のリズムの破壊、夜明かし、昼夜の逆転、断食、性的な禁欲などは、美学よりも宗教の領域を思わせるが、それはただ、近代文化においてこの二つがほとんど完全に分離されているからである。……宗教的なものと美的なものを孤立させ、生のリズムを破るのを避けさせることによって、個人は社会・技術的な装置が順調に機能する上で都合のいい状態におかれることになる。

（『身ぶりと言葉』、荒木亨訳）

こうした〈技法〉としての身体は、それがふるまいの技法であるかぎり、ある空間のなかで座を占め、そしてそこでなされる〈運動〉の型でもある。そしてそれが、ふつうわたしたちの「精神」の機能と考えられているものをも深く規定していることは、たとえば記憶ひとつをとってもすぐに見いだされる。

記憶は、ふつうは精神の知的な能力によるとされるが、ほんとうはもっと根が深いものである。たとえば、わたしはこれまで何度か包丁で指先を切っているが、指先を切ったときのその状況を思いだすといまでも「お尻が震える」。文字どおり身体が憶えているのだ。自動車の運転、家具の配置だとか食器の場所、このような習慣的な知も、身体で憶えているものだ。意識的に記憶をたどったり推理したりしたりすれば、かえって思いだせない。たとえば小学校の校歌、だれもがすぐに口ずさむことができるが、歌わないでその歌詞の字句のみを書けと命ぜられると、すぐには言葉が出てこない。九九や世界史の年号でもそうだ。節をつけて歌うのではなく、頭だけで思いだせと言われても、なかなか出てこない。

もうひとつ、不思議な例をあげておくと、わたしたちは小学校にあがると字を習う。はじめて習った字をノートの枡目にくりかえし書いたあとで、前に出て黒板に大書させられた経験はだれにでもあるだろう。何度も試行錯誤をくりかえし、指の筋肉をやっと鉛筆になじませた生徒が、いきなりまったく別の筋肉を動かせて同じ字を、しかも同じような筆跡で書けるのはどうしてなのだろう。この生徒は、校庭で足で同じ字を書けといわれても、やはり同じように書けるだろう。習慣知、実践知はあきらかに身体に住みつくのだ。〈運動〉のひとつの図式としてである。

身体の解釈

しかし、身体を物体的な対象としてではなく、それをわたしたち自身がどのように経験しているかという視点から見るならば、さらに興味深い身体の側面が浮かびあがってくる。それが本巻のテーマである身体の表象である。

「わたしの身体」とわたしたちはかんたんに言う。しかし、じぶんの身体を、わたしたちはどのように表象しているだろうか。じぶんの身体が全体としてどのような容姿をしているか、内部はどのような仕組みになっているか、それをわたしたちは知らない。痛みや痒み、差し込みや息苦しさがいつ、どのようにして起こるのか、それもほとんど判らない。そして何よりも、他人がこのわたしをわたしとして認知するときのその顔が、当のわたしがどうあがいてもじかに知覚しようのないものだ。わたしたちはまるで目隠しをしてじぶんの身体を引き受け、それにかかわっているかのようなのだ。そこでわたしたちは他人の身体を鏡として、じぶんの容姿を想像する。じぶんが見たり触れたりする身体の限られた部位、鏡に映ったじぶん、そしてじぶんの身体についての他人の証言……それらをまるでパッチワークのようにして、いわば想像力の糸で縫い上げたものが、「わたしの身体」である。この意味で、「わたしの身体」はまず〈像〉として経験される。身体は物体的な対象である前に、まずはイメージとしてあるのだ。身体を解釈や表現の対象としてとらえること、身体がイメージ（像）であるということ、ここに〈表象〉としての身体を考えるときの出発点がある。

現在のわたしたちの身体、それはどのようなイメージでとらえられているだろうか。たとえば、わたしたちは身体の調子がどことなくおかしいとおもうと、まずひとに相談するなり、家庭用の医学書をのぞいてみたりする。そしてじぶんの症状がある病気の徴候と一致するところが多いと、ひどく不安になってすぐにかかりつけの医院に走る。逆に他人の話や医学書の分類にぴたり一致するところが少ないと、ほっと胸をなで下ろす。つまり、ある病気のカテゴリーに属するか属さないかに、ひどく動揺してしまうのである。

さて、医院に行くと、まず体重や血圧、脈拍が測られる。尿や血液、あるいは皮膚の一部を採取され、それが生化学検査に付される。X線撮影で身体が透視される。心電図を取られることもある。やがて診断が下され、薬剤を調合してもらうなり、注射を打ってもらうなりする。ときにはそのまま手術室に直行ということもあるだろう。身体が切り開かれたり切断されたりするのである。このときわたしたちは、じぶんの身体が終始まったくの物質体として取り扱われていることになんの抵抗も覚えない。日常、じぶんの身体が物のように扱われたらひどく憤慨するくせに、医師の前では他人に肌を晒すことも含めて、じぶんの身体がひとつの物質体とみなされることを受け入れる。病というものがひとつの物質系としての身体の部分的な機能破綻であることを疑わない。

しかし、身体の変調がこのように物質系としての身体の故障であることは、ひとつの解釈である。あきらかに歴史的な背景をもったひとつの解釈である。ここでは、身体の変調がなにかの「憑き」や「祟り」とされるのではなく、たとえば「ある病原体の侵入」とみなされているのだ。

ところで、病理学、つまり病気の構造に関する学問のことを英語でパソロジー（pathology）というが、この語はギリシャ語の pathema からきている。そして pathema は現代の希英辞典では anything that befalls one と訳されている。つまり、pathema は生きた全体のとしての一個の人間にふりかかる「苦しみ」や「災い」、「不運」を意味したわけである。そういう意味の歴史的な転位がここには見いだされる。いいかえると、同じ「病」を意味する語といいながら、そこには「病」とされるものの規準があきらかに異なる。この点をめぐって、波平恵美子が興味深い例をあげている。

北部オーストラリアに住む原住民の男が、自分が邪術にかけられたとわかるとひどいショックを受け、もはや生きる意志をなくしたように食べることも止めてしまう。そこで注目されるのは、その男の親族など、男が所属する社会集団が彼を「新しいカテゴリー」に入れてしまい、もはやこれまで通りの接触のしかたを止めてしまうということである。彼はまったく孤立してしまい、衰弱して死んでしまう。人々はこの男が邪術の対象になったとわかった時からすでに死んだも同然の者とみなしたのであり、生理学的・医学的には病気でもなく死んでもいないが、彼らの規準では重態に陥っているのである。

（『病気と治療の文化人類学』）

「病」、それはあくまで世界についての一定の文化的な解釈体系のなかで分類されてはじめて存在するようになるものであり、したがってそこにはどうしても隠喩としての性格がつきまとう。その意味では、病についての観念のほうが、「菌」そのものよりも感染力が強いのである。このことひとつとっても、身体の存在というものは、身体についての解釈や観念と切り離しがたく結びついていることがわかる。

機械モデルから神経モデルへ

ところで、人間がじぶんたちの身体を一種の精巧な機械とみなす、そういう心性は歴史的に見てもかなり古いものである。人間の身体を一種の機械とみなす、そういう発想を準備した二つの科学史上の出来事がある。ひとつは十二世紀頃から始まったとされる人体解剖であり、もうひとつは一六二八年に発表されたW・ハーヴェイのいわゆる血液循環論（『動物の心臓ならびに血液の運動に関する解剖学的研究』）である。前者は、人間の身体を神秘的・宗教的なイメージから取り外して、それをひとつの純然たる「物体」として観察の対象に引き下げる、そういう《人体の世俗化》（村上陽一郎）という出来事であり、後者は、血液が（それまで考えられていたように）身体の各部位で消費されるのではなく循環するという主張、つまりは心臓の運動を機械の運動になぞらえる（ポンプの喩え）、そういう発想の出現であった。

さて、「生きている」という状態をどのようなものとしてとらえるかという問題には、西欧に長い論争の歴史があった。生気論と機械論、つまり、生命現象を無生物とは別の原理にしたがうものとみるか、それとも生体をさまざまの器官や組織といった「部品」から精巧に組み立てられた一個の特殊な機械（すなわち、物質現象）とみるか、という論争である。そして近代の医学と生理学は、後者の視点に圧倒的に傾きつつ展開してきた。実際、道具が身体の延長物であるとすれば、機械は鉄とプラスティックからなる「もうひとつの身体」にほかならないわけで、そうすると逆に、人間の身体は細胞や器官（＝部品）からなる一個の機械であり、部品の運動は力学法則（メカニックス）によって支配されているというアナロジーが成立するのは当然であろう。身体は機械を模倣し、機械は身体を模倣する。そして前者の視点が近代的な医学と生理学のフィールドを切り拓くことになったのである。今日では、「病」がひとつの物質現象であること、つまり物質系としての身体の部分的な機能破綻であることを疑うひとはめったにいないし、人工臓器や臓器移植技術の発達によって、医療技術は「身体部品の交換」の観をすら呈するにいたっている。

人体を機械モデルで理解するということ、それは身体を、デカルトがそう考えたような「自動機械」(automates, ou machines mouvantes) とみなすということである。それが『人間機械論』(*L'homme-machine*, 1747) のドゥ・ラ・メトリにいたると、「人体は自らゼンマイを巻く機械であり、永久運動の生きた見本である」という指摘を越えて、さらに精神についても次のように捉えることになる。「思考は有機組織を持った物質と決して相容れないのではなく、かかる物質の一属性、たとえば、電気、動力発生の能力、不可侵性、空間占取性、等々のごとき、物質の一属性と思われるくらいである」(『人間機械論』、杉捷夫訳) というのだ。そしてデカルトでは人間に固有の存在とみなされた精神 (あるいは心的体験過程) も、ドゥ・ラ・メトリがここで指摘しているように、メカニックな構造をもったものとして、現代では細部まで神経生理学的に分析され、さらにはその機能もロボットやコンピュータによってどんどん代替されつつある。「脳」の機能すらいずれ「人工知能」によってとって代わられるだろうというわけである。

人間機械論においては、人体はいわば〈筋肉〉モデルで考えられていた。またひとが使用する道具や技術装置も、肉体的な労働過程の機械による代替という考え方のなかでとらえられていた。これに対して、現代の電子メディアをベースとする機器や技術装置は、いわば〈神経系〉モデルでとらえられるべきものであるかもしれない。身体に外部から特定のメディアが接続されるのではなくて、中枢神経のネットワークの内部に身体の諸器官がある、そういうイメージで身体とメディアとの関係をとらえたのは、マーシャル・マクルーハンであった。こうして、〈機械〉という隠喩がメディア・ネットワークともいうべき〈神経系〉の隠喩へと転位してしまったところでは、〈機械〉はもはや人間の外部としては表象されえない。そうではなくて、人間の全感覚器官がそうした系のうちにそっくり溶解してしまっていると言ったほうがおそらくは正確であろう。エレクトロニック・メディアを中枢神経としているような現代社会においては、人間は「頭骨の外部に脳をもち、皮膚の外部に神経を備えた生命体」へとその身体的存在を変貌させている、そうマクルーハンは言う。

「従順な身体」？

しかしこの〈機械〉はたんなるモデルであるにとどまらない。それは〈権力〉としてわたしたちの身体を象り、変形し、操作してくるものでもある。こうしたモデル的思考と政治との交差については、フーコーがすでに『監視と処罰』（一九七五年）のなかで、ドゥ・ラ・メトリのその『人間機械論』に託して次のように述べていた。

大著『人間機械論』は同時に二つの領域にわたって書かれたのだった。すなわち、デカルトがその最初のページを書き、医師や哲学者たちが継承した、解剖学＝形而上学の領域と、他方、軍隊・学校・施療院における諸規則の総体によって、またさらに、身体の運用を統制したり矯正したりするための経験的で反省的な方策によって構成されていた、技術＝政治の領域。その後者の領域では服従と効用が、前者においては作用と説明が重視されていたわけだから、明確に相違した二つの領域。つまり、有用な身体と理解可能な身体。そうはいっても双方の領域のあいだには、重なり合う点がいくつかある。ラ・メトリーの『人間機械論』は、精神の唯物論的還元であると同時に訓育の一般理論でもあって、それらの立場の中心には、分析可能な身体へ操作可能な身体をむすびつける、《従順》の概念がひろくゆきわたっている。服従させうる、役立たせうる、つくり替えて完成させうる身体こそが、従順なのである。他方、例の名高い自動人形は単に人体を説明する一つの手段にとどまっていたわけではなかった。それは政治に関わる人形、縮約された権力モデルでもあった。

（『監獄の誕生』、田村淑訳）

フーコーによれば、身体はここで、社会的に操作可能なものとして、権力機構の標的となると同時に新しい形式の思考の対象となったのであった。いいかえると、「〔さまざまの〕実験をおこない、行動を変えさせ、個々人を訓育したり再訓育したりする一種の機械仕掛け」、つまりはそのなかで権力が匿名のままに機能するような（ということはつまり、ほかでもないその一人一人の成員が「服従強制の源泉」となるような）、そういう《自動装置》として社会を構成してゆく共同性のドライヴ――フーコーはこれを「社会の軍事上の夢」と呼んだ――が問題となったのだった。身体の新たな解釈法としての《人間機械論》が、同時に、一種のマシーナリとして機能する近代的な権力装置のうちへ諸個人を全面的に、そしてより効果的に組み込んでゆくためのテクノロジーとしても機能していたというフーコーのこの指摘は重要である。人体を細部にまで分析し、解体し、再構成してゆく「解剖＝政治学」が、同時に「権力の力学」としても機能した。いいかえると、規律＝訓練（discipline）と呼ばれる身体の調教技術のなかで、身体が権力の標的とされるとともに権力のもっとも有効な媒体ともされたということである。医学研究の発展や住民の健康管理の充実といった施策が、近代社会では同時に、「規格化」＝「正常化」という（強制権に基づく）政治技術として現象してきたことは、もはやつけ加えるまでもない。機械装置ないしは《工場》としての社会にあっては、健康すらまずは生産過程という政治的＝経済的な文脈において問題とされたのである。

身体の調教＝隷属化の技術は、さまざまの規律＝訓練の制度（学校・学寮・兵営・工房・病院）のなかで緻密化されていったが、住民の管理というコンテクストでは、都市への膨大な人口流入などとともに、出生率、寿命、公衆衛生、住居、移住といった問題が発生してくる。フーコーは「身体に関わる規律と人口の調整とは、生に対する権力の組織化が展開する二つの極である」と言っているが、これらがまた資本主義の発達に欠くことのできない要因となったこともついでに指摘しておく必要があるだろう。資本主義は「従順な身体」と「身体の力の配分的経営」とをおのれのために要求する。いいかえると、「生産機関へと身体を管理された形で組み込むという代価を払ってのみ、そして人口現象を経済的プロセスにはめ込むという代償によってのみ」、資本主義は保証されえたのであった。この点についてはフーコーが描いた「生＝権力」の視点からする近代史の見取り図を次に掲げておきたい。

生に対するこの権力は、一七世紀以来二つの主要な形態において発展してきた。その二つは相容れないものではなく、むしろ、中間項をなす関係の束によって結ばれた発展の二つの極を構成している。その極の一つは、最初に形成されたと思われるものだが、機械としての身体に中心を定めていた。身体の調教、身体の適性の増大、身体の力の強奪、身体の有用性と従順さとの並行的増強、効果的で経済的な管理システムへの身体の組み込み、こういったすべてを保証したのは、規律を特徴づけている権力の手続き、すなわち人間の身体の解剖=政治学であった。第二の極は、やや遅れて、一八世紀中葉に形成されたが、種である身体、生物の力学に貫かれ、生物学的プロセスの支えとなる身体というものに中心を据えている。繁殖や誕生、死亡率、健康の水準、寿命、長寿、そしてそれらを変化させるすべての条件がそれだ。それらを引き受けたのは、一連の介入と、調整する管理であり、すなわち人口の生=政治学である。身体に関わる規律と人口の調整とは、生に対する権力の組織化が展開する二つの極である。古典主義の時代において、このような二重の顔立ちをもつ巨大なテクノロジーが——解剖学的でかつ生物学的であり、個別化すると同時に概念に従って分類する、身体の技能的成果へ向かうと同時に生のプロセスそのものを見ようとするものとして——設置されたという事実、それは至高の機能が事後はおそらくもはや殺すことにではなく、限なく生を取り込むことにあるような一つの権力の特徴を雄弁に語るものに他ならない。

(『性の歴史I・知への意志』、渡辺守章訳)

近代の身体は、こうして生産と政治と教育の社会装置のなかへますます精密に組み込まれてゆくことになる。そして自動人形のようなマシーナリと化してゆくのだ。しかしわたしたちはここで、こうしたまるで生命を失った屍のような人体が、不思議なことに、あるあやしげな悦楽へと反転する瞬間を見逃すわけにはいかない。自動人形が、もはや見る者の欲望を映しだす鏡としてではなく、ひとを安全地帯から引きずりだし、その存在の昏がりの奥深く侵犯する、そのような形象へと反転する瞬間である。

自動人形のもつあやしさ、それはいったいどこからくるのだろうか。それはなぜ不気味な印象を与えるのか。不気味なものを、「一度抑圧を経てふたたび戻ってきた〈なじみのあるもの〉」と定義したのはフロイトであるが、もしそうだとすれば、自動人形の場合には、人間が「人間」となるために乗り越え、変換し、したがってまた隠蔽＝忘却せざるをえなかった人間の原初的な存在条件、それを自動人形がふたたびあからさまにするからだと考えることができる。同じことを裏側から言うと、人間がみずからをたえず同一的な自己として形成しようとしながら、そうした自己の形成作業を裏切るものにどうしても憧れてしまうという、そういう矛盾した動性を、あの自動人形が反映しているらしいということである。

たとえば、人工的なものの偏愛（身体という自然的な存在の否定）、機械という、生命なき物質体への性愛（フェティシズム）、時間の凍結（「永遠」という無時間性ないしは不死への憧れ）、無名であることの快感（人格性・人称性・自我性の払拭）、意志の消失（夢遊病や身体硬直の誘惑、あるいは中枢神経をもたない身体機械の可能性）、機械的な規則性の魅惑（永遠の反復運動）……。機械が人間を模倣するのではなく、人間が機械をかぎりなく模倣しようとする、そういう欲望はおそらく現代の身体意識のなかにも色濃く反映しており、それをJ・ボードリヤールは次のように規定する。つまり、「モノをたえず清潔な状態、非の打ちどころのない、抽象的状態におき、ここでもまた、モノが分泌したり（老朽化、錆、埃など）、壊れたりすることを妨害し、一種の抽象的な不滅性のうちに、モノを維持しようとする」（『象徴交換と死』、今村仁司・塚原史訳）、そういう志向性が現代の身体意識に特徴的だというのである。

人間＝機械は生産装置として政治化されると同時に、不毛な非生殖的＝反生産的装置として欲望の対象ともなる。身体を屍体化する生産主義的な社会体制（《工場》としての社会）とその対立者として反動形成される欲望の奇形的ともみえる制度、この相互補完的な関係から、わたしたちははたして自己の存在を解除することができるだろうか。

そうした解除作業は、生産主義的な社会体制のただなかで、まさにこの機械性愛とも名づけるべき不毛なエロティシズムに賭けるというかたちではたして遂行されうるものなのか。

無限のプログラミングの場としての身体

J・ボードリヤールの言うように、身体はいま「錯乱した幻影」のなかに投げ込まれているのかもしれない。現代の資本主義社会のなかで、イメージとして流通し、モードとして消費される身体、そこで何が起こっているのか。欲望は時代を流通する身体イメージのなかで象られ、整流される。現代における欲望の同型的な発生は商品の大量生産構造に擬せられうるものだが、そこでは欲望が模造され、欲望の主体が複製されるだけではない。さらに消費主体と消費対象とが相互に映しあうリフレクシヴ（反射的＝反省的）な相互作用のなかで、消費するものとされるもの、所有するものとされるもの、能動的なものと受動的なもの、独自なものと匿名的なものとの境界が消滅してゆく。言ってみれば、フランス語の personne という言葉の二義性によって暗示されるような事態が発生する。以前にR・ボウルビーが指摘していたように、「だれか」(someone) と「だれでもない」(noone) のあいだで区別がつかなくなるのだ。

こうした身体の変容過程を、J・ボードリヤールは身体の「再開発」という概念でとらえている。つまり、誘惑の媒体である身体が、記号による解剖に付され、その全体がスペクタクル化される。身体そのものが「一つの資産として管理・整備され、社会的地位を表示するさまざまな記号の形式の一つとして操作され」、投資の対象となる。自分の身体に熱中し、それを自己陶酔的に開発せよ！　もっと気もちよくなれるよう身体を内から開発せよ！　もっと美しくなれ！　こうした命令のもと、人びとは身体のデザインに、身体のシェイプ・アップに励むことになる。理想的に開発された身体には「グッド・デザイン」の栄誉が与えられる。このように「美しくあることがこれほど絶対的な至上命令なのは、それが資本の一形態だからなのである」(『消費社会の神話と構造』、今村仁司・塚原史訳)。この意味では、モード化される身体は、記号によって切り刻まれ、切断された身体、システムによって凌辱された身体である。そこでは、「全体的交換という象徴的機能をもつ全体性としての性がまず解体され、性的記号(生殖器、ヌード、第二次性徴、そしてすべてのものに一般化されたエロティックな意味作用)のなかに閉じこめられた上で、私有物あるいは属性として個人に割り当てられる」。そしてこれとともに、複数の身体の交わりとしての性からその交換性が奪い取られる。身体と性が検閲され、分断され、単体として孤立した身体に監禁されるわけだ。

〈屍体〉、〈動物〉、〈機械〉、〈マヌカン〉。これはJ・ボードリヤールが、現代において身体がモデルのかたちで表象される場合の四つのパタンとして指摘しているものである。医学、宗教、経済、そして記号の経済学、この四つのシステムがそれぞれ一種の理想型(オブセッションと言ってもたぶん同じことだが)として設定するのは、「健康」と「復活」と「合理的生産性」と「解放された性」とであるが、これらのシステムは同時にその反面として、「抽象化された幻影」とでもいうべきネガティヴな理想型を産みだしてきた。その四つのモデルが〈屍体〉、〈動物〉、〈機械〉、〈マヌカン〉だというのである。すなわち、「医学にとって準拠となる屍体」、「肉の隠喩としての、死を越えて甦る肉体」、「労働力としての肉体の機能的解放の完成されたモデル」としてのロボット、そして最後に「機能化された」肉体、ないしは「価値/記号の生産の場」としてのマヌカンのボディである。そしてこの四つの契機に象徴されるような身体のエレメント、あるいは匿名の物質体としての身体、主体なきオブジェとしての身体が、いま未知のフィールドとして、あるいは新たな誘惑のコードとして、わたしたちの意識をとらえているというのである。

わたしたちがこれまで見てきたような精密な情報系としての身体、生命機械・欲望機械としての身体、記号化され非-性化されたモデルとしての身体、交感の媒体としての身体、匿名の物質としての身体……。これら現代の身体イメージは、もはや生き生きとした〈身体性〉をわたしたちの存在からある特権的な次元として析出することが不可能になった時代の身体を形象化している。身体の現在にふれてJ・ボードリヤールは言う。「かつて、肉体は魂の隠喩だった。それが、やがてセックスの隠喩となったが、今日では何の隠喩でもない。肉体は転移そのものと、転移のあらゆる過程との機械的な連鎖の場であり、象徴的な構造も超越的な目的ももたない、無限のプログラミングの場となっている」(『象徴交換と死』)、と。

身体のアラベスク

以上で見てきたように、身体はそれぞれの文化のなかで、さまざまに抽象化され、隠喩化され、さらには内部化されてその時代の身体感を枠どる強烈なオブセッションともなってきたので、何がその第一次的な機能かということさえ、なかなか見通せなくなっている。その意味では、身体は意味に簒奪されてきたと言えなくもない。が、逆に言えばそれは、身体がそれほど豊かな意味の源泉でもあるということでもある。

そういう意味の錯綜する磁場、あるいはさまざまな社会的な意味と力が生成するときのその蝶番のようなもの、そういうものとしての身体のあり方に、本巻ではさまざまな角度から光を当てた。身体をイメージするときに「原型的」にはたらきだすもの、身体への解剖学的な視線の発生、皮膚の装飾と第二の皮膚としての衣類による身体表面の再構成とそして仮面の意味、〈顔〉という表象、身体の人称性と匿名性、身体の運動性とそのスタイル、生きた身体空間の膨張・収縮、そして身体に照準をさだめた権力の監視と操作のまなざし、そしてそれによる身体の加工……。この序論のなかでもふれられた身体表象をめぐる主題群がそれぞれ、各研究者の独自の観点からいきいきと展開されている。そのとき論者たちの視点にあるのは、物質体としての組成ではなく、運動としての、ヴォリュームとしての、密度としての、隙間としての、像としての、技法やスタイルとしての身体であり、ふるまいをかたちづくり、ときにぶるぶる痙攣しもする身体、つまりは律動や圧縮や強度として存在するような身体である。本巻『表象としての身体』には「身体のイメージとその演出」という副題をつけたが、まさにそれはパノラマのように多彩で、かつたえず変容してゆくものである。ここで考察しえたのは人類のその多彩な身体史のほんのいくつかの位相にすぎないが、しかし身体のパノラマを検証するときのいくつかの里標はそれぞれの章ではっきりと示されている。

＊　本稿は、〈身体〉がどういう問題であるかについてわたしがこれまで書き継いできたいくつかの文章を再構成するかたちで、本巻の序文としてまとめられたものである。

第Ⅰ部

身体のアーキタイプ

元型としての身体

河合俊雄

ユングとファルス

「元型」という用語が題に用いられていることから、本稿がユング心理学の立場に立っていることは想像がつくであろう。しかし深層心理学における身体と言えば、一般的にはフロイトによる性欲理論のことがむしろすぐに連想される。周知のように精神分析においては、男性器、女性器のみならず、口、肛門などの身体の開口部が重視されていて、口唇愛、肛門愛などのように性的な位置づけを受けている。またフロイト以後の精神分析に大きな影響を与えたメラニー・クラインの理論においては、乳房が重要な意味を持っている。精神分析におけるこれらの身体部位を文字どおりの生物学的な意味のみに理解する必要はないであろうけれども、そもそも身体的なメタファーが多用されていることが注目に値すると考えられる。このメタファーに基づいて、様々なイメージが性的なことの隠された表現として解釈されるのである。

これに対してユングはフロイトの性中心の見方を批判し、魂、あるいはアニマということを自分の心理学の中心に据える。魂のア・プリオリな構造であるような元型ということをユングが強調するのも、魂の活動が個人の過去における生活史や、性欲をはじめとする身体的なものに還元できない自律的なものであるという考えにユングが立脚しているからであると思われる。魂の活動の自律性を重視しているのならば、身体ということとユング心理学との接点はあまりなさそうであるし、「元型としての身体」というのがいったいどのような意味を持つのかにも疑問が生じてくるところであろう。

ユングが性的な見方を否定しているのにもかかわらず、おもしろいことにユングが三、四歳の時に見た、自分の思い出せる限りでの最初の夢として報告しているものに、男根が登場するのである。その夢でユングは牧場の中の長方形の石を並べた穴に石の階段が下に通じているのを見つけて、こわごわ下に降りていく。底の丸いアーチ型の出入口にかかっている緑のカーテンを押し退けて長方形の部屋を覗いてみると、赤いじゅうたんが入り口から低い台まで及んでいて、台の上には黄金の玉座があった。「なにかがその上に立っていて、はじめ、私は四〜五メートルの高さで、約五〇〜六〇センチメートルの太さの木の幹かと思った。とてつもなく大きくて、天井に届かんばかりだった。けれどもそれは奇妙な構造をしていた。それは、皮と裸の肉でできていて、てっぺんには顔も髪もないまんまるの頭に似た何かがあり、頭のてっぺんには目がひとつあって、じっと動かずにまっすぐ上を見つめていた。」窓も光源もないのに、その頭上には明るい光があり、微動だにしないのにユングはそれが自分の方にやってくるかもしれないと感じ、こわくて動けなくなる。その時、「そう、よく見てごらん、あれが人喰いですよ」と叫ぶ母の声がして、ユングは恐怖で目覚める。[★1]

ずっと後になってやっと、ユングはその時に見たのがファルスだとわかった。この夢をフロイト派の人ならどのように解釈するか興味あるところでもある。両親の性行為の目撃や空想である「原光景」に関係した夢として捉えていくかもしれない。[2]しかしユングは、このファルスを性的な意味で解釈したり、父親や母親との関係で理解しないで、それの象徴的な意味に着目していく。ユングは赤いじゅうたんを血の色と関係づけ、緑のカーテンを緑の植物でおおわれた土の神秘を象徴していると考える。そこにいるファルスは、土や身体性に関係していて、天にいる精神的なキリスト教的な神に対して地下に存在していてそれを補償するような神を象徴していると考えられるのである。

ユングは、この時に見たのが儀式のファルスだったことに十年たって気づいた、と述べている。ユングはこのようにファルスを生物学的な意味での男根に関係づけず、儀式に登場するファルスの持っている象徴的な意味に関連づけて解釈していこうとする。ファルスには大地的な神以外にも様々な象徴的な意味がある。神々との身体的合一の象徴としてファルスが崇拝されることもある。『変容の象徴』においてユングが議論を展開しているように、生殖には物事を生みだし創造するというニュアンスがあるので、ファルスは造形力や創造性と関係している（GW5, §180, 183）。[3]ものを生み出す力はエネルギーでもあるので、ファルスは心的エネルギー、即ちリビドーを象徴していると考えられる。それゆえにユングは「ファルス的な象徴が意味するのは性器でなくてリビドーである。あきらかに性器の姿で現れても、それ自体を意味するのではなく、リビドーの象徴なのである」（GW5, §329）[4]と述べている。

また冥界への使者であるヘルメスやさいの神が男根の形をしていることからもわかるように、ファルスはこの世とあの世との間にある境界にも関係している。あるいは魔法使いやシャーマンの持つ杖などのイメージに見られるように大地から天空に届く宇宙の木のイメージも担っているのである。[5]ユングも自分のファルスの夢において垂直性が強調されていることにふれている。最初は木の幹のように思われ、天井に届かんばかりだったファルスは、まさに宇宙の木のイメージである。このようにファルスは宇宙の垂直軸にも関係しているのである。ユングの夢においてファルスの上が明るかったように、上から来るものとして、ファルスは光の意味を持っている。これはムンクの絵などによく見られるし、ユングの報告している分裂病者のヴィジョンにおいても、太陽から出る光としてのファルスというイメージが認められる（GW18, §85）。そしてまたファルスは王の錫などに見られるように、力や権力の象徴でもある。

フロイトは、例えば『夢判断』において、「すべて長く伸びた品物、杖だとか幹だとか洋傘だとか、すべての長めでとがった武器（ナイフ、短刀、槍）のようなものは男性性器を表す[★6]」と述べている。教科書的な精神分析の立場からすれば、杖、宇宙の木などが男根という身体的なものに関係づけられて、いわば還元的に解釈されるであろう。それに対して、ユング的な立場からは逆にファルスという身体的なものが様々なことの象徴として理解されることになるのである。

象徴としての身体

男根というものが様々なことを象徴しているとして見ていくことが可能であるように、元型としての身体とはまず第一にイメージとしての身体を考えることであり、身体を象徴として解釈していくことなのである。それゆえにあらゆる身体部位、器官についてそれの象徴的意味を考えていくことが可能になるし、また心理療法や夢分析においてそれが重要な役割を演じることになる。

例えば目という身体部位を考えてみよう。『子どもの夢』という本になって公刊されたユングの主催していた夢についてのセミナーにおいて、フォン・フランツは一〇歳の少女が見た次のような夢を報告している。

——ダイヤモンドのような輝く眼をした蛇が、森の中か私の寝室かで、私を追いかける。——この夢、怖くってベッドの中で動くなんてとてもできなかった。だって眼が覚めても、私を咬もうとする蛇の燃えるような眼が部屋中に見えたんだもの。[★7]

この夢に関して、フォン・フランツが述べているように、蛇は男性的で精神的な世界に対立する地界的＝女性的要素の化身で、それゆえに本能的で無意識的な側面を象徴している。蛇は否定的なものばかりを象徴しているのではなくて、ギリシャ神話における医術の神であるアスクレピオスの例からもわかるように、治療と救済の神でもある。また蛇の眼は魅惑的であると同時に呪縛するような力を持っている。それゆえにこの少女は発展的な可能性を持った無意識の現れに対して魅惑されながらも、あまりにそれに呪縛され圧倒されるので、恐怖を抱いているのであろう。

ここで蛇の眼にもっと焦点を当ててみよう。フォン・フランツはダイヤモンドのような眼ということから、より高い意識性の可能性を読みとっている。これを受けてユングも、眼を意識の光として捉え、この蛇には光をもたらすような救済者的な働きがあることを示唆している。このような解釈に前提となっているのは眼という器官が意識に象徴的にかかわっているということで（GW14/I, §62）、蛇の眼、あるいはダイヤモンドのような眼ということで高い意識という考えが生じてくるのである。またイグナティウス・ロヨラの、多くの眼を持つ蛇の幻視にも二人とも言及している。イグナティウス・ロヨラは最初このヴィジョンの美しさに心を宥められたけれども、後にこれを悪霊のしわざとみなしたという。この多くの眼の幻視をユングは多数的な意識としての無意識という考え方に関連づけて取り扱っており、眼という器官と意識の関係がわかる（GW8, §395f）。

見る、あるいは見えるということが意識にかかわってくるのは当然のことであろう。ここで思い出されるのはエディプスの話である。エディプスは父を殺し、母と交わった自分の罪に衝撃を受けて自分の眼をえぐってしまう。これは象徴的な去勢としても解釈できるであろう。ノイマンによると、エディプスはスフィンクスという象徴的な母親殺しを成し遂げたけれども、その後に行うべき象徴的な父親殺しと女性的なるものとの近親相姦的な再結合を無意識のうちにやってしまったのが問題であるという。眼をえぐらざるをえなかったのは意識的でなかったことの当然の帰結である。[★8] ここにも眼と意識との関連が認められる。このような否定的な見方に対して、同じユング派であるロバート・スタインは異なる仕方で肯定的に解釈する。[★9] 盲目になったコロノスのエディプスは自分の娘のアンティゴネーに導かれている。つまりエディプスは眼で表されている自我の意識ではなくて、自分の内面的な女性像、アニマによって導かれ、自分の内面へとイニシエートされているのである。眼をえぐって盲目になることによって、逆に内的な眼を開いたというのである。エディプスの物語にも登場する予言者のテイレシアスをはじめとして、予言者やシャーマンが盲目であることが多いように、眼を失うことは意識を全て失うことではなくて、むしろ外的な意識や自我を捨て去ることによって、内的な意識を開かせるのである。それゆえに、盲目を意識がないことや意識が弱いこととして否定的のみに解釈することはできないであろう。

目が見えないことはこのように両義的である。だから盲目というイメージが夢などに現れた時にも、そのコンテクストによって解釈していく必要があろう。筆者の分析を受けていた若い女性の夢にも盲目の男性が登場した。

――私の「ボーイ・フレンド」がほとんど盲目なので、私は彼に道を案内しようとする。彼はそれに激しく抵抗し、私の助けなしに手探りで進む。グラスを載せてある棚のそばを通ったときに、そのいくつかが下に落ちる。私はそれを拾い上げ、棚のもとの場所に戻す。

ここでの「ボーイ・フレンド」は彼女の実際の恋人とは異なる架空の人物なので、彼女の内的な男性像、いわゆるアニムスに関係していると言ってよいであろう。エディプスの話とは逆になっていて、この夢では内的な男性像が盲目で、自我によって導かれようとしている。これも否定的に解釈するならば、本来は内的な導き手であるはずのアニムスが逆に導きを必要としているような弱い存在であることになろう。この女性は父親像をはじめとして男性像が弱かったので、この解釈はほぼ当たっているであろう。この場合に強引に導こうとする自我の態度が問題を引き起こしていることは注目に値し、おそらくアニムスに対するもっと異なる態度が必要なのであろう。

この夢で自分ではなくボーイ・フレンドが盲目であったように、フォン・フランツの紹介している夢でも、夢を見ている少女の自分の眼が問題ではない。蛇の眼は向こうから投げかけられる視線である。だからこれは無意識の投げかける視線なのである。意識とは自我だけの特徴ではなくて、いわゆる無意識的なコンプレックスも部分人格として光や意識を持っている（GW14/I, §62）。統合失調症者（分裂病者）の描く絵に多くの眼が登場するのは知られているけれども、これも無意識がいわば意識的になって視線を投げかけており、自我意識が主体性をなくしていることを示していると考えられる。あるいは視線恐怖も、統合失調症（分裂病）ほどでもないけれども、自我が見るという主体性をなくしている状態である。向こうから投げかけられる視線は、神の眼とも考えられる。眼というのは不思議な認識能力を持っている存在、全てを知って見ている存在を暗示しており、これが神のイメージにつながるのである。ユングの『変容の象徴』に神の眼が太陽として描かれている絵が紹介されている。眼はこのように太陽と深い関係を持っており、ともに意識の象徴やアレゴリーである（GW14/I, §62）。たとえば日本神話においても、アマテラスはイザナギの左目から生まれる。織田が統合失調症（分裂病）や宇宙の規則性が乱されたときに複数の太陽が出現することを論じているけれども、[★10]統合失調症（分裂病）の人が複数の眼を描くことと同じように、これも複数の中心や意識が存在する状態を示しているのであろう。

太陽のような眼というイメージに関連するのだが、カルフ女史のもとでの箱庭療法のセミナーで、カルフが示した箱庭のシリーズの中で、眼の形に湖を掘って、黒目の形に山を作った箱庭のことが思い出される。この箱庭を作った女性は太陽を作ったつもりだったのだが、この時にちょうど妊娠したことが後でわかったそうである。女神メフニトがオシリスを左の眼の中に入れたり、インドラの全身に貼り付けられた女陰の絵が形の似た眼に変えられたことに言及しつつ、ユングは眼が子宮を表すと述べている（GW5, §408）。ユングの夢におけるファルスに眼があったり、エディプスが眼をえぐるのが去勢と関係づけられたりするように、眼は男性器も象徴している。バタイユの『眼球譚』からもわかるように、眼がどうしても性的な象徴性を持つことも暗示しているのである。このように眼は男性器でも女性器でもあるので、結合の象徴にもなりうるのである。

明恵上人が一四歳の頃に見た夢に眼が登場する。「納涼房の長押を枕にして弘法大師が寝ており、その二つの眼の水精の玉のようなのが枕もとにあった。それを給わって袖につつみもち、宝物を頂いたと思って目覚める。[11]」この夢は空海の見方を自分のものとすることを示しているとして理解してよいであろう。このように眼がものの見方として登場することもある。

これに類するのが眼鏡を作ったり代えたりする夢である。これは非常によく見られる夢で、夢分析においても様々なコンテクストで登場する。ここではマイヤーの報告している鬱病の人の夢を例として挙げておく。

——夢は私が自分の眼鏡を落としてこわすことで始まった。私はすぐにそこにあったフォード型自動車に乗り、眼鏡屋へと向かった。途中で私は、私の尊敬すべき友人で忠告者の老人を見つけた。私は彼に、一緒に行くことを求め、彼はそれに従った。眼鏡屋への道すがら、私はその老人に私の心配事と苦境とを物語り、彼からよい忠告をたくさん受けた。[12]

マイヤーは眼鏡をこの人の「ものの見方」として理解しており、彼がこれまでの見方を捨てて、新しい見方を必要として、それに対して能動的に動こうとしていると解釈している。眼鏡屋というのはマイヤーが解釈しているように、分析家や分析を受けることに関係しているのであろう。

フロイトはタウスクの患者であった若い女性が「眼がおかしく、ねじ曲がっている」と訴えたことを報告している。よく聞いてみると、この女性は恋人とけんかをしていて、彼女は彼のことが理解できず、彼はいつも曲解し、ねじ曲げる、つまり彼は彼女の眼を歪めてしまったと考えたことがわかった。[13]この場合もねじ曲がった眼というのが、ねじ曲がった物の見方を示しているのである。これに類するのが、邪視に対する魔よけとして、妙にねじれた目を持ったお守りを首につける未開人がいることである。これは邪視によって他人の邪視にうち勝とうとしているのである。[14]またこの例から、心理療法における象徴としての身体が文化人類学の知見を非常に参考にしていることもわかるであろう。髪の毛や歯の意味をはじめとして、様々な儀式における身体や身体器官の象徴的意味によって夢における身体がよりよく解釈できる場合は多いのである。

空海の眼や箱庭における眼のように、体全体から眼だけをいわば独立して取り出すことは不思議に思われるかもしれない。なぜならば部分的に切り離して客観的に身体の器官を見ていく近代医学的なモデルとは異なって、深層心理学においては身体の全体性が大切なように考えられているからである。ここでの眼は象徴的に、あたかも一つの意識、独立した人格であるかのように理解されている。これは既に意識について示唆したように、ユング心理学において、自我だけでなくてそれぞれのコンプレックスが一つの独立した人格であるかのように、夢の中のそれぞれのイメージが独立した人格であるかのように理解するのに対応しているのである。これと同じように、身体のそれぞれの部分が一つの意味を担っており、コンプレックスと同じように、身体についてもそれぞれの器官を一つの人格として見ることができるのである。このように身体の全体性などということを強調せずに、脱主体的で解体していく見方を身体に対しても行うことが大切なのである。[★15]

また象徴としての身体にとって、見えにくいとか盲目であるとか、欠如した身体が大きな意味を持ちうることがわかるであろう。ここでふれることはできなかったが、片目というのも大切なイメージである。眼に限らず、エディプスや日本神話におけるヒルコについて言えるように、足が弱いということや、また「手なしの娘」のように手がないなど、欠如したり弱い身体イメージが神話や昔話によく登場する。このように「病理化した[★16]」身体器官こそ象徴的な意味を担いやすいのである。

独立した人格のような身体器官と、病理化した身体器官の両方が顕著に現れているのが病気であろう。「心は、身体とその諸器官のように、分割されている。神経症的または精神病的作用のもとでは、諸器官は互いに分裂し、勝手に働きはじめることがある。それが奇妙な発作、たとえば心悸亢進である。心臓はコントロールされない狂人のようにふるまう。[★17]」とユングは述べている。イメージとしての身体にとって、ある身体器官が正常に働かなくなり、主体の意志に逆らっているかのような病気のイメージは非常に重要である。

イメージと身体

前節では目を例として取り上げて、身体器官をイメージとして、象徴として見ていったけれども、そもそもイメージと身体はどのような関係にあると考えられるのであろうか。心理学において、魂は心理学の対象であると同時に、それを見ている主観でもある。転移をはじめとしてこのような認識の循環構造を心理学は持っているので、理論的な立場を反省して基礎づける作業が必ず必要である。身体器官を象徴として見ていくことはどのような立場に基づいているのであろうか。ユング派の心理療法においては夢、絵画、箱庭をはじめとして、イメージが重視される。これは、明確な言語的表現よりも、イメージによる表現の方が無意識的な内容をよりよく表すことができ、イメージは無意識に近いという考えに基づいているのである。「われわれに意識化されるものは全てイメージであり、イメージは魂である」(GW13, §75)と言われるように、無意識的なものはイメージとして立ち現れ、それは魂に他ならないのである。それと同時にユングは、「情動にイメージで表現を与える」(GW8, §168)ことができると述べている。そして視覚イメージに限らず、手や身体を使う踊りや造形のイメージや音楽などで情動にイメージを見つける必要を説いているのである。つまり本能的なものや身体的なものはイメージになって現れるのであり、イメージに変換可能なのである。イメージとは身体の状態の変容の現れである。イメージとは無意識に近いと同時に、身体にも近いと言えよう。

身体的なものがイメージに変換されることは、たとえば睡眠中に様々な身体的な刺激を与えると、それがいろいろなイメージになって夢に現れることでも確かめることができる。例えば、ヴォルトの報告によると、背中を圧迫して寝ると「一つか二つのこぶが背中にある大きな動物を私は見ている。一人の男が動物の背中に乗っているようだ」という夢を見た。[★18] 背中への刺激はこぶのある動物という客観化されたイメージに置き換えられているのである。

「イメージは欲動の意味である」(GW8, §398) とユングは述べている。イメージには表現し形成するという面と、理解していくという面とがある(GW8, §172)。イメージの意味を理解する際にも、前節で行ったように、イメージに象徴的に接近していくことが大切である。さて欲動や身体的なものがイメージに置き換えられるとすると、その身体そのものがまたイメージになって現れるのは特殊な場合であると言えよう。その場合のイメージも身体器官に還元しないで、前節で眼について考察したように、それの象徴性を探っていくことができる。そのことを通じて身体的なもののイメージへの置き換えをすすめているわけなのである。それゆえに身体の器官は生物学的で医学的な存在であるのみならず、象徴的な存在でもあることがわかる。だから眼という身体器官も、解剖学的な存在であるのに加えて、前節で考察してきたように意識であったり、性器であったり、ものの見方であったりするような象徴的な存在なのである。

しかしこのようなイメージと身体の関係についての考え方は不十分ではなかろうか。ユングの立場は、その元型についての考えに典型的に表れているように、イメージを性的なものをはじめとする身体的なものに還元しないところに特徴があると述べたけれども、身体的なものがイメージに変換されると仮定するならば、やはり出発点は身体になって、イメージが身体に還元されてしまっていることにならないだろうか。また客観的、物理的な「身体」があって、それにそのイメージや象徴的意味が二次的に加わると考えるのにも問題があろう。

このように身体や物質的なものから出発する考えにユングは異論を唱える。そのような何か究極的なものを仮定することは自体がおかしいというのである。ギリシャ・ローマ時代やキリスト教世界においては神やイデアなどの何か精神的な実体が究極的なものとして仮定され、それに全てが還元された。そのようにある実体を究極的なものとして仮定して、それにあらゆる現象を基づけることが形而上学的であるとすると、物質という究極的な実体に全てを還元して説明することも、同じように直接与えられている現象を飛び越えている形而上学的なものであるというのである。一見すると科学的な立場に立っているように思えても、物質主義的な見方は実は昔の形而上学と同じ構造を持っているというのである。「物質はわれわれにとって精神と同じくらい未知のものである。われわれは究極的なものについて知らない」(GW8, §657) とユングは述べている。それゆえに物質的な「身体」から出発するのは疑問であろう。

これに対してユングは『心理学的タイプ論』において、自分の心理学が物質的なものにも観念的なものにも基づくのではなくて、第三のものである魂、つまりイメージから出発することを強調している。現れてくるイメージから精神的にしろ物質的にしろ、ある究極的な実体に遡ることはできないのであり、あくまでも現れてくるイメージに留まろうとするいわば現象学的な立場を取る。そして「現実」に二次的にイメージやファンタジーがつけ加わるのではなくて、むしろ「ファンタジーが現実を造り出す」(GW5, §73) と述べている。つまり客観的で物理的な物が現実なのではなくて、イメージとしての現れこそ最初のリアリティーなのである。「根底においてわれわれはあまりに心的なイメージによって包まれているので、われわれの外にあるものの本質にわれわれは全く突き入ることができない……魂は最初の本質である」(GW8, §680) とユングは述べている。イメージ以前の現実や、ファンタジーの払拭した現実は存在しないのである。

このようにファンタジーやイメージから出発することをユングは、物質的なものに立脚する「物の内の存在」(esse in re) と精神的な実体に基づく「知性の内の存在」(esse in intellectu) と対照させて、「魂の内の存在」(esse in anima) と名付けている。「魂の内の存在」が「知性の内の存在」と「物の内の存在」との中間に位置づけられることから、イメージとは精神と身体の中間の領域であることがわかり、この考え方には上で述べたようなイメージやファンタジーの領域と身体の近さもうかがわれる。また全てのことは魂の内での存在であり、イメージであるとすると、身体に関しても、客観的で物理的な「身体」を現実的なものとみなし、それに基づいて考えるのは疑問になる。いわゆる「現実」にファンタジーが付け加わるのでなく、ファンタジーこそ現実を造っているのと同じように、むしろ象徴としての、イメージとしての身体が最初の身体の現れであり、身体のリアリティーなのである。生物学的、医学的な身体は後からの構成物であるに過ぎず、換言すれば医学的な身体も一つのファンタジーなのであり、イメージとしての身体の一つの特殊な形であることになる。だから前節で行った眼についての象徴的なアプローチも、生物学的で解剖学的な眼の存在のいわば余剰のような二次的なものではなくて、眼とは最初からイメージとしての象徴的な存在であり、眼の科学的で解剖学的な分析も一つの極端なイメージなのである。

このことから更に、前節で取り上げたような夢の中での象徴的に捉えられた身体のみならず、いわゆる実際の「身体」も魂の内の存在であるので、それもイメージとして見ることができるのがわかる。

そうすると例えば、いわゆる心身症と言われているものだけではなくて、それ以外のあらゆる病気もイメージとして見る必要が生じてくる。あらゆる身体の変容はイメージであり、魂の現れとなる。ユングはこれを説明するために共時性という考え方をする。つまり精神的な過程と身体的な過程は無関係でなくて、いわば平行して進んでいるので、あらゆる身体的な過程も精神的なことに関係しているというわけである。しかしこれは言い換えると、あらゆる身体的な出来事もイメージとして受け取れるということである。心理療法を行っているとしばしばこういうことに気づかされるけれども、例えば偶然に引いた風邪や偶然に起こった事故が大きな意味を持っていたと考えざるを得ないこともあるのである。筆者のクライエントで、小さいときから一度も風邪を引いたことがなかったのに、分析を受けて一年ぐらいして風邪を引いた人がいた。この場合にも、医学的にはヴィールスによる説明しかできないし、また否定的な捉え方しかできないであろうけれども、心理学的な観点からすると、これまで非常に閉じられていた人が分析を契機としてようやく開いてきた兆候とも考えられるのである。

このように全てはイメージとして見ていくのを原則としても、それに合わない場合が生じてくる。例えば上で挙げた例のように、逆に身体の状態が夢に影響を与えることもある。これについては反応性のイメージと象徴的なイメージとを分けることをユングは提案する（GW8, §501f）。イメージにも象徴的に受け取ることのできない、身体的状態を反映しているだけのものも存在するというのである。「心理的な側面よりも生理的な側面に基づく夢が存在すると考えねばならない[★19]」とユングは述べている。この連関で興味深いのは器官感情と言われることである。これは夢やロールシャッハ・テストなどにおけるイメージについて、どうも身体的なことに起因しているように治療者が感じることを指している。このような例をユングも挙げている。「かぶと虫が自分をはさんでいる」という少女の見た夢に対して、ユングはかぶと虫と交感神経系の関連を指摘して、この少女が交感神経系の異常による腸か腹部の障害を起こしている可能性を示唆しているのである。★20

コスモロジー――世界としての身体

「魂の内の存在」という立場に立つと、脳の中、身体の中に心があるというわれわれの日常的な理解は否定されて、むしろ逆に魂の中に身体が存在することになる。それゆえに「魂の内の存在」はイメージと身体の関係についての見方だけではなくて、身体と心の関係についての常識的な考え方も逆転させるのである。夢における私の身体は、夢の中に含まれており、魂の内にあることになる。しかし物理的な物質からでもなく、精神的な実体から出発するのでもなく、イメージの現れが原初的なリアリティーだとすることは、いわゆる心身二元論を越えており、その際には身体と魂の区別はなくなる。身体もイメージであり、それも魂の現れであるからである。さらに、「魂の内の存在」と言われるように、個人的な魂でなくて、われわれを包んでいるような世界としての魂を考えていくとすると、それに対応して世界としての身体も存在することになる。宇宙は身体なのであり、元型としての身体とは「宇宙としての身体」になるのである。

これは二つの方向を持っている。一つは私の身体が、皮膚によって外界との境をなしているこの自分の狭義の身体に限られているのではなくて、それを越えていわゆる外の物体にまで広がることである。その典型的な例がチュリンガーであろう。例えばオーストラリアにおいて、ある石や木片が神や自分の祖先の現前であると信じられ、特別な場所にひそかに隠されている。このチュリンガーは自分の魂であるとも言えるし、また自分の身体でもある。私は世界としての身体の内にあるので、そこでは私の外の身体に出会えるのである。

刀は武士の魂と言われることもこの例であろう。これは刀は武士の身体であると言ってもよいのである。あるいはひと昔前までの日本女性にとっての針箱もこの例であろう。高取は「針箱は苧桶とならんで女一生の持ち物として身近に置き、嫁入りにも持参し、女性にとっては身体の一部であり、持ち主の分霊が宿る分身といえるほどのものであった」[★21]と述べている。しかし身体器官のイメージが、それぞれが独立した人格となるような脱主体化したものであったのと同じように、この外なる身体も私のものであって私のものでないような脱主体化した身体なのである。そしてチュリンガーの例からわかるように、むしろこの外なる身体の方が自分の身体より大切で、永続するものなのである。このことをユングは「私が生きているのではなくて、それが私を生きている」(GW13, §76) という言い方で表現している。

もう一つの方向は、世界としての身体がコスモロジーになることである。多くの神話において、ある神が解体されて、その身体から世界ができたという創造神話がある。たとえばリグ・ヴェーダにおいては原人のプルシャから宇宙が造られた様子が描写されている。またバビロニアの宇宙創造の叙事詩においては、マルドゥクが母ティアマトを倒して、その死骸を解体して世界を造る。

世界が身体ならば、それに対応して家も身体である。家の構造はよく身体にたとえられる。たとえばトビア・ネロルは、人間の身体を魂が住んでいる家にたとえている。[★22]それゆえに、夢における家についても身体と関係づけられて、例えば「地下室の暖房装置から火が出た」という夢について、地下室は下半身で、そこに情動があると解釈されたりしている。[★23]別のところでは、階段が脊髄に対応しているとして解釈されている。[★24]タントラにおいては、神殿の内部は体の内部と解釈され、いちばん奥の聖域は子宮に関係づけられている (GW5, §536)。

「魂の内の存在」はコスモロジーにおける身体の位置づけに関して複雑な関係を持っている。上で述べたように、狭義の身体は夢における身体のように魂の内にあることになる。心身二元論を越えた意味で魂や身体が考えられるならば、魂と身体は同じものになり、身体は宇宙や世界、あるいは家として表象されるコスモロジーになる。さらに、身体と精神の関係のコスモロジーとして現れることもある。これはそもそも「魂の内の存在」が、上にある精神と下にある身体を中間の領域である魂の領域で繋ぐというネオ・プラトニズムにおけるような垂直的なコスモロジーの構造を示しているからである。冒頭で引用したユングのファルスの夢も、天なる精神的な神に対する、下の地下にいる身体や肉体を強調した神を象徴していると考えると、これは上に精神、下に身体を位置づけるコスモロジーを形成していると言えよう。ユングは、下に降りていくことをしばしば身体と関係づけて解釈している。[★25]筆者のところで治療を受けた拒食症の女性は繰り返し家や建物の夢を見て、その際の建物は身体としてのイメージと、精神と身体を上下に位置づけるコスモロジーの両方を象徴しているように思われた。彼女が一二回めの時に報告した夢は次のようである。

――宇宙ロケットの研究所である大きな建物。私はある嫌な同僚と一緒に下の階にいる。それから私は別の友人と上へ行く。私は母親も連れていく。エレベーターは非常に早く上がっていく。上ではある男（所長？）がカーテンを開けて、屋根裏部屋を示す。そこにはある女の人がいて、宇宙空間で事故が起こらないようにコンピューターでコントロールせねばならない。男は天井の窓を通して空を示す。この部屋は秘密である。

この夢における建物は身体というよりも、むしろまさに彼女の全世界を示している。嫌な同僚が下にいることからわかるように、彼女は下の身体的で母性的な世界を嫌っている。彼女のひかれるのは上の精神的な男性のいる世界なのである。

集合的無意識の存在を確信するに到る重要な手がかりになった夢において、ユングは自分の家をどんどんと下に降りていき、地下室のまだ下の洞穴へ降りていく。[★26]このことからもわかるように、下に降りていくことは無意識ともよく関係づけられるので、身体と無意識が同一視されやすく、これにさらに大地も並べられることが多い。さらにアニマが無意識の人格化であると考えられるので、このコスモロジーにおいて女性性や母性が無意識と同一視されることがある。このようにユング心理学においては、ことにエーリッヒ・ノイマンの理論において典型的に見られるように、身体、大地、無意識、女性を等置していく傾向がある。だから龍や怪物を倒して女性と結婚する英雄神話が、意識と無意識、あるいは精神と身体の結合を象徴しているとして重視されるのである。また女性の場合でも、前出の拒食症の女性の夢を例にとると、彼女が憧れているのは上の精神的な男性の世界であるけれども、実は下の母性的な世界が無意識に沈んでおり、これと関係を持たないといけないというわけなのである。

上下の位置の身体的なメタファーとしてよく用いられるのが頭と心臓、あるいは頭と腹の対比である。つまり意識的に考えることや精神的なことが頭に位置づけられるのに対して、無意識的なことや情動的なことは心臓や腹に位置づけられるというのである（GW8, §669）。そして頭が身体性から切れた精神活動であるのに対して、腹というのは心身一体となったところと考えられる。[★27] こうして心理療法においては頭で意識的に考えるのではなくて、腹に降りてくることが強調され、魂の座は腹に置かれることになる。これは魂の内に身体を位置づけるのではなくて、いわば宇宙としての身体のメタファーにおいて魂を位置づけたコスモロジーであるとも言えよう。

ファルスと魂

身体をイメージとして捉える「魂の内の存在」という立場は、医学的な身体に基づく心身二元論に対して、多かれ少なかれ魂と身体を同一視したり、あるいは連続した近いものとみなしている。身体を象徴として見ることは、全てがイメージであり魂の現れであるとみなすことなので、その場合に魂と身体の区別はない。また世界としての魂や身体を考える場合にも、魂と身体が全く重なっている。さらに無意識、身体、女性、大地を象徴的に等置する考えにおいては、精神的で意識的なものに対して、魂は身体に近いとみなされている。

ここでもう一度冒頭で引用したユングの夢を振り返ってみよう。前節で述べたように、一見するとこの夢は、天なる父の精神的な世界に対立する大地の肉体の世界を表しているように思える。しかし注目すべきなのは、ファルスが大地にあるのではなくて、地下にあることである。ヒルマンは『夢と冥界』[★28]の中で、古代ギリシャの世界観において、ge (underground) と chthon (underworld) とが区別されていることに着目する。大地の ge が母性、生命や情動の世界であるのに対して、地下の世界である chthon は生命ではなく冷たい死の世界、ハデスの支配する冥界である。魂は大地の世界と区別されたこの冥界に関係しているのであって、大地、母性、身体的なものと等置することができないと言うのである。この区別を端的に示しているメタファーがペルセポネー（コレー）の神話である。大地母神デーメーテルの娘であるコレーは冥界の王であるハデスにさらわれ、ペルセポネーとして冥界の女王となる。母なるものから断ち切られて冥界に赴くペルセポネーの動きこそ、身体的なものから区別された魂を示しているのである。そうするとユングのファルスの夢においても、問題になっているのは身体や大地の次元ではなくて、地下の魂の次元であることになる。

魂の次元が身体と区別されるべきであるとすると、情動がイメージになって現れたり、ファルスが生命としてのリビドーを象徴しているような世界は、魂と関係がないことになろう。また頭に表される意識に対して無意識を腹に置く心理学でよく用いられるメタファーは疑問になる。なぜならば腹は心身一体的な魂の座であり、身体から区別された魂の次元を示しているのではないからである。ギーゲリッヒは「心理学における身体の意味[★29]」という論文で、この頭と腹を対比するメタファーの問題点をついている。ギリシャの身体の観念によると、頭とファルスは優れて魂の座であったのである。これは魂の導き手であるヘルメスが、頭とファルスだけで示されることにも現れている。ゆえに魂の次元を頭より下の身体と関係づけるのはおかしいし、また頭と腹、頭とファルスという対立項も意味をなさないであろう。知的で意識的な面を象徴しているように思える頭と、衝動的で無意識的な面を表しているように思えるファルスは心身論的やコスモロジー的に対立しているようであるけれども、ともに身体とは違う魂の次元に関係しているのである。それゆえに前節で挙げた拒食症の女性においても、ここでは詳しく述べられないけれども、下にある母性的な世界をめざしたり、上下をつないだりすることが必ずしも本質的な治療につながらないことを指摘しておきたい。

そうするとユングのファルスの夢はまた違ったニュアンスを帯びてくる。地下にあった、頭のような上から見おろしていたようなファルスとは、まさに頭でもファルスでもある魂で、ここで述べたような大地や身体と区別された魂の次元を示していたのである。またフロイトがファルスをあれほども重視したのは、ファルスが魂に対して持っている特別な関係のせいなのかもしれないのである。

しかし身体と区別されたはずの魂が再び頭やファルスという身体の部分によって示されるのはどういうわけであろうか。身体には、物理的で医学的な「身体」、これまで述べてきたイメージやコスモロジーとしての身体の他に、この冥界の身体が存在するのである。身体と生命とは切っても切れない関係にあるように思えるけれども、この異界の存在としての身体は生命と関係がなくて、むしろ死につながるのである。これはまた微細な身体（subtle body）と呼ばれているものに関係している。たとえばインドでは微細な身体は男根で象徴されるという。[★30]またユングは賢者の石を半物質的な微細な身体であるとして、その連関でオシリスの頭を例に挙げている。[★31]パラケルススも言うように、人間は身体的な体のほかにこの半物質的な身体を持っているのであろう。[★32]

身体の現実性

身体と言うと、われわれは物理的で医学的な「身体」のことを通常は考えるであろうけれども、これまでの議論から身体と言ってもいろいろな身体があることがわかる。いわゆる物体としての解剖学的な「身体」もあれば、イメージとしての心身一体的な身体もある。さらには頭やファルスで示されるような魂としての身体、異界を指し示すような身体もある。

このようないろいろな身体の関係についてどう考えればよいのであろうか。筆者がユング研究所で分析家になる訓練を受けていた頃に、分析家や研究所の学生からなるメディテーションのグループに参加していたことがある。そこである時に、全員が座って輪になってメディテーションをしていて、順番にひとりだけが輪からはずれて眼を閉じてうつ伏せになり、金属の器を体の上に載せて横でリーダーがその器を鳴らし、次に仰向きになっておなじことをするという課題をしたことがある。トランス・パーソナルの方でも使うようであるが、音はいわゆる変性意識を作り出したり、身体の変容を引き起こしたりする力が非常に強く、時には薬物以上の効果をあげる気さえするのである。さてグループのある男性の順番がまわってきた時に、彼は課題の途中で促されても頭を少し動かしただけで体の向きを変えずうつ伏せのままであったし、また課題が終わってもなかなか現実感が戻ってこなかったので、リーダーがいろいろと注意を払ってようやく目覚めることができた。ところが後で行った全体でのフィード・バックの時に、本人は主観的には体の向きを変えたと思っていたし、瞑想状態から目覚めるのに特に苦労をした覚えがなかったのである。また彼が横になっていた時に、グループのある女性に「彼が山の上の方に行ってしまってなかなか降りてこない」というイメージがありありと浮かんできて、思わず驚いて眼を開けると、リーダーが彼の眼を覚まそうといろいろ努力していたという。彼の姿勢はやはりうつ伏せのままであった。この場合には三つの身体が考えられる。当人の主観的体験に基づく寝返りをうった身体、他人が客観的に見たうつ伏せのままだった身体、そしてなかなか「身体」に戻ってこず、山の上をさまよっていた身体。一体どれが本当の身体なのであろうか。

われわれが現実的で客観的であるとみなしているいわゆる物理的で医学的な「身体」も、一つのイメージにすぎず、実は何の実体性もないことは既に述べた。イメージとしての身体こそが唯一のリアリティーなのである。しかしイメージとしての身体も何の根拠も持っていない。ユングが述べたように、それが遡れる根拠を持っていず、何にも還元できないからこそ、イメージとして現れる身体なのである。それではもはや主観的とも客観的とも言えない、離脱した身体こそ本当の身体であろうか。この身体は前節で述べたようなファルスや頭としての身体、異界としての身体であろう。この場合には当人がこの異界としての身体を意識せず、他の人がそれを見ていたけれども、当人の意識の持ちようでこの身体に気づくことは可能であろう。中沢新一がそのような体験を語っている。[★33]

中沢新一が密教の行者になる訓練をネパールで続けていて、「ポワ」という「意識を身体の外に送り出し、死の状態をコントロールする」ための瞑想のテクニックを行っている時に、自分が自分の身体を上の方から見おろしていることに気づいた。しかし急いでもとの身体にもどらなくてはという気になって、ほどなく普通の意識状態に戻る。これは若い僧が中沢氏が途中でマントラも唱えずに動かなくなり、そのうちに身体が傾きはじめたのにびっくりして、棒で床をたたいて意識をこちらの世界にもってこようとしたのであった。これは先に紹介した体験に類似していると言えよう。どちらの場合も、身体がもとの「身体」を離れてしまい、それに気づいた他人がもとの身体に戻そうとしている。ただ両者の違いは、中沢氏の方が修行がすすんでいるために遊離した身体を意識できたことである。中沢氏は自分の修行体験の深まりを感じて少し自慢げであったという。彼はついに解剖学的で客観的な「身体」でもなく、主観的に体験される心身一体的なイメージとしての身体でもない、魂としての異界の身体に到着したのであろうか。これこそが身体のリアリティーであろうか。

しかしこれに対するグルの言葉は衝撃的である。グルはそれも幻にすぎないと言う。

——……ちょっとばかり瞑想のテクニックを憶えて意識の状態を変えることができると、今度はそこで体験したことを絶対化して、名前をあたえ、この現象界にたいする空性だなどと言ってみせているだけだ。水の目玉が見ている現実も、瞑想で体験する現実も、どちらも現実などではない。おまえはまだ現実というものをつかみきっていないのだ。[★34]

この言葉は、ついに身体のリアリティーにたどり着いたという幻想を見事に打ち砕いてしまう。それと同時に、これはいわゆる「空」や「無」の立場にとどまるのでなくて、現実性に迫る必要性も暗示している。それでは何が身体の現実性なのであろうか。本稿は、いわゆる解剖学的な「身体」、物質主義的な「現実」を転覆し、イメージの現実性、イメージとしての身体に基づくという立場に基本的には立脚している。しかし身体の現実性に到るためには、イメージの現実性をさらに越えた現実性を捉えることが必要になることだけを示唆しておきたい。★35

註 文中★標示

★1－C・G・ユング、ヤッフェ編（河合隼雄他訳）、一九七二『ユング自伝 1』、みすず書房、二八頁以下。

★2－鑪幹八郎、一九九二「ユング三、四歳の夢」『マインド・トゥデイ』六月号、六八～六九頁。

★3－本論文ではユングからの引用は全集（Gesammelte Werke, GWと略記）の巻とパラグラフ（§）の数で示す。なお邦訳は、C・G・ユング（野村美紀子訳）、一九九二『変容の象徴』、筑摩書房、二六五および二六九頁。

★4－同上書、四三五頁。

★5－Gehrts, H., 1986, Vorwort für “Schamanentum und Zaubermärchen.” Erich Roeth-Verlag, Kassel, S7.

★6－フロイト、一九六九『夢判断（下）』（高橋義孝訳）、新潮文庫、六二頁。

★7－C・G・ユング（氏原寛監訳）、一九九二『子どもの夢（I）』、人文書院、九三頁。

★8－Neumann, E., 1974, Ursprungsgeschichte des Bewusstseins. Kindler, München, S.134f.

★9－Stein, R., 1973, Incest and human love. Penguin Books, Maryland, p.76.

★10－織田尚生、一九九〇『王権の心理学－ユング心理学と日本神話』、第三文明社、一八二頁以下。

★11－河合隼雄、一九八七『明恵－夢を生きる』、京都松柏社、九五頁。
★12―マイヤー、一九八九『夢の意味』（河合俊雄訳）、創元社、一七八頁。
★13―Freud, S., 1975, Das Unbewusste. Studienausgabe Bd.III, Fischer, Frankfurt am Main, S.157.
★14―C・G・ユング（氏原寛監訳）、前掲書、一五〇頁。
★15―脱主体的な見方については、河合俊雄「ユング／ヒルマンの元型的心理学」、ヒルマン、一九九三『元型的心理学』（河合俊雄訳）、青土社、参照。
★16―病理化（pathologizing）についても、同上書参照。
★17―C・G・ユング（氏原寛監訳）、前掲書、九五頁。
★18―マイヤー、前掲書、三三頁。
★19―C・G・ユング（小川捷之訳）、一九七六『分析心理学』、みすず書房、一〇四頁。
★20―同上書、一四七頁。
★21―高取正男、一九七二『民俗のこころ』、朝日新聞社、九九頁。
★22―マイヤー、前掲書、四六頁。
★23―C・G・ユング（氏原寛監訳）、前掲書、六一頁。
★24―同上書、九六頁。
★25―同上書、六一頁、および九二頁。
★26―C・G・ユング、ヤッフェ編、前掲書、二二八頁以下。
★27―C・G・ユング（氏原寛監訳）、前掲書、三九七頁。
★28―Hillman, J., 1979, The dream and the underworld, Harper & Row, p.35ff.
★29―Giegerich, W., 1973, Die Bedeutung des Körpers in Psychologie und Psychotherapie. Analytische Psychologie, 14, S.264-284.
★30―C・G・ユング（氏原寛監訳）、前掲書、四〇一頁。
★31―同上書、二七五頁。
★32―同上書、三三九頁。
★33―中沢新一、一九八三『チベットのモーツァルト』、せりか書房、一〇頁以下。
★34―同上書、一三頁。
★35―このあたりの議論に関しては、河合俊雄、一九九八『概念の心理療法―物語から弁証法へ―』第4章「現実性」、日本評論社、三七～五一頁参照のこと。

絶対的な匿名性

松浦寿夫

特定矛盾／主要矛盾

まず最初に、近代芸術史の文脈における機械への参照という主題を組織する際に、いくつかの留保が要請される点を強調しておかなければなるまい。この留保をごく端的に図式化しておけば、同時代の科学技術的な地平に書き込まれる幾つもの発明と、この発明によってもたらされるかもしれぬ芸術家をとりまく環境の変容とに、近代芸術がかりに多大の影響を被むるなり、あるいは、近代芸術が自らの生産の体系およびこの体系の変貌の必然性をこのような科学技術的な現象によって合理化しようと務めるなりするとしても、科学技術的な地平での出来事によって、全面的にかつ、反映論的に近代芸術の生産を可能にしたその内在的な組織化の次元、いわば、芸術の存在論的な次元を決定することはできないということである。

この、ごくあたりまえに見えかねない留保があえて必要となるのも、ある特殊な実践としての近代芸術が、自らの存立の条件ともいえる特定矛盾をしばしば、同時代の主要矛盾に寄りそわせ、また、それに解消していくような所作を示すからである――また、この特定矛盾の主要矛盾への還元の所作が、近代芸術に何か革命的な政治性が発揮される場のような様相を帯びさせるにしても、むしろ、注目すべきは、この主要矛盾への介入のごとき活動が、むしろ特定矛盾を隠蔽すると同時に、主要矛盾をも、その耽美主義的な芸術化によって無化してしまうことになる[★1]――。それはまた、近代芸術が自らの実践を合法化するうえで、たえず、その外側にある――より正確にいえば、外側にあると仮定された――種々の言説を要請するという事態に呼応するものである。そして、この合法化の作業においては、科学技術的な次元の言説がもっぱら要請されたという事態を指摘しておくべきであろう。それゆえ、上記の主題は、近代芸術は何ゆえ、依拠すべきものとして、自らを律し、合理化によるものとして、科学技術的な言説を要請せざるをえなかったのか、また、これらの言説が、多くの場合、知覚の条件、身体の環境の変容という徴のもとに組織されるのはなぜか、また、この組織化は近代芸術に参与した者たちのいかなる欲望の投射によって実現されたのかといった一連の問いの相貌をよそおうことになるだろう。

迅速な手

たしかに、近代芸術のプログラムにおいて、同時代としての現在の生活の諸情景の表現、他の時代と区別される現在性の徴の表出という課題が書き込まれていたことは改めて指摘するまでもないことである。しかも、近代芸術がその誕生の際に同時代性として表現しようとした現在の徴が、絶えず変貌し続ける都市生活を横断する移りやすい無数の運動であるとすれば、運動の力学的な仕組みへの技術的介入は、ときにいまだかつて経験されたこともない次元を都市生活につけ加えることになるだろう。とはいえ、ただちに、この主題的な次元に機械化の徴候を認めるだけでは、単純な図式化にすぎないといわざるをえない。

そこで、まず、馬車についての、

——どういう恰好に置かれようと、どんな勢いで走らされようと、馬車というものは、船と同じように、速記することのきわめて難しい霊妙複雑な優雅さを、運動によって得るものである。芸術家の目がそこから受ける快楽とは、船にせよ車にせよ、もともとこれほどに複雑な物体が、空間の中に次々と速かに生み出す、一連の幾何学的な形象から、引き出されるもののように思われる。

というボードレールの一節（『現代生活の画家』）を引いておくことにしよう。[★2] この一節から、科学技術的な産物としての馬車が体現する速度によって生起した知覚経験の変貌に対応すべく、絵画の生産の体系における変容（速記すること、迅速に描くこと）が生じたといった解釈が編成されうるかもしれない。それは、一九〇九年二月に自らの創設を宣言した際に、イタリア未来派の主導者マリネッティが唱える「速度の美」と、マリネッティに同伴した画家たちが産出した一連の自動車のイコノグラフィーが立脚した美学的な選択、科学技術的な経験の場のなかに開かれる芸術という選択を先取りするものとみなされうるかもしれない。

だが、しかし、ボードレールのテクストにおいて、事態はまったく逆であったとはいわないまでも、留保が必要となりはしないだろうか。つまり、現在時という瞬間の発見ないし、その仮設、またそれに対応すべき迅速な制作、そして制作の速度が絵画面に行使する刻印——大きな筆触、浮動的でぼやかされた線、等々の露出——が一体となった絵画の存在論的な次元での変容が、馬車の運動が体現する美の発見を可能にしたとさえ、むしろみなしえないだろうか。あるいは、より正確にいえば、絵画の変貌と都市生活のなかに露出する時空間感覚の変容とが不意に照応し、一致する瞬間を発見し、また組織しえた点にボードレールの批評の持ちえた美しさと同時に賭金があるのであり、彼は、この批評的な賭けによって、いわば、モデルニテという認識の枠組みを描き出しえたということになろう。

機械性の習得

芸術と科学技術体系、それはいまなお頻繁に論じられる問題の設定であるのだが、しかし、ここで留意すべき点は、多くの場合、このふたつの項が、一種の因果関係、ないし影響関係の相のもとにおかれがちであるということである。すなわち、この種の問題設定において、いずれかの項に力点がおかれ、また先在性が付与されるにせよ、一方が他方に先在し、いわばひとつの源泉として、他方にその効力を波及させるという構図は、しばしば、応用といった語彙を要請する所作をともなうことにおいて、それ自体が、ある種の科学技術観を反映することになってしまう。このような見地を、ごく端的に、道具的な世界観と呼んでもかまわないだろう。

そして、このような道具的世界観のもとで、機械はもっとも顕著な道具の一形態とみなされることになりかねない。だが、しかし、近代芸術において、機械と身体とが遭遇する場とは、まさに、この道具論的な世界の外側に拡がる場に他ならない。なぜならば、ここで機械は何か道具性に対立し、道具性からの離脱の運動として、従来の道具論的な機械観のもとからその本質的な機械性を独立させる作用として措定されるのであり、しかも、そのような運動としての機械性に身体が遭遇し、そして、身体がこの機械性を習得していく出来事が形成されたのも、身体もまた機械と同様に道具論的な世界観の構図のもとにおかれており、この構図からの脱出の方向をまさに機械性の運動に求めざるをえなかったからだ。

ところが、機械と身体との遭遇する場は、きわめて多くの場合、二重の道具論的な思考に拘束された視点からのみ論じられることになる。というのも、機械は身体の延長とみなされ、その意味で機械は身体に対して道具的な従属性のもとにおかれ、また、身体は意識ないし脳の指令への服従を余儀なくされているかのような構図が、この種の議論をしばしば基礎づけているからだ。それはたとえば、芸術の文脈においても、ただ科学技術の新たな局面の出現をもって、芸術の存在論的な次元を全面的に規定しようとする様態として、反復的に出現し続けているある種の認識論的な障害においても、きわめて顕著な構図である。あるいは、人工知能やロボット工学をめぐる言説に、ときとしてつきまとう素朴な思考が、いわばアントロポモルフィック（anthoropomorphique）な信仰の温存のもとで、機械を人間、とりわけ意識ないし脳を絶対的なモデルとして要請する点で、この意識への従属という道具論的な地平に拘束されかねないということも指摘しておくべきだろうか。

いずれにせよ、いくつかの芸術作品において、機械性の運動への参入と習得という試みは、何か道具的な機械の再現＝表象ないし、その具体的な利用といった次元とは別の次元で、身体と機械とが不意に一致するこの道具論的な世界からの逸脱という不可能な一瞬の組織化として、その姿を露出させるかもしれない。それゆえ、以下の記述は、何がしかの機械の表象の追跡の試みではなく、機械性の運動の習得の試みの記述となるべきであろうし、それは、ときにいわゆる可視的な機械＝道具とは無縁にみえかねないものの領域にさ迷いこまねばならぬことになるかもしれない。だが、そのような場合でさえ、『一八四六年のサロン』のボードレールにならっていえば、「一枚のタブローとは、その仕掛けのすべてが熟練した目には理解可能な一個の機械である」といっておくことにしようと思う。[★3]

ル・コルビュジエとモデュロール

機械という語が芸術的な実践の特権的な暗喩として用いられ、また、それに対応して、芸術家という呼称がむしろ技師という語によって置き換えられるべきであるとされた環境が、今世紀の初頭から顕在化したことは周知のことがらであり、この文脈において、建築家のル・コルビュジエの存在は、彼の「住宅は住むための機械である」という簡潔な定式とともに、その代表的な例とみなされるだろう。

だが、ル・コルビュジエが要請する機械という暗喩、住宅が模倣すべきものとしての機械というモデルは、単に科学技術論的な次元によってのみ決定されているというよりも、つまり、社会のなかで広範に一般化する科学技術の成果の活用といった実用的な側面にのみかかわるのではなく、むしろ、ある種の純粋化という過程のもとに構想される秩序を体現するものとして用いられている。それは、ダーウィン的な自然淘汰の延長線で位置づけられるような機械的な淘汰の法則の想定によって到達される秩序であり、また、無限に反復されうる原基的なモデルである。この意味で、ル・コルビュジエが用いる文脈での機械という語は、たしかに、規格化と大量生産という今世紀の新たな技術的な現実に対応しつつ、また同時に、世界の多様な相貌を産出する原初的な秩序の想定と探求という抽象的な思考の様相を帯びることになる。それは、ル・コルビュジエが好んで用いる用例、いわば特権的な機械の例が、自動車と同時にパルテノンの神殿であることにも、この二面性をうかがうことができる。[★4] けれども、この原基的な機械には、もうひとつ別の次元が存在する。

そこで、レイナー・バンハムが伝える、ル・コルビュジエをめぐるある逸話をとりあげておくことにしよう。[★5] 一九二〇年代に、すでに、ル・コルビュジエは建築の世界においてその存在を確立し、多くの議論の中心的な主題を形成していたが、また同様に、彼自身の身なりもまたそのような論評の対象となっていたということだ。ダーク・スーツ、山高帽子、パイプ、ちょうネクタイという装いによる技術者という姿、それは、機械文明の出現というような符牒とともに語られる時代の典型人間 (homme-type) として、自らの身体を組織しようという企てとさえいえる。このダンディスムともナルシシスムともいえる身振りは、技術者としての現代人という規格化された典型に、したがって、ル・コルビュジエの語彙の体系によれば、規格化と多数化の原基としての機械にむけて、自らの身体を変容させようとする身振りのようにもみえる。

規格化された身体のそなえる一種の匿名性とは、実際、クールベやマネが描くブルジョワたちが身にまとう黒い燕尾服のように、匿名なものであると同時に、まさにこの匿名性のゆえに、現在時の特異な徴でもありえるのだ。そして、ボードレール的な意味でのダンディスムは、品位にその美的な特質をおくものであり、それゆえ「身だしなみの完璧さは絶対的な単純の裡に存するものだし、事実、絶対的な単純こそは品位をもつ最善の方途である」ということになる。[★6] 絶対的な単純さ、それは個人的な特性を欠いた匿名性を深化させることによって生起するかもしれぬ逆説的な特異性のゆえに、ダンディスムを形成しうるという点で、機械性の運動の圏域に接近してくる。つまり、絶対的な単純性は個性といったような通俗的な主観的表象をことごとく欠くことによって、限りなく匿名の領域のなかに自らを押し拡げていくさなかに、意識に拘束されえない特異性を機械的に産出しえるかもしれないということである。

機械性とは、その絶対的な単純さと匿名性のゆえに真に特異なものでありえるという逆説によって支えられた運動であり、また、その意味で、決して主体の意志によっては内面化しえぬものである。ところが、ル・コルビュジエの要請する機械は、二重の意味で、この機械性の運動から遠ざかっていく。つまり、まず、先にも述べたように、ル・コルビュジエが用いる機械という暗喩が、機械文明の技術的な次元と同様に、世界の恒常的な様態の次元における本源的な秩序の存在を指し示すものであるばかりか、さらにこの秩序がまた、人間の身体をモデルにするというその基本的な構想において、機械ないし機械が可視的に体現するとみなされる秩序が、一種の人間主義的なあるいはアントロポモルフィックな視角に従属し、また、それを反映するような仕組みに立脚しているという意味でだ。

このようなル・コルビュジエの機械をもっとも明瞭に定式化したものとして、モデュロールと名ざされた概念装置がある。この、尺度（module）と黄金分割（section d'or）という語を組みあわせて作られたモデュロール（Modulor）は、一九三一年に刊行されたマティラ・ジカの著書、『黄金数』に依拠しながら、建築をはじめとする技術的な製品に理想的な秩序をもたらしうる一般的な尺度の体系として、一九四〇年代から構想され、一九五〇年代にこの語を題名とした二巻の著書として刊行された。

ところで、このマティラ・ジカの著書に寄せて書かれた短いテクストで、ポール・ヴァレリーは、黄金数という任意のものにみえかねない定式がそなえる「遍在性と繁殖性」の無限に対して開かれたかのような詩的性格に驚嘆しながらも、ひとつひとつの芸術作品が、決して同じものとして反復されることのない一問題の特殊なひとつの解決であるという、芸術制作の特殊性と黄金数が体現する美的戒律の一般性との間の解消しがたい相剋の所在について言及している。[★7] この特殊性／一般性の対立をめぐって、ヴァレリーの思考は少なからぬ動揺をおび、一般性の原理がその局所的な適応において出会うかもしれぬ抵抗と、それによって生起する一般性を標榜する原理そのものの動揺という、ヴァレリーの思考に絶えずつきまとう主題が露出してくるが、この文章では、とりあえず、「偉大な芸術は全人に対応しなければならないのです。〈神聖比例〉は全般に通じる尺度です」という収拾策を提出することによって、自らの思考の揺れ動く回路そのものを一時的に隠蔽している。だが、この思考回路の意図的な封鎖が、「全人」という概念の要請、あるいは「神聖比例」への言及によってなされている点に注目しておこう。

黄金数のアントロポモルフィックな仕方での回収、この点で、ル・コルビュジエはヴァレリーにくらべてはるかに楽天的である。この楽天性は、たとえば、一九五〇年に刊行された『モデュロール』の第一巻に与えられた副題、「建築ならびに機械工学に普遍的に適用可能な人間的規模の調和のとれた尺度に関する試論」をはじめとして、第二巻（一九五五年刊行）を含めて、そのテクストの全体にまで及んでいる。いずれにせよ、一辺の長さを一・一三メートルとする正方形ふたつからなる長方形の枠の内部に腕を高くかかげた男性が書き込まれた図において（したがって、この男性の足もとから上にかかげた手の先までの長さは二・二六メートルである）、へその位置が一・一三メートルの高さに位置し、男の身長は一・八二九メートルに設定されているが、この二・二六メートルと言う数値が住宅を構成する際の普遍的な、つまり「全人」に有効な基準数値となる。

このモデュロールには、当然のことながら、ヴィトルヴィウス的な伝統、建築を人間の形態を基軸として思考しようとするアントロポモルフィックな伝統を認めることができる。あるいは、より正確には、アントロポモルフィックな形態観から、アントロポメトリック（anthropometrique）な比例法則へという伝統の変容を認めるべきだろうか。実際、一九五一年の第九回ミラノ・トリエンナーレが、「神聖比例」（De divina proportione）という総題のもとで、この伝統の系譜を描き出したことは、ル・コルビュジエ自身が『モデュロール』第二巻で記しているとおりだ。比例法則、黄金分割といった数の体系、それも神秘主義的な含意を帯びた体系を、いわば人間主義的に書き換えることと要約しえるかもしれぬこのモデュロールは、ある意味で、たえずこの体系そのものが本質的に持たざるをえない前提の恣意性にさらされている。むしろ、神聖な比例法則の援用とは、この原理的な恣意性という事実の隠蔽のためになされたとさえいえはしないだろうか。ともあれ、モデュロールの体系の図示にいつも現れるあの男の身長はなぜル・コルビュジエ自身とほぼ同様に、一・八二九メートルでなければならなかったのか。ここで、今一度、機械性の運動を恣意的な関係という面から検討しておかねばならないだろう。だが、その前に、ル・コルビュジエの機械が、そのアントロポモルフィックな構図のもとで、機械を必然的に人間の外延として道具論的に回収することにならざるをえないばかりか、この回収作業の場面で想定される人間がまた、ル・コルビュジエ自身の外延をなすという様相を明らかに示すがゆえに、この機械とそれを道具として用いる人間とを同時に自らの道具とし、それらに対して君臨する位置を、主体としてのル・コルビュジエが占有することになるとさえいえよう。それゆえ、この二重の回収の操作をつうじて、ル・コルビュジエは、その本質からして恣意的なものでしかありえないモデュロールに代表されるような規格を、一種の普遍的な原理として絶対化し、機械という操作概念の援用によって、世界を自らの主体としての意志のもとに基礎づけ、秩序づけようとする欲望をはっきりと露出させている。その意味で、自らを同時代の典型的な人間として示そうとする、彼をめぐるさきほど引いた逸話は、この非＝ダンディ的な欲望の素朴な発露とみなすこともできるだろう。そして、ル・コルビュジエにおいて、機械と人間との遭遇が、結局のところ、人間の主体の制御のもとに組織された虚構めいた出来事に他ならないとすれば、それは、機械が人間の意識の外部で、人間の意識とは無関係に作動する動物性としてよりも、意識の秩序の外延的な補完物にすぎなかったからである。そのとき、機械は、人間が遭遇すべき他者でもなければ、習得すべき運動でもありえなかったはずだ。

シュレンマー／クライスト

そこで、ル・コルビュジエと同時代を共有し、近代建築の動向の重要な側面をにない、科学技術的な地平への関心と伝統的な工房という仕組みの復活とが交叉する場に形成されたバウハウスで繰り拡げられたあるひとつの実験にふれておきたい。人間と機械とのおりあいをどのようにつけ、いかにして両者を調停するかといった問いは、たしかに、二〇世紀初頭の意識を深くとらえた関心であったといえるし、バウハウスという教育施設それ自体もこの問題へのひとつの対処の在り方の提出の試みといえないこともない。個性の発露の場としての芸術という素朴な理念に機械が鋭く対立するものであるという認識の一般化した状況は容易に想像しうることであり、とはいえ芸術という理念の救済は、もはや機械への素朴な反逆という仕方では十分になしえず、必然的に機械と芸術との、また機械と人間との対立とは異なった地平の模索の作業がなされねばならぬという自覚がバウハウスの実験そのものを規定したといえよう。

機械と人間との新たな関係の創設という試みにもっとも直接的にむかいあうことになった芸術家としては、バウハウスの諸工房のマイスターたちのなかでも、とりわけ、オスカー・シュレンマーを考慮に入れなければならないだろう。一九二〇年代初頭から一連の「三組のバレー」を実現し、また、バウハウスの舞台芸術工房のマイスターをつとめたシュレンマーの活動の興味深い点は、人体の動作にみられる機械的かつ数学的な側面に着目し、従来、芸術の理念からは十全たる検討の対象となりえなかったこの側面をさらに拡大し、人間の身体運動をより一層の機械的運動性に近づけていこうとした点である。もちろん、シュレンマー自身は、機械化可能なものはすべからく機械化されるのであるから、むしろこの機械化を過剰なまでに徹底させることによって、何か本質的に機械化しえぬものの認識へ至ろうとする、一種の戦略的な賭けを構想していたようであるし、それゆえ、機械は最終的に一体化すべき理想的なモデルを形成するというよりも、機械化しえぬ領域の画定のために受け入れ、習得すべき環境を提供することになる。

だとすれば、身体の機械化の試みとは、ここでもまた、最終的に機械たりえないものを求めての冒険であり、この機械化しえぬ場所とはいうまでもなく人間に、それも、今世紀の機械文明という環境のなかに生きる人間に割りあてられる唯一の本源的な場所であるとみなされることになる。

人間の身体を機械化し、抽象化する特権的な場である舞台において、俳優である人間はこの任務のために自らの形姿を大きく変容させねばならない。衣裳や扮装もまた、この変容のためのひとつの重要な機能をはたすことになる。衣裳や仮面によって、たしかに、人間はその本性を隠蔽するなり、あるいは逆により強烈に示すなりすることができる。だが、それらの外見的な装いによっては決して変容させえぬものがある。それは、人間の身体的な制約であり、そして、この身体が従属させられる重力の法則である。このふたつの点で、人間の身体的な運動は、かりにアクロバティックな努力がなされようとも、決定的な不自由さのもとにおかれざるをえない。そして、この制約からの脱出の試みの可能性を、シュレンマーは、クライストのマリオネットやホフマンのロボットなどに見出すことになる。だが、この論理的な帰結は、シュレンマー自身が言及するイギリスの演出家、ゴードン・クレイグの超＝マリオネットによる演劇、つまりもはや俳優としての人間を欠いた演劇という構想へとむかわざるをえないということになりかねない。この意味で、シュレンマーの試みは舞台からの人間の全面的な退場という事態の手前にとどまりつつ、なおかつ、人間の動作に機械的な運動の模倣を強いるという戦略を組みたてていくことになる。だが、この戦略は、あたかも人工的な身体道具のごとき衣裳による象徴的な暗示という次元にとどまることになったのではないだろうか。もちろん、個々の登場人物が習得した身振りのパターンが、この種の道具が課すかもしれぬ不自由さのさなかで、もはや自らの身体の動きとして統御しえぬかもしれぬ未知の振幅を不意に発動させ、しかも、この振幅が主体にとって未知なものであるという事実からして、主体の意識作用から自由な身振りの運動性をつかのまとはいえ露出させえたかもしれぬという点は強調しておかねばなるまい。★8

おそらく、シュレンマーが組みたてようとした象徴性の網の目を形成するはずの衣裳的な諸要素は、シュレンマーの意図——機械と人間とのありうべき理想的な結合という夢を、結局は、機械という概念の凝人化という方向へ導こうとする意図——に逆うかのようにして、不自由さのさなかにおいてのみ露出しうるような自由な運動性の条件を産出したといえるかもしれない。つまり、身体が必然的にもたざるをえないその運動性における制約と同時に、シュレンマーが課した象徴作用という同じく不自由な制約のもとで、この制約が舞台上の俳優を、彼の主体的な意識にも、また、シュレンマーの意図にも依存しない、いわば非帰属性という意味で自由な運動へと導いたのではないかということだ。

この点で、クライストの「マリオネット劇場について」と題されたテクストは、その少なからぬ影響のもとにあるシュレンマーの実験よりもはるかに過激な徹底性をそなえているとさえいえよう。[★9] それはまた、機械という概念の真の深化が、必ずしも科学技術的な条件の大がかりな変貌という地平によって説明されうるわけではないという事実を、きわめて具体的に示す例証ともなりえるだろう。いずれにせよ、クライストは、この奇妙な短いテクストで、操り人形がその運動の優美さという点で人間よりも圧倒的に優れているという命題を論証しようと努めている。

ところで、クライストのテクストにおいて、人形の優雅さを保証するものはふたつの次元において設定されている。それは重力をめぐる次元と、意識ないし反省作用の次元である。前者に関していえば、人形が実現しうる優雅な運動性が、人形が自らの有利な性質としてそなえる、その反重力性に依拠しているという指摘によって示される。人間の身体的な運動を拘束する重力の法則とは、いわば物体がもつ惰性状態にほかならず、それがたとえばダンスといった活動の場面で、優雅さの徴の産出を妨害することになるわけだ。これに対して、操り人形においては、あらゆるたぐいの運動がひとつの重心をそなえるように、人形もまたその重心を持つわけだが、しかし、人形は自らの内部に位置する重心を自在に移動させうるがゆえに、重力の法則の支配からの離脱の可能性を描き出しえるのであり、そこに優雅さが生まれる可能性もあることになるといえよう。

それでは、この重力という物理学的な次元は、意識作用の次元とどのように接合しうるのだろうか。それは、人形の動作の優雅さが、その飾りけのなさによるのに対して、人間は意識作用の介入のゆえに自らを飾りたてようとしてしまうために、この身体的な運動がそなえるべき美質をとり逃してしまうように、意識作用は、「魂（運動を起す力）が、運動の重心とはどこか違うところにおかれる」ような事態を引き起こすという記述から、類推してみることもできる。つまり、意識作用は、機械的な運動性の発露を可能にするような重心の移動に介入し、この移動を阻害し、重心を何がしかの場所に固着させてしまい、そのために、いわば無限に対して開かれた自在な運動性を、意識が設定する構図、端的に飾りつけとして現れる構図のもとに編成し、そして、それを閉ざしてしまうことになる。それゆえ、人間は、無限の意識をそなえた神と、意識をまったくそなえぬ人形とのあいだで、この両者が発揮しえる純粋な優雅さから遠ざかっていかざるをえなくなる。

人間は「知恵の実」を食べて以後、この意識作用から決して自由ではありえないのだが、にもかかわらず、

——生命を脈打たせている世界では、反省がぼやけて力の弱いものであればあるほど、優雅さがそれだけ燦然と、またそれだけ強力に現われる。

という事実を知った以上、意識作用が介入する以前の状態、一種の原初的な純粋無垢な状態に再び還帰するためには、たとえば、操り人形の機械的な運動を改めて習得しなければならない。つまり、機械を参照し、その運動性を習得するという試みは、自らの意識作用を徐々に縮少化し、稀薄化していく作業であって、この文脈では、機械とは意識が極小化された匿名の環境、匿名であるがゆえに無限性に開かれうる領域の名にはほかならない。

そして、クライストによって「世界の歴史の終章」として構想された段階とは、「知恵の樹の実をまた食べる」ことによって、すなわち、知恵という名の意識作用を統轄するものをひとたび身につけた以上は、知恵の獲得を徹底するというホメオパシー的な対処によって、無垢な状態に回帰することをめざす段階といえよう。それは、何がしかの

知恵の習得と意識作用の発生の段階以前に素朴に回帰するということではなく、むしろ、知恵の領域を無限化する努力によって意識作用の匿名化をはかる試みである。このホメオパシーの構想は、機械を自然性との対立のもとに置く思考に逆い、いってみれば機械化の極限において露出する状態に自然性を見出すという点で、科学技術をめぐる思考の一般的な合意そのものの存立を問いなおすことになる。いずれにせよ、クライストのこのテクストで暗示される本源的な自然状態とは、意識的な反省作用によって特定化されることのない存在、もはや人間の存在とすら呼びえないことになるかもしれぬ存在が生起する場として、自らの主体化可能性の放棄ないし解消とによってのみ定立されうるようなきわめて逆説的な主体が、匿名のものとして出現する場として描かれてはいないだろうか。そして、この場合、機械とはこの匿名の環境の運動に与えられたひとつの名であるといえるかもしれない。

私生児の機械

クライストの「マリオネット劇場について」では、神と人形とは、前者が意識の無限性によって、また後者が意識の欠如によって特徴づけられるという点で、たしかに対極に位置するものであるかのようだ。けれども、また、この両者は原初的な純粋無垢の状態を体現するものとして、ある意味では同じものであるともいえる。そして、神と人形とがそれぞれ体現するふたつの極、意識の無限性と意識のゼロ度のあいだに人間は位置することになる。しかも、この両者がいずれも純粋無垢な原初的な自然性の環境そのものであるとすれば、人間はこの自然性への還帰を、いわば神に限りなく接近するか、あるいは、人形＝機械に限りなく接近するかによってしかはたしえないことが、ここでは暗示されている。だが、いうまでもなく、このテクストではもっぱら後者の選択が主題化されている。

ところで、神と機械のこの相同的な関係は、そのいずれもが人間の意識から独立しているという点に立脚しているわけだが、この両者の関係にはまた、ひとつの奇妙な次元がつけ加わることも指摘しておくべきかもしれない。というのも、神がその全智全能という性質のゆえに、機械を自らのうちに包含するという、一種の従属関係が生じかねない、おそらく、神にこの従属関係を保証することによって設立される神学の枠組みでは、機械もまた神の道具と化しかねないからだ。そして、特殊性の徴を帯びる例外的な事象の法則を研究する科学としてパタフィジックを要請し、たとえばその『超男性』で性愛の機械を描き出したアルフレッド・ジャリの奇怪な定式、「神はゼロから無限への、また無限からゼロへの、最短距離である」という定式をここで想起しておくことにしよう。[★10] 無限とゼロとを限りなく接近させる存在である神、それは、また機械の場を横領する存在でもあるのかもしれない。

いずれにせよ、神も機械も人間が創り出したもの、それも、自らの姿に似せて創り出したものであるという点に立ち戻ることにしよう。たしかに、神も機械も人間の一種の似姿として構想され、その意味では、いずれもアントロポモルフィックな思考の産物といえよう。けれども、それらは人間の似姿、人間の諸特性の投影像でありながら、しかし、また同時に、人間を超えるものとして礼賛される対象でもあるという点に注目しておかねばならない。ここでも、神と機械の相同的な関係が認められる。

だが、この構図のもとで、神ないし機械を単に崇拝するという所作を導き出すというよりも、自らの似姿として作り出したものが、当のモデルであった自分を超え出るという仕組みに一種の過剰性の運動を見出すこともまたできるはずであって、この過剰性がひとつの明確な生の倫理として要請されうるかもしれない。そして、この場面で、あのフランシス・ピカビアの奇怪な試みに出会うことにもなるだろう。とはいえ、それはただ単に、「機械の時代」と通常、区分される時代（一九一五―一九一八年頃）の彼の試みだけをいっているわけではなく、多様かつ迅速な変貌をとげていったピカビアのあらゆる制作の場面に明瞭に現れるひとつの倫理である。もちろん、この「機械の時代」と呼ばれる時期の彼の絵画は、何かの機械の部品のようなもの、あるいは現実にはありえない不可能な機械などの図像と謎めいた言葉をともなっているし、実際、一九一五年の「空想」と題された作品の副題は、「人は己が姿になぞらえて神を造れり」と記されている。そして、ピカビアが反復的に用いる表現を借りれば、「母なしで生れた娘」としての機械は、その一種の私生児性によって、それを産み出したものに決して帰属しえぬものであって、その意味で、機械を産出した人間の支配を過剰に超え出てしまうのである。

このように、ピカビアの「機械の時代」の作品群においては、機械と人間との関係が、モデル（＝人間）に対する圧倒的な過剰性としての機械という配置のもとに、きわめて具体的に示されていることはたしかだ。また、機械の図像の再現的にみえる描写――とはいえ、それが存在しない機械の描写であるとすれば、ここで、再現的という語には奇妙なねじれを認めておかねばならない――と、それに付随する言葉によって、機械／人間の関係は図解的に示されているともいえる。だが、この関係は何も「機械の時代」の作品にのみ暗示されているのではないという点は、くり返しになるが強調しておかなければならない。むしろ、ピカビアの多産な制作に貫かれた生とは、まさに、この関係を現実的に生きること、いわば機械的な過剰性のなかに自らの生を解き放つことに貫かれていたと考えるべきであろう。五年ごとに自らの制作様式をあざといまでに変貌させ、日々シャツを着がえるように作品を変えていったという、少なからぬスキャンダルをともなった逸話も、また、この機械的な生の付随的な側面とみなすべきであろう。

自らを機械化すること、それは、機械がモデルからの離脱と超出であるという意味で、モデルなしの絵画の制作という様相を呈することになる。

だが、モデルなしの絵画とは、単に絵画外現実にある何がしかの対象を表象＝再現することを放棄した絵画という意味ではない。つまり、それは抽象的な絵画の成立をめぐる議論において頻繁に要請される論拠とは別の次元に位置する論理である――もちろん、ピカビアは抽象的な絵画のひとつの起源を画した作品群を制作してはいるが、しかし、彼の作品はむしろ表象＝再現の仕組みに奇怪な歪みをもたらす点で、きわめて特異なものといえるだろう――。そして、モデルなしの絵画とは、また、ピカビアと同時代を共有した同伴者ともいえるマルセル・デュシャンがこの友人の類まれな美質として着目したように、過去に作られた作品の記憶をことごとく欠くことによって可能となる絵画であるともいえる。しかも、ピカビアの徹底したこの健忘症的な特質は、単に過去の誰がしかによって制作された絵画の記憶ばかりでなく、自らがかつて制作した絵画にまで作用したという点にある。そこでは、機械は、記憶を欠いた現在の反復的な作動の裸形の状態、ピカビアの表現を借りれば、一種の「瞬間主義」の様相のもとに出現しえるだろう。

とはいえ、ピカビア的な意味での機械としてのモデルなしの絵画は、また、単に過去の記憶を欠いているばかりではない。モデルという概念が、必然的に過去に遡行するかたちで探り出された何らかの規範を未来にむけて投射されたものである以上、モデルなしの絵画とはどこにむかって進んでゆくかを決してあらかじめ察知しえない、つまり、ある絶対的な目的因にむけて現在の振動を組織することの不可能性の地平においてのみ開かれる絵画でなければならない。おそらく、ここで、もう一度、過剰性という性質について考えておかねばなるまい。というのも、絵画というモデル、絵画という理念の枠組みをあらかじめ知ることなしに、絵画の制作を開始することが困難であるばかりか、本源的に不可能なのだから、何か絵画と呼ばれるものを作り出すためには当然、ある先験的なモデルを要請せざるをえないのであって、そのときなお、モデルなしの絵画を実現せざるをえないのであるとすれば、絵画という実践によって絵画という理念それ自体を破壊し、いまこの手のさだかではない震えをどこにも帰属しえない過剰な運動として開くこと、つまり端的にいえば絵画というモデルのもとにそれが結集していくかもしれない動向を阻止し、モデルなき拡がりのなかにこの振動を押し拡げていかねばならないからだ。すなわち、過剰性とは、絵画というモデルのいわば似姿として創設され、開始された運動が、このモデルを超え出る際に発揮する力学として了解されるべきものであるということだ。

それゆえ、このモデルなしの絵画という倫理は、機械と人間とのある関係の様相のもとに組みたてられた「機械の時代」のピカビアの作品に、きわめて説明的に暗示されているとしても、ピカビアにとってはその生のあらゆる局面で担われ、展開されるべき課題であったように、何も機械の視覚的な図像への反応の局面にのみ露呈するわけではなく、多くの場合、機械とは無縁にみえかねない姿で出現するものである。なぜならば、先に引いたボードレールの一節がごく端的に示すように、そもそも絵画はひとつの機械であるからだ。そして、いくつもの過剰性の徴が、いかなるモデルにも帰属しないという絶対的な匿名性の場を開いていくとき、安易な機械趣味的な一群の表象は、この真の機械的運動性の発露を偶劣な象徴性の網のめで封鎖しかねないこともあることもまたつけ加えておかなければならない。★11

同じもの／異なるもの

考えてみれば、これまでに夥しい数の機械が表象＝再現されてきたし、これまでにときには、不可能な機械さえもが表象されてきた。★12 それは人間と機械とのさまざまな錯綜した関係として投射されたファンタスムの形象をかたちづくってもいる。けれども、機械的な運動性とはこの種のファンタスムとは無縁のものであり、むしろ、このような主観的な欲望の組織する場の外側でくり拡げられる出来事であるというべきだろう。そこで、機械とは対極的な遠さにあるかにみえる印象主義のきわめて重要な担い手であったカミーユ・ピサロがアンリ・マティスに語った指摘をとりあげてみることにしよう。

印象主義者とは何かとマティスに問われたピサロは驚くべき明解さで、印象主義の画家とは決して同じタブローを描かない者であると答えている。印象主義者のタブローはすべてが異なっているというわけだ。さらに続けて、これに対して、セザンヌは印象主義者ではないとして、セザンヌは全生涯をとおしてひとつの同じタブローを描き続けたからだとピサロはいう。この対話は、印象主義／セザンヌの差異の指摘という歴史的な文脈のもとにおかれるべきものであるが、しかし、ここで示される対比はきわめて興味深いものである。というのも、この指摘は、印象主義が大きな変貌をとげようとする時代——ちなみに、ピカビアもまた卓越した印象主義者としてその制作活動を開始する——の文脈を超え出る問題に触れえているからである。

決して同じタブローを描かない／ひとつの同じタブローだけを描き続けるというかたちで定式化しえるこの発言は、差異性／同一性、あるいは多数性／単一性という対立の枠組みを示しているといえるかもしれない。ところが、印象主義の変貌とは、この対立が機能しえなくなる一瞬の経験として記述しえないだろうか。つまり、「同じタブローを描かない」と「同じひとつのタブローを描き続ける」とが同じことであるような瞬間、異なるものが同じであり、同じものが異なるという経験、多様なものが単一的であり、単一的なものが多様であるような経験として。この特異な経験こそが匿名性の場であり、それに、「永遠回帰」という哲学的な概念を与えた者が、ニーチェに他ならない。機械の哲学者としてのニーチェ。

画家以上の何ものか

デュシャンはピカビアをさして、たえず更新される新鮮さのゆえに、「画家以上の何ものか」になると書いている。以上であるか以下であるかを問うまでもなく、いずれにせよ、何か画家とは別の何ものかになるというこの定式は、ごく端的に機械になるという書き換えを許すだろう。さらに、このデュシャンの定式をかりて、たとえば印象主義の変貌を生きた画家たちは、その永遠回帰の経験のゆえに、画家以上の何ものか、つまり、機械になるといえるだろう。

註 文中★標示

★1―ここで用いた主要矛盾／特定矛盾という概念の近代絵画史の分析への導入としては、Mareelin Pleynet, 1971, *L'enseignement de la peinture.*〔マルスラン・プレネ、岩崎力訳、一九七六『絵画の教え』、朝日出版社〕の序章ともいえる、《Contradiction principale. Contradiction spécifique. L'imitation de la peinture》を参照されたい。ただし、ここでプレネは西欧近代絵画史が特定矛盾の領域への一種の閉塞としての形態的な革命主義へと自らを純化するなかで、主要矛盾からの切断として機能してしまうイデオロギーの批判的な分析を展開しているという点で、筆者とは逆の方向から分析を進めているということをつけ加えておきたい。

★2―Charles Baudelaire, 1976, *Le peintre de la vie moderne*, in *OEuvres Complètes*, II, p.724.〔シャルル・ボードレール、阿部良雄訳、一九八九「現代生活の画家」『ボードレール全集』第四巻、河出書房新社、一八一頁〕

★3―Charles Baudelaire, 1976, *Salon de 1846*, in *OEuvres Complètes*, II, p.432.〔シャルル・ボードレール、阿部良雄訳「一八四六年のサロン」『ボードレール全集』第三巻、河出書房新社、九三頁〕

★4―たとえば、Le Corbusier, 1984, *Vers une architecture.* を参照のこと。

★5―Reyner Banham, 1960, *Theory and design in the first machine age.*〔レイナー・バンハム、石原達二・増成隆士訳、一九七六『第一機械時代の理論とデザイン』、鹿島出版会、三五九頁〕。なお、ここで建築における近代性の議論を身体の装飾という枠組みにおいて展開したテクストとして、アドルフ・ロースの「装飾と犯罪」（一九〇八年）をあげておきたい。このテクストで、ロースはパプア・ニューギニアの人々の入墨と「近代人」の様相の対比から、装飾性の稀薄化を近代性の度合いの尺度として記述している。Adolf Loos, 1979《Ornement et crime》, in *Paroles dans le vide*, traduit par Cornelius Heim.

★6―Charles Baudelaire, 1976, *Le peintre de la vie moderne*, in *OEuvres Complètes*, II, p.710.〔シャルル・ボードレール、阿部良雄訳、一九八九「現代生活の画家」『ボードレール全集』第四巻、河出書房新社、一六六頁〕

★7―Paul Valery, 1931,《Lettre à l'auteur du *Nombre d'or*》.〔ポール・ヴァレリー、佐藤正彰訳、一九七三「『黄金数』の著者に」、『ヴァレリー全集』第五巻、筑摩書房、二五三―二五六頁〕

★8―オスカー・シュレンマーの著作に関しては、次の仏訳版を用いた。Oskar Schlemmer, 1978, *Théâtre et abstraction*, traduit par Eric Michaud.

★9―Heinrich von Kleist, *Über das Marionetten theater.*〔ハインリッヒ・クライスト、佐藤恵三訳、一九八四「マリオネット劇場について」、『ドイツロマン派全集』第九、国書刊行会〕

★10―Alfred Jarry, 1972, *Gestes et opinions du Docteur Faustroll, Pataphysicien*, in *Oeuvres Complètes*, I, p.733.

★11―ピカビアの「機械の時代」の絵画群の綿密な分析としては、

William A.Comfield, “The Machinist Style of Francis Picabia”, in *The Art Bulletin*, XLVIII (1966, 11-12) がある。また、筆者のピカビアへの言及として、「モデルなしの絵画――イメージの倫理」(『美術手帖』、一九八四年一〇月号)、および、「遅れてきた青年――フィギュールの導入へ」(『ユリイカ』、一九八九年九月臨時増刊号) を参照していただきたい。

★12―特異な機械群の組織的かつ網羅的な記述としては、Michel Carrouges, 1954, *Les Machines celibataires* [ミッシェル・カルージュ、高山宏・森永徹訳、一九九一『独身者の機械』ありな書房] がある。だが、若干の留保をこの先駆的な著作につけ加えることが許されるとすれば、この著作それ自体の記述は、ときにあまり機械的でない点が散見されるように思われる。

※編集部註 なお、本論で触れられているル・コルビュジエのモデュロールについて、本書収録の角野論文「建築と身体」三三五頁にその概念図が掲載されている。

クロゼットの中の骸骨たち
一八世紀の解剖学における最初の女性骨格図像

ロンダ・シービンガー著　本間直樹・森田登代子訳

凡例
（　）：著者による補足および註
［　］：訳者による補足および註

序

一七九六年、ドイツの解剖学者ザムエル・トーマス・フォン・ゼンマーリンクは、史上初めての女性の骨格図像と彼の主張するものを二折判で出版した。[★1]この主張は注目すべきものであった。なぜなら、一六世紀以来、アンドレア・ヴェサリウスをはじめとする近代の解剖学者たちが観察や解剖分析を通じて描写して来たのは人間の骨格であったからだ。独創的だというゼンマーリンクの主張は少々大袈裟であるとしても、実際彼は、女性の骨格を識別して描いた最初の図像画家のひとりであった。しかし重要なのは、彼の描いた図像が最初のもののひとつであるという事実だけではない。彼は女性の骨格を描くことにより、人体のすべての部分にわたって性差を規定または再規定するという一八世紀の運動の一翼を担ったのである。体液説――この説によって長らく女性は身体的にも道徳的にも特有の性質を有すると見なされていたのだが――が近代医学によって覆されたのは、一八世紀になってからであった。一七五〇年代の初め、フランスやドイツの医師たちによってより精密な性差の図解が必要とされ、それにより人体の骨、筋肉、神経、血管のあらゆる部位において性差を発見し、記述し、確定することが、解剖医学において優先されるべき研究となったのである。一七三〇年から一七九〇年にかけてイギリス、フランス、ドイツに最初の女性骨格図が現れたのは、性差に関するこうした広範な探求の一部であったのだ。

一八世紀において一体何が女性の骨格に対する関心をかき立てたのであろうか。科学的客観性という「鋭利なナイフ」が登場した結果として女性の骨格描画が生まれたのであろうか。それとも、より大きな社会運動の影響によって女性解剖に対する関心が高まったのであろうか。女性の平等を求める一八世紀の運動と、女性の男性との「不平等性」についての生理学的根拠を見つけ出そうとする解剖学者側の企ての間に、何らかの繋がりがあるのだろうか。

私がここで論じたいのは、ヨーロッパの科学において女性骨格の最初の描写［＝表象］が現れたその背景には、ヨーロッパ社会における女性の地位を明確にする試みがあったという点である。科学者たちの関心は恣意的なものではなかった。つまり、解剖学者たちは身体のなかでも政治的に重要となるべき部分に注目したのである。フランスの解剖学者、マリー＝ジュヌヴィエヴ＝シャルロット・ティルー・ダルコンヴィルが一七五九年に女性骨格図を出版したとき、彼女は女性の頭蓋骨を男性のそれよりも小さく描き、女性の骨盤を男性のそれよりも大きく描いた。しかしながらこれは単なる解剖学におけるリアリズム発展の産物ではない。女性の頭蓋骨を小さく描くことによって、女性の知的能力が男性よりも劣っていることが証明されたのである。女性に「自然から与えられた理性」が乏しいことを測

《訳者註記》原題は《Skeletons in the closet》であり、「外聞をはばかる一家の秘密（a skeleton in the closet）という言い回しに引っかけてある。本文の内容から、これは近代科学者たちによって女性たちの手の届かないところにしまい込まれた骨格図像、科学からの女性の排除などを意味していると思われる。

るこうした科学的尺度は、政治、商業、科学、学問といった公的領域への女性の参入に対する反対論を支持するのに利用されたのである。そして同じように、女性の骨盤が大きいことをもって、女性が母親たること、即ち家庭という限られた領域にひきこもるよう自然＝本性によって定められていることが証明されたのである。「自然」は自由主義政治思想の出現に中枢的な役割を果した。一七、一八世紀にロックやカントのような自然法哲学者が追求したのは、社会的慣習を自然に基づけることであった。「生まれもった理性と人間《マン》［＝男性］の尊厳」が訴えられることにより、個人の自由と平等を支持する議論は重要な哲学的根拠を手にした。にもかかわらず女性が平等を求めたとき、その訴えは拒否されてしまったのである。

一八世紀において女性には市民権が認められていなかったが、そのことが自由主義思想の枠組みのなかでどのように正当化されていたかを理解することが重要である。自然法理論家の考えによると、自然権への訴えが阻まれ得るとすれば、それは自然＝本性による不平等が証明されるときのみである。例えばモンテスキューは『ペルシャ人の手紙』において次のような重大な問題を書き記している――「自然法（loi naturelle）は女性を男性に服従させるだろうか？」[★2]。自然と自然法は人間の政治に優るものと考えられた。この観方によれば、自然のうちには、秩序だったポリスの基層をなすような秩序が存在することになる。もし社会的不平等が自由主義思想の枠内で正当化されるとすれば、人間本性《ヒューマン・ネイチャー》が斉一的なものではなく、年齢、人種、性によって異なるものであることを科学的証拠によって示さねばならなかったはずである。

一八世紀から一九世紀にかけて、女性の「自然＝本性」についての研究は科学にとっての優先課題となった。科学が社会の諸問題の調停者の役割を果してくれるだろうという期待が高まり、白熱して議論される社会問題――例えば女性の権利と能力に関する問題――が、科学の冷静な聖域において解決され得ると考えられた。しかしながら、近代科学が女性の研究に「公平な」目を初めて向けたとき、女性の科学に対する関わりを依然として困難にさせるパラドックスが現れた。女性の「自然＝本性」と諸能力は、女性（と女性的なもの）の存在がほとんど認められなかった科学者集団によって精力的に探求された。その結果科学者の提出した女性の本性に関する諸主張に対して修正や反論をしようにも、女性たちには科学的方法を採る機会がほとんど与えられなかったのである。一九世紀を通じて科学が社会的な名声を獲得するにつれて、科学的証明に基づいて自らの主張を論証できなかった者は社会の論争において非常に不利な立場におかれることとなった。このように、近代科学の歴史にとって重大なパラドックスが生じた。つまり、女性たち（と女性たちの評価するもの）は科学から大幅に排除され、しかも科学的研究の諸成果は女性たちを依然として排除することを正当化するのにしばしば利用されていたのである。

最初に強調しておきたいのだが、私が目的とするのは、男性と女性の間に身体的な差異が存在することをうやむやにすることではなく、一八世紀における性差の探求を取巻く社会的、政治的状況を分析することである。最初の女性骨格図［＝表象］についての研究は、より一般的な諸問題を考える上での一事例として役立つはずである。つまり、なぜ特定の時代に性差の探求が科学にとっての優先課題となるのであろうか。また、どのような政治的帰結が差異という事象から引き出されていたのであろうか。後に見るように、一八世紀において差異という事象は男性と女性に対して社会階層上の非常に異なった役割を指示したのである。一八世紀中の解剖学者のなかには、女性たちは自然＝本性上のヒエラルキーにおいて低い位置に留まり続けると信じる傾向すら見られた。それは、女性のなかに子どもや「未開人《プリミティブ》」との共通点を見出すのが流行になったからである。解剖学者たちは、女性の社会的価値をその身体的自然＝本性のうちに探し求めることによって、「女性」問題を確実かつ容易に解決したいと考えたのであった。

性差、そして近代解剖学のはじまり（一六〇〇～一七五〇年）

「精神は些かたりとも性をもたない」
――フランソワ・プーラン・ドゥ・ラ・バール★3

人体のうちに性差を識別するのはなにも近代に特有のことではない。古代社会においてヒポクラテス、アリストテレス、ガレノスは、女性の社会的地位が劣っていることを徹底して正当化するべく女性の本性を描いた。アリストテレスは、女性は男性よりも冷たく虚弱であり、また血液を沸立たせ霊魂を浄化するのに十分な体温をもたないと論じた。ガレノスは、ヒポクラテスの四種の体液説にしたがって、男性は温かく乾いているが、女性は冷たく湿っぽい、つまり、男性は活動的で女性は怠惰であると考えた。古代ギリシアのこうした医学的仮説はほとんど修正されないまま中世の思想に組み込まれ、一七世紀の中頃まで西洋医学の文献のかなりの部分を支配していた。

一六世紀に登場した解剖学という新しい科学は、女性の身体的・精神的本性についての古代以来の見解に疑問を投げかける可能性を秘めていた。一六、一七世紀の医学において、（制約されたものであったが）フェミニズム運動が見られたことをポール・ホフマンやイアン・マクリーンが論じている。一六四五年、ドイツのリンテルン大学医学教授、J・R・ロティヒウムはこうしたフェミニストの文献に目を通し、女性は完全な身体をもった生きものであり、完全な人間として見做されるべきだと強調した。一六七三年、フランスのフェミニスト、プーラン・ドゥ・ラ・バールは、女性の社会的平等の訴えを支持する明白に医学的な論拠を持ち出した。女性は男性と同じ感覚器官をもっている――即ち男性と同様に女性の目ははっきりと見え、耳は正確に聞こえ、手は器用であると彼は書いている。さらに彼は女性の頭部が男性のそれと同じであるともいう。「どんなに精密に解剖を行っても男性と女性の間には当該の部分（頭部）における差異が見出されなかった。両性間で記憶や創造力が同じように脳も同じなのである。★4」イギリス人のフェミニスト、メアリー・アステルは同じ調子で女性の理性的能力を擁護した。

——女性にどのような欠陥があろうとも、それは身体にあるはずがない（もし学識ある医師の報告を信用してよいならば）。というのも、精神に何の関係もなくまた精神に影響も与えない身体器官にいかなる差異もないからである。[★5]

フェミニストの活躍はルネサンスの時代や近代医学サークルのなかにもみられたが、それは小規模のものであった。概して一六、一七世紀の解剖学者は性差の問題に関心を向けることはなかった。ヒルダー・スミスが指摘するように、トーマス・ウィリス、トーマス・シドハム、ウィリアム・ハーヴェイといった、一七世紀のイギリス医学において指導的な役割を果たしたと今日考えられる者たちも、女性や人体における性差について全くといっていいほど言及していないのである。性差の問題を取り上げたのは、ガレノスの伝統に相変わらず依拠しつづける婦人科医学文献の著述家のなかで、より周縁的な立場にいた人たちに過ぎなかった。さらにマクリーンが指摘するように、ルネサンス期の医師たちは自分たちが古代のあらゆる権威を攻撃していると思っていたにもかかわらず、実際のところ女性たちの啓蒙的見解にガレノスの説を折衷させていただけなのであった。古代の権威に対する信頼が依然と続いているおかげで、女性に対する態度が現実的に変化することもなかった。この時代の解剖学者はガレノスのテクストに見られる女性についての見解に正面から異議を唱えることもなく、また性差に関して根本的に新しい見解を明確に述べることもなかったのである。

アンドレアス・ヴェサリウスは近代解剖学者の創始者として広く知られているが、彼はこのような新旧の見解の絡み合いを象徴する人物である。ヴェサリウスにとって性差は皮一重《スキン・ディープ》のものでしかなかった。ヴェサリウスは（古代人のように）性差が体液に由来するとも信じなかったし、（近代人のように）性差が骨格に浸透しているとも考えなかった。人体の構造に関するヴェサリウスの大作の『抄本』において、彼は身体の曲線および直線、そして生殖器によって両性の差異を示した男女の裸体を描いた★6（図1、2）。男女の裸体図に加えて、ヴェサリウスは「人間の」骨格と題された一体の骨格を描いた（図3）。ヴェサリウスは一体の「人間の」骨格で男女両性の身体の標本を兼ねられると考えることにより、「人」体の骨格を性別化しなかったのである。ヴェサリウスはこの骨格が一七、一八歳の男性をモデルにして描かれていることを本文註にて明らかにしているにもかかわらず、彼は骨格に性を与えなかったのである。

ヴェサリウスの観点からすれば、男女の身体における性差は身体の輪郭と生殖器の違いに限られることになる。ヴェサリウスは『抄本』のなかに医学生が切り取って身体の諸器官を「装着させる」ための二体のマネキンないし紙人形を描いた。これは様々な内蔵器官の位置と関係とを医学生に教えるための実習用のものであった。マネキンの片方は女性の容姿をしており、それに神経回路が表示されていた。またもう片方は男性の姿をしていて筋肉が表示されている。ヴェサリウスが男性と女性の両方のマネキンを用意したのは、生殖器官の位置と性質を例示するためであった。身体の諸器官は生殖器官を除けばすべてこの二つの人形の間で交換可能であるとヴェサリウスは考えていた。マネキンの作成について説明する際にヴェサリウスは次の点を明確に記している。「生殖器官を除けば、（男性のマネキンに装着するための諸器官の）紙片は最後のページ（女性のマネキンの絵）に装着するための図の描かれた紙片と全く異ならない★7。」

ヴェサリウスは性差が身体に浸透しているという古代の考えを拒んだにもかかわらず、女性の生殖器官が本性上劣っているという古代の考えを受け入れてしまった。『人体の構造について De corporis humani fabrica』において、ヴェサリウスは、女性の生殖器は男性のそれに類似しているが、逆転して内側に入り込んでいるために不完全であるというガレノスの見解を採用した。ヴェサリウスは女性の生殖器官についてのガレノスの見解を受け入れただけでなく、ガレノスの考えを最も視覚的に表現したものを描いている（図4）。

図2

図1

図3

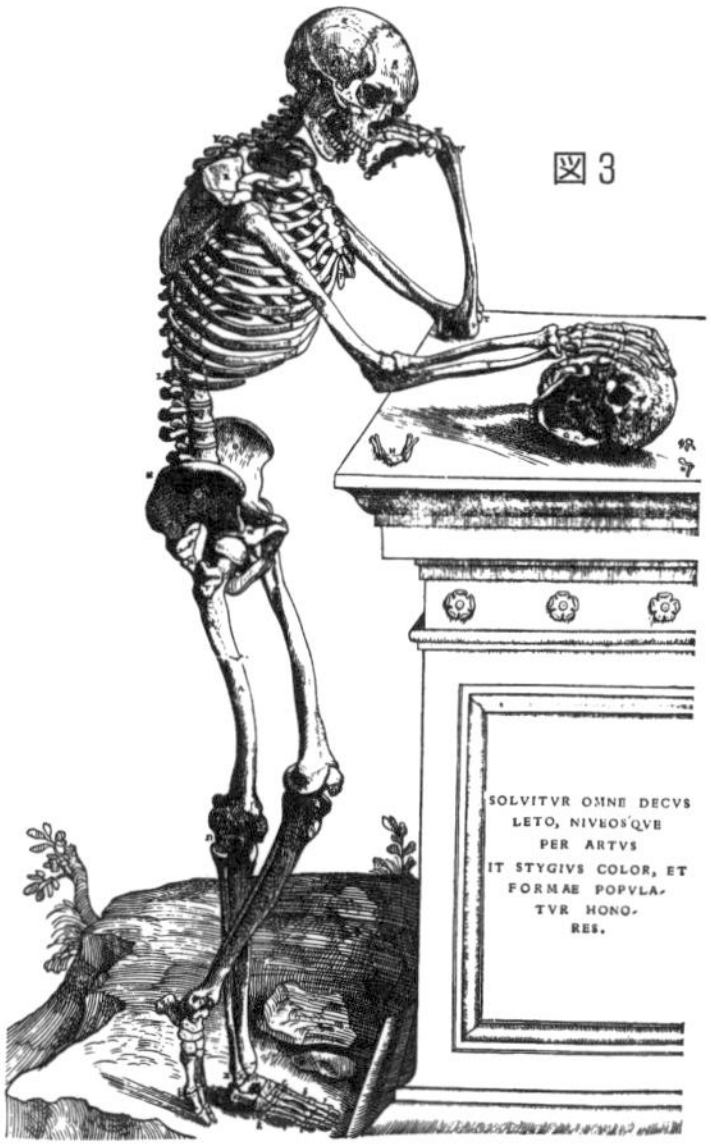
SOLVITVR OMNE DECVS
LETO, NIVEOS'QVE
PER ARTVS
IT STYGIVS COLOR, ET
FORMAE POPVLA-
TVR HONO-
RES.

図1、2　アンドレアス・ヴェサリウス「男女の裸体図」。*The Epitome*（Basel, 1543）より。
図3　同、「人体の骨格図」

初期の解剖学者たちが性差の問題に比較的無関心なのは、彼らが女性の身体について無知であったからではない。一四世紀から一七世紀の間の解剖図解を見れば、事実女性は解剖されているのがわかる。一三六三年のモンペリエ法典には、女性の身体の解剖を表している図が含まれている。一五六〇年にフランスで制定された法令では、堕胎の訴訟において証言することができるように、産婆に対して女性の体の解剖に参加するよう要請がなされている。一五四三年のヴェサリウスの『人体の構造について』の口絵には、男たちや犬そして一匹の猿でいっぱいになった教室での公開解剖が描かれており、その手術台の上でメスが入れられているのは一人の女性である。ヴェサリウスは少なくとも9人の女性の体を解剖した上で女性の生殖器を描いたのである。しかしながら、ヴェサリウスはこれらの体をたやすく入手したわけでなく、少なくとも一体は盗んできたものであった。ヴェサリウスとその助手は修道士の情婦であった女性が死亡したことを聞きつけて、墓を暴いてその女性の体をかっさらったのである。こうしたことは当分の間常習的に広く行われており、イギリスの医師であるウィリアム・チェセルダンが一七一三年に報告しているように、彼は解剖用の女性の体を「処刑を受けたもの

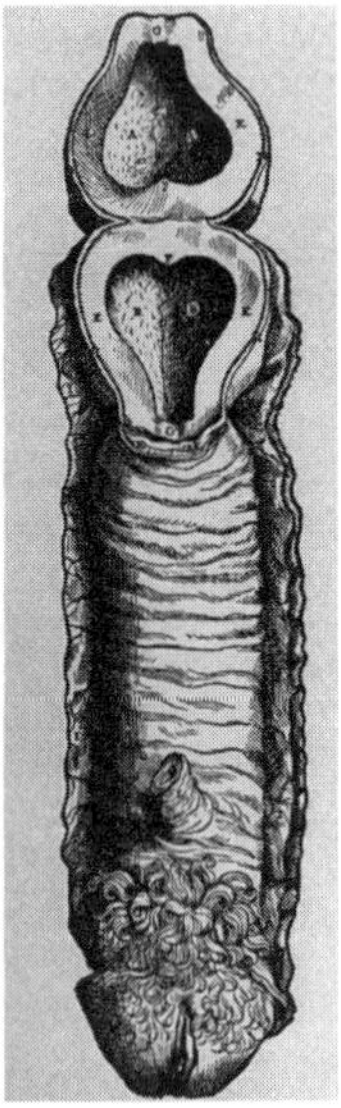

図4　アンドレアス・ヴェサリウス「若い女性の子宮、膣、外陰部の図」。Charles D. O'Malley and J.B.de C.M. Saunders (ed.) *Anatomical Drawings of Vesalius.* (New York, 1982) より。この図は男性性器との類似性を示すために描かれたものではない。

や［略］突然死亡した公娼」のなかから入手していたのである。

しかしながら、初期の近代解剖学者たちが性差の問題に対して無関心であったとしても、彼らは自ら研究した身体を「無性化」したわけではない。むしろその反対に、一九世紀に至るまで解剖に用いられた身体の性別は、女性の場合は外陰部や胸部、あるいは肩にかかる髪によって、男性の場合は立派な顎髭によってはっきりと描き分けられていた。オランダの解剖学者、コットフリート・ビドローは解剖用の身体の性別を明確に描いている点で一七世紀後半中唯一の図版を作成した。ビドローの「真に迫った」図には、解剖中の死体の性別が常に描かれていた。男性と女性の体は身体の様々な部位を図像化するのに無差別に用いられた。ビドローの図版の一六九七年ウィリアム・カウパー版には、人体の上半身に筋肉の描かれた一連の図版のなかに女性の

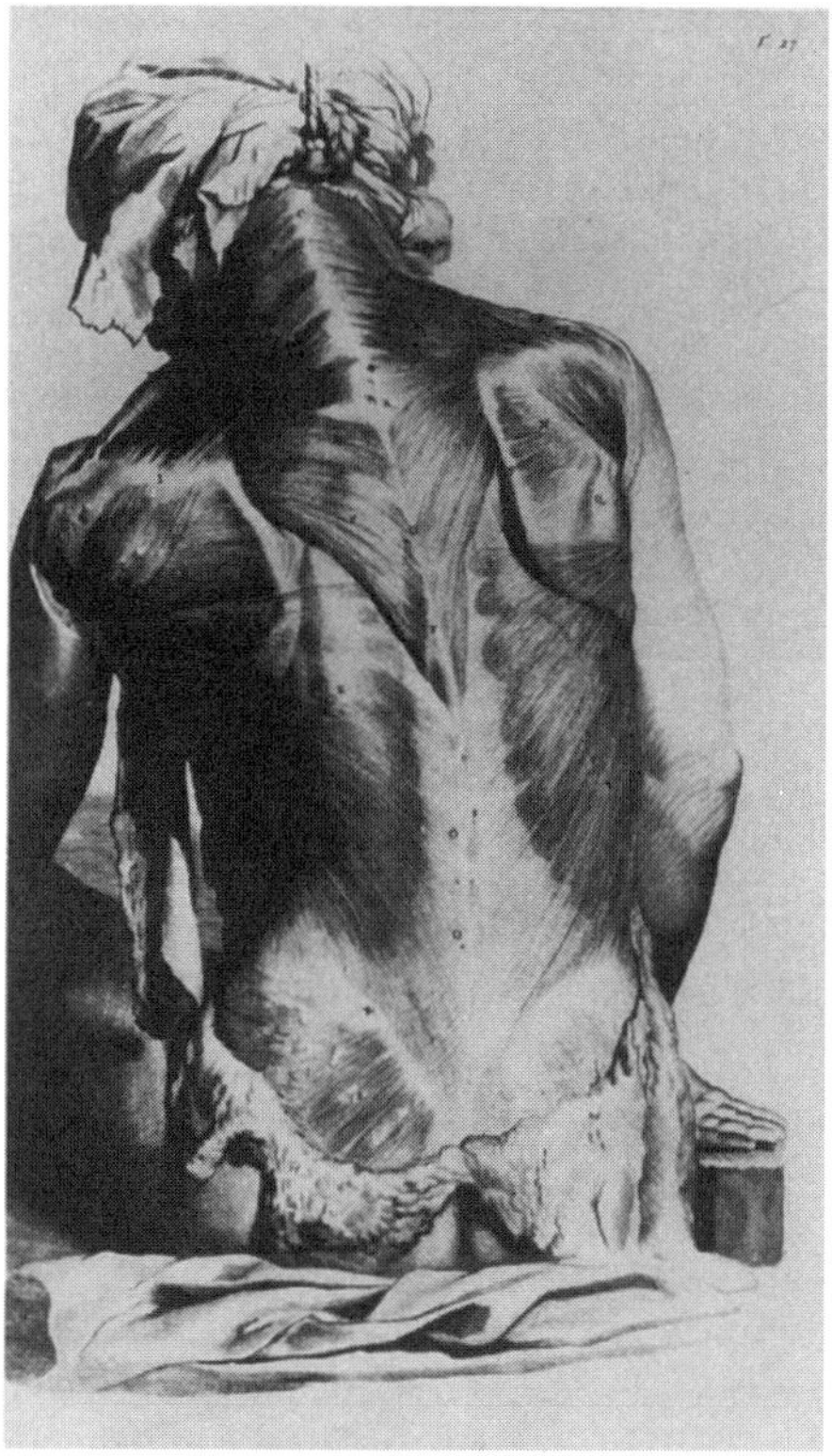

図5　ウィリアム・カウパー「人体後背部の筋肉の図」。*The Anatomy of Human Bodies*（London, 1737）より。

モデルが登場する（図5）。

ビドローとカウパーはヴェサリウスと同様に男性と女性の間の二つの大きな違いに着目した。つまり、身体の外形と生殖器官である。一六九七年にカウパーは男性と女性の間の対称性と均整の違いを描くためにビドローのアポロ＝ピティウスとメディチ家のヴィーナスの絵を複製した（図6）。カウパーは次のようにいう。

――最も顕著であるのは女性の肩が比較的狭い点である。男性の肩幅には二個分の顔が入り、腰には一個半入るが、それに対し女性の肩に顔が一個半入り、腰には二個入る。第二に、概して女性には鎖骨や筋肉が男性ほど現れない。それゆえに画家たちのいう体の線は両性で非常に異なるのである。★8

ビドローによるこれらの三つの図のモデルは生身の身体ではなく古代の彫刻であった。これらの図は古代の人々が定めた通りに最も美しい男女の体の均整を呈しているとビドローは主張する。ヴィーナスの特徴を示す（A、Bと表示された）部分は胸部と外陰部である。カウパーは、男女

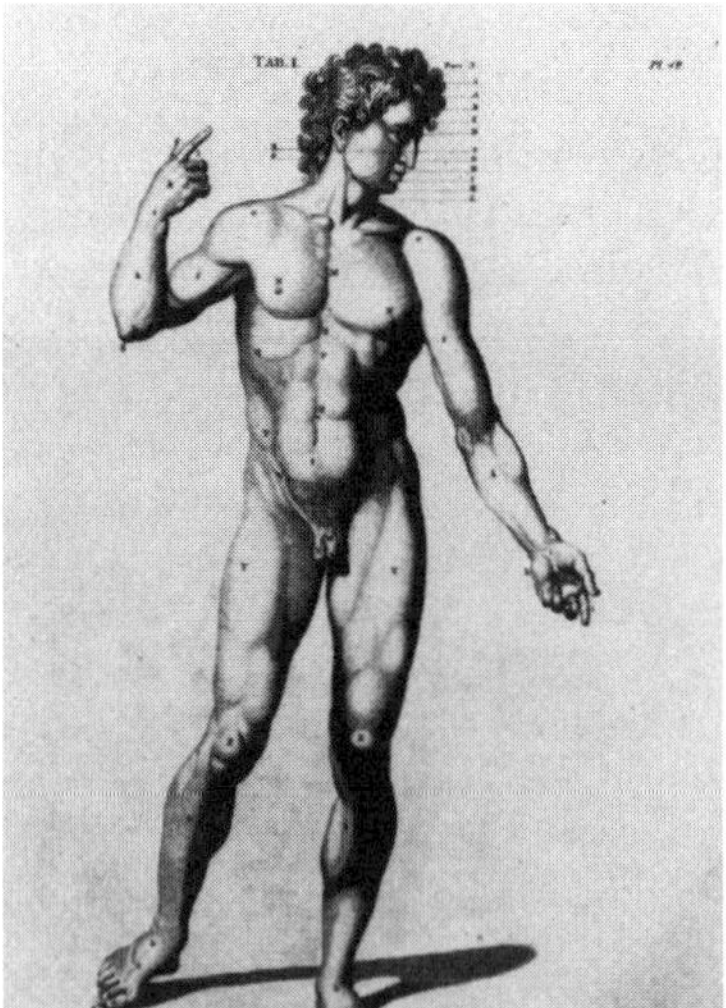

図6　カウパー「男女の裸体図」。Andrew Bell, *Anatomia Brittanica*：*A System of Ananomy*（Edinburgh, 1798）より。

の体の外形線の違いが両性間のいかなる内的な構造上の差異、「骨格全体もしくは各器官の間の密接な構造」の違いにも因るものではないと考えた。むしろ男女の外見上の違いは「女性の皮膚の下についている脂肪の量の多さ[★9]」から生じているのだ、と。

もちろん一六世紀から一七世紀にかけて科学を先導する立場にいたヴェサリウス、ビドロー、カウパーらのような解剖学者たちが、身体の外形や生殖器官の差異以外の両性の身体の違いについてわずかながらも言及しているのは事実である。例えばカウパーは、女性の方が皮膚が柔らかく甲状腺も大きいと記している。だが身体全体の性差を説明する試みはほとんどなされなかった。骨格の描写のほとんどが男性の身体をモデルとして行われたにもかかわらず、その描写は人体の骨格を代表していると考えられたのである。

性は皮一重のものではない

性差は単に生殖器官のみに限定されるのではなく、有機的組織全体に浸透している。生命のすべてが男性もしくは女性の特徴を有している。

——J・J・ザックス[★10]

性差が規定されるにあたっての根本的な変化は一八世紀から一九世紀の初頭にかけて起こった。一七五〇年代はじめ、フランスとドイツにより精密な性差の描写を要請する一群の文献が現れた。一七五〇年、エドモンド・トーマス・モローは『医学的問題――両性の違いは生殖器官以外に存在するのか』と題された薄い本を出版した。一七七五年、フランスの医師ピエール・ルーセルは、女性は生殖器官を除けば男性と同じであると考える同僚たちを非難した。彼の説明によれば、「性の本質とは一つの器官に限定されるものではなく、多少なりとも知覚可能な微細な差異を通じて、身体のあらゆる部位へと広がっている[★11]」という。一七八八年、ドイツの解剖学者ヤコブ・アッカーマンは当時の性差についての定義づけが不十分であると申し立てた。彼の不満は、偉大な生理学者たちが女性の身体に関する記述を怠ってきたことにあった。「なるほど性差は常に観察されてはいたが、その記述は恣意的なものであり続けた[★12]」と彼は強調する。アッカーマンは、骨、毛、口、目、声、血管、汗、脳における性差に関する二百ページにも及ぶ彼の本のなかで、性差に関する「より本質的な」記述が必要である旨を述べ、「他のあらゆる性差がそこに由来するところの本質的な差異[★13]」を発見するために、身体の最も基本となる部分を調査するよう解剖学者を促した。

このように解剖学者たちが女性の身体に関心を持つに至るまでの経緯は、より大きな文化上の諸変化によってある程度定められていた。まず、重商主義者は人口の増加に関心を示し、一八世紀において母性観念が出現する手助けをした。さらにこの母性観念が子宮についての医学的見解を大きく変化させることになるのである。子宮は一八世紀以前には自然哲学によってひどい扱いを受けていた。プラトンは子宮が独自の運動力を有した一個の動物であると考えた[★14]。デモクリトスは子宮を万病の原因として引き合いに出した。バグリオンは女性は子宮を持つがゆえに同じ病気に二度かかると考えた。

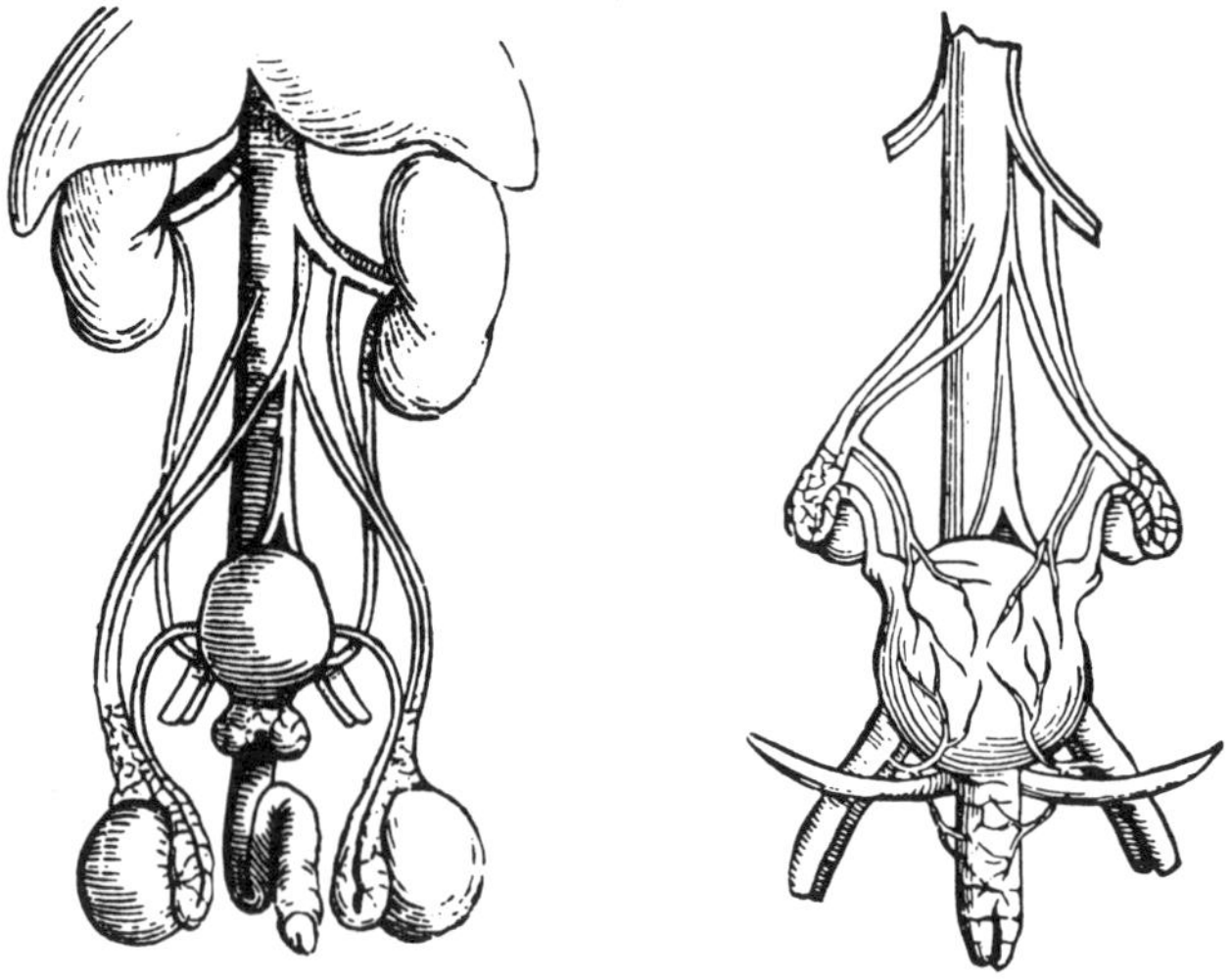

図7　アンドレアス・ヴェサリウス「男女生殖器の図」。前掲書より。

ガレノス、そして（ある時期まで）ヴェサリウスさえも、子宮の両側から角が生え出すと報告した（図7）。しかしながら母性観念が受容された後、解剖学者たちは、女性が「不完全な男」であるとか、自然の奇形児であるとする見解を退けた。それどころかジャック＝ルイ・モローのような解剖学者たちは、女性が人類の繁栄に貢献する――実際男性以上に貢献する――ために特有の身体を授かっているのだと考えた。カール・ルートヴィッヒ・クローゼは、一八二九年に女性に関する医学の歴史を再検討し、アリストテレスからアルブレヒト・フォン・ハーラーに至る自然科学者たちの心を捕らえていた――と彼は主張する――両性の生殖器官の類似説を退けた。クローゼが論じるには、女性にとって最も重要な器官である子宮は男性の身体のうちに類を見ないものであり、ゆえに男性の器官と比較を行っても無益であるという。

一八世紀における母性観念の登場によって、医者たちは女性が性的に完全であると見なすようになった。しかし仮に子宮が完全であると見なされたとしても、そのことは女性が生理学的に完全な存在であることを意味したのであろうか。確かにこの仮説は、一七世紀のプーラン・ド・ラ・バールやアステルのように、女性は身体的に完全であるのだから社会的にも男性と同等の存在である、と論じる人々に対して道を開いた。しかし論争はここで終わらなかった。たとえ子宮が女性だけの有する完全な器官であると考えられるようになったとしても、恐らくそれ以外に女性が男性よりも自然＝本性上劣っていることを示す様々な性差が存在したようである。

一七三〇年から一七九〇年の間に最初の女性の骨格図がイギリス、フランス、ドイツに現れたのは、性差に関するこうした幅広い研究の一環としてであった。身体における最も堅固な部分である骨格は、筋肉、血管、神経を描くための「基礎図案」となると考えられた。一七四九年、解剖学者のベルンハルト・ジークフリート・アルビヌスは次のように記している。

――私は様々な図を仕上げるための土台ないし基礎となるようなものを決定せねばならない。それは骨格である。

つまり骨格は身体の一部をなし、筋肉の下部に位置するのであり、骨格図は、他の身体器官を描くに際して確実で自然に適った指標となるようにまず最初に写し取られねばならない。★15

もし骨格に性差が見出されるとなると、性的同一性は、もはやヴェサリウスの考えたように中性的な人体に添えられる生殖器官に関わるものではなく、骨格に付随し、骨格にかたどられるあらゆる筋肉、血管、器官に浸透するものとなろう。

一七三四年、ベルンハルト・アルビヌスは非常に優れた人体骨格の図像を作成し、それ以後少なくとも七五年間はこの図像に優るものは現れなかった（図8）。この作品は入念なものであり、完成するのに三カ月を要した。アルビヌスは正面、側面、背面の三つの異なった視点から「従来のような自在画法《フリーハンド》ではなく、実測によって、しかも人体から次々とデータを収集し、ありのままの真実が提示されるように定規を使って合成することによって」骨格を描いた。「すべて（図像）は、建築家の行うように計測され、縮尺されている」★16。アルビヌスは可能な限り完璧に近い人間の骨格図（アルビヌスはこの図を男性の身体をモデルにして描いたことを表明している）を作成しておきながら、「我々には女性の骨格が欠落している」と嘆いたのであった。

女性の解剖学的研究が一七四〇年以前には十分になされていないとアルビヌスが不満を述べるには十分な理由があった。ヴェサリウスやビドローによって行われた標準的な人体骨格研究は男性の骨格を対象としていたのである。ガスパード・バウヒンが一六〇五年に出版した「粗雑な」女性骨格図だけが唯一、一八世紀以前に存在したものであった（図9）。ところがアルビヌスの訴えから五〇年も経たないあいだに、女性の身体についての基礎的な解剖学的描写が出揃うこととなった。最初の女性骨格図の一つは一七三三年イギリスに登場した（ウィリアム・チェセルダン）。フランスでは2点、一つは一七五三年（ピエール・タラン）に、もう一つは一七五九年（ダルコンヴィル）に出され、ドイツでは一七五九年（ゼンマーリンク）に出版された。だが、たとえこれらの図のどれもが唯一無比の女性の骨格

図８　ベルンハルト・アルビヌス「人体の骨」。Tabulae sceleti et musculorum corporis humani（Leyden, 1747）図１より。

を描き出すことを旨としていたとしても、実際はどの図も互いに大きく異なる結果となったのである。

一七二六年エディンバラの解剖学の教授アレクサンダー・モンローは、彼の『人体骨格の解剖学』の本文の補足として、女性の骨格に関する記述のなかでは最も初期のものに属するものを書き加えた。「人間の骨格の描写を終えるにあたり、この主題に関していかなる遺漏もないように、男女の骨格を区別する指標を付記する必要がある」と彼は書いた。モンローは、アリストテレスの時代から既に確立していた考え方に従い、男性の身体を測定の基準とすることによって女性の骨格を不完全で異常なものとして記述したのである。

――女性の骨はしばしば不完全なものであり、身体のある部分の造りに関しても、既に行った記述に当てはまるような丈夫な男性の骨格と異なっている。それ以外にも、女性に固有な諸特徴が個々の点において目に留まったが、

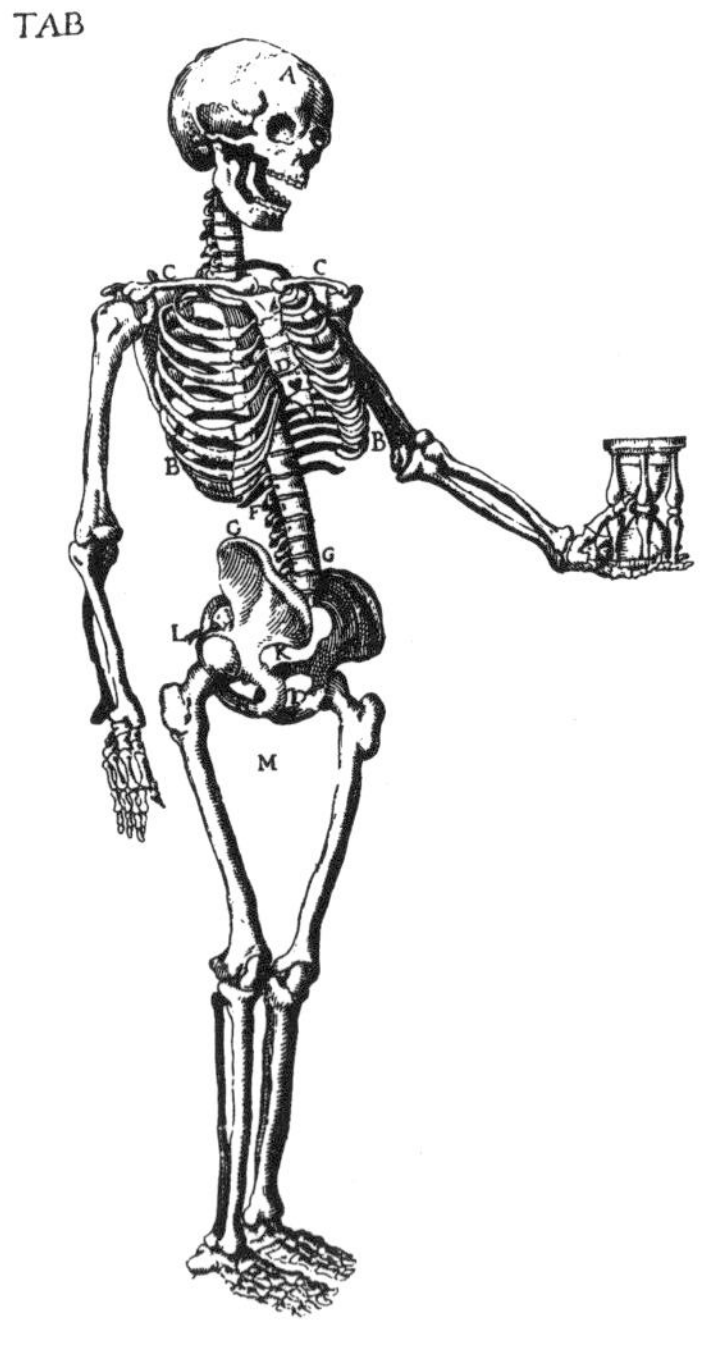

図9　ガスパード・バウヒン「女性の硬骨および軟骨の骨格」。*Theatrum anatomicum* (Frankfurt, 1605) 図版4より。

これらの特徴を該当箇所で一々取り上げるとなると、この論文の構成を混乱させることになりかねない。それゆえに私は〝補遺〟というかたちでこれらの特徴をまとめておくことにした。[★17]

モンローは機能主義的論法を用いて、「女性の骨格の特殊性」が三つの「原因」によってどのように形成されるかを説明した。すなわち、［第一に］女性の体質は虚弱なので「女性の骨は男性の骨よりも身長と比べて小さい。なぜなら女性の筋肉の力はそれほど強くないからである。［第二に］女性は座ってばかりいるので「〝鎖骨〟をあまり屈曲させない。なぜなら女性の腕は無理に前方へと引っ張られることはなかったからである。実際この〝ヨーロッパ〟の女性、とりわけ高貴な女性たちはその服装のおかげでますます体を曲げることがない。」また［第三に］女性は子どもを生むのに適した体格をしているので女性の骨盤の辺りは「虚弱な〝胎児〟を宿し養うことができるように」大きく強くなっている。特にモンローは次の点を指摘している。

――仙骨は骨盤を大きくするために外側に彎曲している。尾骨は出産を容易にするために動くようになっていてあまり前方へと彎曲していない。恥骨、無名骨、仙骨がつながって構成される面は小さく、仙骨が真っすぐであるため、出産時に子どもを排出できるような通り道が大きくとられているようである。[★18]

モンローが四ページにわたる補遺において行った描写は、女性骨格の描写としては最初のものに数え入れられるものの、その描写には一つの図解も加えられなかったのである。

最初の女性の骨格図の一つはウィリアム・チェセルダンによって一七三三年に作られた。チェセルダンは一七三三年になって新たに骨格図に関心を持つようになったのであり、事実一七一三年版の彼の『解剖学』には女性の骨格図解は含まれていなかったのである。チェセルダンは男女一対になった骨格を描いたが、これは、芸術作品をモデルにして描かれた男女の理想像になぞらえるというビドローの伝統に従ったものであった。彼の女性の骨格はメディチ家のヴィーナスと同じプロポーションで描かれており、男性の骨格はベルヴェデーレのアポロと同じプロポーションと姿勢で描かれている。

フランスにおいて女性の骨格描写が現れたのは一七五九年であった。それはテクストと図像が一緒になったものであり、その後半世紀以上も医者たちの想像力を捕らえた。その骨格図は女性の解剖学者によって描かれた数少ない図の一つであるようである。[その女性解剖学者]マリー＝ジュヌヴィエヴ＝シャルロット・ティルー・ダルコンヴィルは、国立自然誌博物館で解剖学を研究しており、モンローの『解剖学』のフランス語訳のために解剖を描写する作業の指揮を行った。ダルコンヴィルの図版は外科王立アカデミーの会員であるジャン＝J・スューの保護の下で出版された。ダルコンヴィルの名前はその書物のなかに見ることができず、図像は専らスューの作とされたのであった。

一七九六年、ドイツの解剖学者ザムエル・トーマス・フォン・ゼンマーリンクは他に勝るとも劣らない女性の骨格を描き出した（図10）。ダルコンヴィルないしスュー［以下、ダルコンヴィル／スューと表記］の業績はドイツでも知られていたが、ゼンマーリンクの作品を検討した者たちは、彼の女性骨格図を評して「従来のいかなる解剖学にも依然として残っていた欠陥を補うものである」[★19]と賞賛した。ゼンマーリンクはアルビヌスの訴えに率直に応えて女性の骨格図を完成させるのに何年も費やしたが、その際彼は、アルビヌスの描いた偉大なる男性骨格像にとって申し分のない配偶者になり得るだけの「完璧さと正確さ」とを備えた女性を描かねばならないと考えたのであった。彼はモデルとして、出産の経験のあるマインツ出身の二〇歳の女性の骨格を選んだ。またゼンマーリンクは普遍的な女性の表象を創り出すめに、自分の図像をメディチ家とドレスデンのヴィーナスの古典的な彫像と照らし合わせた。ゼンマーリンクが意図したのは、彼の描く骨格がある一個人としての女性を表現するのではなく、（ルートヴィッヒ・コウラントが指摘するように）「女性の骨格構造全体に見られる男性とは異なる性的特徴を細部に至るまで観察し、生きて実在すると想像できるほど最高に美しい規範[★20]」を表現することであった。

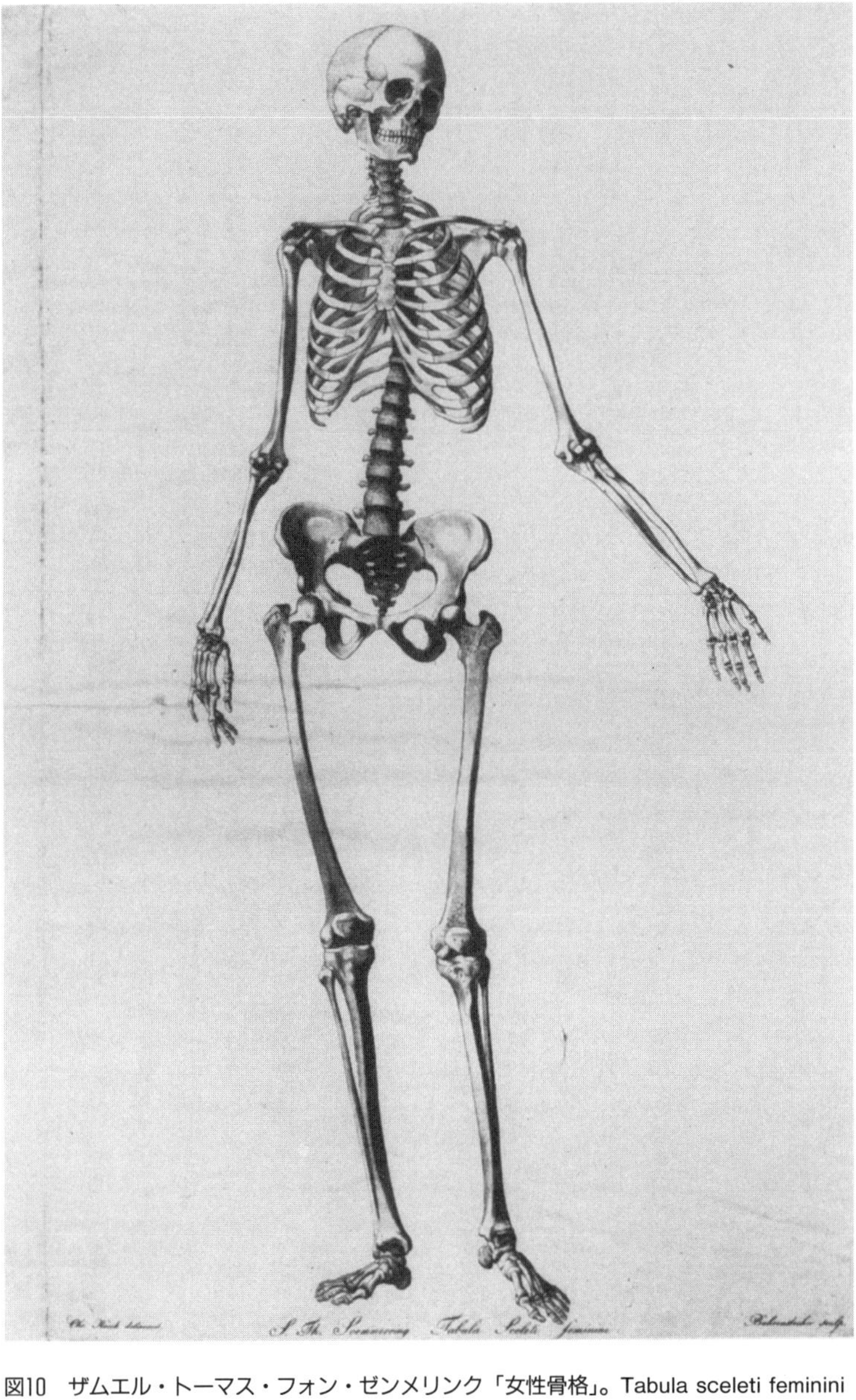

図10　ザムエル・トーマス・フォン・ゼンメリンク「女性骨格」。Tabula sceleti feminini (Frankfurt, 1796)

ダルコンヴィルやゼンマーリンクは女性の骨格をありのままに描くために同じく精確さという基準を用いたにもかかわらず、両者の描いた骨格はお互いに大きく異なることとなった。ダルコンヴィル／スューは（不正確にも）男性と比べると体に対して頭蓋骨を小さく、臀部をかなり大きく、肋骨を極端に細く締まったものとして描いた。ダルコンヴィルは図版の解説のなかで、女性の骨格の胸部は男性よりも狭く、背骨は曲がっており、座骨と骨盤は大きいと書き記している。これに対し、ゼンマーリンクは女性の骨格を描くうえで肋骨を臀部に比べて小さく描いたものの、それはさして顕著なものではなかった。女性の上半身は細く、そのせいで比較的臀部が両側につきだしているように見えるので、女性の臀部が男性のそれよりも大きく見えるとアッカーマンは論じている。

実際ダルコンヴィルの描いた骨格のプロポーションは驚くべきものである。頭蓋骨が極端に小さく、肋骨も極端に細く描かれているせいで、骨盤は過度に大きく見える（図11、12、13：図14）。恐らくダルコンヴィルは、細い肋骨は女らしさの標しであるという文化的な認識を強調しようとしたのか、あるいはコルセットを生涯にわたって身につけた女性を図版のモデルに選んだのであろう（図15）。

女性の骨格のもつ特徴の正確さをめぐって激しい論争が巻き起こった。ダルコンヴィル／スューの骨格図はそれが誇張されたものであるにもかかわらずイギリスでは好感をもって迎えられた。それに対し、ゼンマーリンクの骨格図は「不正確である」と攻撃された。エディンバラの医師ジョン・バークレイは「それは［スューの骨格よりも］優雅で気品があり、造形、彫刻、絵画に卓越せる人々の影響を受けてはいるものの、彼の意図する［男女の骨格の］比較には少しも貢献していない[★21]」と書いた。とりわけゼンマーリンクが非難されたのは、彼が肋骨と臀部の比率を正確に描いていないという点であった。

――女性の肋骨の構造はゼンマーリンクの示したものよりもかなり小さい。なぜなら、周知のように、女性たちはその生活様式が制約されているがゆえに、力強く呼吸する必要がないからである。骨盤、ここにこそ女性の骨

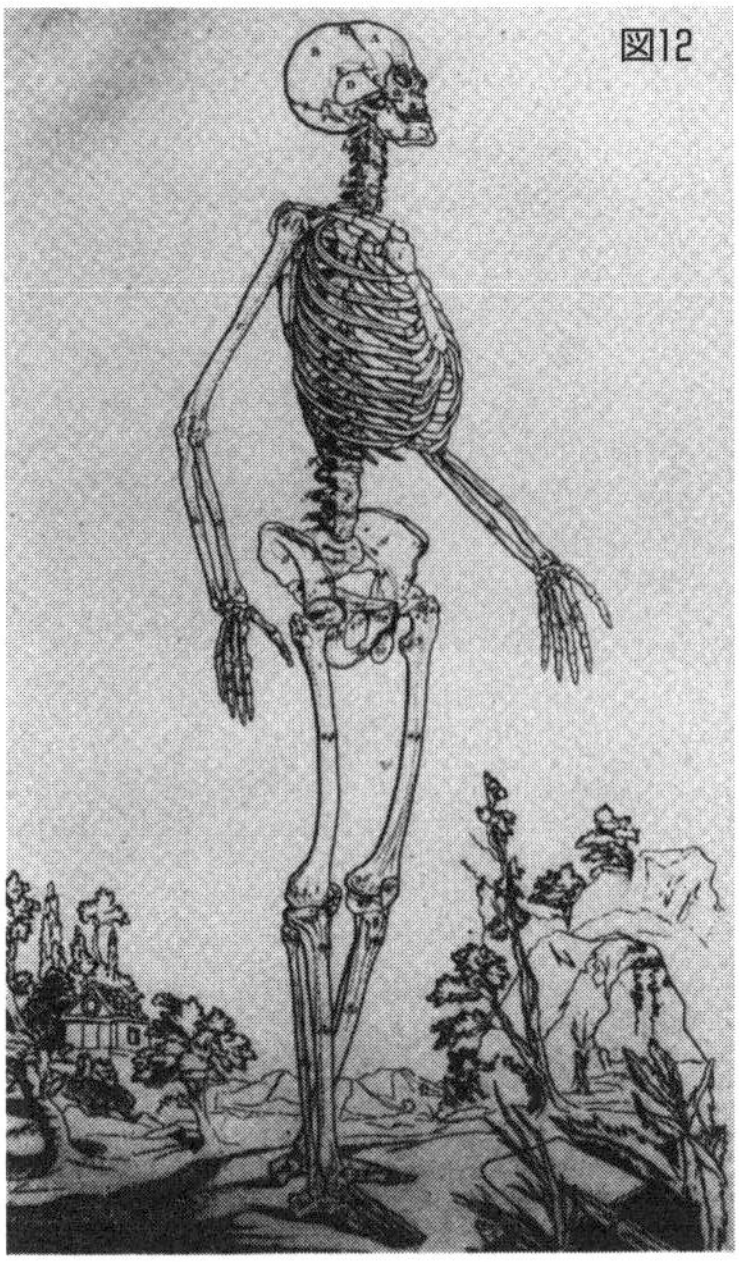

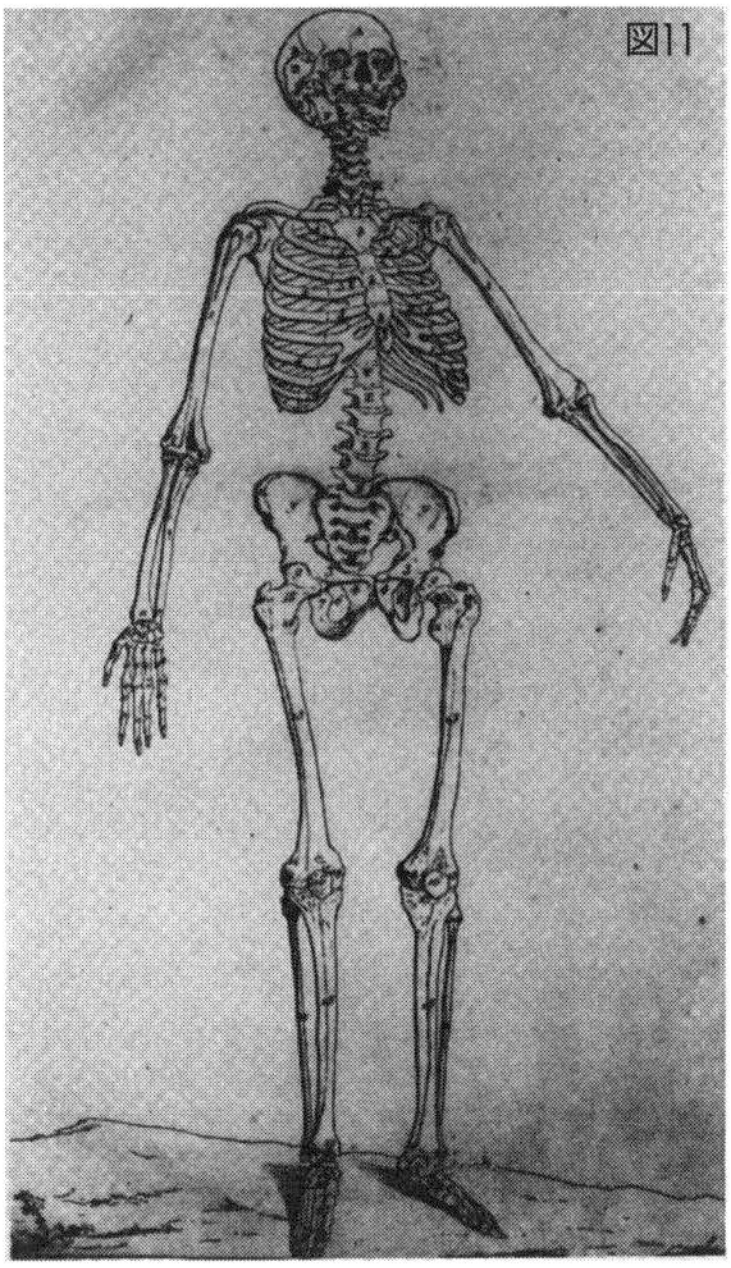

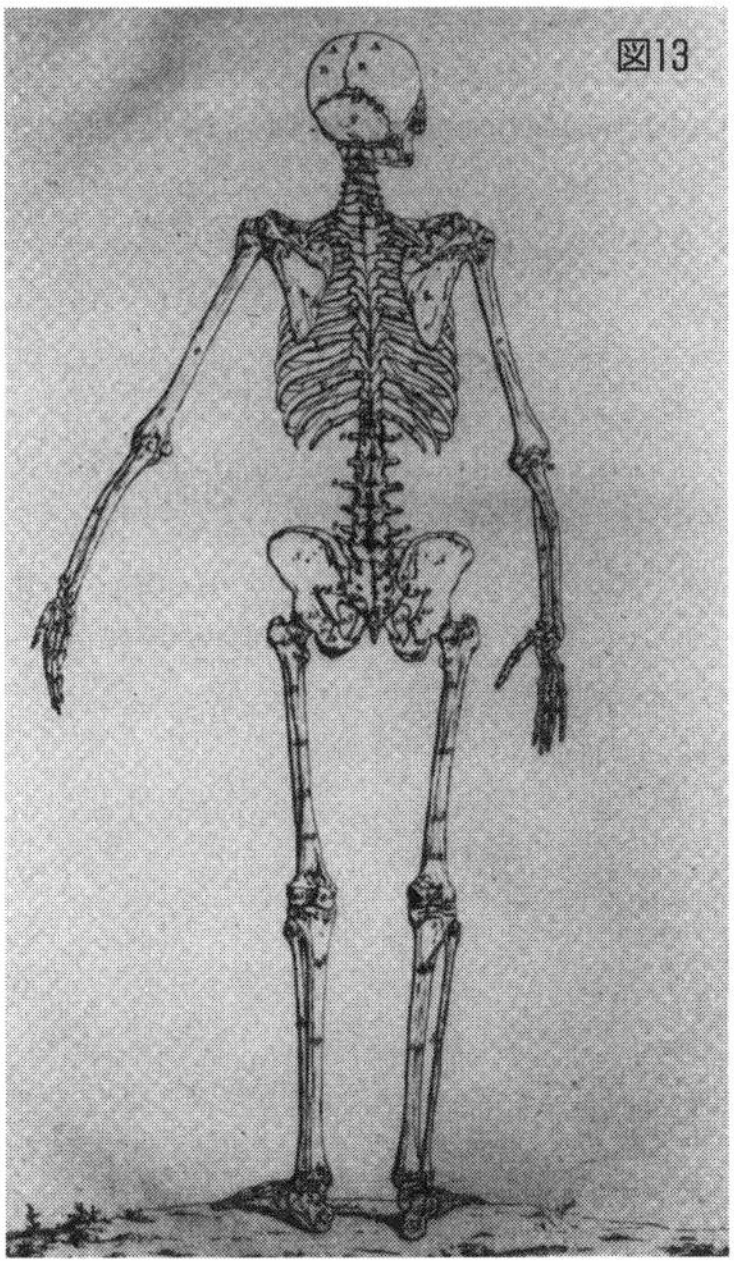

図11、12、13　マリー＝ジュヌヴィエヴ＝シャルロット・ティルー・ダルコンヴィル「前面、側面、背面から研究した男性骨格」。Jean-J.Sue, Trait'e d'ost'eologie（Paris, 1759）図1～3より。

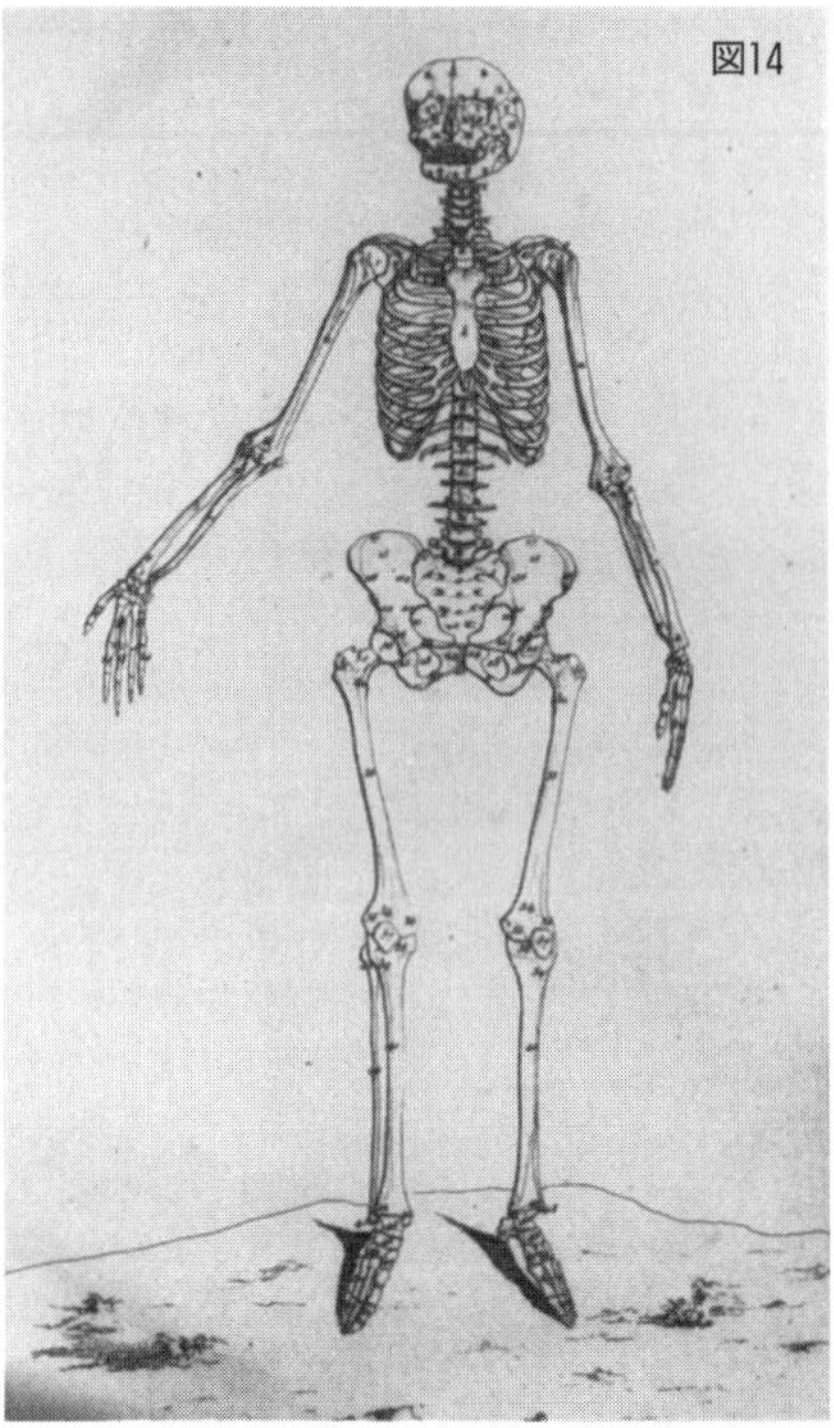

図14　ダルコンヴィル「前面からのみ描いた女性骨格（男性骨格からの逸脱を研究するための）」：前掲書図4より。

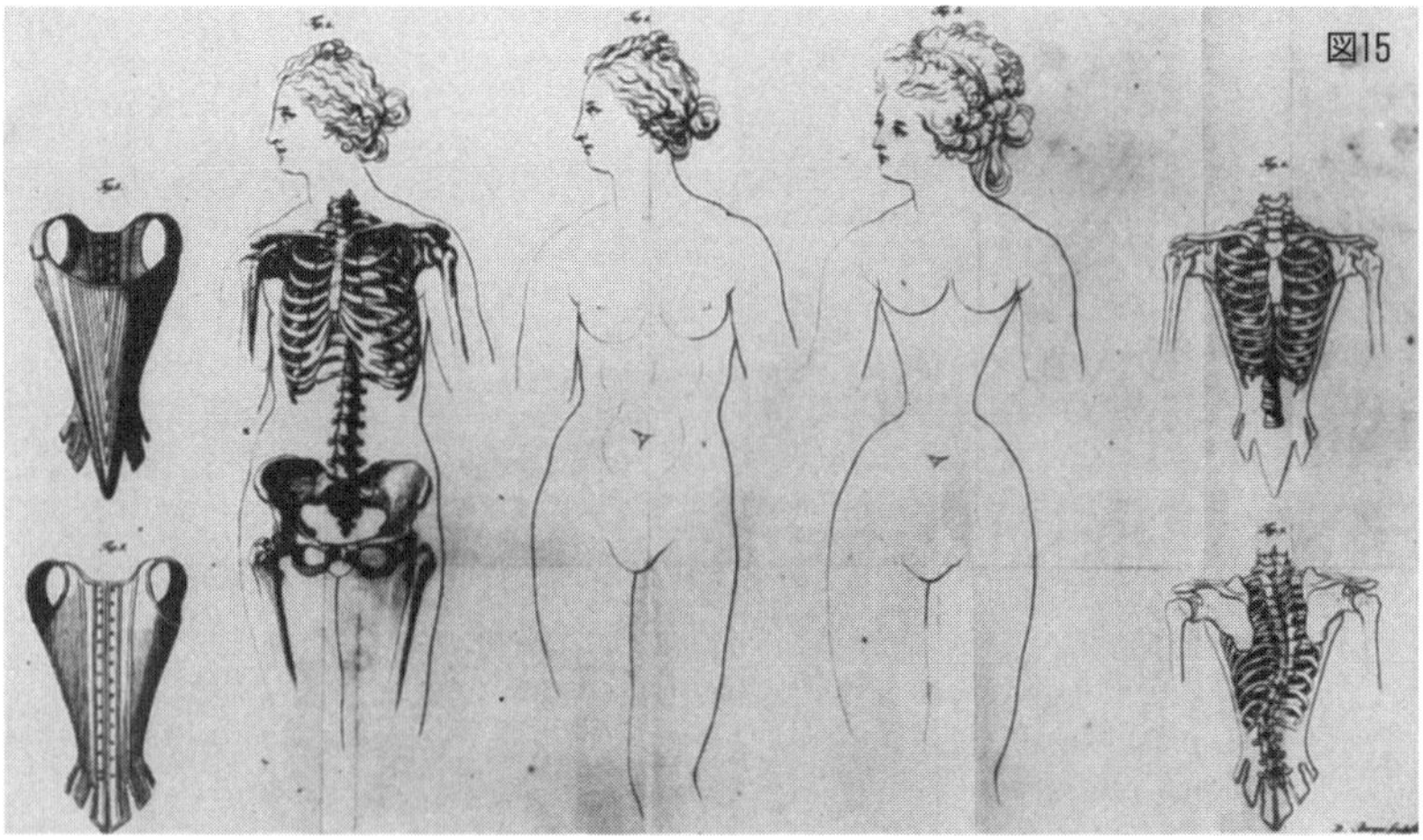

図15　ゼンメリンク「コルセットの影響」。Über die Wirkungen der Schnürbruste (Berlin, 1793) より。

格を最も際立たせる特徴が認められるのであるが、ゼンマーリンクはこれを不当に小さく表している。★22

解剖学者たちはゼンマーリンクが芸術家であっても解剖学者ではないと決めつけた。しかしながらフランスの医師ジャック＝ルイ・モローは、ゼンマーリンクの女性骨格の描写が最も卓越したものであると認め、女性の自然史に関する彼の二巻の書物において骨格を描写する際に、ゼンマーリンクのものを手本にしたのであった。

我々はこの論争をどのように考えればよいのであろうか。最も正確に女性の骨格を図像化しているとされるものでさえも女性の身体を厳密に表現していたといえるのであろうか。一八世紀の解剖学的表象にとって理想とされたのは正確さであった。アルビヌスは『作品解説』において、三カ月かけて描写されるあいだに男性の骨格が湿気を失い、外見が変化してしまわないように、骨格を水と酢を使って注意深く調整した様子を詳述している。解剖学者は自然を厳密に標本化しようと試みただけでなく、身体を最も美しく普遍的な形態において表現することも意図したのであった。アルビヌスは、ある特殊な身体を描くのではなく、普遍的かつ理想的な範型を細部に至るまで描写するということに意識的に取り組んだのである。「私の考えでは、自然という抜け目のない職人が……作ったものは注意と判断力によってふるいにかけられなければならない。そして自然のもつ無限の多様性から最高の要素を選択せねばならない★23」と彼は述べている。

一八世紀の解剖学的図像において「普遍的」と考えられた人体の表象は、実際は文化的な価値が負荷されたものであった。図8と10、図11から13、14で示される二組の男女の骨格は単に男女の身体の骨を表現しているだけではない。それは当時男らしさと女らしさの理想とされたものを生み出し、またそれを再生産するのにも役立ったのである。アルビヌスは図を描くために「次から次へと身体」からデータを集めた。それから彼はモデルとして用いることのできる「完全な」骨格を選んだのである。またアルビヌスは男性の骨格を描写する際に自然を「ふるいにかける」基準について次のように書いている。

――骨格は年齢、性別、身長、そして骨格の完全度の点で個々に異なるだけでなく、全体の強度、造り等の特徴においても異なる。そこで私は強さと機敏さの両方の標しを見出すことのできる骨格を選んだ。それは全体に上品でいてしかも過度に繊細でもない。つまり、年少者や女性のような丸みや細さを示すのでもなく、また逆に洗練されておらず粗雑で不格好なものでもない。[★24]

性差に関するアッカーマンの書物の序文においてヨーゼフ・ヴェンツェルは、解剖研究のためのモデルを選ぶ際に解剖学者の直面する困難について論じた。彼によれば、男性も女性も個々として見ると千差万別であり、両性間には連続性が見出されるので、男性と女性とを生理学的に明確に描き分けるのは不可能であるという。実際、男性のなかには「女性」に類別されるはずの頭蓋骨、脳、胸骨を認めることができると彼は書いている。そしてヴェンツェルは、彼自身の研究の基礎として役立つ女性らしさの基準を次のように定めている。

――私が常々観察してきたことによれば、あらゆる点にお

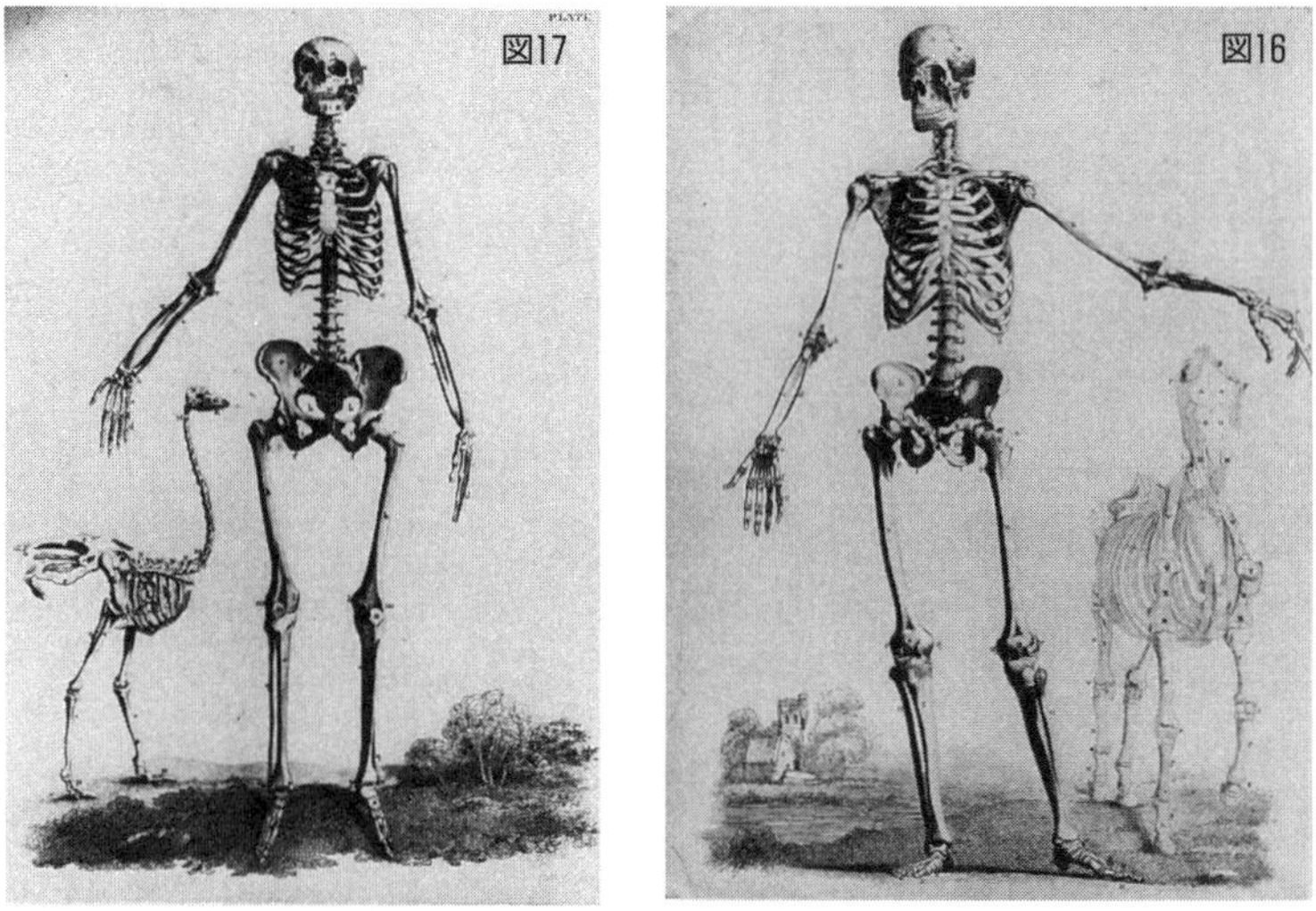

図16、17　ジョン・バークレイ「馬と比較した男性骨格」、「ダチョウと比較した女性骨格」。The Anatomy of the Bones of the Human Body（Edinburgh, 1829）図1より。

いて美しく、女らしいといえる女性の身体は、骨盤が他の部分と比べて最も大きいと認められるものである。[★25]

アルビヌスと同様、ゼンマーリンクも図像に正確さと普遍性を持たせようと努めた。彼は「できるだけ自然の姿に近づけよう」と可能な限りの努力をしたのである。もっとも、彼の考えによると、生理学者たちは常にモデルとして最も完璧で美しい標本を選ばねばならなかった。「最高に美しい標本」を見つけだし、選別するために、ゼンマーリンクは美の規範を確立しようと考えた。ゼンマーリンクによれば、調査と取捨選択を繰り返すことによって規範を確立しないことには、どの事例が完全なる規範から逸脱しているのかについて誰も判断することはできないというのである。ゼンマーリンクは細心の注意を払って女性の骨格図像の「理想の」モデルを選んだ。

――とりわけ私が気を配ったのはモデルに相応しい女性の身体を手に入れることであった。つまり、その身体は若くて子どもを生むのに適しているというだけでなく、肋骨、美しさ、優雅さの調和という、古代の人々がヴィーナスの特性と考えたものをも備えていなければならない。[★26]

解剖学者たちは女性の身体を描写する際に、「目鼻立ちを整えて顔を描き、たとえどのような傷が顔にあろうとも、絵ではそれを修正する」[★27]画家たちの例に倣った。一八世紀の解剖学者たちは男らしさや女らしさの理想に適合するように自然を「修正」したのである。

一九世紀において、人体の骨格は次第に男らしさや女らしさという特徴を纏うようになった。一八二九年エディンバラの解剖学者ジョン・バークレイは、対照比較のためにヨーロッパ伝来の図像のなかから特に優れたものを寄せ集めた。バークレイが最も優れた男性骨格の図像の例として選んだのはアルビヌスの描いたものであった。そしてバークレイは動物の分野に目を転じ、動物の骨格――男性の骨格を際立たせている特徴を強調するような骨格――を探した。男性の骨格を準えるのに最も相応しいものとして彼が見つけた動物は、強靭さと敏捷さにおいて際立っている馬であった（図16）。女性の骨格を最も見事に表象しているものとしてバークレイはダルコンヴィル／スューの繊細な図を選んだ。彼はこの図に、大きな骨盤、長くて細い首を特徴とする動物を準えた――それはダチョウである（図17）。

万物の尺度としての人間《マン》＝男性（白人かつヨーロッパ人）子どもと未開人《プリミティブ》としての女性

思春期に近づいても、女性は男性と比べて原始的な体質から距離を取らないように見える。繊細でか弱く、子どものもつ気質的特徴を常に保持している。

――ピエール・ルーセル★28

性差に関する医学文献の氾濫は一九世紀の間中少しも治まることがなかった。世紀が進むにつれて、男性と女性では身体があまりに違い過ぎることを理由に、女性の成長は進化の低い段階で押さえられていると考えるようになった解剖学者もいた。頭蓋骨と骨盤が骨格の特徴を識別する尺度となることによって、一部の解剖学者は、個体発生学および系統発生学的基準に従って白人女性がヨーロッパの男性より低く位置づけられる、と推断するようになった。女性は、種の発達においても個の発達においても、白人男性に代表される完全に成熟した「人間《ヒューマン》」に到達しないと考えられたのである。こうした解剖学者たちは身体的、社会的発達の観点から、女性を子どもや「原始的な」人々と同じところに分類した。

一八世紀後半から一九世紀にかけて、性と人種のカテゴリーはますます社会的価値の基準を規定するようになった。同時にこれらの基準は科学者集団の構造を反映するものとなったのである。科学的手段を有する人は、自分たちこそが優秀さの基準であると考えた。女性の存在を欠いたままその大部分が男性によって占められていた科学者集団は、男性の解剖を女性の解剖を測る基準にして女性を研究した。同じように白人の科学者集団は、黒人が不在のまま、白人男性を優秀さの基準として用いて黒人を研究した。科学的な手続きから排除された女性や黒人（他の集団はいうまでもない）には、科学者の研究成果に異論を唱える機会がほとんど与えられなかったのである。

ダルコンヴィル／スューやゼンマーリンクが描いた女性骨格図像は、女性の頭蓋骨の大きさをめぐる長い論争に火をつけた。知性の問題がますます重要視され、「自然から与えられた理性が多くの政治的権利や社会に参入する機会の前提条件であると考えられるようになった。このような状況下で頭蓋骨は知性を客観的に測る尺度となるものとして重要な焦点となった。ヘーゲルは、F・J・ガルに従って、脳が「頭蓋骨を――この部分は丸く押しつけ、この部分は幅広く、あるいは平たくする――というように形造る」[★29]と主張したグレイニオロジスト［当時流行した頭蓋骨の大きさと頭脳との相関関係を研究する人たちのこと――訳者］は、男性と女性、白人と黒人の頭蓋骨の大きさと形態を分析し、女性や「未開の人々」の知的能力が白人男性のそれと同等のものであるかどうか、というしばしば議論されていた問題に答えようとした。

頭蓋骨の大きさをめぐる論争に油を注いだのは、知性は性的同一性と同様に生得的なものであり、教育を受ける機会に影響されないという仮説であった。ゼンマーリンクはダルコンヴィルの研究結果を否認し、体に比して女性の頭蓋骨を男性のそれより大きく描いた。ゼンマーリンクは女性の頭蓋骨は全体重のうちで大きな割合を占めている点で（女性は1／6、男性は1／8または1／10）、男性の頭蓋骨よりも実際に重いことを発見した。このことから、アッカーマン（ゼンマーリンクの弟子）は女性の脳は男性のものよりも大きいと結論づけた。

――女性はあまり活動的な生活をおくらないので、骨、筋肉、血管、神経が男性ほど大きく発達しない。筋肉の大きさが減少するにつれて脳の大きさは増加するので、女性が知的な営みに男性よりも熟達するのは驚くにあた

らない。[★30]

女性の頭蓋骨の大きさに関するダルコンヴィル／スューとゼンマーリンクのどちらの表象が正しいのかについての解剖学者の論争は、一八二〇年代のバークレイの研究によってひとまずの解決を見た。女性の頭蓋骨の身体に対する比率は男性のそれよりも大きいが、ただしそれは子どもの頭蓋骨にも同じことがいえるというのである。バークレイによれば、女性の頭蓋骨が「男性のそれよりも」大きいからといって、必ずしもその頭蓋骨に重く、高い能力を有した脳が詰まっていると結論されることはないという。頭蓋骨が大きいことは知性の標しであるというよりも、むしろ女性が完全に成長していないことの標しである、と。一八二九年にバークレイはダルコンヴィル／スューの図を使って骸骨の家族図を表した（図18）。子どもと胎児の解剖図は一八世紀の初めから既に発表されていたが、男性、女性、子どもの骨格はバークレイによって「比較を目的として」初めて一緒に描かれた。バークレイは注釈において、ゼンマーリンクが男性と女性とを比較したものしか描かなかったと非難した。バークレイが子どもの骨格を導入したのは、

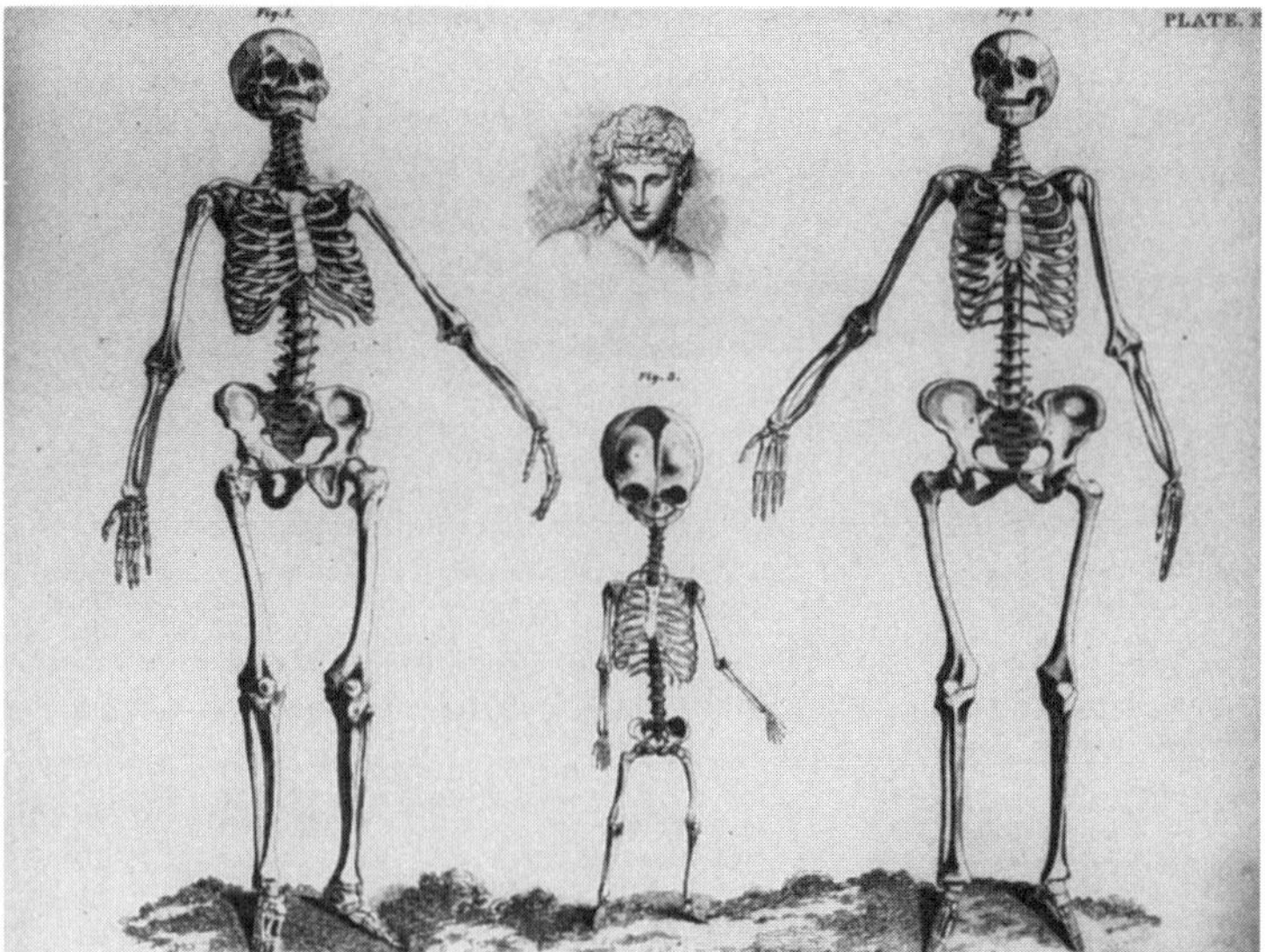

図18　バークレイ「骸骨の家族」、前掲書図32。

「彼（ゼンマーリンク）が、女性に特有のものとして描写した骨格の特徴の多くは、胎児の骨格によりはっきりと認めることができることを示すため」[★31]であった。バークレイが指摘したのは、女性と子どもは頭蓋骨が同じ大きさであるうえに、前頭部を分離する割れ目があること、また両者とも男性と比べて骨が小さいこと、女性の胸骨、顎の形、足のサイズは男性のそれよりも子どものそれの方に類似していること、であった。女性を識別する特徴のひとつはその骨盤であるとバークレイは論じる。

――そこ（骨盤）においてはもはやそれ（女性の骨格）の均勢と胎児のそれとの類似性を辿ることができない。換言すれば、そこでは、それまで両者（女性と胎児）に共通に見られた諸特性が見出されないばかりか、それ（骨盤［の大きさ］）が男性のそれからもはるかにずれていることが常に認められるのである。――胎児の骨盤は三者のなかでは比率が最も小さく、女性の骨盤は最も大きい。

その世紀の中頃までに、女性は子どもに類似しているというイメージは一般的なものとなった。ドイツの医師E・W・ポスナーは『女性と子ども』（一八四七）において女性と子どもの間の身体的類似点を次のように明確に述べている。

――女性の手足は短く、華奢である。……手足の短さは女性の身長を決定し、また女性の身体が子どもの身体と類似していることを示している。……子どもにいえるように、女性は胸部に比べて腹部が大きく丸い。……胴全体は、男性の場合は逆ピラミッド型をしているのだが、女性の場合は逆であり、小さくて細い肩がピラミッドの頂点をなす一方、腹部は広い底辺となり、そこからさらに大きな臀部と強い大腿部が続いている。……女性の頭部もまた子どもと同様の形になる傾向がある。ほっそりした骨格構造、鋭く発達せずに華奢なままの顔立ち、小さな鼻、大きくて子どもっぽい丸い顔は明らかにこうした類似性を証明している。……女性の神経、血管も子どものものと同じく細くて繊細である。……また豊かな脂肪の層を備えた皮膚は子どものようである。[★32]

ポスナーは、「女性は完全な個体的成熟に到達する前に男性よりも早く（一八歳でなく一四歳で）成長が止まる」ので「女性は子どものような丸みを持ち続ける」と論じることによって、女性と子どもの身体の類似性を説明した。確かに女性を子どもと比較することそれ自体は［女性に対して］否定的なものでないとしても（子どもは一九世紀において無垢で元気で若々しいものとして表象された）、ポスナーの説明は、女性が完全な人間的成熟に到達し損なっているということを示唆していた。ポスナーは、チャールズ・ダーウィンの考えたように、身体的、知的、文化的発達を統一する自然のヒエラルキーが存在し、そこに様々に類別される人間が配置されると仮定したのである。ポスナーはヨーロッパ男性の身体類型こそが成熟さの規範であり、それに基づいて女性、黒人、子どもが測られるのだと明言したのである。

女性を子どもと比較することが一九世紀において初めてなされたわけではない点に注意すべきである。解剖学者たちは、女性と子どもの解剖学上の類似点を描くことによって、古代の女性に対する偏見を近代科学の言葉で言い換えたのである。古代の人々――クセノクラテス、ガレノス、ヘルマゴラスたち――は共通して、女性は子ども以上のものになり得ないと考えた。ガレノスは、女性と子どものどちらも冷たく湿った体液を有しているおかげで自己抑制に欠けると考えた。[★33]アリストテレスは熟慮［*consilium*］の三状態を論じて、女性、子ども、奴隷を［支配されるものとして］一まとめに分類した。聖書の伝統によれば、神はアダムに女性と子どもの支配権を与えたのであるから、男性は家政の長であった。一九世紀初頭に現れた、女性が生理学的に子どもと連続しているという証明（と見なされたもの）は、こうした伝統的な偏見を近代科学の言葉に翻訳する役目を果たしたのである。また、女性が子どもと類似しているというイメージは、ヨーロッパの習慣のある側面を反映していた。一八世紀の後半では、中流階級の妻は夫よりも平均して十歳も若く、中流階級の女性がその夫に比べて「子どもっぽく」見えたとしても驚くに当たらないのである。

私の目的は、男性と女性の身体的相違を極小化させることでなく、性差の探求を取り巻く社会的、政治的状況の分析を行うことであることをもう一度述べておきたい。確かに両性間に様々な差異が存在することは認められるのだが、そうした諸差異は常に誇張されて来たのである。一七八九年にヴェンツェルが強調したことを思い出す必要がある。つまり、「それぞれの性を構成する個人を見れば、そうした個人個人が互いに異なっていることは無視できない。男性的な体の造りをした女性を見出すことができるのと同様、女性的な体つきの男性を見出すこともできるのである[★34]」。その上、人間に見られる多くの身体的差異は社会的条件に対して絶対的なものでなく、相対的である。一八世紀の解剖学者は女性は男性よりも背が低く小柄であるという事実を繰り返し指摘した。女性が小柄であるのは骨格の大きさに起因するのであり、そのことが女性が弱く繊細であることの絶対的な指標となると彼らは考えたのであった。しかし今日の研究から分かるように、ヨーロッパの男性と女性の平均身長の差は、前世紀よりもかなり縮んでいる。身長を決定する一要因は栄養状態である。多くの文化では、女性は男性の食べ残しを食べたり、最もよい部分を男性に食べさせるというのが習慣となっているのである。

しかしながら、このような西洋医学における性差の研究を煩わせていた誇張をたとえ取り除いたとしても、私たちは差異という事実そのものまで取り除くことはできない。それでもやはりどのような差異から差異が生じるのかははっきりしないのである。なぜ一連の身体的な差異が構造的な社会的不平等の承認に利用されることになるのであろうか。身体的な差異が知的かつ道徳的差異をも含意するという議論が、なぜかくも長きにわたって、これだけ多くの人々にとって、これほどまでに説得的であり続けたのであろうか。

自然法としての社会的不平等

神の秩序、自然の秩序における法は、女性が知識を修める能力がないことを示している。そしてこのことは特に自然科学と医学の領域においていえることである。

——テオドール・L・W・フォン・ビショフ[★35]

なぜ男性と女性の比較解剖が一八世紀後半の医学界にとって研究課題となったのであろうか。私がここで論じたいのは、そうした研究が、一般的な問題としては、ヨーロッパのブルジョア社会において女性の地位を確定する試みであり、特殊な問題としては、最初の女性骨格の表象を量産した科学の内部において女性の地位を確定する試みであったということである。一九世紀における多くの社会理論が拠り所としていた有力な仮説は、身体が証明するもの——即ち自然こそが社会理論の出発すべき確実な地点を示してくれる、というものであった。解剖学者の研究成果がどのように利用されたかを概観することによって、ヨーロッパ社会において進行しつつあった性別役割の二極化を承認するに際して、解剖学的な性差の研究が果たした役割が照らし出されるであろう。

民主化への傾向が大きくなるにともなって社会秩序の再編制が生じた。一八世紀においては、新しい社会秩序において女性の役割はどうあるべきかがまだはっきりしていなかった。確かに一七世紀から一八世紀を通して、女性の完全なる社会的平等を唱える人々と、女性は依然として従属的な地位にとどまるべきだとする人々とは対立していた。ルソーのような哲学者たちは、人間本性における自然的なものを社会的なものから解き放つことによって、自然権についての理論の確固たる基礎を築こうとした。『エミール』において、ルソーは仮想上の自然状態に訴えたのであったが、また彼は自然に適合した両性間の関係を探求するにあたっても、比較解剖によって規定された人間身体の自然=本性に訴えたのである。[★36]

ルソーの教育に関する著作は、性格と教育とを性別に従って規定する近代の文献が氾濫するきっかけとなった。ルソーはフランスの女性やフランス革命におけるフェミニズムの活動が社会に与える——と彼が見なす——影響を嫌悪した。そして彼は、女性は男性と平等ではなく、男性を補完するものだと論じることによって女性平等の支持者たちと対決した。ルソーは、男女の間には身体、道徳、知性に関する生まれつきの差異があるので、女性は男性とは全く別の社会的役割につくのが相応しい、という考えを提起する手助けをしたのである。ルソーにとっては、「身体的および精神的な秩序における女性の位置を認めるために、その（女性という）種と性が有する性質に適っていることすべて」[★37]を自然という書物から読み取ることこそが自然哲学の目的であった。

また、女性が自然＝本性上異なっているというルソーの議論に異議を唱え、それに対して女性の社会的平等を論ずる人々もいた。フランスの哲学者、エルヴェティウス、ダランベール、コンドルセは女性が知的業績において劣るのは、劣悪な教育のせいであるとした。またこの立場は、二、三の名をあげると、イギリスのメアリ・ウルストンクラフト、フランスのオランプ・ドゥ・グージュ、ドイツのテオドール・フォン・ヒッペルらによって推し進められた。一八世紀においては、女性の特性をめぐる論争は「教育［nurture］」対「自然」という近代の対立を背景としていたのである。女性が［社会的に］弱い立場にいることは「教育」に問題があるのだと考えた人々は、社会的、教育的改革こそが性の社会的平等に向けた輝かしい道程となると思い描いた。女性の［社会的な］弱さが女性の「自然」に由来するものだと考えた人々は、「現にあるがままが正しい」と考えた。

しかし、多くの者は解剖学の新しい発見を「女性」の問題に適用する定めにあった。とくにフランスの医学陣営では、医学的な議論が社会理論にますます浸透し、身体的なものが精神的なものに密接に結び付けられるようになった。一七六五年の『百科全書』の「骨格」の項目では、その半分が男女の骨格の比較に充てられていた。そこでは男性と女性の差異は頭蓋骨、背骨、鎖骨、胸骨、尾骨、骨盤の細部に至るまで展開されている。この項目は次のような規範的な句で締めくくられている——「こうした事実はすべて、女性が子どもを生み育てる運命にあることを証明している」[★38]。

一七七五年、医学博士のピエール・ルーセルはこうした考えをさらに展開した。彼は男女の骨格の差異は非常に重要であると主張した。「女性の骨格に与えられた特殊な形態を通して自然が示していることは、両性の分化が二、三の表面的な違いにとどまらず、恐らくは人体の諸器官の存在する数だけの多くの差異を生ぜしめるに至ったということである」[★39]。精神ないし心はルーセルが列挙する諸器官に含まれた。ルーセルの考えでは、精神、道徳、知性の質は身体骨格と同じように生得的であり、永続するものであった。ルーセルは男女間の差異は習慣、教育、風潮の結果として生じると主張する「論者たち」に反論した。倫理に対して確実な根拠を与えてくれるのは無謬の医学的発見であると彼は信じていたのである。彼によれば、哲学は身体組織の影響を十分に考慮しない限り、人間の精神的能力を決定することができないのである。

ドイツのゼンマーリンクもまた、性差は「教育」ではなく「自然」に由来すると信じていた。ゼンマーリンクは、「黒人」と「ヨーロッパ人」との比較解剖に関する彼の著書において、女性の身体的および精神的性格についての観察結果を次のように報告している。

――少年は必ずや少女に対して優位に立つようになる――自分がそうであるということに気づかずに、また、それが自らの身体が強靱であるがゆえにそうなのだということにさえ気づかずに。少年は少女と同じ躾、愛情、衣服を享受している場合でも、優位に立つのである。私はこの事実についての決定的証拠を目にする稀な機会をもったことがある。D・G王子は年少のころから彼の妹と一緒に育てられた。身体および精神に関するあらゆる事柄についての訓練はいかなる点においても同じであった。しかし、身体的および精神的性格における男女の差異は常に顕著であった。これは実際に経験した事柄である[★40]。

ヨハン・ツィーゲンビエンはゼンマーリンクの考えをドイツの学校に普及させた。ツィーゲンビエンは女学校の生徒の両親に対して「女性の本性、性格、教育」についての講義を開き、ゼンマーリンクの研究成果を以下のように説いた。「発達の初期の段階において既に性差が見受けられる。［つまり］少年が棒をつかむ一方で少女は人形を拾い上げるのである。［略］男性が国政を司る一方で女性は家事を取り仕切るということは、まさに発達の初期の段階において既に認められる事態を反映しているにほかならない。[41]」

一七八〇年代から一八三〇年代にかけてフランスとドイツに現れた女性向けの医学手引書においてもまた、性差に関する新しい研究結果が利用された。こうした健康手引書は、病気に対して適切な治療を行うためには、男性と女性の身体的な違いを考慮に入れなければならないことを強調している。またこうした手引書では、各々の性の幸福はその性に特有の生理に適った生活様式を築くことができるかにかかっているという点も強調されている。このような手引書の著者たちは女性の生理学的特性と精神的特性とを一まとめにして論じていたのである。

自然と「調和」した社会生活が個人の幸福を保証すると考えた人々は、またそのような生活が社会的安定をも確実なものにすると考えた。カール・フリードリヒ・ポッケルスは、一八〇六年に女性の特性に関する著書において、身体の強さの違いは、「男性、女性、家族の間に築かれる社会的秩序を確固としたものとするのに必要な基盤として、自然によって構想されたものである[42]」ことを力説した。ポッケルスはルソー、ルーセル、ジョルジュ・キュヴィエらを引き合いに出して、男性と女性は完全ではあるが、お互いに補完し合う存在であると見なした。一八三〇年に医学博士J・J・ザックスは男性と女性の身体的な補完性が社会における補完的役割にどのように関連するかを次のように説明している。

――男性の身体は、揺るぎない強さを表すのであり、その身体のおかげで男性は知力と独立心とを旺盛に有し、国家、芸術、科学の諸領域において活躍することができるのである。女性の身体は女性らしい柔和さや感情を表現している。広々とした骨盤は女性に母親たることを決定づけ、また華奢で柔らかい手足と繊細な皮膚は、女性の活動範囲が狭く、家の外に出ずに、平和な家庭生活を営むことを証明している。[★43]

フランスの実証主義の父オーギュスト・コントもまた、両性間の適切な関係こそが確固とした社会秩序の礎となると考えた。コントは、自然に基づいて女性が男性に従属することによって家族が支えられると信じていた。コントはその壮大な著書『実証哲学講義』において、女性に相応しい社会的役割は何であるかという問題に答えるのは政治学ではなく生物学である、という彼の確信となりつつあった考えを再度主張した。

――すでに、健全な生物学的哲学は、ことにガルの重要な理論以後、いわゆる両性の平等についての空想的な革命的言辞を科学的に放逐し始めている。この哲学は、解剖学的所見により、あるいは生理学的観察によって、あらゆる動物種、特に人類において、男性と女性をはっきり区別している肉体的、精神的な根本差異を直接的に証明した。[★44]

J・S・ミルの女性の平等に関する道徳的議論はコントのこうした考えをぐらつかせることはできなかった。コントは、生物学が「性のヒエラルキーを確立した[★45]」という信念に固執したのである。

女性の本性に関する規定に認められるある重要な点は、女性がいかなる知的作業や学問にも携わることができないことが強調されたことである。こうした見解はヴィルヘルム・フンボルトによって言明され、その起源はルソーにまで溯るものであるが、それによると、女性の身体的な弱点が知的な弱点をも結果するというのであった。フンボルトによれば、女性は分析的または抽象的な思考の能力に欠けるという。彼が述べるには、女性は主観的な印象に陥りがちであり、内面を吐露したり、物事を大まかに考えたりするが、自らの見聞を経験的なデータによって根拠づけることをしない。ヘーゲルは、男性性と理性、学問とを結び付け、女性性と感情、家庭という道徳的領域とを結び付けるという風潮を強固なものとした。女性は、その倫理的および知的特性のせいで生まれつき哲学ないし学問に携わることができないことをヘーゲルは次のように述べている。

――女性は教育を受けることができるが、普遍的な能力が必要とされるような高度な学問、哲学、ある種の芸術的生産には向いていない。女性は着想や趣味がよかったり、優雅であったりしても、理念的なものに到達することができない。……女性は普遍性の要請に従って行為するのではなく、恣意的な傾性や私念によってそうするのである。……女性は主観の命に従うことがあっても、客観の命に従うことはない。★46

重要であるのは、こうした女性の自然＝本性に関する――医学的および哲学的――テクストを女性の医学への参加という文脈において見ることである。解剖学者たちによる性差の探求は一七世紀から一八世紀にかけての医療構造の変化と時を同じくしている。解剖学者たちが女性の身体構造を明確に区別する特徴に関心をもち始めたのは、まさに医学の専門化が進むことによって産婆の手から女性の健康管理という仕事が奪われた時期であったのである。その一方で医師たちは、健康管理を行う上での女性特有の問題に対して彼らが関心をもっていることを強調した。例えばアッカーマンは彼の性差に関する本に女性の健康についての章を増補し、病気の原因と進行に影響するはずの身体構造上の差異を従来の医学が考慮に入れていなかったと論じた。病気を適切に治療するために、医師たちは女性に特有の解剖学を考慮に入れなければならなかった。もちろんこうしたことには、産婆が女性の健康を管理するのに適切な訓練を受けていないということが含意されていた。他方で、女性にはそのような訓練を受ける能力がないと見なされていた。女性は公的な領域となりつつあった医学において働くべきではないとされたのである。女性は、より科学的になることを試みた医学者集団によって、科学に従事する能力がないと規定されたのである。

「非科学的」という観念が産婆の寿命を縮めたのと時を同じくして、科学者たちは自分たちの研究成果を「客観的なもの」ないし「価値中立的なもの」として発表した。一九世紀を通じて、科学を種々の社会問題を調停する者として期待する風潮が高まった。［科学によって］約束された客観性が、「女性問題」が科学によって解決されるに違いないとの期待を生み出したのである。解剖学者たちは自らの仕事がその本性上偏りのないことを強調した。例えばゼンマーリンクは、「黒人」とヨーロッパ人の比較解剖に関する著書において、黒人は「とりわけ脳に関してヨーロッパ人よりも幾分かサルに近い[★47]」との結論を下した。もっともゼンマーリンクは、自分の仕事は彼の言う科学の「冷血な」研究成果を反映しているのであって、「道徳的」立場を取ったのではないと論じている。同じような仕方で、ポッケルスは女性の特性に関する全四巻の研究は「偏りのない」、「純粋に経験的」なものであり、「理性の原理」に従っていると主張している[★48]。

女性の科学への参入に反対する科学的議論が医学という専門領域から女性を追い出す役目を果したとすれば、女性を医学に二度と立ち入らせるなとの訴えもまた繰り返し行われた。一八七二年テオドール・ビショフ教授は医学の専門領域への女性の参入を認めることに反対した。彼は、彼の言う「不偏かつ確実なる」科学の方法を用いて、女性のもつ「純粋で穢れのない女性的自然＝本性」が科学に適したものではないことを証明すると約束した[★49]。女性が医学に平等に参入することに対してビショフが反対する主な理由は、それが性差の科学的規定に懸かっていたからである。解剖学と生理学によって発見された男女の間の身体的および精神的差異に精通する者であれば誰でも、男性と女性が等しく医学に参加することを決して支持できないであろう、と彼は書く。平等が達成されるとすれば、それは主要となる条件が等しい場合のみに限られる、と。そして彼は、（それまでに既に）お馴染みのものとなっていた骨格、筋肉、神経、頭蓋骨における性差のリストを製作したが、それはゼンマーリンクの仕事に大幅に依拠したものであり、またカントの『人間学』の一節が議論の補強のために引用されていた。

こうした女性に関する見解およびそれに類するものに対する反対意見が出されたのは、医学界の外からであった。

既に一七七四年にはエリザ・ヘイウッドが雑誌『フィメイル・スペクテイター the female spectator』において、解剖学者が生理学的に見て女性が熟考する能力に欠けると考えようとしている旨を報告している。彼女はこうした考えが正確ではないとし、女性の脳が繊細であると仮定したとしても、そのことは必ずしも女性の脳が男性の脳よりも「強さ」において劣ることを表すのではないと論じた。

——発明、記憶、判断の所在地といわれるものを含み、またそれらを互いに隔てている無数の細糸［＝神経］のもつ繊細さは、彼ら［解剖学者］がこれに反対していかなる証明を行おうとも、それら［女性の脳］が強くないことを表しているのではない。

しかしながらヘイウッドは自然哲学者ではなく、こうした問題に論及する権威を認められていなかった。「私は解剖学者ではなく、男性と女性の脳の間に本当に違いがあるのかどうかを知ることができないので、この点に関して推断することは控えておこう★50」。同時代のほかの人々と同じように、ヘイウッドは自分こそが真理に近づく特権を有しているという科学の主張に従ったのである。

社会的な権力関係が非対称であるために、「女性問題」を論ずる両陣営は自らの言い分を述べるのに極めて異なった議論の形態を採らざるを得なかった。女性たちは、科学から排除されているがゆえに、教育と選挙権を要求するために純粋に道徳的な議論に訴えるほかなかった。（概して男性の）科学者たちは、女性が科学的な努力に専心することができないことを論証するために解剖学およびその他の科学の諸成果を利用した。科学が社会的信望を手にする一方で、自らの議論を科学的証拠によって基づけることができなかった者たちは社会論争において不利な立場におかれたのである。例えば、一九世紀のフェミニスト、ヘドヴィヒ・ドームは沈黙を破って科学批判を行った。しかし彼女でさえも、「私は解剖学者ではない」という言葉でもって解剖学者テオドール・ビショフに対する反論の調子を弱めなければならなかった。

　ドームはアカデミーの外部から、しかも科学という装いもなしに議論したので、そうした彼女の努力も一般には論争好きの仕業に過ぎないと見なされてしまった。一八七五年、オーストリアの厚生大臣のフリードリヒ・W・H・ラヴォートは、科学とあらゆるフェミニズムとの関係について［当時の科学者たちによって］共有されていた考えを表明した。ドイツの科学者・医師会議での演説においてラヴォートは次のように述べる。


——正当な権能と資格を有した科学研究は、弁証巧みに、いやむしろ詭弁的に語られるいわゆる女性問題に対して［科学の］至上命令でもって立ち向かい、不変の法則を守ることができるのであり、またそうしなければならない。★51

　このように一九世紀の科学は、女性の不在のまま（女性に対立して、ともいえよう）女性の本性が男性の本性と同じ基準で測ることはできないと規定した。男性と女性とが「自然＝本性上」同じでないことは、両性が社会的にも不平等であることを正当化すると考えられたのである。多くの人は社会的秩序が自然の秩序に対応していると信じていた。例えば、文化歴史学者のヴィルヘルム・リールは、男性と女性とが同じ基準で測ることができないことによって、社会の不平等が自然法に基づいていることが証し示されるのだと考えた。このように、人間の「自然＝本性」についての科学的規定は、男性と女性（同じく白人と黒人）とをそれぞれ全く異なった社会的役割へと導くのを正当化するのに利用されたのである。男性が「自然によって与えられた理性」のおかげで、政治、商業、科学、学問などの公的領域を支配するのは「当然である［自然に適っている］」と考えられる一方で、感情の生き物である女性は、母親、即ち家庭という限られた領域における習俗の守り手という自然の定めに従ったのである。

　しかしながら、こうした［排除の］筋書きは、様々な集団——女性や少数民族——を科学者集団から排除するのみに終わらないのである。科学者たちは、女性に加えて〝女性的〟と規定されるある種の道徳的性質や知的性質を科学から排除したのであった。女性が科学を実践する際に、その能力を鈍らせていると考えられたのは、女性に特有の道徳的性質――感情と本能であった。真の科学者とは、「理性と真理」を備えた人《マン》でなければならなかった。

感情の女性化、理性の男性化はヨーロッパ社会における労働の分業化と権力［機構の］分化によって生み出され、また再生産されたのである。同時に、男性と女性の道徳的な「本性＝自然」がもはや生得的な［innate］ものでないように、科学の「本性」も［外的環境に影響を受けない］内在的な［innate］ものでないことを認識すべきである。科学もまた社会の諸勢力によって動かされているのである。こうした社会的諸勢力が固着して来たのは、科学から女性的なものを遠ざけ、科学と男性的なものとを同一視するという欲望であったのである。女性骨格の例が示しているのは、一八世紀において近代科学が性差の研究へと頭から投げ込まれたがゆえに、それによって科学自身が性別《ジェンダー》を獲得してしまったというアイロニーなのである。

註 文中★標示

［印刷の制限上、訳者の判断により、原著者による註のうち本文で引用された文献、および重要な参考文献のみを以下に掲載する］

★1－Samuel Thomas von Soemmerring, 1796, *Tabula sceleti feminini juncta descriptione*, Utrecht.

★2－Charles Louis de Secondat, 1721, Bron de Montesquieu, *Lettres Persones*, Paris, letter 38.

★3－François Poullain de la Barre, 1673, *De l'égalité des deux sexes: Discours physique et moral*, Paris, 59.

★4－*ibid*. 60.

★5－Mary Astell, 1696, *An Essay in Defence of the Female Sex*, London, 12-13.

★6－Andreas Vesalius, 1543, *De corporis humani fabrica*, Basel.

★7－J.B.Saunders and C.D.O'Malley, 1950, *The Illustrations from the Works of Andreas Vesalius*, New York, 222-23.

★8－William Cowper, 1737, *Anatomy of Humane Bodies*, London, commentary to plate 2.

★9－ibid.

★10－J.J.Sachs, 1830, *Ärztliches Gemälde des weiblichen Lebens im gesunden und krankhaften Zustände aus physiologischem, intellektuellem und moralischem Standpunkte: Ein Lehrbuch für Deutschlands Frauen*, Berlin, 1.

★11－Pierre Roussel, 1775, *Système physique et moral de la femme , ou tableau philosophique de la constitution, de l'état oraganique, du tempérament, des moeurs, & des fonctions propres au sexe*, Paris.

★12－Jakob Ackermann, 1788, *De discrimine sexuum praeter genitalia, Mainz,; Über die körperliche Verscheidenheit des Mannes vom Weibe ausser Geschlechtsheiten, trans. Joseph Wenzel*, 1788, Koblenz, 2-5.

★13－ibid.

★14－「その中の、母胎（メートラ）とか子宮（ヒュステラ）とか呼ばれているもの、すなわち、女の中にいる、子供をつくる欲望をもった生きものが、時機を過ぎて長い間、実を結ばずにいると、手のつけられないようないらだち方をして、身体中いたるところを彷徨し、息の通路を塞いで呼吸のできないようにして、極度の困難に陥れたり、またその他にも、ありとあらゆる病気をもたらすのです。」(Plato, Timaeus 91c, in The Collected Dialogues of Plato, ed. Edith Hamilton and Huntington Cairns (Princeton, N.J., 1961). ［プラトン（種山恭子訳）、一九七五『ティマイオス』（プラトン全集12巻）岩波書店］)

★15－Bernhard Albinus, 1749, "Account to the Work", in *Table of the Skeleton and Muscles of the Human Body*, London.

★16－Bernhard Albinus, 1754-68, *Annotationes academicae*, 7,

11-14, 30-50; quoted in Ludwig Choulant, *History and Biography of Anatomic Illustration*, trans. Mortimer Frank, 1920, Chicago, 277.

★17—Alexander Monro, 1726, *The Anatomy of the Humane Bones*, Edinburgh, appendix, 341.

★18—*ibid*., 340-44.

★19—*Journal der Empfindungen: Theorien und Widersprüche in der Natur-und Artzneiwissenschaft* 6, no.18 (1797): 17-18.

★20—Choulant, *History and Bibliography of Anatomic Illustration*, 306-7.

★21—Barclay, *Anatomy of the Bones of Human Body*, commentary to plate 32.

★22—ibid.

★23—quoted in Choulant, *History and Bibliography of Anatomic Illustration*, 277.

★24—Albinus, "Account of the Work".

★25—Ackermann, *Über die Verschiedenheit*, 5-7.

★26—Soemmerring, *Tabula sceleti feminini*, commentary to plate.

★27—Albinus, "Account of the Work."

★28—Roussel, *Systēme physique et moral de la femme*, 6.

★29—Georg Wilhelm Friedlich Hegel, 1807, *Phänomenologie des Geistes*, in Werke, ed. Eva Moldenhauer and Karl Michel, 20 vols. (Frankfurt, 1969-1971), 3:248.［ヘーゲル（金子武蔵訳）一九四九『精神現象学』岩波書店］

★30—Ackermann, *Über die Vweschiedenheit*, 146.

★31—Barclay, *Anatomy of the bones of the human Body*, text to plate 32.

★32—E.W.Posner, 1847, *Das Weib und Kind*, Glogau, 9-10.

★33—「すなわち自由人の奴隷に対する支配と､男性の女性に対する支配と、大人の子どもに対する支配とはそれぞれ別である」——アリストテレスは奴隷、女性、子どもに対する支配を、それぞれの理性を有する程度の少なさをもって正当化した。つまり､「霊魂のいろいろの部分はすべての人々のうちにあるけれども、しかしそのあり方に相違がある。つまり、奴隷は熟慮的部分を全く持たないが、しかし女性は持っている、けれどもそれは権威を持たない。また子どもも持っているが、不完全である。」（Aristotle, 1932, *The Politics*, trans. H.Rackham, London.［アリストテレス（山本光雄訳）一九六九『政治学』1260a10（アリストテレス全集15巻）岩波書店］）

★34—Quoted in Ackermann, *Über die Verschiedenheit*, 5.

★35—Theodor L.W.von Bischoff, 1872, *Das Stadium und Ausübung der Medicin durch Frauen*, Munich, 45.

★36—Jean-Jacques Rousseau, 1762, *Emile*, in *Oeuvres complētes*, ed. Bernard Gagnebin and Marcel Raymond, 4 vols. (Paris, 1959-69), 4: 693.［ルソー（樋口謹一訳）『エミール』（上・下）一九八〇（ルソー全集六・七巻）白水社］

★37—*ibid*. 692.

★38－*Encyclopédie ou Dictionnaire Raisonn des Sciences, des Arts, et des Métriers* (Neuchatel, 1765), s.v. "squelette".

★39－Roussel, *Système physique et moral de la femme*, 12.

★40－Samuel Thomas von Soemmerring, 1785, *Über die körperliche Verschiedenheit des Negers vom Europäer*, Frankfurt, IX.

★41－Johann Wilhelm Heinrich Ziegenbien, 1808, *Aussprüche über weibliche Natur, weibliche Bestimmung, Erziehung und Bildung*, Blankenburg, 1.

★42－Carl Friedlich Pockels, *Versuch einer Charakteristik des weiblichen Geschlechts*, vol.1 (Hanover, 1806), 6 and 8.

★43－Sachs, 1830, *Ärztliches Gemälde des weiblichen Lebens*, 25, 47.

★44－Auguste Comte, 1839, *Cours de philosophie positive*, vol. 4, Paris, 569-70. [コント（霧生和夫訳）、一九九九「社会静学と社会動学－実証哲学講義第4巻」（世界の名著46）中央公論社]

★45－Auguste Comte to J.S.Mill, 16 July 1843, in *Lettres inédites de J.S.Mill á A.Comte avec les résponses de Comte*, ed. L.Lévi-Bruhl (Paris, 1899), 231.

★46－Georg Wilhelm Friedlich Hegel, 1821, *Grundlinien der Philosophie des Rechts*, in Werke, 7:319－20. [ヘーゲル（三浦和男他訳）一九九一『法権利の哲学』未知谷]

★47－Soemmerring, *Über die körperliche Verschiedenheit des Negers vom Europäer*, XIV

★48－Pockels, *Versuch einer Charakteristik des weiblichen Geschlechts*, 1: VIII-XVIII.

★49－Bischoff, *Das Stadium und Ausübung der Medicin durch Frauen*, 47.

★50－Eliza Haywood, 1744, *The Female Spectator* 2,: 240-41.

★51－Friedlich W.T.Ravoth, "Über die Ziele und Aufgaben der Krankenpflege", quoted in Helga Rehse, "Die Rolle der Frau auf den Naturforscherversammlungen des 19. Jahrhunderts", *Die Versammlung deutscher Naturforscher und Ärzte im 19. Jahrhundert*, ed. Heinrich Schipperges, in *Schriftenreihe der Bezirksärztekammer Nordwürttemberg* 12, 1968: 126.

第II部

顔の変幻

顔の現象学

ジュゼッペ・アルチンボルド

小岸　昭

〈驚異の顔〉

〈時の砂丘〉

人間は混沌とした暗黒のなかから生み出され、明るい日の光のなかに置かれる。したがって、遥かな暗黒の深みに宿っていた無数の因子と、日の光のなかに置かれてからの道程の徴《しるし》が、人間の、とりわけ顔という身体のうえに縹渺《ひょうびょう》として浮かびただよう部分に刻印されている。すなわち、母親の胎内から生み出された後も、人間の顔は、毛髪で厚くおおわれた暗い森のような頭蓋の、この「卵形の球状体」が押し開かれて、今またそこから生み出されてきたかのように日の光のなかに置かれている。[★1] 人間は、このような顔を明るい前方に向けながら、背後の深い奥にあるもの、その始源的なものと心のうちでつねに交信をしているかのようだ。

こうした内的な交信が行われていなければ、ハイテク全盛の時代に生きる現代の人間といえども、やがてその独自の顔に変化の波をかぶらざるを得ないだろう。こうして他者との通信が急速にかつ大規模に顔を欠いたもろもろの機械で進められつつある現在、人間同士が顔をつき合わせて、豊かな情報を交換し合う場も、ますます減ってゆくのは避けられない。そうすれば国家がその統合力をいっそう強めてゆくなかで、人間は過去の深みや自然との連関を失い、未知なる他者との接触を恐れ、ついには自らの顔をも失って、うつろな群衆のなかに身を置くしか手がなくなってしまうだろう。重要なのは、自国ばかりでなく、異邦の知の伝統をも、人間の顔の背後に横たわる暗がりのなかに認めつつ、それとの活発な交信によって、独自の顔を保持してゆくことである。

もしこの顔の背後の遥かな穴蔵めいたもののなかに隠された本質が掘り起こされ明るみに出されるのでなければ、傑出した人間の顔を描いた、いかにすぐれた芸術家の作品といえども、たちまち難破船のようにどこか遠い岸辺に押し流され、〈時の砂丘〉*Dünenschutt der Stunden* のなかに埋められて、永久にその姿を現すことはないであろう。容赦なく押し寄せるこうした〈時の砂丘〉のなかに埋没することなく、しかも神秘的な暗黒の深みから生命を授けられた人間の顔が、かつてどのように描かれ、どのような意味を今日に伝達しているであろうか。

アルチンボルドの怪異な〈顔〉

隠された本質が地上的な材料の合成のうちに見事にとらえられている、そのような人間の顔は、たとえばジュゼッペ・アルチンボルド（一五二七―一五九三年）の『水のアレゴリー』（図1）というひとつの怪異な〈顔〉である。この絵は、どこにでもある写実的な肖像画の惰性を突き破って、おびただしい水棲動物合成の不気味さのなかへ観る者を引きずりこんでゆく。その構図全体にはめこまれた動物を数え上げることは困難だが、たとえば頬にはエイが配され、そのうえにマンボウの眼が生彩を放った表情を見せ、またエイの下には鮫が鋭い口を開けているといった具合

図1　ジュゼッペ・アルチンボルド『水のアレゴリー』

である。さらに、頭の天辺は、王冠のような赤珊瑚で飾られ、後頭部はアザラシ、セイウチのような哺乳動物のほかに、タツノオトシゴや、その他眼光炯々とした魚類によって構成されている。

一匹の魚の顔に人間の顔を見るというとらえ方はごく一般的であるが、このように数十匹を越える水棲動物の合成から人間の顔を創造するというのは、一種の魔術的な知である。たんなる自然主義的な知の陥っている惰性から抜け出して、ここには恐ろしいまでの生命感が〈驚異〉*Meraviglia* の輝きを放っている。

同じアルチンボルドの筆になるもので、縦サイズだと『巨人の顔』になり、横サイズにすれば『幻想的な風景』（図2）に変わる畸型的・擬人的な風景がある。この絵が、古典主義的＝理想主義的な統合原理の解体を主題にしているとすれば、ここにおいても、たんなる対象性の領域を突き破った、新しい魔術的次元獲得の試みが、大胆に行われていることになる。

同じことは、今ひとつの『擬人化された顔』（図3）についても言える。これは、髭の濃い怪物じみた巨人の顔を表わしている。その毛髪は暗い森――そのなかで狩人がちょうど鹿を射止めたところだ――を形造り、中世風の一本の塔は鼻を、さらにふたつの城は目をなし、橋が口を形造っている。この絵において、とりわけ意味深長なのは、「人間は被造物なる森羅万象より成る」*HOMO OMNIS CREATVRA* という、顔のうえに記された銘文である。

このように見れば、芸術家たる者は「驚異を己のなかから創り出さなくてはならない」と、魚類合成の顔も、擬人化された風景も、ひとしく人々に向かって語りかけているかのようである。畸型を示すいかなる現象にも心を動かされることのなかったルネサンスの後とはいえ、まだキリスト教信仰が絶対的な権力をふりかざしていた一六世紀末の時代に、どうしてこのような〈顔〉が可能だったのか。右の〈顔〉の作者アルチンボルドは、種々様々な動物や植物、事物や書物の組み合わせをもって行った、あのグロテスクな表現形式で、どのような神秘世界への探索を試みようとしていたのだろうか。

図2　ジュゼッペ・アルチンボルド『幻想的な風景』

図3　ジュゼッペ・アルチンボルド『擬人化された顔』

ある神秘主義者の顔

〈鬼才〉と魔術都市の出会い

一五六二年、三五歳のイタリア人肖像画家ジュゼッペ・アルチンボルドが、フェルディナント一世の招請を受けてミラノからプラハに移住して来た。彼は、イタリアのゴシック建築中最大の規模を誇るミラノ大聖堂のステンドグラスとタピストリーの着実な仕事を手がけて名をなした。しかし、それまでなにひとつ奇抜な才能を見せることのなかったこの画家は、確かにその特異な才能を開花させるために、マニエリスムの中心地プラハに惹きつけられて来たのである。画家アルチンボルドがまさにあのアルチンボルドになるためには、その特異さが驚嘆と共鳴を呼び起こす環境を必要としていたように思われる。こうして、プラハにやって来たアルチンボルドは、どうやらそれまでの自然主義的な肖像画の惰性を突き破って、独創的な人間の顔を探究しようとしていたようだ。それほど人間の顔は、この肖像画家にとって相反するもの同士の結合を可能にする神秘的な現象であった。

だが、フェルディナント一世からマクシミリアン二世を経てルドルフ二世にいたるハプスブルク家三代の皇帝に二六年間仕えたこの廷臣の才能は、絵画の領域にのみ限定されていなかった。彼は、馬上試合や婚礼、戴冠式といったプラハ宮廷における種々の式典や娯楽催事の総指揮官を務めて、皇帝の偉大な信頼を得ていた。アルチンボルドのこの領域における活動の委細は、残念ながらまったくといってよいほど分かっていない。ただし、今日に残されている一五八五年以降の、祝典の衣裳・小道具の下絵や、フェルディナント・ホフマンの邸宅に施された一種の装飾デザインを通して、この稀有な芸術家の〈鬼才《アクティシモ・インゲーニョ》〉*acutissimo ingegno* の一部を垣間見ることができる。★2

右のようなアルチンボルドの豊かな才能は、当然のことながら彼の絵画において、あの深い謎につつまれた〈合成された顔〉において、もっとも発揮された。「はたしてこれらの絵は、ある批評家が指摘するように単なるお遊びあるいは社会風刺の試みであったのだろうか」と、エヴァンズは問うている。[★3]ハプスブルク宮廷で祝典娯楽を取り仕切ったアルチンボルドの仕事ぶりを考えれば、エヴァンズとともに、疑いなくそうだと言えるだろう。しかし、宮廷式典の総指揮者としての、アルチンボルドの〈遊戯的〉な顔の裏には、〈真剣〉な形而上学者の顔が隠されていた。人間の顔という現象に惹きつけられていたアルチンボルドにおいて、このようなマニエリスム芸術の二元性が、ルーラント・サヴェリーやエギディウス・ザデラーの〈畸型〉芸術におけるよりももっと力強く現れているのである。

幻想としての自画像

ところで、人間において他の動物におけるよりも顔がひときわ身体の他の部分から明瞭に提示されているのは、それだけ人間が多くのものを費している内部を、まさに顔から離反させないでおこうとしてきたためであろう。このように、人間の内部と外部の顔が相寄って一体をなすものだとすれば、あのような怪異な〈顔〉を描いたアルチンボルドは、実際どのような顔の持ち主だったのだろうか。

一五七五年に製作された、アルチンボルド四八歳の時の『自画像』(図4)がある。ミラノ時代の謹厳実直な面影はもはやここにはなく、すでに一三年間プラハ宮廷で強められていった彼の内なるメタモル

図4　ジュゼッペ・アルチンボルド『自画像』

フォーゼを示すかのように、幻想性がその表情に色濃くにじみ出ている。かすかに光る眼差しは内向して憂愁《メランコリー》をたたえ、口髭が薄い唇のうえに突き出している。禁欲的な骨ばった顔は、芸術家というよりも、深遠な思索にふける哲学者あるいは神秘主義者のような印象をわれわれにあたえる。哲学的な知のどのような流れが、このような顔に影響をあたえているのだろうか。

オスカル・ココシュカは論文『ジュゼッペ・アルチンボルド』のなかでつぎのように書いている。

──超自然的《オカルト》な魔術とユダヤ教神秘主義「カバラ」が、同時期ルドルフ二世の宮廷にいたチコ・ブラーエやケプラーのごとき明晰な精神をさえ曖昧模糊なもののなかに包みこむ力を持っていた。だが、アルチンボルドの芸術は反魔術的で、あらゆる迷信から自由であり、かつその超自然主義《シュルレアリスム》は弁証法的唯物論それ自身と同様に現実に即しているのである。★4

ココシュカは「超自然的な魔術とカバラ」を迷信と見なして一蹴しているにもかかわらず、この神秘主義の伝統が一六世紀から一七世紀にかけてのヨーロッパ思想にあたえた影響にはきわめて重要な要素があった。一四九二年にスペインを追放されたユダヤ人の一部はイタリアに行き、そこでヘブライ語に対する新しい関心と、カバラに対する熱意とをひろめた。こうした潮流のなかで、キリスト教を活性化するために、カバラをルネサンスの総合のなかへ導入したのが、フィレンツェ・メディチ家を中心とする輝かしいサークルに属していた新ピュタゴラス主義者のピコ・デラ・ミランドラであった。

あの幻想的な『自画像』を描いたアルチンボルドも、一六世紀後半のヨーロッパに伝播していったカバラの影響を少なからず受けていたように思われるのだ。実際彼は、この伝統に関心を持ち、その新たな展開のひとつの原動力となったオカルト皇帝ルドルフ二世のもとで、あの〈驚異の顔〉を完成することができたのである。とすれば、おそらくヨーロッパ美術史上はじめて芸術表現を得たと覚しい★5アルチンボルドのあの〈合成された顔〉は、皇帝ルドルフの神秘主義に鋭く反応した芸術家自身の、遥かな穴蔵めいたもののなかで養われていたのだと言えそうである。

偏屈者の遷都

謹厳な肖像画家アルチンボルドがプラハに赴いてから一年ほど経った一五六三年一一月八日、一一歳になるルドルフは弟エルンストとともに故郷の街ウィーンからスペインのマドリッドに向けて旅立った。厳格なカトリック教育を受けるためであるが、これはどうやら彼の父マクシミリアンの望みではなく、母マリアの兄に当たるスペイン国王フェリペ二世の強引な要請によるものだったらしい。こうしてルドルフが十代のほぼ全部を過ごしたスペインとは、とりわけユダヤ教神秘主義「カバラ」興隆の地であり、なによりも徹底した宗教的不寛容と異端者火刑の国であり、さらにドン・カルロス王子獄死の悲劇が起こった国である。これらの影響のうちルドルフを強く反スペインへと駆り立てていったものも少なくなかっただろうが、エヴァンズによれば、全体としてルドルフのその後のスペイン熱は明らかで、身につけるものはスペイン風、公の席では好んでスペイン語を話し、スペイン人との知己も多かったという。★6いずれにしても、スペインの八年間は、このオーストリアの皇太子にある抜き難い深刻な影響を残したことは確実であった。

一五七一年マドリッドから帰国したルドルフを見た時、マクシミリアン二世は、才気に富み教養豊かではあるが、偏屈で憂鬱げな息子の変貌ぶりに驚いた。こうした傾向を誇示するかのように、父帝マクシミリアンが崩御した一五七六年、弱冠二四歳の青年王はハプスブルク家ではじめて魔術的で神秘的なマニエリスム都市プラハに政庁所在地を移したのである。

世のありとあらゆる珍奇なものの蒐集と、魔術やカバラ的神秘主義に心を奪われていた偏奇王ルドルフの好尚と、新皇帝到着の一年前すでに仕上がっていたアルチンボルドの『自画像』に横溢する幻想性とが、このようなプラハで出会ったのである。フラチーンの丘のうえにそびえる幻想的な城のなかのどのような空間が、アルチンボルドのあの謎に満ちた〈顔〉の創造に役立ったのであろうか。

〈驚異の部屋〉

〈石〉の顔

たとえスペインに代々住みついている人間であっても、厳格な宗教的エートスと純血思想に合わなければ、これを仮借なく排除抹殺するという国の王は、新大陸で産出される金銀の獲得に血まなこになっていた。しかし、この王の甥に当たるもうひとつの国の王は、才能ある芸術家・科学者を、宗教や民族の違いを越えて自分の宮廷に招いていた。このような皇帝ルドルフは、卑金属を金に変える錬金術の最終段階で析出すべき〈賢者の石〉の霊験あらたかな変成能力に憧れていた。それゆえに彼は、宮廷占星術師としてエリザベス一世に仕えた当代きっての数学者兼オカルティストのジョン・ディーをプラハ城に迎えたのである。ディーがルドルフの宮廷で行った降霊会活動のなかでとりわけ人々に訴えようとしたことは、〈賢者の石〉を通しての宇宙の調和ないし世界の再生という形而上学的な信仰だったようだ。

〈石〉の持つ魔術的な力に対するルドルフの信仰には、絶対的なものがあった。そうした石のひとつは、ルドルフの蒐集癖の力強い味方になった駐スペイン帝国特使ケーフェンヒュラーの書簡に度々現れる〈糞石〉*Bezoar*である。[★7] この動物の腸内結石は、ハプスブルク家一族のほとんど全員を悩ませていたという痛風や心臓病、さらには憂鬱症《メランコリー》に対する特効薬として珍重されていた。皇帝はまた宝石や準宝石の類をつねに身近に置いていた。それらは、電気石や緑柱石、薔薇石英や水晶、碧玉や石榴石、そしてルビーやエメラルドなどである。このような宝石を偏愛したルドルフは、地層中のマグマ噴出の際高温と高圧の下での変成作用によって驚異の顔を持つ宝石が誕生したからには、そこには〈第一の物質〉*prima materia* が内在していると固く信じていた。

マンドラゴラと極楽鳥

それまで誰ひとり手を染めたことのない独創的な顔の現象学に向かったアルチンボルドは、このような皇帝に寵愛されていた。観察、蒐集、理論を互いに強く関係づけあう傾向を持つプラハ宮廷内で、アルチンボルドは、自然に内在する不可視の魔術的な力を彼の描く個々の生物や事物のなかに注ぎこみ、そこから調和的な世界像として、ひとつの〈顔〉を創造しようとしたのである。であれば、皇帝の珍奇な品々の蒐集に、芸術家自身が並々ならぬ情熱をもって協力したのも、当然のことであった。

ルドルフの住む城のなかに、種々雑多な自然の珍品や奇怪な人工の品々で埋まった〈芸術と驚異の部屋〉があった。そこには、ありとあらゆる鉱石や岩石の標本、インドの羽根飾りや象形文字を刻み込んだ石の破片といった、あらゆる国々からの、あらゆる種類の不思議なものが集められていた。このような蒐集品は、ただ皇帝の威光を示す自己表現というよりも、ルドルフにとっては確かに世界の大いなる謎を解き明かすための原＝象形文様だったにちがいない。言い換えれば、ルドルフにとって、蒐集とは、小宇宙から大宇宙にいたる照応関係を解明するための汎知学的知識を追究する努力を意味していた。

したがって、〈驚異の部屋〉に収納された、南海の貝殻、奇妙な格好をした珊瑚や水晶、鮫の歯、そして動植物の化石などには霊的・神秘的な自然力が内在しており、所有者はその力の分け前に与り得るものと、皇帝ルドルフは考えていたのである。〈摩訶不思議〉*meraviglie* に対するルドルフのこのような偏愛は世にひろく知られていたので、〈驚異の部屋〉の引き出しは辺境の地に旅をした人々からの珍奇な品々の贈り物ばかりでなく、時にはいかさま師が持ちこんだ怪しげな怪物や像でいっぱいであった。そして、ここに堆積された品々、すなわち魔術的な力を恵むものとされていたサイの角や、人間の顔をした石、黄色いメノウでできた髑髏《されこうべ》、さらにルドルフがことのほか愛した男女一対の野性のマンドラゴラなどはいずれも、純科学的なものへの好奇心と同時に、バロック精神に特有の非合理的で怪奇なものへの貪欲な探究心を映し出していたのである。〈マンドラゴラ〉（図5）――有毒植物であると同時に薬用植物でもあるという〈一致する不一致〉*Discordia concors* の化身のようなこの植物は、二股に裂けた根の形ゆえに人間の身体を連想させ、そのさまざまな神秘的・魔術的な力によってプラハ宮廷の人々を虜にしていたのである。

右の〈驚異の部屋〉に加えて、ルドルフは種々の珍しい動物を檻のなかで飼っていた。この私設動物園には火食い鳥や、オーストラリア産の駝鳥に似た巨鳥の類、そしてとりわけ当時の人々に〈神々の鳥〉とまで言われ驚嘆の的になっていた、形姿も色

図5　三体のマンドラゴラ。Verlag Georg D.W. Callwey, 1961, *RUDOLF II* より。

彩もこの世ならぬ極楽鳥がいた。マクシミリアンの本草医・植物蒐集家であったカルロス・クルシウスは、ルドルフのおびただしい動物蒐集のなかに、肉桂色で、しかも金色の輝きを放つ、喉が緑色の大きな極楽鳥を見つけた。この極楽鳥は、彼が一五九三年ライデン大学に招聘され、当地で珍奇な植物や動物に関する著書を著した時、そこに重要な一章をささげているほどの、世にも不思議な、神秘的な鳥であったらしい。[★8]この時代、自然と芸術の精細な照応関係が考えられていたので、科学者ばかりでなく、芸術家もこのような神的な動物を観察し、その形態を模倣することを義務づけられていたのである。

慎重王フェリペの宮廷文化と偏奇王ルドルフの宮廷文化

偏奇王ルドルフにとって、こうした種々雑多な珍しい品々の蒐集は、世界の本質的な多様性の反映を意味していた。このような多様性は、宇宙の神秘的な現象の奥にあるものを洞察する精神によって、いつの日か神の意志にかなった万物照応の調和へと移し変えられるであろう。皇帝は、このような魔術的な力を持つ精神の持ち主には、経済的・精神的な庇護を約束することにやぶさかではなかった。だから、世界じゅうの摩訶不思議なものばかりでなく、ヨーロッパ各地の科学者や芸術家がここに集められ、かくてプラハは、ルネ・ホッケも言うように、「西欧マニエリスムのもっとも興味ある結晶地点の一つ[★9]」になったのである。

ここには、フランドル系の彫像家ジョヴァンニ・ダ・ボローニャや、その門弟でルドルフ二世の雄渾な胸像で知られるアドリアン・デ・フリースが、さらにスペインによる弾圧を逃れてアントワープを去った『動物図譜』の画家ゲオルク・ヘーフナーゲルや同郷の芸術家バルトロメウス・スプランヘルがいた。また、動植物の精緻な描写にすぐれたニュルンベルク出身の宮廷画家ハンス・ホフマンやスイス人画家ヨーゼフ・ハインツ、さらにラインラント出身の宮廷画家ハンス・フォン・アーヘンなどがいた。数限りない工芸家たちや彫金家、蒐集家のほかに、占星術師にして天文学者という二つの顔を持つヨハネス・ケプラーやデンマーク人のチコ・ブラーエがいた。つまり、人種や宗教を越え、幻想芸術や科学や神秘主義に深い造詣を持ったじつに多彩な顔がルドルフという坩堝のなかに集まって、宮廷そのものがひとつの魔術的な知の〈顔〉を形造っていたのである。

このように見てくれば、偏屈者ルドルフのマニエリスムが、異端審問制度によってあらゆる異端を根絶し、外界からの異端侵入を恐れて外国との知的交流を断った叔父の慎重王フェリペ二世の帝国主義的カトリシズムとはいかに対極をなしていたかが分かる。じつはアルチンボルドの〈驚異の顔〉は、血の純潔と異端排除のなかでユーモアと幻想を失ったスペインの宮廷からではなく、正統と異端が渦巻くこのようなプラハの豊饒な宮廷世界から生み出されてくるのである。

右の相違を確認するためには、アルチンボルドと同じように異邦人として一六世紀後半のスペインで活躍したエル・グレコの『大審問官ゲバラの肖像』(図6)を思い出しさえすればよい。自身セム族の家系に属するという大審問官ヌーニョ・デ・ゲバラの、穴蔵のような目を中心に描いた顔は、明らかにフェリペ治世の広大無辺な狂気と、したがって異端審問時代の類型と関連している。このマニエリスム画家は、カトリック信仰の敵どもを殺すという血腥い職務に就いていた人間の内部に横たわる暗い深淵と、ひいては〈時代の顔〉とも言うべきものを描出することに成功しているのだ。エル・グレコは、そもそ

図6　エル・グレコ『大審問官ゲバラの肖像』

も顔の認識が生存を左右するほど重要だからこそ、首斬り役人のこのような隠された内面の秘密を、すべてを破壊しつくさずにはおかない「穴蔵」のような目として描いたのである。

アルチンボルドもまた自らの芸術的「手法」と、霊感に鼓舞された「偏執」とを一体化させながら、しかし動物や植物、その他もろもろの事物を組み合わせた戯画的な顔を描こうとした。彼は、硬直したスペインの風土にはないルドルフの〈驚異の部屋〉や庭園および動物園で自由に見ることを許された現実的な諸対象から人間の顔を合成するという、ユーモアと幻想に満ちあふれた絵画技法を思いついたのだ。その際、ルドルフ二世自身が、アルチンボルドの芸術上の遊戯に荷担していた事実は注目に値する。というのも、ルドルフ二世はめったに笑わないハプスブルク家に典型的な人物のひとりであり、そのうえ道化を宮廷から廃止した最初の君主だったからである[★10]。馬鹿げた冗談やおどけた振る舞いに対してルドルフはまったく興味を示さなかったが、アルチンボルドの洗練された機知はよく理解できたし、また合成された〈驚異の顔〉の裏に形而上学的な意味がコード化されているのを見逃してはいなかった。

〈顔〉の創造と『創造の書』

変容の神〈ヴェルトゥムヌス〉

おそらくヨーロッパ美術史のなかで、たんに理想化されたに過ぎない、モデルと酷似した肖像画の外に出て、幻想と神秘性に満ちた〈顔〉の表現世界にはじめて足を踏み入れた画家は、アルチンボルドをもって嚆矢とする。それはもはやカリカチュアではなく、現実の顔をデフォルメしながら、そのなかに当該人物の、遥かな穴蔵めいたもののなかに隠された本質への深い洞察を充電させた〈驚異の顔〉である。〈驚異〉*Meraviglia* は、バロック時代において、その奇妙きてれつさゆえに、あるいは煩瑣な規則の打破により人々のうちに衝撃と興奮を呼び起こすことを目指した

図7　ジュゼッペ・アルチンボルド『庭師』

ものである。アルチンボルドがこのような〈驚異〉を頂点に高めていったのは、たとえば一五八七年ミラノに帰郷してから描かれた傑作『庭師』（図7）の像においてであった。

この絵は、じつにさまざまな果物や野菜、花や穀物などから合成されている。毛髪は稗《ひえ》や麦の穂および葡萄の房から成り立ち、額は一個のメロンによって示されている。頬を構成しているのはリンゴと桃、眼にはサクランボと桑の実がはめこまれ、顎髭は栗からできており、耳からは無花果《いちじく》がぶらさがっている。アルチンボルドの友人だった評論家グレゴリオ・コマニーニがこの絵に献じた一篇の詩のなかで述べているように、この絵は、「表面的には化け物として現れるが、内的には崇高な顔《かんばせ》を、すなわち王の像《すがた》を隠している」[★11]神聖ローマ皇帝ルドルフ二世を描いているのである。

したがって、表面的には綺想あふれたバロック趣味に過ぎないように見える『庭師』には、より深い意味が幾重にも隠されている。というのも、このグロテスクな顔は皇帝の〈崇高な顔〉を隠しているばかりでなく、エトルリア起源の果樹と果物の神〈ヴェルトゥムヌス〉*Vertumnus* をも表わしている。博覧多識の芸術家アルチンボルドは、紀元前一世紀ローマの抒情詩人プロペルティウスの『詩集』から、この果樹と果物の神がローマ神話では四季の移り変わりを司る神として現れるという解釈を知ったらしい[★12]。

さらに、この異教的な変容の神は、オカルト皇帝ルドルフを中心とする秘教的なサークル内でアルチンボルドが用いたもっとも深遠な象徴であった。つまり、右のヴェルトゥムヌスこそ、さまざまな形姿をもって現れる変容の神ヘルメス・トリスメギストスのマニエリスム的な象徴形態を暗示しているのである。夜の旅あるいは死を経て新しい生に復活するというのがヘルメス智の根源的発想であるとすれば、ヴェルトゥムヌスをついにはヘルメス神と同定させてゆくのは、まさにルドルフの「魔術の帝国」にふさわしい思考にほかならない。というのも、錬金術師の守護神たるヘルメスの大いなる力に頼みながら、ルドルフの錬金術師たちは、フラッチャニー城の裏にある〈錬金術師通り〉*Alchimistengasse* の実験工房で、実際、神秘的な〈賢者の石〉造成に日夜はげんでいたからである。とすれば、豊かな下唇を二個のサクランボで表わした、花々と果実から成るこの〈驚異の顔〉からは、火花を散らすような諸神混淆からあらゆる〈一致する不一致〉*Discordia Concors* を目指した皇帝ルドルフ自身の、神秘的な照応体系の主題が浮かび上がってくることになる。

『司書』の魔術的な世界

ルドルフの〈驚異の部屋〉からアルチンボルドの〈驚異の顔〉にいたる、右に述べたような繋がりについては、誰しも異存はないだろう。だが、ただそれだけでアルチンボルドの〈合成された顔〉の創造の秘密がかならずしも十分解明されたわけではない。あのような〈顔〉の創造の神秘がルネサンスの諸成果から直接生まれたものでないとすれば、それではいかなる関連から生み出されてきたのであろうか。そんな疑問を抱きながら、ベンノー・ガイガーの書物『アルチンボルドの奇怪な絵』におさめられた一三三枚の図版を眺めているうちに、『司書』（図8）と題する絵がとくに私の関心を惹いた。というのも、この作品の制作においてアルチンボルドは、ある特殊な関心領域を目指しているように思われるからである。その特殊な関心領域とは、『創造の書《セフェール・イェツィラー》』*Sefer Jezira* の教説を聖典観として取り入れたカバラの創造の秘儀に関連している。

　右の『創造の書』とは、カバラ学の泰斗ゲルショム・ショーレムによれば、三世紀から六世紀の間に、

図8　ジュゼッペ・アルチンボルド『司書』

ある新ピュタゴラス派のユダヤ人によって著されたものである。[★14] この書の明かすところによれば、万軍のエホバ、イスラエルの神にして万能の神は一から一〇までの基数と二二のヘブライ文字を使って宇宙を創造したという。数字を天地創造の要因と考えたピュタゴラス派の数字崇拝は別として、天地創造の際文字も使われたというこの書記崇拝は注目に値する。『創造の書』第二章第二節は、つぎのように記している。

——二二の文字元素。神はその図柄を決め、彫り込み、考量し、それらを組み合わせ、入れ替え（一定の法則によって変化させ）、そしてこの文字元素によって、かつて創造された一切のものといつの日か創造されるであろうものの霊魂を創造した。[★15]

さらに同書は、各文字の効能を明らかにしている。

——七つの複音文字B、D、K、P、R、Thは、それぞれ知恵、富裕、豊饒、生、権力、平和、優美を表わす。……その後神は、この七文字から宇宙においては七つの惑星を、一年においては七つの日を、人間（男と女）においては七つの感覚の門を造った。……人間における七つの門とは二つの目、二つの耳、二つの鼻の穴と口である。[★16]

右のように言う時、カバラ主義者の聖典のひとつである『創造の書』は、明らかにとりわけ人間の〈顔〉に強い関心を持ちつつ、これを大宇宙との照応関係のなかでとらえているのである。

私がアルチンボルドの『司書』を見た時、まっ先に思い出したのは、『創造の書』のこうした文字への魔術的な信仰であった。というのも、二二の文字元素に代わって、この〈驚異〉の人物像を構成しているのは、顔・手・胸を形造る、優に二〇冊を超えた書物であり、しかも人間の顔は古い書物の組み合わせによって強く燃えたぎるような生命感の幻想を生み出しているからである。それゆえ、ガイガーが言うように、「まったく今日の抽象画家が考案したと言えそうな、この洗練された絵画ほど、才気に富み、現実に即したものは想像できない[★17]」であろう。

巧みに積み上げた古い書物が胴と腕を形造り、扇《おうぎ》状に開かれた書物が頭髪を表現している。口髭と顎髭は、本の埃を払う貂の羽根箒からできている。書物によって構成された前腕から飛び出している絹の栞《しおり》は、手と指を表わしている。こうして、総合的な変身の巨匠と言うべきアルチンボルドは、顔・腕・胸を形造る大小さまざまな書物という文字の世界を使って、ある司書の「図柄を決め、考量し、それらを組み合わせ、入れ替え（一定の法則にしたがって変化させ）て」、彼の模倣者には一度たりとも達せられなかった物体の超現実的で自由な生命の完璧な描出に成功している。

とすれば、アルチンボルドのこのような人物像の創造は、カバラ主義者が『創造の書』から超現実的に読み取った諸規範を応用して、人造人間「ゴーレム」の創造を行う際の魔術に近いとも言える。アルチンボルドは、「創造ということ自体が、徹頭徹尾、魔術的なのである[★18]」（ショーレム）というカバラ的信仰告白に忠実にしたがっているかのようだ。彼は、ココシュカの見解とは反対に、幻想体系にふさわしい魔術的知識に基づき、本来結びつけることが不可能だと思われるような諸事物を組み合わせて、ここに独創的な〈顔〉を創造したのである。

ところで、右の『司書』の制作年代に関して言えば、ガイガーもルネ・ホッケも、またジアンカルロ・マイオリーノもこれを特定してはいない。目下手元にある資料で見る限り、ヴェルナー・クリーゲスコルテが一九九一年の画集『ジュゼッペ・アルチンボルド』のなかで、「一五六六年頃[★19]」の制作としているが、その根拠については何も述べていない。ただ、この絵をルドルフと関係づけ、したがって一五七六年以降の制作としているのは、『幻想芸術』のマルセル・ブリヨンだけである。そのなかで、ブリヨンはつぎのように述べている。

——『図書館員』については年代記者はいずれも、その容貌がルドルフ二世そっくりであること、また当時の宮

廷全体を最高に喜ばせた作品であることなどで一致している。[★20]

右の見解は、とりわけヘブライ語の神秘書に目がなかったルドルフの志向を考えると、『司書』が皇帝の容貌にそっくりであるということ以上の、深い時代背景を暗示しているようで興味深い。

元素化された顔の驚異

四大元素のアレゴリー絵画

アルチンボルドの数ある〈驚異の顔〉のなかでも、四大元素のアレゴリー絵画はとくに注目に値する。各元素のアレゴリー化に際して、アルチンボルドは輪郭ないし容量において人間の顔の特徴との類似を示す事物を選び、それらの組み合わせと細部のリアリズムを厳密に推し進めようとしている。それによって、〈合成された顔〉のアレゴリーは、たんなる幻想と遊戯の限界を越えて、魔術的な生命を獲得することになる。

たとえば、『火のアレゴリー』（図9）において、下顎は金属性の台付きランプで示され、口髭は硫黄マッチで、額は細長く巻いた螺旋ろうそくで表現され、さらに最上部のふさふさとバロック風に乱れた頭髪は、激しく燃える割木で再現されている。胸の下に銃と大砲をかかえて、まるで軍最高指令官のようなこの男は、神聖ローマ帝国を象徴する双頭の鷲を彫り込んだ金細工を胸にさげている。したがって、一五六六年という制作年代が記されているこの絵が、神聖ローマ帝国皇帝だったフェルディナント一世でなければ、オーストリア宮廷の大公か、その関係者の肖像画であることは間違いないであろう。

右の絵と制作年代が同じ『水のアレゴリー』において、水の元素は、おびただしい魚類や甲殻類、さらにあらゆる

図9（上右）　ジュゼッペ・アルチンボルド『火のアレゴリー』
図10（上左）　同『空気のアレゴリー』
図11（左）　同『土のアレゴリー』

種類の軟体動物や海豹《あざらし》の子供、ひき蛙などによって構成されている。また、じつに独特の雰囲気をかもしだしている『空気のアレゴリー』（図10）は、空を活動の場にしている鳥類によって表現されている。額や目、鼻、髭はすべて鳥によって造形され、七面鳥が胸に当たる部分をおおい、家鴨と雄鶏が濃い頭髪の代用をつとめている。このような構成から、じつに味わいのあるユーモラスな人間の顔が生み出されているのだが、それにふさわしく蝶やトンボや蚊などが鳥類の合成に成功した〈顔〉の完成を寿ぐように、その周りを飛びかい、いかにも楽しげな風情である。そして、建物の二階らしい欄干の上からこのような様子をそれとなく眺める三羽の五色ヒワの平和な姿が、画面の下に添えられている。

さらに、『土のアレゴリー』（図11）においては、画面構成のために岩や石や洞窟ではなく、土（大地）を活動の場にしている動物だけが用いられている。この絵については、アルチンボルドの友人グレゴリオ・コマニーニが一種の賛歌とも言うべき鮮やかな解説を残しているので、ガイガーの書物からその一節をここに引用しておこう。

――額に当たる部分には、これらの動物がすべて含まれている。すなわち、印度のガゼル、ダマジカ、豹、犬、アカシカ、そして雌鹿などである。チロルの山々に産する山羊「アイベックス」が、犀やラバ、猿、熊、猪らとともに、後頭部に配されている。額の上の方には、駱駝とライオンと馬がいる。こうして、角を持った動物たちが額の周りに配置され、それぞれの武器によってさながら王冠のごとき趣きを呈しているのは、さすがである。加えてこれが、頭の素晴らしい飾りともなっているのは、並はずれて優雅な創意工夫だと言うほかない。頰の後ろに当たる部分は、象によって造形され、この象の耳がまた像全体に釣り合った耳ともなっている。右の象の後ろにいるロバは下顎をなしている。象の前にいて、ちょうど口をぱくっと開けている狼は、ネズミを一匹捕まえた瞬間を呈示しているにちがいない。狼の開いた口が目の部分を表わし、さらにそのなかの小さなネズミの目は、この像自身の目の輝きを表わしている。ネズミの尻尾と足は唇の上の口髭を示している。先に挙げた動物たちの下の額の部分には、狐がおり、その丸めた尻尾が眉をつくっている。狼の背中には兎がいて、これが鼻を形造っている。喉の部分にいる虎は顎を代行している。象の鼻は丸く内側に曲がり、その先端は下唇をつくっている。開いた口のなかには、一匹の蜥蜴《とかげ》が見える。寝そべっている一頭の雄牛が、首に当たる部分の丸みを表現し、野呂鹿が首の補完をしている。牛の背後からは、二頭の動物の毛皮が垂れ下がっている。そのうちのひとつはライオンの毛皮、今ひとつは雄羊の毛皮で、絵はそこで終わっている。[★21]

天と地の婚姻

絵が終わっているところで、絵がまた始まるというのは、アルチンボルドの不思議な魅力である。それはこの絵『土のアレゴリー』が〈驚異の部屋〉や宮廷の動植物園に集められた多くのコレクションを実際に描いていると同時に、目に見えない神秘的な現象の再現をも目指しているからである。〈内なる描出《ディセーニョ・インテルノ》〉に支配されたマニエリストの精神界にあっては、自然と芸術が神的な創造の根源を核に、生きた照応関係を結ぶべくあたかも互いに協働しあっているかのように見える。

右の視点からすれば、アルチンボルドの〈驚異の顔〉を構成している動物群は、たんなる恣意的な寄せ集めではなく、人間の器官や内面に深く関係づけられていることが分かる。たとえば、『土のアレゴリー』に描かれた「象と頬とは、両方とも慎しみ深さを意味する」といった具合である。そのような小宇宙的表現において、宇宙の神的創造が目指されているのは言うまでもない。こうして、アルチンボルドの〈顔〉における、地上の四大元素の担い手たちは、神による宇宙創造の根源的な四元素に孕まれた力を賦与されて、ここに天と地の婚姻を寿ぐ芸術が、魔術的な生命幻視のうちに自立をとげてくるのである。

一六世紀後半におけるプラハの魅惑的で幻想的な精神の担い手たちは、今日から見て彼らが科学的であると非科学的であるとを問わず、なんらかの形で例外なく小宇宙・大宇宙照応の神秘主義に奉仕していた。星のなかに人間と国家の健康や活動の吉兆・凶兆を読みとろうとしていたチコ・ブラーエやケプラーをはじめ、オカルト皇帝ルドルフを季節神『ヴェルトゥムヌス』として描いたアルチンボルドや、カバラ文献の集大成を計画した皇帝の聴罪司祭ピストリウスもまたそうであった。

カバラの伝播

当時のこのような人々の間には、神自身による天地創造の行為を思索的に、あるいは芸術的に探求しようという異常なほどの関心が存在していた。だから彼らは、古代の哲学者たちのように宇宙を構成する基本成分は何かという問題にひたすら心を砕いていた。だからまた彼らは、新ピュタゴラス派のユダヤ人によって書かれたという、カバラ文献中最大の『創造の書《セフエール・イエッィラー》』に心を惹かれたのである。同書の第三章第四節は、つぎのように述べている。

――宇宙における三つの『母』A、M、Shとは風と水と火である。天は元素的な火（エーテル）Shから創造された。海と陸から成る大地は元素的な水Mから、そしてその間《あいだ》を満たす大気は元素的な風、つまり霊Aから創造され、それが天と地との均衡を保っているのである。こうして、万物が生み出された。[★22]

しかも、カバラ主義者たちは、このような空気・火・水が人間の体内にあると信じていたので、『創造の書』の研究に打ち込み、いまだ誰も触れたことのない処女土から一体の人造人間「ゴーレム」を創造するという地点まで、彼らの想像力を発展させていったのである。

このような幻視と神秘に満ちた『創造の書』は、先に述べたピストリウスによってプラハに持ち込まれていた。[★23]錬金術に通じていたプラハ宮廷次席行政官のコラドゥツにいたっては、ヘブライ語を学んで『創造の書』を独力で書き写しているほどである。また、オカルトの偉大な擁護者であったヴュルテンベルクのフリードリヒの記すところによれば、ピルゼンで皇帝とあれこれ歓談していて、話があるヘブライ語の書物におよんだ時、ルドルフは「おまえ、それを手に入れてはくれまいか」と言ったという。こうしたいくつかの事例が示すように、創造の魔術に向かうカバラへの関心は、当時プラハ宮廷のオカルティズムにおいて次第に顕著になっていったのである。しかも、エヴァンズによれば、アルチンボルドは、オランダ人の発明家コルネリウス・ドレベレやイギリス人錬金術師ジョン・ディーとともに、ユダヤ教神秘主義「カバラ」の柱である暗号《サイファー》の「虜になった」という。★24

人間創造の魔術が隆盛をきわめた一六世紀後半のプラハにおいて、もっともありふれた補助手段を用いながら、〈神に似た崇高な顔《かんばせ》〉の創造という行為に向かったアルチンボルドにしてみれば、カバラへの傾斜は当然だったであろう。というのも、カバラには気宇壮大な〈顔の現象学〉といったものが展開されているからである。

カバラの〈顔〉

プラハ・ユダヤ文化の黄金時代

カバラがプラハに伝播していったのは、ここにはなによりも親ユダヤ的な土壌があったからにほかならない。フェルディナント一世の時代（在位一五五六—六四年）、プラハには商工業のみならず文化面でも躍進いちじるしい西ヨーロッパ最大のユダヤ人共同体があった。一六世紀初頭にヘブライ語の印刷所がつくられて以来、プラハはアルプス以北でヘブライ語による書物印刷の中心地になった。こうして一般市民の間から、富裕にして知的水準の高いユダヤ人に対する嫉妬が持ち上がり、さらにプラハ市参事会も、ユダヤ人は高利貸しだ、トルコのスパイだ、と騒ぎたてるにいたって、フェルディナントは一五四二年にユダヤ人追放令を公布した。しかし、その息子のマクシミリアン二世（在位一五六四―七六年）が王位に就くと、彼は右のユダヤ人追放令を撤回、一五七一年には時のスペイン王フェリペ二世の妹に当たる妻マリアとともにプラハのゲットーを訪れ、ユダヤ人にあらゆる特権回復を約束した。したがって、ルドルフ二世戴冠式の行事がプラハで行われている間、これからもマクシミリアンの自由主義的な政治がつづくことを予知していたかのように、ユダヤ人たちはゲットーのなかで盛大な祝賀会を催したという。即位した翌年の一五七七年二月一四日、ルドルフ二世は早くもユダヤ人のあらゆる特権を認め、将来プラハのみならずボヘミア全土でもユダヤ人追放を行わない旨の確約をした。こうして、プラハにユダヤ人の黄金時代が現出し得たのは、プラハ生まれの女性歴史家ゲルトルーデ・フォン・シュヴァルツェンフェルトによれば、母方がユダヤ系だったスペイン・アラゴンの王フェルナンドからルドルフ二世の体にも何滴かユダヤ人の血が入りこみ、それによって彼の無意識的な寛容の精神が決定づけられたためだろうという。★25

異端審問の嵐が吹き荒れるスペイン・ポルトガルでユダヤ人がユダヤ教徒としての顔を完全に失ってしまった時代に、同じハプスブルク家に属するこのプラハの地において、ユダヤ人はユダヤ教徒としての顔を日の光のなかに置くことができたのである。したがって、一五七七年、皇帝ルドルフはユダヤ人ヨーゼフ・デ・ケルイにプラハ城で金細工師の仕事を行うことを認め、その数年後にはプラハ・ユダヤ人街出身の金細工師ヤコブにもこれよりさらに自由な金細工業の営業許可を与えている。金細工は、皇帝自身も手を染めるほどの、ことのほか愛着をおぼえていた手仕事であった。そのほかルドルフは、経済財政問題にすこぶる経験豊かなヤコブ・バッセヴィを〈宮廷ユダヤ人〉として登用し、キリスト教徒の商人に劣らぬ商業上・生活上の自由を与えたほどであった。★26 ユダヤ人解放の時はまだ遠い先のことだったとしても、皇帝が取った個々のユダヤ人優遇措置は、魔術都市プラハにおけるカバラ受容と軌を一にしていた。ほかならぬこの街で、顔の形而上学とも言うべきカバラが発達し得たところに、じつはアルチンボルドの〈驚異の顔〉が成立をとげてくる土壌も確かに存在していたのである。

カバラの〈大きな顔〉と〈小さな顔〉

カバラの〈セフィロトの木〉に関する奥義によれば、一〇個の輝く球体〈セフィロト〉*Sefiroth* が三本の柱に配置されて合計二二本の径で連絡しあっている。右の木の頂上にある王冠〈ケテル〉*Kether* は、他の九つのセフィロトを生む最初の崇高な力を表わし、〈大いなる顔〉（マクロプロソフォス）と呼ばれている。〈ケテル〉から流出する知恵〈コクマ〉*Chochma* と理解〈ビナー〉*Bina* は、〈ケテル〉とともに創造力の三位一体を構成する。スペインのカバラ書『ゾーハル』（光輝の書）は、このことを三つの顔を持った三つの頭と呼んでいる。第四から第九までのセフィロト、すなわち慈悲〈ケセド〉*Chessed*、峻厳〈ゲブラー〉*Gebura*、美〈ティフェレト〉*Tifereth*、勝利〈ネツァー〉*Nezach*、栄光〈ホド〉*Hod*、基礎〈イエソド〉*Jessod* は、〈小さな顔〉（ミクロプロソフォス）を成すとされる。そして、一〇番目の王国〈マルクト〉*Malchuth* というセフィロトは、〈小さな顔〉の〈花嫁〉である。四大元素から成っている右の〈マルクト〉は天上のイブであり、〈小さな顔〉の脇腹から取り出され、〈カバラの木〉全体の潜在的な力をひとつの球体のなかに結合するが、これを人間とも名づけることができる、とカバラ思想は説明している。[★27]

このようにカバラ主義者たちにとっては、天地創造の始まりの刻《とき》に、無にして全なる永遠の非制約的潜在力から生まれた〈大いなる顔〉が存在しているのである。スペイン系ユダヤ人の離散とともにヨーロッパ各地にひろがった、右のようなカバラ思想が、まずプラハのユダヤ人街に持ち込まれた時、それがあのフラッチャニーの丘の上に住むマニエリストの間にたちまち驚嘆の波紋をひろげていったであろうことは、想像に難くない。この地において、カバラの天地創造の神秘主義は、〈顔〉を神性の象徴にしながら、やがて人間創造の神秘主義に結びついてゆく。すなわち、先の『創造の書』に根差したカバラの人造人間「ゴーレム」にまつわる神話は、一六世紀のプラハを起点として顕著な広がりを見せていったという。

ゴーレム創造の魔術

右の消息は、アルチンボルドがフラッチャニーの城であの幻想的な自画像を準備し始めていた一五七三年、カバラを携えてプラハにやって来たヴォルムス出身のラビに関係づけられている。後年採録された伝説の語るところによれば、高徳のラビ・レーフと呼ばれて人々の尊敬を一身に集めたこのラビは、人間創造に関するカバラの秘儀を実践するため、世界創造後五三四〇年（西暦一五八〇年）のアダル月二〇日の第四の刻に、娘婿と弟子を連れてモルダウ川に下っていった。娘婿は火、弟子は水、ラビ自身は空気の元素を代表し、四大元素の残りのひとつは、いまだ人の手に触れたことのないモルダウ河畔の処女土である。娘婿と弟子が仰向けに横たわる土偶の周囲を回りながら、ラビによって組み合わされた呪文を唱えれば、やがてこの土の塊のなかからすべてに先立って人間の〈顔〉が現れてくるのである。[★28]

〈時の砂丘〉を越える帝国伯爵の〈顔〉

プラハ・ユダヤ人の黄金時代を象徴する、右のようなゴーレムに関する報告は、実際ラビ・レーフの娘婿で、人造人間の造成とその生命賦与を自ら手伝ったイサク・ベン・ジムソン・コーエン師によって伝えられたものである。こうしたゴーレム造成の秘儀に、肖像画家アルチンボルドが無関心であったはずがない。それどころか彼が生来の知的好奇心をもってラビ・レーフの神秘的なカバラ研究やつねに周囲にいた錬金術師・魔術師たちの行動に刮目していたからこそ、人間の顔の背後にあのような〈驚異〉を直観し得たように思われるのである。さらにまた、ラビ・レーフが冬の最中に皇帝ルドルフの庭を花盛りにしたと伝えられているが、じつはこの伝説にふさわしく庭園の注目すべき〈驚異〉のひとつである見事な噴水を製作したのが、〈合成された顔〉の作者自身でもあった。[★29]〈驚異〉を探究するこのようなアルチンボルドの仕事は、モルダウ河畔の処女土から一体のゴーレムを造成したラビ・レーフのカバラ伝説を、まさに芸術のなかで実践する行為だったのではないだろうか。すなわち、カバラ主義者が魔術の記号のうちに見出した永遠の照応を、アルチンボルドもまたそれぞれの元素を担うものたちの組み合わせから成る人間の顔のうちに、発見したのである。このように見てくれば、皇帝ルドルフ二世がラビ・レーフと実際に会見した一五九二年に、アルチンボルドが宮中伯の爵位を授けられたというのは、決して偶然のことではなかった。確かに蒼古たるプラハ近世の深みに実在したラビ・レーフや皇帝と並んで、〈顔〉の魔術と変身の虜になったアルチンボルドもまた、「とにかく奇跡だけは存在するのだ」とある時言ったカフカの先祖なのであった。

〈技巧的な絵画〉の天分ゆえに生前からとみに高い名声を得ていたアルチンボルドは、一五八七年イタリアに帰り、一五九三年故郷のミラノに没した。彼の死後の名声の行方について、ヴェルナー・クリーゲスコルテはつぎのように書いている。

——アルチンボルドは死後間もなく忘れ去られてしまったのである。一七世紀および一八世紀において、彼について言及したものはほとんど存在しない。彼への論及は、一八八五年にカルロ・カサティが『ミラノの画家、ジュゼッペ・アルチンボルド』*Giuseppe Arcimboldi, pittore milanese* という題の論文を著し、そのなかでアルチンボルドを主に肖像画家と位置づけて評価するまでは存在していなかったのだ。★30

クリーゲスコルテはさらに、二〇世紀初頭にいたってようやくアルチンボルドがシュルレアリスムの芸術家たちに再発見され、ついでサルバドール・ダリとマックス・エルンストのうちにそのすぐれた後継者を見出したという、『迷宮としての世界』のルネ・ホッケの指摘を引用している。

とすればアルチンボルドは、その死からほとんど三〇〇年近くも忘れ去られていたことになる。確かにある意味ではそう言えるかもしれない。しかし、この「忘れ去られていた」時代においても、たとえば一七世紀ドイツ・マニエリスムのもっとも重要な理論家ゲオルク・フィリップ・ハルスデルファーは、一六四七年の彼の対話劇第二巻のなかに、アルチンボルドの『司書』の翻案模写を掲載していたのである。これを発掘したルネ・ホッケはつぎのように述べている。

——アルチンボルドは二〇世紀のローマにおいてではなく、すでに一七世紀のニュルンベルクにおいて新たに発見されていたのだ![31]。

このように、ルネ・ホッケは、アルチンボルドの顔が〈驚異〉の生命を失うことは決してなかったことを、現代から検証しようとしているのである。そして、確かに、ある人物を職業上の道具と組み合わせ、その人物の似姿を描いたアルチンボルドの奇想天外な〈顔〉の追随者たちを考えれば、あの影響力甚大な〈驚異の顔〉が〈時の砂丘〉によって三〇〇年間も埋もれたままであったとは到底考えられない。

陽気な時にもあえて苦しみを装い、憎悪のうちにも愛を表現できる人間の顔に、動物のなかでもっとも悪賢い狐を配してこれを中心にした、あの奇抜な〈顔〉を思い出してみよう。『土のアレゴリー』のなかでのことであるが、彼はまたそこにおいて、大山猫とも比肩し得る極端に鋭い眼を持った狼を、人間の眼にするほどの大胆な〈顔の芸術家〉だった。この大胆奇抜な〈顔〉の絵はいずれも、「あたかも全ヨーロッパが政治的・宗教的紛争により激しく動揺させられている時代に、プラハで描き上げられた」ものであった[32]。

狡知を象徴する狐と慎み深さを象徴する象との、この〈一致する不一致〉は、プラハ宮廷の多くの人々に驚嘆をもって受け入れられたであろうし、書物の総計たる『司書』や、果物と野菜と花から成る『庭師』のうちに皇帝は自分を見出して大いに満足し、その転置の奇抜さに感嘆もしたであろう。とすれば、このような皇帝の〈顔〉が、権力欲に走る政治家の硬直した顔に、諧謔をまじえながら、批判の矢を放っているのだと解釈したい気がする。しかし、このような解釈は表面的でしかあり得ない。というのも、これまで見てきたように、アルチンボルドの〈顔〉は、ごく日常的な無機物や生物の合成によって〈神の崇高な顔《かんばせ》〉の模造という魔術を目指していたからである。

神が人間に与えたもうたとされる二冊の書物のうち第一のもの、すなわち聖書に対してアルチンボルドがどれほど深い信仰を持っていたかは分からない。しかし、アルチンボルドは、少なくとも万人の眼前に茫々とひろがるもうひとつの書物には明らかに畏敬の念を抱いていたのである。右の第二の書物とは、自然にほかならない。〈技巧的な絵画〉の天分に恵まれていたこの鬼才にとって、自然とはとりもなおさず神の技巧の謂であった。アルチンボルドの名を不朽のものにした〈顔〉の現象学は、このような第二の書物を解読する精神の現れを精細に描くための一方法であった。

註 文中★標示

★1―マックス・ピカート（佐野利勝訳）、一九五九『人間とその顔』、みすず書房、一九頁参照。

★2―ルネ・ホッケ（種村季弘・矢川澄子訳）、一九六六『迷宮としての世界』、美術出版社、二七〇頁。

★3―R・J・W・エヴァンズ（中野春夫訳）、一九八八『魔術の帝国―ルドルフ二世とその世界』、平凡社、二一九頁。

★4―Oskar Kokoschka, *Giuseppe Arcimboldi*, in: Benno Geiger, *Die skurrilen Gemälde des Giuseppe Arcimboldi*, Wiesbaden 1960, S.123.

★5―この点について、マルセル・ブリヨンはつぎのように述べている。「ではそもそも〝合成された顔〟の創造者と称せられる彼の特異な傾向はいずこに由来するのであろう。この種の傾向は実は早くオリエントの細密画にはしりをみるので、一〇〇パーセント、アルチンボルドの創造であるといい難いにしても…。」（マルセル・ブリヨン（坂崎乙郎訳）、一九六八『幻想芸術』、紀伊國屋書店、二一八頁）。

★6－エヴァンズ、前掲書、六七頁以下。
★7－Gertrud von Schwarzenfeld, *Rudolf II*. München 1979, S.87.
★8－シュヴァルツェンフェルト、同上書、八九頁以下。
★9－ルネ・ホッケ、前掲書、二五五頁。
★10－シュヴァルツェンフェルト、前掲書、九三頁。
★11－ガイガー、前掲書、八八頁。
★12－Eliška Fučíková, *Die Malerei am Hofe Rudolfs II*, Essen, 1988, S.225
★13－シュヴァルツェンフェルト、前掲書、九三頁。
★14－ゲルショム・ショーレム（岡部仁・小岸昭訳）、一九八五『カバラとその象徴的表現』、法政大学出版局、二三一頁。
★15－In der Übersetzung von Johann Friedrich von Meyer, *Das Buch Jezira*, Akad. Verlag., 1993, S. 9. ―― マンリー・P・ホール（大村・山田・吉村訳）、一九八一『カバラと薔薇十字団』、人文書院、二二頁。
★16－マイヤー、同上書、一二－一三頁。マンリー・P・ホール、同上書、二五－二六頁。
★17－ガイガー、前掲書、四八頁。
★18－ショーレム、前掲書、二三九頁。
★19－Werner Kriegeskorte, *Giuseppe Arcimboldo*, Köln 1991, S.30.
★20－ブリヨン、前掲書、二二八頁。
★21－ガイガー、前掲書、五〇頁以下。
★22－マンリー・P・ホール、前掲書、二三頁。
★23－エヴァンズ、前掲書、二九一頁。
★24－エヴァンズ、同上書、二九三頁。
★25－シュヴァルツェンフェルト、前掲書、一八四頁。
★26－シュヴァルツェンフェルト、同上書、一八三頁。
★27－マンリー・P・ホール、前掲書、人文書院、六六頁以下。
★28－Micha Josef bin Gorion, *Die Schaffung des Golems*, in: Peter Demetz (Hersg.) *Alt-Prager Geschichten*, Frankfurt am Main, 1982, S.153F.
★29－ブリヨン、前掲書、二二五頁。
★30－クリーゲスコルテ、前掲書、二八頁以下。
★31－ルネ・ホッケ（種村季弘訳）、一九七一『文学におけるマニエリスムII』、現代思潮社、三六頁。
★32－ルネ・ホッケ、前掲書、二六〇頁。

仮面と身体

吉田憲司

仮面考の系譜、断章

「仮面をかぶると、それまでの自分とは違った自分になったような気がする」。仮面をつけたことのある人が、そろって口にする言葉である。なかには、「仮面をかぶると、それまでできなかったことができるようになった」という経験を漏らす人もいる。一枚の木ぎれ、一枚の布きれを顔につけるだけで、いったい人に何が起こるというのだろう。

人は、たとえ未知の他人であっても、その他人の顔を思い浮かべることなしにその他人とかかわることはできない。また、肖像画や肖像彫刻にみるように、顔だけで人を表象することはできても、顔を除いて特定の人物を表象することはできない。このような経験をもとに、「人の存在にとっての顔の核心的意義」を指摘し、顔は肉体のたんに一部としてあるのではなく、「肉体を己れに従える主体的なるものの座、すなわち人格の座」を占めているのだと述べたのは和辻哲郎であった。[★1] 和辻はその傍証として、ペルソナという語が、もとは劇で用いる「仮面」をさしたものが、のちに「役柄」をさす語となり、さらに「人格」の意をもつに至ったことを指摘する。仮面は「生きた人を己れの肢体として獲得する力を持てばこそ、それは役割であり、人格であることができる」のだという。[★2]

変身にとって、顔を隠すこと、顔を変えることが核心的な意味をもつ理由を、これほどまでに明確に示した議論をわたしは、ほかに知らない。それは、仮面と頭飾り、仮面と衣装の本質的区別をもわれわれに教えてくれる。なるほど、世界の仮面を広くみれば、顔の前につける仮面は、必ずしも一般的だとはいえない。むしろ、顔と体の全体を覆ってしまうかぶり物のほうが多数を占めるかもしれない。しかし、その場合でも、顔が隠されることが要件であることは間違いない。顔を覆うこと、顔を変えることで、別の存在を表象させようという慣習は、多くの文化のなかに確認される。

しかし、和辻の議論は、変装における顔の変貌の重要性を説明するものではあっても、その顔を変えることが人の意識に及ぼす影響については何も語ってくれない。また、その議論は、仮面と化粧との区別についてもふれえぬままである。和辻の議論は仮面についてのひとつの問題をみごとに解き明かしたその一方で、あとに続く者に新たな問題をつきつけたというほかはない。

和辻の立てた仮面とペルソナ（人格）とに関する問いをみずからの問いとしてひきうけ、顔ないし仮面のペルソナ（人格）性を強調した和辻とはむしろ逆に、ペルソナ（人格）が内包する仮面性を浮かび上がらせたのが、坂部恵である。われわれは、通常、素顔こそ自身の真実の姿であり、仮面はその〈偽り〉の姿だと考えている。だからこそ、「仮面」という言葉が何の抵抗もなく用いられているのであろう。しかし、坂部はこのような考え方は、近代という「特定の文化的限定を受けた一つの特殊な偏見以上のものではない」という。[★3] いわれてみれば、われわれは、しばしば、「自分らしくもないことをしてしまった」という言葉を口にし、「自分をとりもどしたい」とつぶやく。このことは、その時どきの自己の姿は、必ずしも自分で自分だと信じている姿とは一致しないということを示している。むしろ、われわれは、日々の生活のなかでも、あるときは親として、あるときはサラリーマンとして、またあるときは夫として、その「役柄」に応じて振舞っている。しかも、われわれは、そのようなかたちでしか、世界とかかわる術をもたない。その点からすれば、われわれは、時と場合に応じて、さまざまな仮面を着け替えながら生きていると言ったほうがよいのかもしれない。坂部は、「親である」「夫である」という、われわれの場面に応じたありかたを「述語的規定」とよんで、次のようにいう。

——素顔もまた、一個のペルソナなのだ。自己同一的な現前存在者として、みずからに属するすべての述語をそのうちに含みこみ担う主体あるいは基体としての素顔などというのは、けっして根本的・原初的な与件ではなく、むしろ、それは、つねに、あらかじめ、象徴的・差異化的体系としての間柄の分節の方向へ、他者性の方向へと関係づけられ、位置づけられ、述語的他者性による規定を受けとったものとして以外には、いわば、形どりとあらわれの場所をもつことがない。[★4]

坂部の議論は、仮面という、ある特定の役柄をとりたてて強調した造形を糸口に、他者との間柄、世界における役柄の規定なくして、他者あるいは世界とかかわることのできないわれわれのありかたを照らし出すことで、自己の同一性ないし主体性の概念を基軸にしたヨーロッパ近代の人間観を解体しようとする試みであった。その目論みはみごとに成功しているといってよい。しかも、同様の指摘は、「この仮面（ペルソナ）がわれわれが自己自身についてつくりあげた概念——すなわちわれわれがその要求に応えようとしている役柄——を表しているかぎりで、この仮面はわれわれの真の自己、すなわちわれわれが現実化しようとしている自己、なのである」[★5]というパークの発言や、「わたしは一個の他者である」[★6]というラカンの発言など、各所でなされ、近代批判の文脈ではひとつの常識と化した観すらある。しかし、「〈人格〉（ペルソナ）が、その必然的な構成契機として、〈仮面〉（ペルソナ）の構造をはらんでいる」[7]ことが強調されればされるほど、仮面という、具体的な形をもち、皮膚に覆われた素顔とは明らかに異なる存在の輪郭はぼやけていってしまう。仮面が仮面として他から区別される、その機縁については、さらに語られるべき部分がまだ残されているのは確かである。

坂部に代表される議論が、いわば仮面を日常性のなかに取り込むという志向性をもっているのに対し、仮面の非日常性を強調する議論はそれ以前から繰り返しおこなわれてきた。とくに、その場合、仮面は憑依の道具として論じられるのが常である。いちいち引用の出典を記すまでもない。仮面をかぶった踊り手には、霊が依り憑き、踊り手はその霊になりきるのだ。あるいは、仮面をかぶった踊り手は、もはや仮面をかぶるまえの彼ではない、それは神そのものだ、といった議論は、世界各地の仮面についての民族誌のなかに数多く見いだされる。カイヨワの次のような発言は、それらの民族誌記述を総括したものといってよい。

——集団全体が、この癲癇状態、この神聖な痙攣状態の共犯者なのである。……しかし、(仮面をかぶることの許されない)女子供は、そこにあるのが自分たちの肉親が隠れている仮装や幻影でしかないことに、どうして気づかずにいられるであろうか。ところが、彼らは、気づかないことに同意するのである。というのは、社会のルールが、それに同意することにあるからである。その上、彼らは心からそれに同意する。なぜなら——仮面を着けている者自身がそうなのであるが——彼らは、仮面を着けている者が、それに取り憑いている諸力によって、ほんとうに化身し、神がかりになった、と考えるからである。[8]

仮面舞踊をめぐる、演者と観者との見方の異同をこれほど明解に論じた例も少ない。わたし自身が調査を進めている、アフリカ、ザンビアのチェワ社会の仮面舞踊についても、この指摘はそのままあてはまる。仮面を用いた儀礼が死者や精霊などに働きかけるものとして営まれる社会において、その儀礼ないし仮面舞踊が効力をもつとされる背景には、かならずこのように、仮面をかぶった踊り手には、死者の霊や精霊が憑依しているという信念が前提されなければならない。さもなければ、仮面をかぶった踊り手への働きかけが、死者や精霊への働きかけにつながることなどありえないからである。その意味において、儀礼における仮面と憑依との結びつきは、動かしえない事実だといってよい。しかし、それならば、仮面と憑依との違いはいったいどこに求められるのであろうか。ここでも、また、われわれは、仮面を仮面たらしめている当のものについての答えをみいだすことができないのである。

ところで、憑依とは、トランス（意識の変容状態）を自身とは別の霊がとり憑いたものとして文化的に解釈したものに他ならないが、仮面とこのトランスとの関係については、大橋力と河合徳枝の手で、これまでみたような哲学的、人類学的な議論とはまったく異なる、興味深い研究がなされている。★9 それは、トランスを引き起こすメカニズムとして仮面をとらえるというものである。その研究によれば、人間がトランス状態に入るときには、脳にエンドルフィンやドーパミンといった神経伝達物質――神経細胞と神経細胞のあいだをつなぎ、神経回路を活性化させる化学物質――の分泌が活発化されるという。エンドルフィンとドーパミンは、それぞれモルヒネ、コカインと同じような効果をもつ化学物質であるが、それが人間の脳内で自家生産されることで、麻薬を体内に取り入れた時と同様の意識の変容状態が引き起こされるというのである。こうした神経伝達物質の分泌を促すものとして、両氏は、一六ビートの強烈で反復的なリズムや高周波音、激しい運動、原色や金属色を多用した強烈な色彩のコントラストなどと並んで、仮面の使用を挙げている。仮面をかぶる者にとっては、仮面の着用によって引き起こされる酸素欠乏状態が神経伝達物質を誘発し、トランス、つまり意識の変容状態を招来するという。一方、仮面を見る者にとっては、仮面によくみられる、眉をつりあげ、目を見開き、歯をむき出すという、高等動物に共通の〝威嚇的〟な面相が、とくにトランスの誘導に効果をもつという。しかも、留意すべきは、脳内で分泌されるエンドルフィンやドーパミンは、麻薬とちがって、それを誘発した刺激がなくなると、体内に蓄積せずに無効化されることである。憑依儀礼や仮面舞踊では、音楽がやみ、仮面をとれば、意識の変容状態が解消されることが数多く報告されているが、その理由もこうした神経伝達物質の特徴から説明できるという。

いまだ、仮説というべき部分もあるものの、仮面の着用による意識の変容ないしトランスの誘導についての科学的根拠を提出したものとして、大橋・河合の研究は注目に値する。「仮面をかぶると、それまでの自分とは違った自分になったような気がする」という、多くの人びとの経験談も、この研究成果によって少なくとも部分的には根拠づけられたといえるかもしれない。ただ、仮面をかぶった瞬間に人が覚える一種異様な感覚は、こうした理論では説明できない。また、仮面の研究という点からいえば、この研究にも、これまで述べてきた諸研究と同じ問題を指摘せざるをえない。すなわち、ここでもまた、仮面と憑依との区別、仮面によって引き起こされるトランスと仮面の着用を伴わないままに引き起こされるトランスとの区別という問題が、未解決のまま残されているのである。

このようにみてくると、従来の仮面についての議論は、いずれも、仮面にまつわる重要な側面のひとつを手にしながらも、仮面をそれと重なりあう他の事象との共通の領野のなかに解消してしまっているといわざるをえない。そこでは、仮面を仮面たらしめている当のものは、やはりまだとらえられぬままに残されているように思われる。

仮面をただ顔の変容の一形態としてとらえるのでなく、素顔を仮面に還元してしまうのでもなく、また仮面を憑依という概念のなかに溶解させてしまうのでもなく、具体的な形式をもち、顔と身体を覆うものとしての仮面のありかたに忠実に従いつつ、その存在の固有性を語るすべはないものだろうか。もとより、この場でそれが十全に果たしうるなどとは思っていない。しかし、それに一歩でも近づく方途は、仮面が仮面として生きている場に立ち戻ること、そしていまひとつは、仮面という、定義からして人間の身体をその成立の与件としている存在を、われわれの身体的経験とのかかわりのなかでとらえること以外にないのではあるまいか。以下では、このふたつの視点から、今少し詳しく仮面をみつめなおしてみたいと思う。

民族誌にみる仮面と憑依

世界各地の仮面を用いる儀礼や祭をみわたして気づくのは、仮面の着用者と霊媒とはほとんど重なり合わず、両者が共存する場合には、その性格が明確に区別されていることが多いという点である。筆者がこの十数年にわたってかかわりあってきたアフリカのチェワ人の社会も、そうした例のひとつである。

チェワの社会には、村の男性によって構成される仮面結社、つまり仮面舞踊の「秘密結社」が存在する。結社は村単位で組織され、原則として村の男性全員が一二、三歳の年齢に達すると加入することになっている。こうした結社が「秘密結社」とよばれる理由は、結社のメンバーでない女性や子供たちに対しては、誰が仮面をかぶっているという事実はもちろん、仮面の存在も含めて仮面にまつわる一切の知識が秘密化されているからである。アフリカやメラネシアの多くの社会で、仮面舞踊はこのような「秘密結社」によって営まれている。

チェワの社会では、こうした結社はニャウとよばれている。と同時に、仮面をかぶって登場する踊り手もまたニャウとよばれる。女性や子供にはニャウは死者の霊が甦ったものと説明される。もとより、女性や子どもたちも、ニャウが男たちの変装したものだということは承知している。しかし、そのことを口にすれば、ニャウの手で厳しい制裁をうけることを覚悟しなければならない。女性たちは、結局のところ、ニャウについては何もしらないふりをしつづけることになる。

ニャウの主たる活動の場は、葬送儀礼、とくに喪明けの儀礼である（図1）。喪明けの儀礼では、このニャウが村人たち、とくに女たちと夜を徹して踊り興じる。踊りの合間には、ニャウと女たちとのあいだで延々と性的な冗談のかけあいが演じられる。こうしたニャウと女たち、つまりは死者との交歓の行為によって、死後もまだ地上に残っていた死者の霊が慰められ、安心して祖霊の世界へ旅だってゆくのだという。

図1　葬送儀礼に登場したニャウの踊り手
カングル村（チェワ、ザンビア共和国）1985年

こうした儀礼にかかわるニャウの踊り手の男たちは、踊っているあいだ、その仮面があらわす死者の霊にとり憑かれるという信念をいだいている。この場合の霊の憑依、つまり憑霊は、完全なトランス（意識のなくなる状態）をともなう憑霊と異なり、踊り手たちは踊りの最中も自分の行為をはっきりと意識している。しかし、それもまた憑依の一形態であることに変わりはない。だからこそ、ニャウへの働きかけが、そのまま死者の霊のはたらきかけになるのである。葬送儀礼がニャウの主たる活動の場となる理由はここにある。

ところで、チェワの社会では、憑霊中完全に意識を失い、完全なトランス状態に陥る霊媒の活動もみられる。ニシキヘビの霊のとりついた霊媒がそれである（図2）。ニシキヘビの霊媒は、雨乞いの能力をもつとされ、大地の豊饒多産の守り手とされている。古くは、この霊媒が、初潮を迎えた少女の成人儀礼を司祭していたという。ニシキヘビの霊媒は、大地のみならず人間の多産にもあずかっていたというのである。

興味深いのは、仮面をかぶったニャウの踊り手とこのニシキヘビの霊媒とがたがいに避け合うとされていること

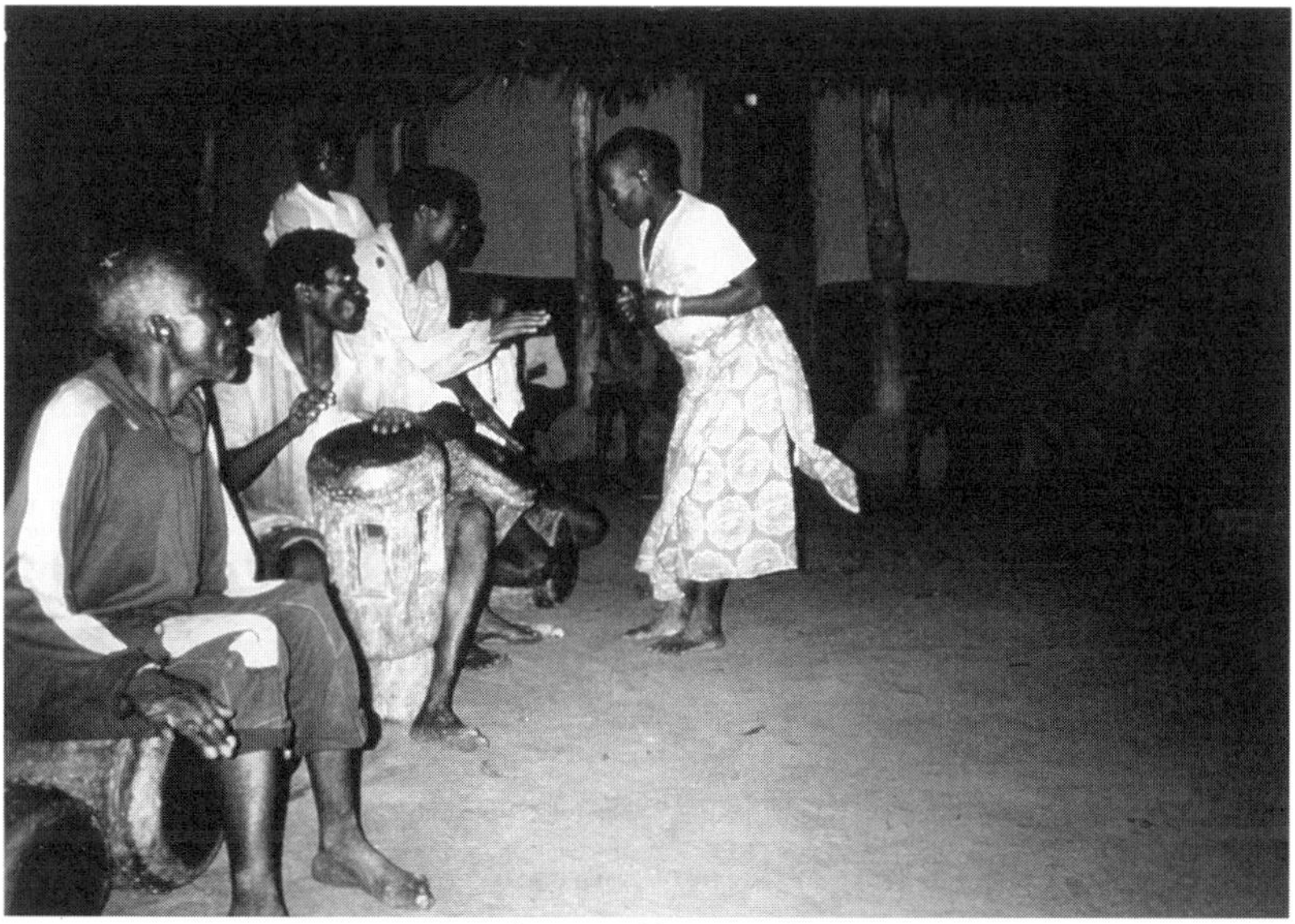

図2　ニシキヘビの霊に憑依された霊媒の踊り
ムグルラ村（チェワ、ザンビア共和国）1985年

とである。しかも、両者のあいだには、明瞭な対照がみられる。まず、仮面結社のニャウは、男性だけで構成されるが、ニシキヘビの霊媒になるのは女性に限られる。次に、今述べたとおり、仮面結社のニャウは死者の葬送を司るが、ニシキヘビの霊媒は大地と人間の豊饒多産をコントロールするとみなされている。人の死をになうニャウの仮面に対して、ニシキヘビの霊媒は生をになっているといえるかもしれない。仮面をかぶったニャウの踊り手とニシキヘビの霊媒とは、同じく憑依をともなうとはいえ、その性格ははっきりと差異化されているのである。

　こうした仮面の踊り手と霊媒との差異化という現象は、なにもチェワの社会に限ったものではない。同じアフリカ大陸では、東のチェワの社会から遠く離れた西アフリカのセヌフォ族の社会にも、類似の現象が確認される。ここでは、男性がポロという名の仮面結社を形成して死者の葬送を司る一方、女性たちはサンドゴという結社を形成し、森の精霊の霊媒として占いに従事している。セヌフォの社会でも男性は全員ポロ結社に入る。大規模な仮面舞踊がおこなわれるのも、チェワの場合と同様、とくに喪明けの儀礼の際である。一方、霊媒になる女たちは一部の家系の者に限られる。ただ、そのなかでも、ある女性が霊媒になるきっかけは、やはり不意に病気に陥り、それが精霊の憑依によるものだと判断されたという場合が多い。このサンドゴの霊媒は、完全なトランス状態に入って託宣をくだすという型の霊媒ではない。彼女らは、精霊の依り代となるいくつかの彫像を前にして占い用の小物類を投げ、それが落ちた場所によって、依頼者に答えを出す。その過程全体が、精霊の意思によってコントロールされたものと考えられているのである。こうしたサンドゴの結社の機能は、病や災いの原因をつきとめ、あるいは成功や幸運への道を示して親族集団の生活秩序を維持することにある。ここでも、仮面と霊媒とは、男性と女性、死と生といった区別と組み合わされ、互いに差異化されることでひとつのシステムをかたちづくっている。★10

　仮面と霊媒との区別が重要なのは、アフリカだけに限らない。たとえば、韓国の仮面劇は風刺劇として芸能化が進んだものとしてしられるが、古形をもっともよく残すといわれる慶尚北道の河回《ハフェ》別神《ビョルシン》賽神《クッ》仮面《タル》戯《ノリ》（一九二八年以来中断している）の式次第をみると、山主（主祭者）が降神の儀礼をおこない、その神を仮面によせたのち、一連の仮面劇が演じられ、それがすべて終わったあとにシャマン（ムーダン、霊媒）による歌舞が催されて、神送りがなされたことがわかる。李杜鉉によれば、現在では仮面劇の部分だけが催される各地の仮面戯も、シャマンによる降神と神送りが省略されたかたちとみることができるという。東海岸で最大の村祭といわれる江陵市の端午クッのようにシャマンの儀礼と仮面劇が分離したかたちでおこなわれるところもある。李はそれをシャマンの関与した祭儀仮面劇が変容したものとみているが[★11]、こうした変化が起こること自体、同じ儀礼体系のなかで仮面とシャマン（霊媒）が本来それぞれ明確に区別された場をもっていたことを反映したものと考えられる。

同様の例は、日本の仮面の祭りのなかにもみうけられる。岡山県の備中神楽、とくに荒神神楽は、田んぼのまんなかに神殿《こうどの》を築き、神職の祝詞によって八百万の神をその場に降臨させたあと、天の岩戸開き、国譲り、大蛇退治などの神代神楽を、仮面をかぶった太夫が演じるというものである。神楽のなかには、漫才を思わせる神がみの滑稽なやりとりやダイナミックな曲舞が随所にちりばめられ、巧みな劇的演出がなされている。仮面を用いたすべての神楽がおわると、最後に太夫が素顔で登場し、あるいは一反の布を振りまわし、あるいは蛇にみたてた綱を揺り動かすうちに神がかりになって、村の先行きについて託宣を下す。同じく神霊の憑依を前提としながら、仮面の憑依と素顔の憑依は、はっきりとその性格を異にしているのである。備中神楽がこのような形式を整えたのは江戸時代、文化文政期の国学者西林国橋が神事性の強い土着の神楽に、出雲神楽に来源する神代神楽を組み合わせた後のことだとされるが[★12]、そうだとすれば、備中神楽は、仮面の憑依と素顔の憑依とが、それぞれ固有の場をもちながらも、ひとつの体系のなかに組み込まれうるということを歴史的に示した例だということになる。

もちろん、仮面と霊媒がつねに文化的に差異化され、体系化されているわけではない。日本で仮面の行事といえば、神楽よりむしろ、大晦日や小正月に現れる東北地方のナマハゲやそれに類する行事、たとえば、関東・中部地方のパカパカ、オイワイボウ、九州のトシドン、あるいは夏の収穫後に登場する西表島のアカマター、クロマターなどが想起されるかもしれない。これらの仮面の場合、それと明瞭なかたちで組み合わされた霊媒の存在は確認しがたい。これらはいずれも、若者が仮面をかぶって歳神や季節の精霊に扮し、一年に一度家いえをまわって新たな年や新たな季節の福・幸運をもたらすという、いわゆる来訪神の行事であるが、この種の行事は日本だけのものではない。ヨーロッパでも、やはり年越しの時期にチロルやスイスでクロイセやペルヒトといった仮面が登場するし、夏の到来の時期には、ドイツではフィングストさん、イギリスではジャック・イン・ザ・グリーンという、全身を緑の葉で覆った仮面もやってくる（図3）。そして、そのいずれにおいても、仮面が霊媒と密接な関係をもっているようにはみうけられない。

ただ、このことは、仮面による憑依と霊媒における憑依とがそれぞれ固有の場をもっていることを物語るものではあっても、両者の同一性を示唆するものではけっしてない。むしろ、仮面と霊媒が差異化されつつひとつの体系のなかに組み込まれているという状況は、備中神楽においてみたように、本来別べつの場をもった仮面と霊媒の違いをむしろ積極的に利用し、創出したものとみたほうがよいように思われる。

これら、世界各地の仮面についての民族誌的事実が示すのは、仮面と霊媒とを安易に同一視して論じることの難であろう。もちろん、両者のあいだには、同じく憑依ないしトランスをともなうという共通性はみとめられる。日本やヨーロッパで現在でもおこなわれている仮面の祭りでは、仮面のかぶり手たちは、いうまでもなく仮面の着用中も自分の行動をはっきりと意識しているし、仮面の着用に憑依がともなうという認識などもっていないことも多い。しかし、このような場合でも、神や精霊に扮した者は、少なくとも何がしか神や精霊の属性を帯びることになるという信念は維持されていると考えざるをえない。さもなければ、彼らとかかわることで福や幸運が享受できるかもしれないという、かすかな期待を人びとが抱くことすら不可能になるからである。その意味で、これら日本やヨーロッパの仮面の場合にも、憑依の観念は多少なりとももともなっているといってよい。冒頭で述べたことであるが、少なくとも儀礼の場では、仮面と霊媒とがともに憑依ないしトランスを前提として成立していることはみとめてよい。

しかし、重要なのは、そのように同じく憑依やトランスを前提としながらも、両者がそれぞれの社会で別個の場を

図3　ジャック・イン・ザ・グリーンの行列
ヘイスティングズ（イギリス）1991年

占め、文化的にはその違い自体が重要な意味をもつことがしばしばだという点である。しかも、両者の違いはけっして、トランスの程度、意識の変容度の違いに還元して論じられる性格のものではない。確かに、チェワの社会では、霊媒への憑依は完全なトランスをともなうのに対し、仮面のかぶり手は霊に憑依されるとはいえ、自身の行動をはっきり意識しているという区別がみられた。しかし、セヌフォの社会の例では、両者の意識の変容の度合いに明瞭な差異はみとめられないのである。同じように憑依をともなうといわれ、その際の意識の変容の度にすら相違点を求められないとすれば、仮面と霊媒とのあいだを最終的に分かつのはいったい何なのだろうか。

ここでひとつ留意しておくべきは、憑依を仮面と霊媒の共通性として指摘しうるのは、あくまでも儀礼の場という限定のもとでのことだという点である。あるいは、われわれは、民族誌が伝える儀礼の世界にばかり目を向けすぎたかもしれない。神事を脱し芸能化した能や狂言において、演者への面《おもて》のあらわす人物の霊の憑依を指摘することは、演者の経験からも観者の経験からもいたずらに逸脱することにしかならないであろう。また、子供たちが好んでかぶる仮面にも、憑依という宗教的な体験を想定することはできない。

芸能における仮面や子供の遊戯の仮面は、仮面本来の意味が時代の推移のなかで見失われた結果だと主張するのはたやすい。しかし、それならば、その本来の意味はいつまで維持されていたのだろう。仮にそれが中世までだとして、中世に生きた人びとも自分たちは本来の意味を忘れてしまったと感じるような場面はなかったのだろうか。ここで必要なのは、むしろ、仮面が憑依の儀礼から離れて芸能化し、子供たちの遊びのなかにまで取り入れられたことを、まさに仮面そのものの本来的な性格と結びつけて理解することであろう。それによってはじめて、仮面を仮面として、その固有性のなかでとらえることができるようになるのだと思われる。仮面のありかたの歴史的変化が語っているのは、仮面は憑依を前提としなくなっても存続しうるという事実である。そしてその点で、仮面は決定的に霊媒と異なる。霊媒は憑依という信念が失われた瞬間、存立しえなくなるからである。

仮面と憑依の相同性を強調した従来の議論に反して、民族誌的事実と歴史的事実は、このように、ともに仮面と憑依との違いを主張している。仮面は憑依と重なりあいつつも、それとは異なる固有の場をもっているのである。では、その固有性とは何か。それを考えるには、顔をもうひとつの顔で覆うという、仮面の定義に戻る以外ないであろう。そして、その定義において、仮面が人間の顔ないし身体をその存立の与件としている以上、仮面の固有性の考察も、われわれの身体とのかかわりにおいて進められなければならないに違いない。仮面をわれわれの身体的経験に照らして考察すること、それがこの小論の最後に残された課題である。

仮面と身体

仮面と身体とのかかわり。それはいうまでもなく、仮面が顔、素顔の上につけられるものだという単純な事実であろう。われわれは、これまで、素顔を近代的自我の換喩としてとりあつかうあまり、この単純な事実にかえって目を閉ざしてきたように思われる。近代が作り出した同一的な自我とは無関係に、仮面は常に、皮膚に包まれ、目と鼻と口をもつ顔を覆うかたちで用いられてきたのである。この事実を抜きにして進められる仮面の議論が、仮面から遠ざかっていってしまうのも無理はない。

和辻も指摘したように、確かにわれわれの他者の認識の方法は顔に集中している。逆にいえば、他者もまたわたしの顔からわたしについてのもっとも多くの情報を得ているということになる。しかし、他者がわたしをわたしとして認知する要《かなめ》となるその顔を、わたし自身はみることができない。自分の身体でも他の部分なら鏡を使わずになんとかみえるのに、顔だけは絶対にみることができないのである。和辻の言葉を借りていえば、顔はわたしの人格の座であるはずなのに、その顔はわたしにとってもっとも不可解な部分として終生わたしにつきまとうことになる。

もともと「わたしの身体」というものは、「わたし」にとってきわめてあいまいにしか把握できないものである。

――私たちの身体はたえず動揺し、たえず変容させる不安定なものなのであり、私たちが自分の身体を、皮膚を限界面とする純然たる対象的物体として経験するのはむしろ例外的なケースでしかない。……身体と身体でないものとの境界の感覚はたいていの場合ひじょうに曖昧なものであり、私たちは自分のフィジカルな存在の輪郭を確認するために、身体の表面を摩擦したり、指輪や腕時計をはめたり、ベルトで身体を締めつけたりして、皮膚感覚に刺激を与え続けるくらいなのである。[★13]

鷲田清一のことばであるが、鷲田もいうとおり、結局のところ、「私たちは、自分の可視的な存在を想像のなかでしか手にいれられない。身体の目にみえるわずかな部分を、鏡に映った像を、パッチワークのように自分の想像力で縫い合わすしかない[★14]」。なかでも、顔は、自分にはみえないままに、他者の前にさらされている。鷲田はそれを、「目隠しをしたまま、おのが裸体を他者の視線に曝すに等しい」という。そして、「こうした私の可視性の散乱を、なんとか自分の管轄下におこうとして[★15]」、われわれは衣服をまとい、化粧をするのだという。

顔は、しかも身体のなかでも、時々刻々ともっとも大きな変化を遂げている部分である。喜ぶとき、悲しむとき、笑うとき、苦しむとき、顔はひとときとして同じ状態でそこにあることはない。それはおそらく、手のように、われわれがもっともよく動かす身体部位と比べても、多様な変化を示しているといってよいはずである。顔の表情の変化には、手の運動がくりかえすようなパターンというものがほとんど存在しないからである。

もっとも他者から注目され、もっとも豊かな変化を示すにもかかわらず、けっして自分ではみることのできない顔。鷲田のいうように、「私の可視性の散乱」がわれわれを不安に陥れるのだとしたら、その「私の可視性」をわたしに対して完全に閉ざしている顔こそは、われわれをもっとも深い不安のなかに追いやる存在だといわなければならない。

仮面は、まさにそのような顔につけられる。そして、他者とわたしとのあいだの新たな境界となる。ここで仮面が、木製のものと繊維製のものとを問わず、それぞれにほぼ定まった形をもったものだという点を忘れてはならない。そのうえ、われわれは、その仮面、自分と他者との新たな境界を、自分の目でみて確かめることができる。仮面は、変転きわまりないわたしの顔に、固定し対象化したかたどりを与えるのである。したがって、「仮面をかぶると、それまでの自分とは違った自分になったような気がする」という、人びとが漏らす感想も、固定された素顔から別のかたちに固定された顔への変化にともなう感想なのではない。それはむしろ、常に揺れ動き定まることのなかった自身の可視的なありかたが、はじめて固定されたことにともなう衝撃の表明としてうけとられるべきである。また、精霊の仮面をかぶった男が精霊に憑依されたと確信するのも、そしてウルトラマンの仮面をかぶった少年がウルトラマンに「なりきれる」のも、仮面によってかぶり手の世界に対する関係がそのかたちに固定されてしまうからにほかならない。

仮面がかぶり手の顔を固定し、かぶり手の世界に対する可視性を固定するということは、そのまま、仮面をかぶった者とそれを見る者との関係をそれまでとは違ったかたちで固定することになる。それは、たんに、人びとが仮面をかぶった踊り手をその仮面がかたどる対象として遇するというだけではない。そこには、視線《まなざし》のやりとりの、まったく新たな関係が生起する。

くりかえしみたように、われわれの他者の認識にとって、他者の顔がもっとも中核的な位置を占めるのは事実である。しかし、われわれが他者とその人の顔をみつめあうことでかかわっているといえば、おそらくそれは嘘になるだろう。他人と目があったとたん、われわれは目のやりばに困り、つい視線を相手の顔からそらせてしまう。ふたりの人間が対面するとき、両者の視線は互いにたえまなく揺れ動き、ほんのたまに遭遇するだけだというのが普通であろう。片方の者がもう片方の者の顔を一方的にみすえるとき、そこには歴然とした支配と非支配の関係が現出する。もちろん、ふたりの人間がみつめあうことがないわけではない。しかし、そこには、互いの支配をめぐるせめぎあいが否応なく起こってくる。恋人どうしがみつめあうとき、土俵の上で関取どうしがにらみあうとき、そして子供たちがにらめっこをするとき、いずれもその場に常にない緊張が漂う。にらめっこが終わったとき、どちらからともなく吹き出すような笑いを発するのも、みつめあうことが引き起こす異常な緊張をどうにかして中和させようという反応にちがいない。われわれが、他者の顔から他者についてのもっとも多くの情報を得ているのは事実にしても、それは他者とみつめあうのではなく、他者からみられないうちに他者の顔をみるという方法を通じてであることが多い。

人は、しかし、仮面ならみつめることができる。仮面をかぶった踊り手なら、凝視することができる。かぶり手がたとえ仮面の目の位置にあけられた穴を通して外をみているとしても、かぶり手が誰であるかを隠す必要からあえて小さくあけられたその穴からは、かぶり手の視線は感じられないからである。仮面が多くの儀礼のなかで用いられる理由は、このことと関連しているように思われる。

すでにみた例に限らず、仮面の儀礼は、目にみえぬ神や死者の霊や精霊を目にみえるかたちにして迎え、それと人びとが交歓することで、それらの神や霊をなだめ、送り出すという形式をとるのが一般的である。その際、神や霊のもたらす恵みをとりこむことに重点が置かれる場合――先にみた例でいえば備中神楽や来訪神の儀礼など――もあれば、神や霊のもたらす災厄を除去することに重点がおかれる場合――チェワの葬送儀礼――もあるが、いずれにせよ神や霊の力のコントロールがそこで図られることに違いはない。そして、そのような一方的コントロールを実現するには、目にみえぬものを可視化しつつ、その視線を無化しえる仮面は、きわめて好都合なものだといえるのである。

しかし、仮面のはらむ視線のやりとりには、もうひとつの側面がある。それは、表すものとしての仮面の裏にある、隠すものとしての仮面の性格、すなわち覆面としての仮面の性格に由来するものである。

いまさらいうまでもなく、覆面は、自分の顔を覆って、相手からは自分の顔をみられぬままに、相手をみるための道具である。覆面は、人と人との遭遇の場で、みる側とみられる側とを分離し、前者がまなざしを専有する装置としてはたらく。この装置が介在することによって、世界は、一方的にみる側と一方的にみられる側との二つの存在に分離される。さきほど述べたように、片方の者がもう片方の者を一方的にみすえるとき、そこに支配／被支配の関係が現れるのだとすれば、覆面としての仮面が生み出すのは、まさにそのような関係にほかならない。そして、仮面をはさんで生起する仮面のかぶり手とそれをみる者とのあいだのこうした一方的な関係こそ、仮面結社、仮面の秘密結社が前提とするものである。男たちは、「一方的にみる者」となることで、女性や子供たちを支配し、ときには報復を恐れずに制裁を加えたりもしたのである。「仮面をかぶると、それまでできなかったことができるようになった」という人びとの感想も、仮面を着けた瞬間に仮面をかぶった者とみる者とのあいだに生まれる一方的な関係性のなかにおいて、はじめて理解することができる。

ただ、仮面をはさんだ視線のやりとりにともなう、こうしたふたつの支配／非支配の関係は、けっして互いに矛盾するものではない。みるものが支配するのは、仮面の表にかたどられた対象、すなわち神や霊であり、一方、そのみるものを支配するのは、神や霊ではなく、仮面の裏に隠れているかぶり手の男たちである。表すものであると同時に隠すものとしての仮面は、こうして女たちを支配しようという男たちの意図と、神や霊を支配しようという男女こぞっての意図を、同時に達成することになるのである。

＊＊＊

われわれは、素顔の上に仮面をつける。他者がわたしをわたしとみとめ、しかも目を通じてわたしがその他者をみとめるという、相方向的な身体部位としての素顔の上に仮面をつける。しかし、その素顔はけっして固定したものではない。それは、時間とともに刻こくと変化する流動的な存在である。全体としての素顔ばかりではない。目、とくに視線もまた流動的な性格をもつ。われわれの視線は、他者とのやりとりのなかで、常に留まるところを知らずに動き回っている。

仮面はこうした素顔と視線を固定化する。素顔に一定のかたどりを与え、他者との視線の交換を一方的なものに制限する。その意味で、素顔はけっして仮面に還元できない。素顔と仮面は、時間とのかかわりにおいて、まったく別個の存在様態をもっているのである。

われわれが仮面をかぶった瞬間に覚える、ある種異様な感覚は、ここから来る。そして、仮面が儀礼において、その社会で共有される象徴体系の分節のなかに踊り手たちの身体をかたどっていくのも、またそれがあるときは大きな政治性をはらむのも、やはりこの同じ仮面の性格とつながっている。仮面をかぶることで人ははじめて固定した身体のかたどりを得、はじめて一方的な視線の力関係のなかに身を投じることになるのである。仮面の力、ときには呪術的とすらいわれるその力の源泉も、またそこに求められるように思われる。

追記　本稿は、本書のために一九九二年末に脱稿した。その後、本書の出版が大幅に遅延するなか、本稿の議論の一部は、拙著『仮面は生きている』（吉田憲司・編著、岩波書店、一九九四年）において、先に公刊されることとなった。本稿の議論が、一部、同書終章の議論と重なっているのは、このためである。

註 文中★標示

★1—和辻哲郎、一九八八「面とペルソナ」（後藤淑編）『双書 フォークロアの視点（5）・仮面』、岩崎美術社、一六頁。

★2—和辻、同上書、一七頁。

★3—坂部恵、一九七六『仮面の解釈学』、東京大学出版会、八三頁。

★4—坂部、同上書、八二頁。

★5—Park, R.E., 1950, *Race and Culture*. Glencoe: The Free Press, p.249.

★6—Lacan, J., 1966, *Écrits*. Paris: Editions du Seuil, p.118.

★7—坂部、前掲書、九三頁。

★8—カイヨワ（清水・霧生訳）、一九七〇『遊びと人間』岩波書店、一二三～一二四頁。

★9—大橋力、一九八六「獅子とバロン アジアのトランス誘導性動物仮面に関する人間生物学的研究」『季刊 自然と文化15・アジアの仮面芸能』、日本ナショナルトラスト、五一～五七頁。／大橋力・河合徳枝、一九九〇「バリ島のガムランにおける快感発生のメカニズム」『民族藝術』（第六巻）、講談社。

★10—Glaze, A., 1981, *Art and Death in a Senufo Village*. Bloomington: Indiana University Press.

★11—李杜鉉、一九八六、「韓国の仮面劇とその民族的基盤」『季刊 自然と文化15 アジアの仮面芸能』、日本ナショナルトラスト六九～七三頁。

★12—須藤功、一九八四「備中神楽考」（神崎宣武編）『備中神楽の研究 歌と語りから』、美星町教育委員会、一二頁。

★13—鷲田清一、一九八九『モードの迷宮』、中央公論社、二五頁。

★14—鷲田、同上書、八三頁。

★15—鷲田、同上書、一六二頁。

第III部

皮膚と衣

表象としての皮膚

谷川　渥

皮膚という存在

人間の皮膚は、表皮と真皮と皮下組織に大別される複合組織である。二ミリ程度の厚さの皮膚は、肉体の内部と外部の境界にあって、肉を包み、外に対して内を守る甲冑である、とまずもっていうことができる。それは、「み」を包む「から」として「からだ」を成立させる。換言すれば、皮膚は、この私という存在を他者から分かち、それに個別性と肉体的プライバシーを保証する物質的基盤である。

しかしそれはまた同時に独特の感覚器官でもある。視覚や聴覚や味覚や嗅覚が身体の一定の部位（眼・耳・舌・鼻）に局所化されているのに対し、皮膚感覚の領域は身体全体に拡がる。ちなみに、フランソワ・ダゴニェの『見出された皮膚』（一九九三）によれば[★1]、平均的な成人で皮膚の表面は二平方メートル近くになるという。ついでにいえば、七十キログラムの体重の大人で皮膚の重さは三キロに及ぶそうだ。つまり、それはあらゆる身体器官のなかで最も重いものである。皮膚感覚は、しかも未規定である。「高級感覚」と「低級感覚」といったプラトン、アリストテレス以来の区別にもかかわらず、視覚と聴覚、そして味覚と嗅覚が、局所化されているがゆえに教化され、洗練され、開拓され、統制され、利用されるのに対して、触覚としてことさらに指先に局所化されるのでなければ、基本的に皮膚感覚はそうしたことをすべて免れている。未規定であるとは、そういうことである。ちなみに、エルンスト・マッハは、その「計測的空間に対する生理学的空間」（一九〇六）なる論文において、皮膚の空間知覚の問題を採り上げ、皮膚の各々の部分で空間に対する感受性の度合が著しく異なることを指摘している。[★2] 皮膚的空間は、異方的かつ異質的である。しかもいうまでもなく、また高密度に分布した受容器によって、皮膚は、熱さや冷たさ、硬さや柔らかさ、荒さや滑らかさ、あるいは痛さなどを感じる。

それればかりでなく、皮膚はそれ自体があらゆる感覚の対象となりうる唯一の感覚器官であるということもできる。それは、呼吸し、発汗し、分泌し、排泄するから、においを発するがゆえに嗅がれ、味をもつがゆえに舐められ、脈動するがゆえに聞かれもするが、また触覚の対象として触れられ、撫でられ、こすられ、あるいは裂かれもする。それがまたなによりも眼差しの対象であることはいうまでもない。皮膚は、その色、つや、肌理《きめ》、しわ、ひだ、毛穴、吹き出物、ほくろ、傷痕等によって、性別、年齢、民族、感情、健康状態あるいは個人史といったものをあらわにすることがある。こうしてすべての感覚に原則的に開かれている皮膚は、内部と外部との、オーガニズムと環境との複雑な交換の場、受容の表面であると同時に表現の道具、マーシャル・マクルーハン流にいえば、まさにメッセージとマッサージとが混淆するメディアになる。[★3] それは内に閉ざすだけではない、外に対して開きもするのだ。

透過性と不透過性とを両義的に体現し、しかも衰亡と再生とを繰り返す、このかけがえのない皮膚という存在が、「自我」の形成において決定的な役割を果たすことを、ディディエ・アンジューは、その『皮膚―自我』（一九八五）なる書物において熱っぽく語っている。

――「皮膚―自我」は原初的な羊皮紙で、そこには皮膚の上の痕跡からなる前言語的な「原初の」文字の下書きが、パランプセストのように消されたり、こそげ落とされたり、重ね書きされたりしながら保存されている。[★4]

書かれた文字を消してさらにその上に文字を書き重ねた羊皮紙――パランプセスト。ボードレールは、その『人工の天国』(一八六〇)のなかで、すでにこう書いている。

――「人間の脳髄は、天然の巨大なパランプセストでないとしたら、一体何であろうか。私の脳髄はひとつのパランプセストだし、読者諸君のもまたそうである。観念や映像や感情の限りない層が、諸君の脳髄の上に、次々に、光のようにそっとつもった。そして、そのひとつひとつの層が、前の層を埋めたようにみえた。しかし実際には、どれひとつとして失われてはいない。」とはいうものの、ギリシア悲劇や僧院の言い伝えや騎士道物語を次々に重ねて記したパランプセストと、神によって造られた神聖なパランプセストであるわれわれの広大な記憶との間には、おのずから次のような違いがある。前者にあっては、いわば幻想的でグロテスクな混沌、異質な諸要素の間の衝突が認められるのに対し、後者では、まったくちぐはぐな諸要素の間にも、気質の宿命によって必ずやある調和がもたらされるのだ。[★5]

このテクスト自体、いわば接ぎ木のテクストであって、ボードレールはトマス・ド・クィンシーの『オックスフォードの幻影』のテクストからの引用と自分の文章を混ぜ合わせ、まさにジェラール・ジュネットがその『パランプセスト』(一九八二)[★6]において論じたような「第二度の文学」、パランプセストとしての文学を実践してみせてもいるわけである。いずれにせよ、ボードレール＝ド・クィンシーにとって脳髄＝記憶の隠喩《メタファー》であったパランプセストは、いまやアンジューにおいて自我＝魂の隠喩《メタファー》になる。生理学的＝精神分析学的な脈絡のなかで語られるこの「皮膚－自我」なる概念は、もっと即物的には、たとえばポール・ヴァレリーの「固定観念」（一九三二）において、すでにこんなふうに表現されていたといえるだろう。

私　……うん、それで思い出したんです、医学の本のなかで、胎児の生長について書いてあったことをね。ある日、ひとつの襞が、一本の溝が外皮にできる……

医者　外胚葉ですよ。それから、そいつが閉じて……

私　あーあ！……われわれの不幸のすべてがそこから生じるんです……脊索か！　それから脊髄が、脳髄が、感覚し、苦しみ、考えるのに……深くあるために必要なもの一切が出来てくる！　すべてはそこから生じる……

医者　それで？

私　そこでです、すべては皮膚の発明物なり！……いくら掘り下げてみたって仕方がない、われわれは……外胚葉なんですから。★7

「深いとか深さとか、そんな言葉に苛らいらし」た「私」は、こうして「人間においてもっとも深いもの、それは皮膚である」という逆説的なテーゼを主張するにいたるわけである。要するに、「すべては皮膚の発明物なり」というのだ。

たんに体表としての皮膚と神経系の表面としての大脳が、発生論的に外胚葉という同一の胚組織から始まるというばかりではない。こういうふうに考えることもできる。顔の表面に開いた穴、つまり口からのど、食道を通って、胃、腸、そして肛門という別の穴への経路をたどれば、そこはまた尻の表面になる。皮膚は皮膚に連続的につながっているわけで、トンネルのように穿たれたわれわれの身体の外側も内側も、空気、液体、食物が接触できる同じ表面である、と。してみれば、ヴァレリーのように、深さと浅さの二元論を疑ってみることができるだけではない。内部と外部の境界を構成するはずの皮膚は、実は同時に内部と外部という安易な二元論そのものを危うくする存在でもあることになろう。可視的、不可視的の別を問わなければ、すべては表面、つまりは外部であるということもできないわけではないのだ。

文明論的隠喩としての皮膚

別の角度から考えてみよう。皮膚を文明論的隠喩にまで敷衍したマクルーハンの所説が手がかりになる。マクルーハンは、一九六〇年代に、現代文明が肉体を空間的に拡張した機械の時代から中枢神経を地球一円に拡張した電気の時代に移行したこと、そしてそこでは文明そのものが総体的な皮膚化の現象としてとらえられることを主張していた。彼によれば、どんな発明や技術でも、すべてわれわれの肉体の拡張ないしは自己切断であり、そしてそれは身体諸器官に新しい比率関係、新しい均衡を求める。電気メディアは、一挙に皮膚を拡張したというのである。彼はまず衣服を、次に家屋を、さらに都市を、そしてついには地球全体を皮膚の拡張として論じることになろう。

ところで、安部公房は、「飢えた皮膚」（一九五一）という短篇のなかで、主人公にこんな皮膚論を展開させている。

——衣裳とは何か？　いうまでもなく人間の皮膚の働きの不備を補うために出来たものです。……衣裳は本当に魔術です。人間が生きているのではなく、衣裳が生活しているのではないかとさえ思われます。女の人が、そんなにまで美しい衣裳をと願うのも、そのためなのではないでしょうか。出来ることなら、衣裳を皮膚の中にまで浸透させようと、お化粧に浮身をやつすのです。……

衣裳と化粧は、皮膚の関数である。皮膚の補完延長としての衣裳、衣裳の延長としての化粧。皮膚から出発して皮膚へ回帰する。この議論を、たとえばエリック・ギルの『衣裳論』（一九三一）[★8]と比べることもできる。ギルは、人間の皮膚そのものが一種の衣裳であると述べている。人間と動物の差異も、人間が衣裳を着ている点にあるのではなくて、人間が着ている衣裳を脱ぐことができる点にある、とギルはいう。だから、人間はたとえ衣裳と呼ばれるものを着ていなくても、必ずしも「裸」というわけではなく、人間は皮を剝がれないかぎりは、本当に「裸」であるということにはならないわけである。ギルの議論は、ある意味で、ケネス・クラークがその『裸体論』（一九五六）[★9]で主張することになる「ヌード（裸体）」と「ネイキッド（裸）」の区別を彷彿させるような刺戟的な論点を含んでいるが、皮膚を衣裳に、さらに家屋に還元することによって、皮膚そのもののもつ問題性をつまるところ稀薄にしてしまったという事実は否めない。安部公房にとっては、衣裳も化粧も、そして短篇「赤い繭」（一九五〇）なる変身小説において、主人公の身体の表面が糸になってほぐれて最後に繭が出来上がり、そしてそれが「家」と等置されるように、「家」も、すべては皮膚の関数であるといえよう。その意味では、彼の論点は、衣裳も家屋も都市も、さらには地球全体も、皮膚の拡張ととらえることで皮膚の問題を一挙にクローズ・アップしたマクルーハンの文明論と通底する。一九六〇年代に展開されたマクルーハン理論の核心を、安部公房は先取りしていたともいえるわけである。

さて、そのマクルーハンが、『人間拡張の原理』（一九六四）のなかでこう書いていることに注意しよう。

――実存主義は範疇の哲学ではなくて構造の哲学であり、個人の独立とか自己の見解というブルジョワ精神ではなく、全面的な社会関与の哲学を提起している。電気時代にいたって、われわれは初めて全人類を自らの皮膚とするにいたったのである。[★10]

皮膚化の現象との関連で実存主義の名前が挙げられる唯一の箇所である。この実存主義の束の間の登場は印象的である。マクルーハン自身は、例のとおりそれ以上議論を敷衍しようとはしないが、しかし彼の論点が実存主義的な思想に裏打ちされていることを暗示するものとして、この箇所は忘れられてはなるまい。

なぜ実存主義が皮膚化の現象と関係するのか。それは、実存主義が本質（essentia）と実存（existentia）の二元論の上に立つ伝統的な本質主義を否定して、実存一元論の立場を採るからである。「実存」とは、いうなれば「外に出ている人間のありよう」のことである。それは、ア・プリオリに「内部」「内面」を措定して、それとの関係で「外部」「外面」を規定しようとするのではない。人間は、外に出ている、その否定すべくもないありようから出発するほかはない、というのが実存主義の根本である。ジャン＝ポール・サルトルは、そのことを「実存が本質に先行する」と表現した。ちなみに、このテーゼを、サルトルよりも六〇〇年前に、わが吉田兼好はその『徒然草』（一三三〇年代）の第八十五段においてこう表現している。

――狂人のまねとて大路を走らば、則ち狂人なり。悪人のまねとて人を殺さば、悪人なり。

「狂人のまね」といっている段階では、大路を狂人風に走り廻る者も、まだ正気の人間であると主張することができる。兼好とて、当然そういう反論は予想している。「まね」であるかぎりは狂人ではない。しかし、兼好はあえて「狂人なり」と断言する。「狂人」という外見（＝「実存」）は、正気の人間という「本質」に先行すると主張するのだ。なぜなら、後半の「悪人」問題が、すでに「実存」と「本質」の二元論を前提することを許さないからである。いったい「悪人のまね」といって、平気で人を殺す人間がいたとしたら、その人間の「本質」が果たして「悪人」か「善人」かという問いなど成り立つだろうか。そうした問いは無意味である。人を殺すという行為（「実存」）があって、その人間が悪いといわれるにすぎない。実存が本質に先行するのだ。外に出ているそのありようから出発するしかないのである。実存主義とは、その意味で、感性論的であると同時にまたきわめて倫理主義的な思想であるということができる。そして、この思想を人間の身体に類比的に重ね合わせれば、実存はとりもなおさず皮膚であるということになろう。外に出ている人間のそのありようは社会的関係性のなかではじめて意味をもつものとなるが、マクルーハンは、この「全面的な社会関与の哲学」が、電気時代における全面的な皮膚化の現象と軌を一にするものと見ているわけである。

ところで、皮膚の社会関与性という点で、『旧約聖書』の「レビ記」や「ヨブ記」が、すでに鮮烈なまでにネガティヴなかたちでの例を挙げてくれている。「レビ記」第十三章における皮膚の「患處《かんしょ》」「腫《はれ》」「癬《できもの》」「癩病」についての執拗な記述は、身体表面のありようが社会的・宗教的意味を強く帯びていることを示唆していよう。しかし「ヨブ記」は、もっと端的なかたちで皮膚問題を際立たせている。

——サタン、エホバに応《こた》えて言《いひ》けるは皮をもて皮に換《かふ》るなれば人はその一切《すべて》の所有物《もちもの》をもて己《おのれ》の生命《いのち》に換《か》ふべし。

——サタンやがてエホバの前よりいでゆきヨブを撃《うち》てその足の跖《うら》より頂《いただき》までに悪《あし》き腫物《はれもの》を生ぜしむ。

多数の従僕と、羊七千頭、駱駝三千頭、牛五百くびき、雌ロバ五百頭と、息子七人と娘三人とを失っても、呪詛の言葉ひとつ吐かないヨブに対して、サタンはついに「悪《あし》き腫物《はれもの》」で全身を覆う。それは、「ヨブ土瓦《やきもの》の砕片《くだけ》を取り其《それ》をもて身を掻《か》き灰の中に座りぬ」というほど、はなはだしい痒さのために心身を苛むものであった。ヨブの妻は、そのありさまを見て、「神を詛《のろ》ひて死《しぬ》るに如《しか》ず」とさえいうのだが、ヨブはそれでもなお取りあわない。そのヨブが呪詛の言葉を吐くのは、三人の友人がやってきて、そのあまりの様子に七日間一言も彼に口をきかなかったからである。皮膚の崩壊は、とりもなおさず関係性の崩壊なのだ。ヨブにいちばんこたえたのは、「社会関与」の不可能性だった。「自我」は関係的な存在なのであり、皮膚の崩壊はその関係性に決定的な亀裂を入れるのだ。ちなみに、この「ヨブ記」の物語《ミュトス》をずっと日常的な次元で再現してみせたのが、太宰治のその題名も「皮膚と心」（一九三九）という短篇である。そこでは身体中に吹出物が拡がった新婚の女性が、「そのときから、私は、いままでの私でなくなりました。自分を人のような気がしなくなりました」と語るのである。安部公房の『砂の女』（一九六四）には、「人間に、もしか魂があるとすれば、おそらく皮膚に宿っているにちがいない」という主人公の述懐もある。[★11]

皮膚が蝕まれることが魂が蝕まれることでもあるならば、逆に魂の病は皮膚の崩壊というかたちで現われるかもしれない。ジル・ドゥルーズは、その『意味の論理学』（一九六九）のなかで、フロイトが、精神分裂病の患者には自分の身体の表層や皮膚に無数の小さな孔が開いているのを察知する能力があることを指摘している点に触れながら、精神分裂病である第一の証拠は表層が裂けていることだ、と述べている。

——表層が存在しないので、内側と外側、含むものと含まれるものにはもはや明確な境界がなく、普遍的な深層のなかに埋没してしまうか、どんどん詰め込まれるにつれて、さらに狭くなる現在の環のなかを回転する。そのために、身体を貫通する深い裂け目のなかか、相互に嵌入し回転する断片的な部分のなかで、矛盾を経験する精神分裂病的な態度が生ずる。濾過器としての身体、断片としての身体、分離されたものとしての身体が、精神分裂病的な身体の三つの最初の次元を形成する。[★12]

皮膚と魂、皮膚と精神とののっぴきならぬ関係は、かえってこうしたネガティヴなかたちにおいていっそう明らかになるといえるかもしれない。ちなみに、A・クローカーとD・クックは、その『ポストモダン・シーン』（一九八九）のなかで、ヘルペスという皮膚病が「マクルーハン的な病」であると述べている。[★13]なぜなら、それは中枢神経系統の網の眼を順次冒していくエレクトロニクス的な疾病であって、コンピューターで処理された世界の崩壊を暗示する完璧な隠喩となっているからだというわけである。もはや皮膚病は、たんに個人の自我、精神を冒すばかりではない。皮膚が文明論的隠喩たりうるとすれば、その病変は文明論的徴候となる。エイズは、その端的な象徴といえるのではあるまいか。

性と皮膚

皮膚は、しかし、その病変において自我ないし精神との不可分な関係を際立たせるだけではない。それはまた、そしてとりわけ、「性」においてその「関与的」な性格をあらわにする。日本語で特に「肌」と呼ばれるとき、一般に皮膚はその対他的存在としてのありようを明らかにしているように思われる。「肌ざわり」「肌があわだつ」「肌が合う」「ひと肌脱ぐ」「肌を許す」といった表現が、たんに即自的な物質的組織を、あるいは触覚的な意味に限定された皮膚感覚を問題にしているのではないことは明白である。それらは対人的、対社会的、対世界的な自己のありようを含意した表現なのだ。そして、いみじくも「肌を許す」という表現に窺われるように、皮膚は「性」において全面的に開かれた存在になる。そのことを、『皮膚—自我』の著者アンジューはこう説明するだろう。

——赤ん坊の皮膚は、母親のリビドー的備給の対象となる。授乳や世話は、大体において心地よい皮膚と皮膚との接触を伴うが、そこから自体愛が準備され、性的快楽の通常の背景となる皮膚の歓びが確立される。性的快楽は、皮膚の表層が薄くなっていて、粘膜との直接的な接触が過度の興奮を引き起こすような、いくつかの勃起性部分（隆起とくぼみ）に局在している。「皮膚—自我」は、性的興奮を支えるための表面という機能を果たしている。★14

発生論的に解釈された「皮膚の歓び」。しかし皮膚と粘膜との直接的接触ということだけで「性」を説明しつくすことはできない。アンドレア・ドウォーキンが、その卓抜な安部公房論「皮膚の喪失」（『インターコース』一九八七、所収）で『砂の女』を問題にしながらいうように[★15]、「セックスの際に皮膚がなくなることが時としてある。人びとは溶けこみあって皮膚を喪失する」という観点もありうるからだ。もしそうだとすれば、それは対他性の極限において、他者との束の間の融合の幻想のうちに、この私という個別的存在を保証していた境界が取り払われるからにほかなるまい。

こうした観点は、サルトルの『存在と無』（一九四三）における、あの「べたべたしたもの」「ねばねばしたもの」をめぐる議論を引き寄せずにはいない。

――ねばねばしたものを把握することのうちには、メタモルフォーズ（変身）の妄想にも似て、くっついて離れない実体、平衡なき実体がある。ねばねばしたものに触れることは、ねばつきのなかに溶けこむ危険をおかすことである[★16]。

「ねばつきのなかに溶けこむ」とは、サルトル的にいえば、「即自が対自を吸収する」こと、つまり物質がこの個別的な私という存在を呑みこむことにほかならない。サルトルは、「ひとつの意識にとって、ねばねばしたものになるということは、それだけですでに忌まわしいことである」という。ねばねばしたものは、「存在の可能的なひとつの意味」であるが、それはひとつの「反価値」なのである。

サルトルは、『存在と無』の同じ箇所で、さらにこう書いている。

――べたつくもの、どろどろしたもの、もやもやしたものなど、砂の穴や土の穴、洞窟、光、夜など、それらのすべては、心的以前、性的以前の「ありかた」を、幼児に対して開示する。幼児は、のちに、自分の一生を通じて、それらのありかたを一つひとつ明らかにしていくことであろう[★17]。

サルトルは、精神分析学者たちが、あらゆる種類の穴が幼児のうえに及ぼす魅力を、幼児の性欲の肛門的な性格、あるいはときとして本来の性行為についての予感によって説明することを批判し、穴は、それ自体において、ひとつの「ありかた」の象徴である、と述べている。つまり、肛門や女性性器が「穴」の魅惑を説明するのではない、「穴」のほうが「心的以前、性的以前」の「ありかた」を直観させるというのである。しかしいずれにせよサルトルにとって、穴はやはり対自が即自に呑みこまれるようなひとつの存在の象徴である。つまり、それは「忌まわしい」。だから、「女の性器の猥褻さは、すべて口のあいたものの猥褻さである」といわれることにもなる。ねばねばしたもの、べたべたしたものであると同時に、ほかならぬ「穴」であることによって、ここでも「対自」としての「私」が脅かされるのだ。

性は、しかし、たんにひとつの「存在−呼び求め」たる穴をふさぎ、「ねばつきのなかに溶けこむ危険をおかすこと」に終るわけではない。ドゥルーズは、『意味の論理学』のなかで、「性感帯は、粘膜によって示される穴の周囲の、身体の表層に限定されている」と指摘し、ジルベール・シモンドンを引きつつ、内部と外部との「接触のトポロジー的表層」について語っている。「内部の器官も性感帯になりうると言うとき、それは身体の自発的なトポロジーの条件を満たす場合に限られる。[★18]」つまり、内部はトポロジカルに外部になるときにのみ、性感帯になりうるということである。要するに性《セックス》とは、外部が内部となり、内部が外部となる行為なのだ。ボードレールは、その「赤裸の心」のなかで、「性交とは他人のなかへ入ろうと欲することだが、芸術家は決して自分自身の外へは出ない[★19]」と書いている。しかし、他人のなかへ入ることと自分自身の外へ出ないこととは、必ずしも矛盾する行為ではない。自分自身の外へ出ることなく、他人のなかに入ることはできる。ボードレールのもっともらしいレトリックは、はじめからその拠って立つ基盤がいささか危ういのだ。ましてや、ことさらに「芸術家」は問題ではない。問題は、なかへ入る、外へ出るという一義的な行為ではなくて、肉体的個別性を保証するはずの皮膚が、最大限に他者に対して開かれることによって、そこに外部と内部のトポロジー的転位を実現させることなのである。たしかに、それは、サルトルのいうように、「対自」にとって「危険を冒すこと」かもしれない。だからこそ、それは「忌まわしい」快楽なのだ。

性《セックス》は、皮膚にとって、病変と同じく、ネガティヴな事象であるということもできる。個別性と肉体的プライバシーを保証する物質的基盤たることを、束の間にせよ、否定するからである。性病なるものが、なによりもまず皮膚を冒すのも、故なきことではない。性《セックス》も病も境界としての皮膚の否定であるとすれば、性による病が皮膚をその特権的なトポスとすることは、けだし当然だからである。透過性と不透過性という皮膚の両義的性格のうち、外部の内部化、内部の外部化という性《セックス》のトポロジー的転位において、透過性だけがひとえに追求されたことの、それはひとつの帰結でもある。

彫刻論における皮膚の位置

あらゆる意味の振幅をはらんだ皮膚。すぐれて認識論的隠喩《メタファー》たりうるこの皮膚が、それゆえ表象世界においてどのような姿をとって登場してきたかが問題である。

その意味で近年とりわけ興味深かったのは、やはりヴェルーシュカの試みである。一九七〇年代はじめの「擬似ドレス・アート」の実践［図1］において、ヴェルーシュカは自分の皮膚そのものを文字どおり衣服に変容させてしまった。つまり彼女の全身にホルガー・トリュルシュが衣服を描いたということなのだが、カンヴァスとしての皮膚と絵としての衣服とのあいだにいかなる隙間もない、つまり第一の本当の皮膚と「第二の皮膚」(衣服)とが一致してしまっているその幻覚的ありようは、かえってわれわれに強烈に皮膚の存在を意識させることになる。われわれはそれが描かれた絵であることにショックを受けながら、ひとつの表面でしかないその衣服の向こう側にむなしく「本当の」皮膚を探し求めるのだ。

「擬似ドレス・アート」が個人の擬装であるかぎりは、楽しい驚きを味わいながらも、ただ皮膚を探せばいい。しか

図1　ヴェルーシュカ「茶色のスーツを着た私立探偵」
© 1986 Vera Lehndorf and Holger Trülzsch

図2　ヴェルーシュカ「配水管の鉄柱」
© 1986 Vera Lehndorf and Holger Trülzsch

しヴェルーシュカが扉や窓や壁や管などにみずからを擬装しはじめたとしたら、今度は彼女自身を探さなければならないだろう［図2］。トリュルシュによる驚くべき身体塗飾によって、彼女は動物の擬態のように、あるいは敵の目を欺くカムフラージュさながら、背景のなかに紛れこむ。安部公房の「飢えた皮膚」は、「おれ」が女に対して、「カメレオンやアマガエルやヒラメのように、外界の色に応じて皮膚が様々に変るという恐ろしい病気」の暗示を与え、思うようにいたぶりながら、ついには発狂させるという残酷な物語だったが、ここでは女がみずから意識的にカメレオン化する。いや、しかし、背景のうちに自己消滅しようとしながら、わずかとはいえ否定すべくもない背景との差異性によって、やはり彼女は地の上の図のようにその存在を際立たせはじめるのだ。ここでも皮膚は他のものにすっかり変容しながら、しかもその独自の存在性を主張することになる。しかしそれは必ずしもヴェルーシュカ自身の美しい肉体を指示するだけではない。いまやそれは「本当の」皮膚のもつはずの質感とは別の質感を獲得して、肉体の無機化の可能性をもわれわれに暗示する。ヴェルーシュカの写真がわれわれに驚きとともにある種の愉悦を与えるとすれば、それは、生と死とへの、エロスとタナトスとへの両方向に引き裂かれた、そうした皮膚そのものの両義性のうちに、われわれがわれわれ自身の内なる欲望を密かに確認するからにほかなるまい。ちなみに、こうした両義性の表現は、無機的な壁のなかにみずからの肉体を埋没させようとする、フランセスカ・ウッドマンやジュディ・コールマン［図3］の写真＝絵画にも顕著に認められるだろう。

ヴェルーシュカのフォト・パフォーマンスは、芸術史上の問題にわれわれを送り返す。なぜなら、まずもってそれは、肉体と皮膚と、そして衣服との微妙な関係についての思考を促すからである。なによりも肉体の芸術である彫刻に関する言説が、そのためにやはり重要な手がかりとなるはずである。

たとえば、J・J・ヴィンケルマンの『ギリシア美術模倣論』（一七五五）。近代の芸術論の祖型をなすといっても過言ではないこの著作のなかで、ヴィンケルマンは彫刻における皮膚の問題に関して次のように述べている。

——近代作家の多くの彫像においては圧し曲げられた身体の部分にあまりに目障りな細かい皮膚の皺が見られる。ところがギリシアの彫像にあっては、同じように圧し曲げられた部分に全く同じ皺ができている際にも、そこではひとつの柔軟な抑揚が次から次へと波のように高まって、これらの皺がひとつの全体として相集って気品のある窪みをなしているように見える。これらの名作はひっつれるようなことなく健康な筋肉を柔らかく覆う皮膚を見せており、また筋肉も腫物のように膨らむことなく皮膚の内に充実し、肉の多い部分がいかなる屈曲をなしてもひとつになってその方向に従うのである。古代作品の皮膚はいかなる場合にもわれわれの身体に見られるような異常な、肉から離れた小皺は作らない。[★20]

「健康な筋肉を柔らかく覆う」古代彫刻の皮膚と「目障りな細かい……皺」によって特徴づけられる近代彫刻の皮膚との対比。「近代のギリシア人」たるヴィンケルマンにとって、ここでも軍配は紛うことなく古代にあがるわけだが、皮膚は充実した筋肉を指示するかぎりで肯定

図3　ジュディ・コールマン「交差する手」(1983年)
© Judy Coleman 1989

され、皺として「肉から離れ」自立するかぎりで否定されていることに注意しよう。主題化されたとはいえ、皮膚は筋肉への指示性のうちにいわば無化することを要請されているのだ。

このことはまた彫刻における着衣の表現の問題とも関連してくる。ヴィンケルマンは古代彫刻の衣文表現について、それを「美しい人体、高雅な輪郭に次いで、古代作品の長所の第三をなすもの」と位置づけつつ、こう書いている。

——ギリシア彫刻にあっては着衣の下にさえ絶妙の輪郭がはっきりと現われている。それは大理石を通してさえ、……その肉体の美しい骨格を表わそうという作家の主要意図を示すものである。[21]

これはたしかに事実の指摘ではある。しかし古代彫刻が規範として仰がれている以上、総じて着衣が「絶妙の輪郭」「肉体の美しい骨格」を指示することを要求しているものであることは明らかだろう。着衣が肯定されるのも、皮膚と同じように、結局は「美しい人体」を際立たせるかぎりにおいてなのだ。だからヴィンケルマンが続いて「身体にぴったりと付いて、その裸形を見せている」「濡れた衣服」に言及することになるのも、当然といえば当然の事態だろう。

ヨハン・ゴットフリート・フォン・ヘルダーは、その『彫塑』（一七七八）において、ヴィンケルマンの記述を承け、さらにラディカルに、彫刻は全然着衣させることができないこと、衣服を衣服として造形することができないことを強調しながら、こう書いている。

——ギリシア人は「外を包むもの」Hülle よりも「中《うち》を満たすもの」Fülle を好んであたえた、というギリシア人についての箴言があった。これすなわち美しい充実ということであって、さもなければギリシア人とても衣をかぶせたのである。[22]

もちろんヘルダーは昔から着衣像が存在しなかったなどと考えているわけではない。彫刻というものが本来「美しい充実」を旨とするものであって、「垂れさがっている塊」にすぎない衣服とは基本的に相容れないと主張しているのである。だからこそ「生まれつき美の芸術家であった」ギリシア人は、「青銅の被いと石の衣とを投げ捨てて、造形されうるもの、すなわち美しい人体を造形した」わけだが、衣をまとわせねばならなかったとき、それゆえ彼らは衣を着けても身体を包みかくさないようにするすべを工夫せざるをえなかった。着物は身につけても、身体があたかも透けて見えるように美しいふくらみのある豊かさを保つすべ、ヘルダーによればそれこそ濡れた着物、「濡れ衣《ぎぬ》」というものなのである。

こうした観点からすれば、たとえば前五世紀の作と推定される『アフロディテの誕生』［図4］などが、「濡れ衣」の典型的表現として直ちに思い浮かべられよう。海の泡から生まれた美神がキュプロス島に着いて二人のホライ（季節の女神）に迎え上げられている場面をあらわしていると解されるこの浮彫りにおいて、女神のキトンは流れるよう

図4　「アフロディテの誕生」前5世紀

な細かな襞を描いてぴったりとその身体にまつわり、その「高雅な輪郭」をあらわにしているのだ。しかし「濡れ衣」を必ずしも文字どおり「濡れた着物」と解さなければならぬわけではない。彫刻作品の背景に水に関する物語が存在しなければ、古代彫刻のなかでも「濡れ衣」表現とみなされてしかるべきものはごく限られることになろう。「濡れ衣」概念の卓越性は、それが濡れていない衣服にも拡大適用されうるところにある。たとえば、あの『サモトラケのニケ』の魅力を構成するひとつの要因は、まぎれもなくそのいわば乾いた「濡れ衣」表現にあるといっていい。軍船の舳先《へさき》に立って勝利を導くとされるこの女神像の魅力は、向かい風を受けて美しい身体の起伏をあらわにしつつ流れるような襞をつくっている衣文表現に起因するところが大きいのである。

ところで、このようなヴィンケルマン＝ヘルダー的な彫刻観が、ジョヴァンニ・ロレンツォ・ベルニーニ、あの「一七世紀のミケランジェロ」に代表されるバロック彫刻の立場と基本的に対立するものであることはいうまでもあるまい。ヴィンケルマンは、「人も知るとおりあの大ベルニーニはギリシア人がその美しい身体ならびにその彫刻の理想的な美において卓越していたということに対して疑問を提出したひとりである[★23]」と書いている。抑制した筆致であるとはいえ、これがベルニーニ批判であることは明らかだろう。「近代においては衣の上に衣を、しかも往々重い衣服を重ねる。それは古代人のそれのように、柔らかく流れるような褶襞を垂らすことがない」と書いた彼が、ベルニーニの『聖女テレサの法悦』（一六四五－五二）［図5］や『祝福されたルドヴィカ・アルベルトーニ』（一六七一－七四）［図6］におけるようなまさにバロック的というほかはないあの仰々しい衣文表現に対して激しい嫌悪感を抱いただろうことは容易に推測されるからである。「美しい人体」をも「高雅な輪郭」をも指示することがない衣文表現は、それ自体として否定されねばならないのだ。ドゥルーズは、まさにこうした自己目的化したともいうべき「襞」にバロック的なるものの特権的形象を見た（『襞――ライプニッツとバロック』一九八八）わけだが、なにものにも送り返すことのない「襞」は、少なくともヴィンケルマン＝ヘルダー流の「古典的」芸術観からは認められるものではなかったのである。

図 5（左） ベルニーニ「聖女テレサの法悦」1645－52年
図 6（下） ベルニーニ「祝福されたルドヴィカ・アルベルトーニ」(部分) 1627-74年

とはいえ、女性の肉体を覆いつくす着衣のこのおびただしい襞も、そのかぎりにおいてまた皮膚を無化するものではないだろうか。だとすれば、バロックは、「美しい人体」や「高雅な輪郭」への指示性のうちに皮膚の無化を志向した古典彫刻とは違ったかたちをとりながらも、こと皮膚の無化というその一点では軌を一にするといわなければならないことになろう。しかし注意しよう。バロックは皮膚存在のきわめて特異な表現によってこそ際立つということもできるからである。この点で、ドゥルーズの論点は重要である。ドゥルーズは、バロックの特権的形象を「襞」とみなしながら、さらに、非有機的な物質はつねに外側あるいは周囲から規定される外生的襞であり、有機体はその固有の諸部分を折目づけたりまた展《ひろ》げたりするその能力によって規定される内生的襞であると考えている。[★24] つまり、襞は、有機的と非有機的とを問わず、あるいは内と外とを問わず、際限なく生成するのだ。外生的襞と内生的襞というこの考え方は、ベルニーニの作品を見る場合に決定的な意味をもつように思われる。聖女テレサとルドヴィカ・アルベルトーニ、これら二人の女性の肉体を覆う外部の襞（外生的襞）は、彼女たちの肉体の内部の襞（内生的襞）に呼応しているのではないか、そういうことを考えさせるからである。外部の襞は内部の襞の反復なのだといってもいい。ここには、それゆえ内部と外部のア・プリオリな二元論は存在しないということもできる。肉体内部の襞と着衣の襞は、同じものであり、あるいは同じものから同じものへの転移である。これは、まさしくカトリシズムの聖餐の化体――パンと葡萄酒が外面的変化なしにキリストの血と肉にそのまま転移＝変質するというあの化体＝全質変化を彷彿させないではいない。「恍惚」とは、そういうことではあるまいか。

同じベルニーニの『ヴェールを剝がれた真理』（一六四五－五二）［図7］も、また「恍惚」の表情を浮かべる。明らかにチェーザレ・リーパの『イコノロギア』（再版、一六〇三）の「真理」についての記述の影響下に制作された作品だが、ここでなによりも特徴的なのは、わずかに股間にはさまれた部分を残して剝がれた着衣が立ち上がったように異様な存在感を示していることだろう。着衣＝ヴェールは取り払われるべきものとして、真理＝女性には文字どおり付帯的なものにすぎないはずなのだが、ここではヴェールは女性の肉体と同等の存在性を付与されているように

図7　ベルニーニ「ヴェールを剝がれた真理」1646-52年

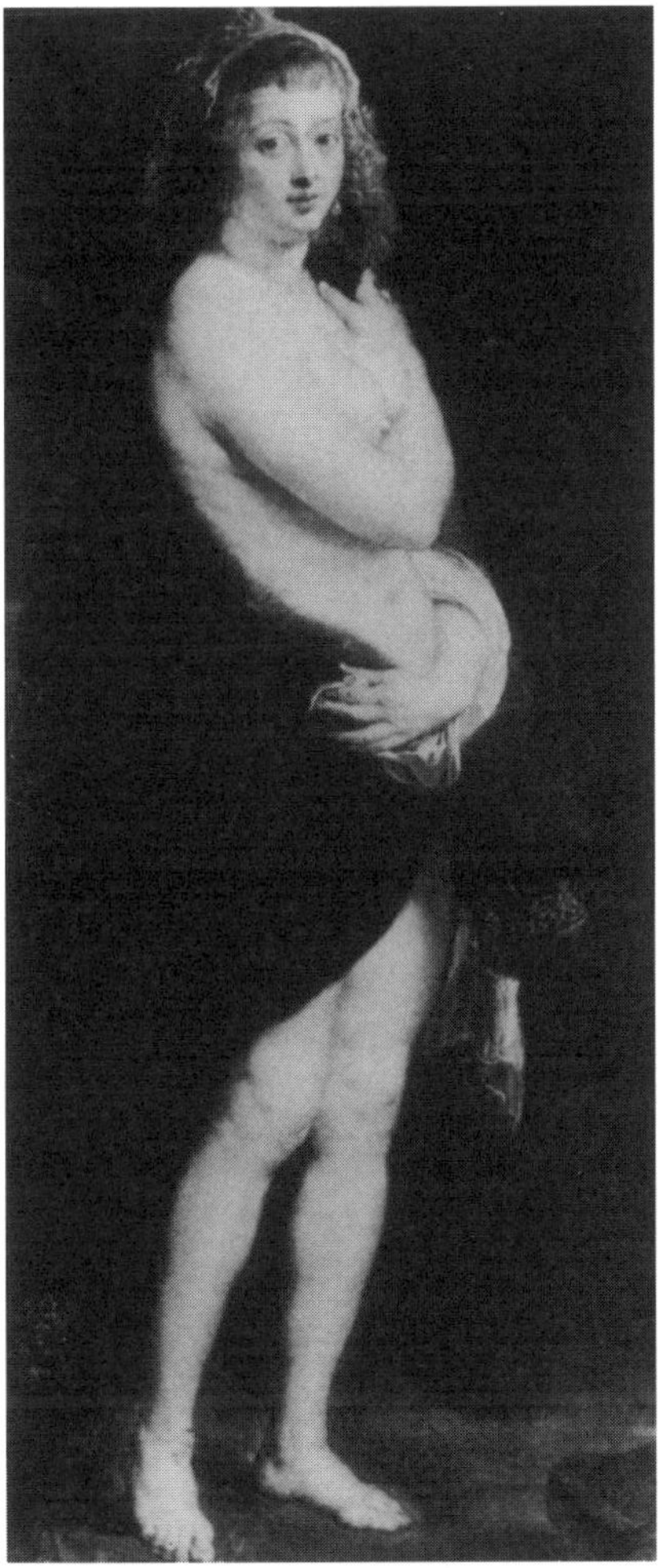

図8　ルーベンス「毛皮をまとうエレーヌ・フールマン」1638年頃

見える。一個の有機体のように襞が立ち上がっているのだといってもいい。とはいえ、ここで露わになった肉体は、直接的に内生的襞を見せつけるわけではない。この肉体は、柔らかな肉のイリュージョン、光り輝く皮膚のイリュージョンを見せる。内生的襞は背後に立ち上がったヴェールに隠喩化し、その化体のありようは肉体の表面の輝きに顕現するといってもいいほどである。バロックは、たしかに着衣の襞に特権的性格を与えた。それは、バロック特有のエロティシズムに関係していると見ることができる。しかし、バロックは同時に、肉体そのものをいわば生きた衣服＝ヴェールとみなす感性を具体化したともいえるように思われる。着衣のエロティシズムは、肉の着衣にまで及ぶのだ。だからこそ、そこでは着衣と裸体とが、襞と皮膚とが、それぞれの自律性を確保したまま対等の関係で並ぶのである。ベルニーニの『真理』像が示しているのは、そういうことではあるまいか。ちなみに、これは絵画だが、ベルニーニの『真理』とほぼ同時代の作品、P・P・ルーベンスの『毛皮をまとうエレーヌ・フールマン』(一六三八頃)［図8］も、そうした見方を保証してくれる典型的な作品のひとつだろう。暗い色の毛皮と明るく輝く肌との対比によって特徴づけられるこの画面は、しかし毛皮も肌もまぎれもなく触知的な存在として対等の関係をとり結んでいることを示す。毛皮は、その独特な触知性によって人間の肌そのものの触知性を告げる存在である。ここでは毛皮も肌も、ともに表面＝襞として肯定されているのだ。

バロックにおいては、表面の肯定のうちに衣服と皮膚、外部と内部の二元論が失効している。ヴィンケルマン＝ヘルダー的な古典的彫刻観＝芸術観が「ボディ・コンシャス」なものであるとすれば、バロック的彫刻観＝芸術観は「スキン・コンシャス」なものであるとあえて図式化することもできるかもしれない。

さて、一九世紀になって美学的諸観念の集大成を試みたヘーゲルの『美学』(一八一七―二九)に収められた彫刻論は、こうした問題についてどのような見解を示しているだろうか。それは、ヴィンケルマンやヘルダーの議論に一部重なりながらも、しかもある意味では微妙な差異を示す。彫刻を「精神の他者たる肉体においてはじめて対自的に存在する精神」とみなすヘーゲルは、彫刻が原則的には裸体像たるべきことを認めながらも、着衣像が精神的内容を顔面の相貌や全身の姿勢によって表現しているかぎりではあながち不利な地位にあるとのみ断ぜられないと主張する。いや、それどころか、着衣はむしろ「自然の不完全性を示す一種の被覆」である皮膚を隠蔽する点で積極的に評価されるのである。

——一般に理想的芸術は各個の身体部分については、動物的生命の不完全性を示すすべての細部の組織、皮膚面の小血管や皺襞や繊毛などを没却し、形式の精神的意義にみちた面だけをその生きいきとした輪郭においてきわだたせるものであるが、着衣はこれに寄与するのである。★25

着衣の積極的評価あるいは相貌の重視などの点で、ヘーゲルの主張はたしかにヴィンケルマンやヘルダーのそれと差異を示す。ヘーゲルの彫刻論は、ボディ・コンシャスではない。とはいえ、「精神的意義」なる言葉を「美しい人体」や「高雅な輪郭」といった言葉に置きかえてみれば、ヘーゲルの論点も彼らのそれとさほど懸隔があるわけではないともいえよう。ここで皮膚がア・プリオリに「不完全性を示す」ものとして貶められ、そして着衣がその隠蔽の機能ゆえに評価されるのであれば、それは、筋肉への指示性のうちに無化することを要請されたヴィンケルマンにおける皮膚と基本的に差異はないわけである。ヘーゲルの議論は、いかなる意味においてもやはりスキン・コンシャスではない。

ヘーゲルは、ヴィンケルマンが触れていた古代と近代の衣服の比較を敷衍するかのように、おおよそ次のように述べている。古代の衣服は多かれ少なかれそれ自身では無定形な平面であって、ただある個所で身体に定着されるだけで自由にそれ自身の内在的な重みによって垂れ下がるようになっている。こうした「自由の原理」に貫かれた古代の衣服に対して、近代人の服装では生地全体が仕立てあげられており、肢体の形にしたがって裁断縫合されているのであって、衣服の垂れ方に固有の自由さはもはや存在せず、あってもごくわずかな程度においてである。たとえば褶襞などで独立の形態を得ることができても、これも裁縫師がこの形を流行《モード》の偶然的な型にしたがってつくったということにすぎない。こうしてヘーゲルは、「近代の服装は流行《モード》にしたがい、とても変わりやすいという点で、多大の困難を提供する」[★26]と結論する。ちなみに、アランの『芸術論集』（一九二〇）に収められた彫刻論も、このヘーゲルの議論をほぼそのまま下敷きにしていることを付け加えておこう。そこでは「古代の襞」と「近代の襞」とが比較されているが、もちろん軍配は前者に上げられている。[★27]いずれにせよ、ヘーゲル（＝アラン）の「襞」は衣服の襞、外生的襞でしかない。「古代の襞」の評価において、しかしヘーゲルは「濡れ衣」表現に端的に象徴されるボディ・コンシャスな芸術観にまで突き進むことはなかった。かといって、それはバロック的な着衣表現を評価するわけでも、いかなる意味においてもスキン・コンシャスな趣向を示すわけでもない。それは、やはりあくまでも「古典的」なのである。「精神的意義」の強調というはなはだ「近代的」な様相を帯びた「古典的」という意味で。

絵画と皮膚

西洋の主要な彫刻論の概観は、肉体造形における皮膚のおおよその位置を教えてくれる。筋肉や骨格、あるいは衣服との微妙な関係にあって、皮膚は、バロック的「襞」に一体化するかたちでみずからの存在を誇示するという例外的なありようを除いては、基本的に彫刻においてその自立性を際立たせることは許されていないといっていい。彫刻は、そもそも量塊的現前性を旨とする芸術ジャンルだからである。「彫刻」が人体造形を基本としなくなれば、また当然別の物語が用意されなくてはなるまい。しかし、そこでは「皮膚」は、その本来的な意味において語られることはできないだろう。かりに「皮膚」が語られるとすれば、それは多かれ少なかれ隠喩的《メタフォリック》な意味においてでしかないはずだ。

だが、隠喩的な意味においてであれば、なによりもまず絵画について語られなければならない。なぜなら絵画という芸術ジャンルは、それが表象するもの、つまり内容においてではなく、むしろその存在様態そのものにおいて、皮膚との類比性をさまざまなかたちで示しているといえるからである。

絵画芸術を成立させる根本的な支持体、すなわち画布《キャンヴァス》なるものがすでにして皮膚の隠喩《メタファー》で語られうるし、実際に語られてきた。たとえば、絵画術をひとつの化粧術《コスメチック》と見る見方がある。[★28] 色を混ぜ、色を塗る作業を、ちょうどおしろいを塗る化粧の営みと類比的なものと考えるのである。絵画の色彩的物質性はおしろいなのだ。もちろん、こうした見方には反論がある。化粧には模倣《ミメーシス》が欠けているという反論である。絵画に本質的なのはデッサンであって色彩ではない。しかし、かりにデッサン、線描性、線描的意匠が本質的であるにしても、そしてそれが模倣機能を引き受けるにしても、色彩はやはり絵画の感覚的次元に結びつく。そのかぎりで化粧の隠喩は無効にはならない。だとすれば、化粧される画布はとりもなおさず皮膚なのである。

『ボディ・クリティシズム』（一九九一）の著者バーバラ・M・スタフォードは、ヴィンケルマンの彫刻論とつやつやとしたきれいな表面を志向する新古典主義との関係を示唆しながら、一八世紀における「皮膚病理学的美学」(dermatological aesthetics) の生成を論じている。[★29] それによれば、皮膚病理学が啓蒙期の闇の核心にあって、芸術は基本的に皮膚病理学と同じく痕跡の隠蔽と開示に関するものであり、芸術家はしるしをつけ、またつけられる者とみなされたという。スタフォードは、とりわけウィリアム・ホガースの『美の分析』（一七五三）を皮膚の斑点と画布に書かれた色合いとの類比的関係を明示的に論じた最も初期の芸術論として位置づけている。いずれにせよ、ここでも画布は皮膚なのである。

また画布、あるいはむしろ絵画を人間の皮剝ぎされたその皮であると考えることもできる。ギリシア神話において、アポロンに楽器演奏で挑戦し破れ、皮剝ぎされたマルシュアスの物語や、異教徒に皮剝ぎされて殉教した聖バルトロメオの物語を祖型とするところの、人間の創造行為はみずからの皮を剝ぐことであり作品はその剝がれた皮膚という考え方。ミケランジェロから現代アメリカのアーティスト、フランク・ステラにいたるまで、こうした考え方の系譜をたどることが可能である。[★30] 皮膚はもはやたんに化粧される表面でも、さまざまにしるしづけられた表面でもない。芸術家自身の生命《いのち》と代償に存在が許される作品そのものである。皮剝ぎは芸術制作の隠喩となり、皮膚は絵画作品の隠喩となる。

いったんこうした考え方が認められると、画布そのものをあたかも剝がれた皮膚のように表象するだまし絵《トロンプ・ルイユ》なるものが現われる。皮剝ぎが理念的なレヴェルから修辞学的《レトリカル》なレヴェルへと移行するのである。たとえば、すでに一四世紀初頭のジオットは、パドヴァのスクロヴェーニ礼拝堂の『最後の審判』のなかに天使が空の一部を巻き上げている場面を描いている。一六世紀には、アンゴロ・デル・モーロの『ヴェローナの近くにいる聖家族のヴィジョン』（一五八一）［図9］のような作品が登場する。画布が上から下へめくれたように見えるが、聖家族だけは両方の平面に同一のスケールで描かれ、彼らが空間的限定を超越した存在であることを示す。画面下に一枚の紙が貼りつけられたように描かれていて、しかもこれが左側からめくれている。つまり絵画はここで三枚の表面になっている。絵画が平面上でのイリュージョンにすぎないことを示すために、かえって平面がこれでもかといわんばかりに複数化するのだ。一七世紀バロックにおいては、画布＝表皮というコンセプトがしばしば「ヴァニタス」（虚しさ）［図10］のテーマと結びつく。おなじみの髑髏の表象が死を連想させるだけでなく、その表象自体が一枚の表皮上のイリュージョンにすぎないことをあからさまに示して、「死を憶《おも》え」という中世以来の真面目なお説教をはぐらかすと同時に、また別の角度からすべてが虚しいことを直観させる。なにしろ世界はぺらぺらの表皮に還元されてしまうのだ。

こうした修辞学的な技法は、またパランプセストなる概念と結びつく。画面が何枚かの表面の重なりによって構成されるのだとすれば、それは文字を何度も重ね書きした羊皮紙と類比的だとみなされうるからである。本来は文学テクストに関係づけられるべき羊の皮が視覚表象のレヴェルに移行可能であることを、一七世紀バロックのある種のだまし絵は雄弁に語っている。パランプセストは、アンジューにおいて皮膚＝自我の隠喩であった。いまパランプセストは絵画のひとつのありようの隠喩である。こうして皮膚は再び絵画と結びつくのだ。

図9　アンゴロ・デル・モーロ「ヴェローナの近くにいる聖家族のヴィジョン」1581年

図10　コルネリス・ノルベルトゥス・ヘイスブレヒツ「だまし絵のだまし絵」1660-75年頃

皮膚は、支持体としての画布とある種の修辞学的な技法とをともども指示する隠喩となる。とすれば、端的に皮膚そのものが描かれるとき、皮膚は支持体と技法と表象内容とのすべてにわたる特権的な隠喩となるだろう。そのことを、トーマス・マンの『魔の山』（一九二四）におけるベーレンス顧問官の次のような言葉ほど如実に示すものはあるまい。主人公のカストルプに顧問官はみずから描いた女性肖像画をこう説明するのだ。

——この絵の体皮は科学をひめています。顕微鏡でその有機的真実性を調べてくださってもよろしい。表皮の粘膜層と角質層がみとめられるだけでなく、その下に真皮組織とそれに付随する脂肪腺、汗腺、血管、小乳頭までが描きこまれています。……さらにまたその下には脂肪膜、つまり、組織と呼ばれるクッション、たくさんの脂肪細胞によって婦人のあのチャーミングな形態をつくりだしているクッションも描きこんであります。[★31]

執拗に続く「皮膚の構造の話」は、描かれた女性の皮膚だけを念頭に置いているわけではない。ここで皮膚論はとりもなおさず絵画論なのである。ピエール・ボナールの『化粧』や『鏡の前の裸婦』をめぐるミシェル・セール（『五感』一九八五）の記述は、皮膚論としての絵画論、絵画論としての皮膚論が、ほかならぬ化粧術としての絵画術というあのプロブレマティックな類比の上に成立しているものとして注目すべきである。

——画家がパレットを手に画布に向かうように、裸婦は鏡の前に立って化粧をするのだが、しばしばいろいろな容器を使う。チューブ、小瓶、刷毛、霧吹き、石鹸、美顔料、マニキュア、クリーム、乳液、マスカラ、美容用のあらゆる小道具。彼女は身体を洗い、化粧をし、肌を飾りたてる。画家が画布を塗り込めてゆくように、彼女は皮膚にクリームを塗り、ファンデーションを塗り、表面の色調を整える。……画布が皮膚と同一化したように、皮膚は画布と同一化する。画家が画布の上でおこなったと同じことを、モデルの裸婦は自分の皮膚の上でおこなう。確かに、画家も裸婦も視覚的効果の技法に優れている点で共通している。しかし彼らはまた共通の多様体の上で作業をしており、そこでは彼らは自分の触覚によって塗り上げてゆく。皮膚に包まれた彼らの指は、皮膚の上をなぞってゆくのだ。[★32]

絵画＝皮膚。皮膚としての絵画。皮膚論としての絵画論。絵画論としての皮膚論。別様の語り方も、あるいはできるかもしれない。しかしベーレンス顧問官の話とセールの記述が、認識論的隠喩としての皮膚の可能性を示す端的な例であることは間違いない。

彫刻と絵画という二つのジャンルに即して、表象としての皮膚を主題化した。それらは、皮膚論的想像力のありようを探るおそらく最も有効なトポスである。とはいえ、課題はなお残されている。表象世界は、彫刻や絵画といった既成のジャンルを超えて、はるかな広がりをもっているからである。[★33]

註 文中★標示

★1―Dagognet, F., 1993, La peau découverte, (p.52). Paris: Les empêcheurs en rond.

★2―エルンスト・マッハ（野家啓一編訳）、一九七七『時間と空間』、法政大学出版局、九〜一一頁。

★3―McLuhan, M., 1967, The Medium is Massage, Penguin Books.

★4―ディディエ・アンジュー（福田素子訳）、一九九三『皮膚―自我』、言叢社、一七三頁。

★5―シャルル・ボードレール（安東次男訳）、一九六三『人工の天国』、『ボードレール全集II』、人文書院、一八七頁。

★6―Genette, G., 1983, Palimpsestes, Paris: Editions du Seuil.

★7―ポール・ヴァレリー（菅野昭正・清水徹訳）、一九六七「固定観念」、『ヴァレリー全集3』、筑摩書房、一八一頁。

★8―エリック・ギル（増野正衛訳）、一九六七『衣裳論』、創元社。

★9―ケネス・クラーク（高階秀爾・佐々木秀也訳）、一九八八『ザ・ヌード』、美術出版社。

★10―マーシャル・マクルーハン（後藤和彦・高儀進訳）、一九六七『人間拡張の原理』、竹内書店新社、六三頁。

★11―安部公房の小説の多くが、いかに「皮膚」概念をモティーフにしているかということについて、私はひとつの素描を試みている。谷川渥『文学の皮膚』（白水社、一九九七年）所収「安部公房の皮膚論」を参照されたい。また、同書所収の「谷崎潤一郎―文学の皮膚」をも併せて参照いただければ幸いである。

★12―ジル・ドゥルーズ（岡田弘・宇波彰訳）、一九八七『意味の論理学』、法政大学出版局、一一三頁。

★13―A・クローカー／D・クック（大熊昭信訳）、一九九三『ポストモダン・シーン』、法政大学出版局、二六頁。

★14―アンジュー、前掲書、一七一頁

★15―アンドレア・ドウォーキン（寺沢みづほ訳）、一九八七『インターコース』、青土社、四三頁。

★16―J＝P・サルトル（松浪信三郎訳）、一九七五『存在と無III』、人文書院、三九四頁。

★17―サルトル、同上書、三九九頁。

★18―ドゥルーズ、前掲書、三四六頁。

★19―ボードレール（矢内原伊作訳）、一九六三『赤裸の心』、『ボードレール全集III』、人文書院、二六三頁。

★20―ヴィンケルマン（澤柳大五郎訳）、一九七六『ギリシア美術模倣論』、座右宝刊行会、二五頁。

★21―ヴィンケルマン、同上書、三一頁。

★22―ヘルダー（登張正實訳）、一九七九『彫塑』、『世界の名著38ヘルダー・ゲーテ』、中央公論社、二二一頁。

★23―ヴィンケルマン、前掲書、二六頁。

★24―Deleuze, G., 1988, Le pli. (p.11). Paris: Les éditions de Minuit.

★25―ヘーゲル（竹内敏雄訳）、一九七三『美学』第三巻の上、岩波書店、一六六〇頁。
★26―ヘーゲル、同上書、一六六六頁。
★27―アラン（桑原武夫訳）、一九四一『芸術論集』、岩波書店。
★28―この問題については、ジャン=クロード・レーベンシュテイン（浜名優美訳）「ビューティー・パーラーにて」『化粧』（今村仁司監修）、リブロポート、一九八六年、が興味深い議論を展開している。また、色彩の問題に関しては、Lichtenstein, J., 1993, The Eloquence of Color, Berkeley and Los Angels: University of California Press. が詳しい。
★29―Stafford, B. M., 1991, Body Criticism. MIT Press.
★30―この問題に関しては、拙著、一九九四『鏡と皮膚』（ポーラ文化研究所）「IV マルシュアスの皮剝ぎ」において詳論した。また、フランク・ステラ（辻成史・星野正晴監訳）、一九八九『ワーキング・スペース』、福武書店、九九～一〇四頁参照。なお、皮剝ぎとだまし絵の問題を手際よくまとめたものとしては、Gandelman. Cl., 1991, Reading Pictures, Viewing Texts. Indiana University Press. がある。
★31―トーマス・マン（関泰祐・望月市恵訳）、一九六二『魔の山』（二）、岩波文庫、一三七頁。
★32―ミシェル・セール（米山親能訳）、一九九一『五感』、法政大学出版局、二九頁。
★33―小論は、私がこれまでさまざまなかたちで展開してきた皮膚論の基本的な部分の要約的語り直しである。拙著『鏡と皮膚』は、現在、ちくま学芸文庫のラインナップの一冊をなすが、これには鷲田清一氏との対談「表層のエロス――皮膚論的想像力に向けて」が「解説」代わりに収められている。併せて参照いただければ幸いである。なお、小論に密接に関係するものとして、拙著『図説・だまし絵』（河出書房新社、一九九九年）、および『皮膚の想像力』（国立西洋美術館、二〇〇一年）の二点を挙げておく。

刺青、あるいは皮の衣の秘儀

松枝　到

北極圏から南はニュージーランドにいたるまで、その原住民がイレズミの習慣をもっていなかったところは、ひとつもない。

（ダーウィン『人類の起源』より）

肉の―なかの―わたし

いったい人間は、どこから〈わたし〉となるのだろうか。この〈わたし〉というひろがりは、どこまで延長され、どこをもって限界を見るのだろうか。こうした素朴な自己認識への誘惑、アイデンティティの拡張にたいする欲望に、ぼくはたびたびとらわれてきた。

こうした問いの素朴さの極北に、ジョルジュ・バタイユがしめした写真がある。とっぷりと阿片づけにされたうえ、生きながら肉体を切り剝がされてゆく男の写真がある（『エロスの涙』[★1]）。胸から腹腔にかけて開かれたその肉体は、すでに内臓もあらわになり、あたかも解剖標本のような姿となりながら、しかし男は、不思議な恍惚を表情にあらわしている。阿片による痛覚のマヒか、それとも究極のエロスに身をゆだねた至福なのか。そもそも彼の〈わたし〉はどこにあるのか。生きながらの腑分けの果て、ついに人は男の生命も魂もモノとしては見出せなかったはずだが、しかしこのような肉体の発掘、肉という壁の内部への侵入は、どこか〈わたし〉の〈わたし〉なるものの追求に似ている。たとえば髪を切り、爪を切る。そのとき、切られた髪、切られた爪は、すでにして〈わたし〉ではない。肉を切り、骨を切って、指を落とし、腕や脚を失ったとき、人は永くその残存感につきまとわれるという。なくした肢体がかゆみや痛みを訴えるというのだ。それを、脳髄による神経的フィードバックによる現象であると説明しさることは簡単だけれど、肉の記憶はそれを承知しない。現にかゆく、現に痛いのだ。とはいえ、落とされてしまった指、腕、脚そのものは、それさえもが、すでにして〈わたし〉ではあるまい。それは語ることを知らないモノであり、つながりを失ったときには厳然たる他者となるのである。愛着はあるが、すでに関係は切れた。そこに残るものは、ただ関係という記憶のみではあるまいか。肉は肉である。この〈わたし〉を構成しているかのごとき肉は、すべて捨てうるものではないか。部分として、素材として〈わたし〉というイメージを支えてはいても、切り離されたモノ（部位）に残る〈わたし〉は〈わたし〉の記憶＝イメージであるにすぎず、ほかならぬ〈わたし〉そのものではない。だから〈わたし〉なるものの哲学的腑分けをおこなってみれば、肉体はことごとく捨て去られ、意識や精神の残滓も振りきってしまい、デカルト的な「コギト」ばかりが君臨するわけである。しかし、こうした近代的認識にいたっても、ふんわりとふくらんでいる〈わたし〉をカバーすることはない。

　肉は〈わたし〉ではない。けれども肉なしには、この脆弱な肉体なしには、ついに〈わたし〉は世界とむきあうことに耐えきれないはずなのだ。だからこそ神は、人を可塑的な皮の衣のなかに封じ込め、塵から塵へと生成流転する〈わたし〉なるものの仮想イメージを与えたのではないか。聖書「創世記」に見る人間の起源は、結局のところ、霊魂に肉という衣裳をまとわせる儀式だったといえるからだ。アダムとエヴァが知恵の木の実を食べてしまうと、神は女に「お前のはらみの苦しみを大きなものにする。お前は苦しんで子を産む」といい、さらに男には「お前のゆえに、土は呪われるものとなった。……お前は顔に汗を流してパンを得る。土に返るときまで。お前がそこから取られた土に。塵にすぎないお前は土に返る」と告知するだろう。そして聖書は、こうつづく（傍点引用者）。

――アダムは女をエバ（命）と名付けた。彼女がすべて命あるものの母となったからである。主なる神は、アダムと女に皮の衣を作って着せられた。（創世記3：20‐21）

そうしてエデンの東に追われた二人は、はじめて性の交わりをおこなう。「さて、アダムは妻エバを知った。彼女は身ごもってカインを産んだ」（創世記4：1）。最初の肉体の痛み、産みの苦しみがここにある。この痛みは〈わたし〉をどこまで拡大しえたろうか。

性の交わりこそ、肉体と肉体との許された相互侵入の根源的なかたちであるにはちがいないが（そしてその結実としての〈出産＝肉体の再生産〉をも射程に入れておくべきだろうが）、それがかならずしも〈わたし〉による新たな〈わたし〉の発見と等価でないことには、あらためて注意しておく必要がある。ソクラテスによるエロスの規定を求めるまでもない。性愛と魂の融合とは、本来、別者なのだ。人間の魂の境界は、かならずしも皮の衣の表面にはない。表皮と表皮とのふれあいは、魂のふれあいを意味しない。その前とも後ともいえない。魂はそのあたりにあるのである。この魂のはらんだ境界を「かくれた次元」（E・H・ホール）と呼んでもいい。肉体から離れた一本の髪の毛や爪のほんの切れ端であっても、それがもし、すぐれたブードゥー教の呪術者の手に渡れば、それを魂の在りかに迫る手がかりとして元来の肉体を死に追いやることもできるだろうといわれる。あるいは猛獣つかいの証言によれば、ライオンはその身体の周囲数メートルの広がりを防護感覚の網で囲っていて、そこより内側に近づいた者は肉体への侵入者だと感じて襲うという。となると、魂の「そのあたり」は、なかなかに幅がある。皮の衣を魂（〈わたし〉）の本当の境界とするためには、この幅をどこかに収斂させる技を求めなくてはなるまい。

人間にとって、根源的に、その肉体と精神とはどういう関係にあるといえるのか。この問いは、果てしない思考の系譜を形成してきたといえるはずである。そのとき世界と肉体との関係をしるしづける境界線は、たえまなく揺れ動いてきた。人間の自己意識は、けっして肉そのものに収まりきれるものではない。しかし自己意識の在りかは、肉としてしか表象しえないものでもあった。じつに人類は、真の〈わたし〉なるものの在りかをしめすために、その肉の具体的な重みを指すしかなかったのである。だからこそ人は、生と死のはざまを肉なるものの敗退によってのみ観念してきたのではなかったか。

いってみれば人間とは一個の「糞袋」、咀嚼し排泄する生々しい一本の管でしかあるまい。そして人間が糞袋であるのなら、そのシステムの全体を袋の表皮たる皮膚をもって完結すると断言して、なんの不思議もない。しかし〈わたし〉という意識、魂、世界と対峙する自己という認識は、その境界をたえまなく横断しつづけている。だからこそ、あらゆる身体変工（multilation/deformation）にかかわる習俗・観念・文化流行の歴史は、まさしく表皮そのものをフィールド（現場／戦場）とした〈わたし〉の獲得そして／あるいは拡張のたたかいであったとも思えるのである。なぜなら皮膚は、魂の在りかの境界そのものではないにしても、世界と人間とのせめぎあいが描きだす境界の「そのあたり」そのものであって、皮膚の集積が境界の在りかの指標たりうることに疑問はないからである。聖書が、ともかく「皮の衣」といって「皮」と規定しなかった態度は重要だ。皮膚がすでにメタファーであって皮膚そのものが固有の意味を形成しないこと、むしろ皮膚は揺れ動く場そのものであるという認識は、いにしえから自明の理だったのである。だからこそ、これらの皮膚にたいする判断を聖書が否定しなかった過程を、ここでは重視したい。じつに皮膚への造型意欲なるものは、こうした肉体への思惟をはらみこみながら、驚くほどはるかに歴史をさかのぼってゆくからだ。[★2]

ダーウィンが刺青（いれずみ）[★3]にたいして向けた視点、すなわち人間文化の発展過程において刺青が汎世界的に見られること、とりわけ〈プリミティヴ〉な民族にあって顕著に見られる事実であることなどを一九世紀的な世界観／肉体観からとらえた視点は、基本的に刺青を人類＝文明の未発達な段階における習俗の発露（未開）としてさしだされている。それをそれとして、あたまから無視できるはずもない。[★4]なるほど、人類学者や民族学者たちが、こぞって各地の刺青習俗を調査し、記録し、それぞれに分析したのは、刺青が失われるべき「未開＝野蛮」として観念されていたからにほかなるまい。だが崇高なる科学という理念は、この習俗、身体変工に向かう意欲を、なんらかのかたちで人類全体へと一般化せざるをえず、ついにその記述は皮膚の表面から離脱してゆくのだ。ダーウィンが刺青や抜歯などの身体変工に関する情報を列挙するのは、まさしく人間の第二次性徴と性淘汰をあつかう章（『人類の起源』第二部第一九章）においてであり、とりわけ「人間が結婚を決める場合に影響する美について」という節がそれにあてられていることからいっても、刺青が衣服、装身具、化粧などとパラレルに美の要素として考えられているとわかる。

そこからダーウィンをして、

――遠く隔たった諸地方で、同じ風習、たとえば頭の形を変えたり、髪を飾ったり、色を塗ったり、入れ墨をしたり、鼻や唇や耳に穴をあけたり、歯を抜いたり磨いたりすることが、今もなおおこなわれているし、今までも長くおこなわれてきたということは、注目すべき事実である。これほど多くのいろいろの民族がおこなっているこうした風習が、一つの共通の起原をもち、そこから発した伝統によって生じたとはとても考えられない。それは踊ったり、仮装したり、稚拙な絵をかいたりというような風習がたいていの人種にみられるという事実が示すのと同じように、どんな人種に属していても、人間の心はよく似ていることを示しているのである。[★5]

と書きつけさせ、身体変工の意味を人間特有の心理状態へと還元してしまうのである。たとえば、アフリカのラトーカ族酋長がある西洋人女性に向かって「下顎の前歯四本を引き抜き、先をとがらせて磨いた長い水晶を下唇にはめたなら、もっと美人になるだろう」と忠告し、あるいはニュージーランドの少女が、唇に刺青をしておかなかったら「年をとってからみっともなくなるから」この風習をやめる気はないといったなど、なんらかの審美観が個々に存在しているのは確かだろう。だが、ここには明らかにもう一方の側、すなわち身体変工およびその審美観のすべてを野蛮と見ながら、おのれの宗教的・文明的・倫理的な立場（ヒューマニズム！）から身体変工を批判する姿勢が反映している。しかし、それは〈わたし〉の延長性を身体において制限してしまう身振りではなかろうか。

いれずみの古代

よく知られているように、日本列島における刺青習俗の最初の記録は、あの『魏志倭人伝』に記されている。より正確にいうなら中国正史『三国志』「魏書」の第三〇「烏丸鮮卑東夷伝」に見えている次の記述が、その最古の資料となっているのである。

——［倭人の］男子は、誰もかれもが、顔や身体に入れ墨をしている。昔から、倭の使者が中国にやってくるときには、みな自分のことを大夫と称している。夏王朝の主君であった少康の息子は、会稽に封ぜられると、髪を切り身体に入れ墨をして、蛟や龍の害を避けた。いま倭の水人たちは、盛んに水に潜って魚や蛤を捕っているが、身体に入れ墨をするのは同様に大きな魚や水禽を追いはらうためであって、それが後にだんだん飾りとなったのである。国ごとに入れ墨がそれぞれ異なり、あるいは左がわ、あるいは右がわ、あるいは大きく、あるいは小さくて、尊卑による区別がある。[★6]

この記述が魚豢の選した『魏略』によっていることは本文から明らかだが、三世紀当時の日本の状況を活写するこの記録からは、海洋民族として東アジアの文化を享受していた古代諸民族（邪馬台国の位置づけはともかくも）の姿が浮かびあがってくる。

ここにいう「鯨面文身」（いれずみ）にかんする記述は、八世紀の『隋書』倭国伝にも確認され、たとえば倭人が「男女臂に黥し、面に黥し、身に文す」とある。また日本の同時代記録である『古事記』でも、たとえば「神武記」に大久米命が眼の裂け目に刺青をしていることを珍しいとする応答歌「天地《あめつつ》　千鳥ま鵐《しとと》　など黥《さ》ける利目《とめ》」（天地のあいだで千人勝りの勇士だというのに、どうして眼に入れ墨をしているのですか）／「媛女に　直に遇はむと　吾が黥ける利目」（お嬢さんにすぐに逢おうと思って眼に入れ墨をしています）があり、また「安康記」には、乱を避けて逃げる皇子が乾飯（御粮）を食べようとすると「面鯨《めさ》ける老人《おきな》」がやってきてその食を奪い、だれかと問われると「我《あ》は山代の猪甘《ゐかひ》なり」（おれは山城の豚飼いだ）と答えた、との記述がある。いずれにも多様な解釈があって微妙だが、ここでは古代日本に顔面刺青の風習が確実に生きていたこと、それが当時にあっても一種の奇異な風俗であって、いわば「まれびと」のマークになっていたらしいことを確認すれば十分である。また『風土記』などにも同様の記述があり、普遍的ではないまでも知識として刺青の存在が知られていたことはわかる。

しかし江馬務にしたがうなら、これらの記述は、日本の刺青の歴史の第二期をあらわす記録であるにすぎない（「劄青の史的研究」[★7]）。その第一期は先史時代にあり、いわゆるヤマト民族にたいする先住民族の習俗に刺青のあったことが想像されているわけである。その資料としては、先史時代の土偶のいくつかの発見例やアイヌ民族の刺青伝説などがあげられるが、江馬の数えている刺青の図柄パターンやアイヌの刺青法などを箇条書きにすれば、次のようになる。まず刺青を施す位置についていうなら、①両眉から鼻、口にかけての周囲に施すもの、②双方の頰に施すもの、③両眼の周囲に施すもの、④口の上部に施すものとなり、その刺青は直線や正円、楕円などを組みあわせた左右対称な幾何学文様が主だったものであると思われる。また江馬がさまざまな資料から知ったアイヌの施術法は、青ダモの木（イワニ）の皮を水に投じて囲炉裏にかけ、樺の皮で煮て、イワニの渋が出たら鍋尻の油煙を手につけ、受術者の刺青を施す場所にそれを塗って剃刀や小刀（マキリ）で施術をおこなうわけである。先史時代の刺青の図像パターンや施術法については想像の域を出ないけれども、おそらく刺青は首から上だけのことではなく、全身に拡がるものであったろう。なぜなら他の、より古い資料との連関を見ることができるからである。

最古の刺青の資料というものは、それをどれと特定することはできない。たとえば壁画や土偶のなかに明らかな人間像があり、その表皮にあたる部分になんらかの図像が描かれているからといって、それをもって刺青と断定することは不可能だからである。その一方で、腐敗すべき有機物としての人間の肉体は、永遠の保存を許しはしない。旧石器時代の洞窟壁画や土偶、あるいは若干のミイラ化した埋葬例などから、刺青という習俗のはるかに古い歴史のあることは、とりあえず確かだと思われる。けれども刺青は、具体的なモノとして、けっきょく当の人物の死とともに地上から消え去ってゆく運命にある。すぐれて美術的な刺青の施された皮膚を死体から引きはがし、防腐処理をおこなって保存するなどという作業は、じつに近代以降の所産といわなければなるまい。なかに刺青の施された皮膚をもって装丁された書物が存在するといい、ランプシェードがあるという。それは、事実だ。しかしこのような営為は、刺青を「技術」としてのみ見ることを可能とした時代の観念の暴走であるにすぎない。刺青の古代は、必然的に消え去ってゆくものなのである。

しかし、数少ない例外がある。一九二九年の夏、グリャズノフを隊長とする考古学調査隊がアルタイ山脈中のパズィルィクに入り、古墳群の発掘調査に着手した。旧ソビエト連邦のなかでもモンゴル国境にほど近いこの地方の谷間には、海抜一〇〇〇メートル以上を越す高度に五基の大クルガン墳墓があって、高さ二メートル以上、直径が三〇ないし五〇メートルにおよぶ石塚の群れが連立している。その墳墓を掘りすすめると、なかに氷の層があり、馬や人間の遺体が封じ込められていて、陽の光に溶けはじめた氷から抜け出すと、たちまち腐敗臭を放ったという。この二〇〇〇立方メートル近い容積をもつ古墳は、自然の冷凍庫として数千年のあいだ歴史を封印保存していたのである。このとき発掘された墳墓（第一号墳）は、すでに盗掘されていてフェルト断片しか見つからず、ただ馬の一群の副葬例と馬具の一式が見つかっただけであった。しかし、のちの一九四七年から四九年にかけてルデーンコがこの地を再発掘し、ここに画期的な発見が記されたのである。

――第二号クルガンには男女のミイラが残っていた。盗掘者はミイラの首飾りや腕輪を取るために、その首や手の指を切ったが、しかし男の体には刺青がはっきりと見られた。これは怪獣の姿を組合せた模様で胸、背、両手、両脛に施されていた。この刺青は、煤を針で刺してすりこんでつくられた。ヘロドトスによればスキタイ人の刺青は、高貴な生れの証拠であるという。[★8]

パズィルィク出土の刺青を施された遺体は、紀元前六世紀のものと推定されているが、その図柄は動物文様をきわめて複雑に組み合わせた構成になっている。おなじクルガンからは黒テンやリスの毛皮をつかった衣服や履物も出土しており、靴底にまで刺繍が施されていることから、彼らが絨毯の敷かれた部屋で生活していたことなどがわかる。靴底の見えるような姿勢を人前でとった、というわけである。またスキタイ人は大麻の種子を焚いて入浴の代わりにする風習をもち、酩酊して喜びの声をあげるといわれるが(ヘロドトス)、その用具もここから発見されている。いずれの出土品もこのミイラが族長にあたる地位の人物であることを証拠だてているけれど、なによりこの刺青はスキタイ美術の高度な造形感覚をしめしており、たとえばジョルジュ・シャリエールは、この身体に刻みこまれた動物図像を「思いがけない姿勢で絡まり、ねじれ、ひねり、巻きつきあい、すばやく熱狂的な運動をみごとに表現して」かたちと色彩のファンタジアをつくりあげるもの、と書いている。[★9]とくに保存状態のよい男性の右腕に残る図像は、動物群が次々に増殖するかのごとき印象を産みだしている。エジプトでは前二千年紀のミイラからも刺青が発見されているが、これら発掘された刺青の宿す「生気」についていうのなら、このパズィルィクの事例にまさるものはあるまい。

とはいえ、あくまでこれは例外であって、やはり刺青は基体としての身体とともに滅びゆくものである。たしかに刺青は、その身体が生きているかぎり恒久的に維持されうるものにちがいないが、人間の肉体が不変でも永遠でもない以上は刺青も有限であるほかなく、結局のところ、はかないものである。刺青のもつ極端な両義性、肯定的価値

（＋）と否定的価値（－）とが時空間のあちらこちらで連続的に交代し、神聖さと邪悪さとを同時に指ししめしかねない理由もここにある。すなわち刺青は、生命という有限性のなかでのみ恒久的であるにすぎず、時間という連続性のなかでは延長できないものなのだ。いいかえれば、すべての刺青の価値＝意味は、その刺青をもつ個人の属する社会空間に規定されるのであり、その社会のもつ価値観（倫理）によって意味の両極間を移動しつづけるのである。スキタイの刺青が高貴さと権威の所有をあらわすしるし（＋）であったとするなら、そこに刑罰としての刺青（－）を対置させないわけにはゆかない。そして、否定的価値としての刺青の歴史、負荷としての刺青の歴史も、また気が遠くなるほどに深いのである。

パノプティコン

肯定的価値をもつ刺青が、その個人の死とともに消え去る「はかない」表象であるとするなら、否定的価値をもつ刺青は死ぬまで消えない「永遠の」汚点である。愛の証としていれた彫物（たとえば入れぼくろ）が新たな愛の前では過去の罪となるなど、刺青の価値の逆転は数々ある。永遠の愛の証であったはずの刺青が、愛のはかなさの果てに永遠の傷となってしまう。このドラスティックな逆転の可能性を人々はよく知っていて、だからこそ果敢に刺青に賭けるわけだが、それは社会にたいする罪をあらかじめ背負う決意でもある。刺青を入れる際の痛みや社会から離脱することの承認が含まれているからである。この価値の逆転を知りつくしたうえで「入れる」ことに、刺青の魅力があるのだろう。しかし刑罰としての刺青は、それが本人の意志に反して「入れられる」ことに意味を見出しており、かつ美的感覚を徹底的に裏切ることによって成り立っているのだから、その否定性は（－）の側に固着させられている。故人の意志ではなく社会もしくは制度の意味体制から決定される刺青だからである。その点、スキタイの刺青が権力もしくは宗教性にかかわる制度・風習から聖化されていたとすると、刑罰としての刺青はこの対極にあることになる。

つまり、犯罪者、反逆者、失敗者、隷属階級のしるしとして定着するのだ。ここで個人の意志による刺青と制度による刺青とを区別しなければなるまい。それを図式化すると、（表1）のようなものが仮に考えられる（もちろん具体的には、こうした図式の内外にある諸要素の多様な複合体として現象化するはずである）。

たとえば先に引用した『古事記』の記述にたいして『日本書紀』に見る刺青の記録を対峙させてみよう。巻一二にある履中天皇の元年（四〇〇）の条に、こうある。

――夏四月十七日、阿曇連浜子《あずみのむらじはまこ》を召して、天皇はこういわれた。「お前は住吉仲皇子《なかつみこ》とともに反逆を謀って、国家を傾けようとした。これは死罪に当たる。しかし大恩を垂れて、死を免じて額に入墨の刑（黥）とする」と。その日に目の縁に入墨をした。時の人はそれを阿曇目《あずみめ》といった。

『古事記』にあった「利目」は鋭い目の意味をもつけれど、目のまわりに刺青をしたから鋭く見えるのか、鋭い目に刺青をしたのか、正確な意味はよく知らない。しかし目への

表1　刺青の両義性

		（＋）	（－）	価値の逆転
刺	制度的	支配権（王権） 風習	被支配（隷属） 刑罰	国家的・宗教的・民族的な制度の逆転による
青	個人的	美的感覚（＋） 決意の表明	美的感覚（－） 失策の証拠	社会内における個人の位置づけの逆転による

刺青が古代にあっても特異な印象を与え、刑罰の方法ともなりえたことがわかる。また巻一四、雄略天皇一一年（四六七）の条にも、刑罰としての刺青が確認できる。

——冬十月、鳥官《とりつかさ》の鳥が宇陀の人の犬に食われて死んだ。天皇は怒って鳥官の顔に入墨（黥）をし、鳥養部《とりかいべ》とされた。ちょうど信濃国の仕丁《つかえのよぼろ》と武蔵国の仕丁とが宿直していた。これを話しあっていうのに「……天皇はわずか一羽の鳥のために人の顔に入墨をされた。どうもひどすぎる。悪い天皇でいらっしゃる」と。

これが史実であるかどうかはともかく、少なくとも『日本書紀』の成立期には、顔への刺青を制度的な刑罰と見る共通認識が確立していたようである。

ここに引用した文では刺青をあらわすのに、いずれも「黥」の字をつかっている。この記述についてはさまざまな解釈がしめされているが、たとえば『倭訓栞』は「明律にいふところの刺字なり、もと刑名なるを侠客などの私にする事、水滸伝などに見えをり」といい、あるいは「日本紀に黥を読めり、又〈めさききざむ〉とも読めり、黥面は墨刑なりといへり」などという。ここには『古事記』の利目の記述について「上古武人の目をさきしよりの訓義なるべし」ともいうから、ここに〈風習／刑罰〉という区分がすでにあると推測できよう。また『類聚名物考』は「酉陽雑俎を見れば、目の上のみにはかぎらず、面の中、彼此に墨を入るゝなり、皇朝も全く唐の制度に習へれば、古へはさありしなるべし」と書いて、制度としての刺青が中国からの借用であることを示唆している。じつに中国の『酉陽雑俎』や『資治通鑑』などを参照すると、刺青をめぐって、各地の風習から制度にいたるまで多種多様な情報が記録され、分類されていることがわかる。

白川静『字訓』は、この「黥」の字をはっきりと「顔に刑罰として加える入墨」と定義し、さらに儀礼として一時的に加えられる文身を「絵身」、刑罰として針で墨を入れるものを「黥涅」、皮膚を傷つけて傷痕を文飾とするものを

「瘢痕」と呼ぶなどの語法上の区別についても言及している。もちろん時代とともにこの字の混用は多数あらわれるが、もともとの「黥」は刑罰であった。だからこそ中国の博物書は、おおく四方の異民族（たとえば苗族）の刺青習俗を「文身」と書きならわしたのだろうし、海の彼方に文身国の存在を見ていたのだろう（たとえば『太平御覧』に見える）。人類学などでは「いれずみ」を刺青（tattoo）と瘢痕文身（cicatrization）に分け、色料の有無をその区分点としているが、その機能＝意味ではなく技法からのみ分類している態度は、ユダヤ＝キリスト教やイスラームが普及してからの西方ユーラシアが、戒律として刺青を禁止したこととかかわっている。異教的な宗教シンボルであると同時に偶像崇拝の発露とも見られたことがその理由と思われるが、一八世紀になってクック船長がタヒチでこの習俗を再発見したとき、現地の用語“tatau”を借用していることからいっても、刺青が西欧の表層世界からほとんど見えない意味空間となっていたことは承知しておく必要がある。★10 古代以来から持続的に刺青の意味と機能を記録してきたのは、もっぱら東アジアだったのである。

中国における刑罰としての刺青（墨刑、黥刑）は、古代の鼻をそいだり陰茎を切り落とす肉刑に代えて採用されたとする記録もあるが、さらに刑罰の体系である五刑の変遷を見るなら、戦国時代には、墨（刺青）・劓《ぎ》（鼻そぎ）・剕《ひ》（足切り）・宮（陰茎切断）・大辟《たいへき》（死刑）と刺青を含んでいたが、それが隋から唐にかけ、笞刑・杖刑・徒刑・流刑・死刑と変化している。しかし刑としての刺青が全廃されたわけではなく、晋代になると一種の付加刑として復活している。前科あるものを共同体から浮き出させる烙印としての意味は、やはり機能しつづけていたのだ。軍隊でも制度的な刺青（刺字）があり、もっぱら脱走を防止するためのものだったらしいが、刑罰ではないとはいえ、機能としては類似するものだろう。いわば罪人とされた個人の社会的位置づけを視覚的に明示し、容易に消すことができない標識であり、さらに社会のだれもが監視者となりうる開放的パノプティコン装置であるといってもいい。結局この制度は一九〇五年までつづくのだ。

いれずみの機能

今日、世界各地に残る刺青習俗の研究から徐々に明らかになっていることは、刺青のもつ本来の機能の多様性である。すなわち刺青の制度的、美的な相関（＋／－）のあいだには、単なる装飾や刑罰ばかりではなく、護符、呪術、念願、結盟、標識、示威などに細分化できるさまざまな目的性が内包されているのである。邪悪なものから身を守り、願掛けの証とし、氏族や階級をしめし、敵にたいして勇気を誇示する、そうした意味が刺青にこめられている。たとえば通過儀礼の一環として刺青を彫る習俗が世界各地に数おおく見られ、はじめて獲物を捕ったとき、はじめて機を織ったとき、成人と認められて顔に刺青を彫ることがある。するとその人は結婚する権利や伝承を受け継ぐ資格を獲得したことになり、社会の成員として認められるのである。[★11]

ある刺青の起源神話に従えば、原初に兄妹の二人だけが生活していたが、結婚すべき年齢になったとき、妹は兄に結婚することを勧め、自分は隠れて顔に刺青を施してから兄の前に現われ、自分が妹であることを隠して夫婦になり、そこから子孫が栄えたという（台湾、アヤタル族）。あるいは、鳥がまだ陰気な色しかもたなかった原初のとき、カラスとタカが互いに羽根に色をつけようとし、カラスはタカをうまく塗ったが、タカは利口でな

表２　ボルネオの諸部族のイレズミの特色

部　族	文様の特質	体の部分	儀礼の有無	目　的
カヤン族	男　独立的（犬，ビーズ，星，バラ）手は連続的	上膊内側，モモ，胸，肩など	なし	勇敢さの象徴，病気よけ
	女　複雑かつ連続的（幾何学的，人間，動物などの形）	腕全部，手のうら，モモ，中足骨の表面	極めて念入り	主として装飾，死後のため，病気よけ
ムルット族	男　ウズマキ，円	ひざから上胸	なし	装　飾
	女　平行線	腕および手のうら	なし	装　飾

Hose; McDougall: The Pagan tribes of Borneo. vol 1., 1912 による
別技篤彦『服装の地理—身を飾る人間』玉川大学出版部より転載（一部割愛）。

いのでカラスの全身に墨を振りかけて逃げてしまった。そこで人間はカラスから刺青を学んだのだという（ボルネオ、カヤン族）。生殖やトーテムにつながる物語といえるかもしれないが、こうした神話に連動して刺青の部位や文様、意味は複雑に分岐してゆく。身体の露出部分に刺青するか、隠れた部分になのか。具象的な絵柄なのか、抽象的な文様なのか。文様に特別な意味があるか（未婚／既婚の区別など）ないか、など。その具体例を見るため、ここに「ボルネオ諸部族の刺青の特色[★12]」という表の一部をしめしてみよう（表2）。

ここでは、小さな地域のなかでも部族のちがいや性差などから刺青習俗におおきな差異が生じ、それぞれの点で弁別特性を産みだしていることに注目いただきたい。とくにカヤン族の女性の刺青についていえば、施術じたいがかなり苦痛を伴うものであり、一〇歳ころから開始して四年近くかけ成熟期に完成するよう施すものだから、それじたいが永い苦行であり、儀式であるといえる。また季節ごとのタブーや食事の禁止、さらに世襲的な文様には死後の世界との関連もあるとされるから（人を来世に導く燈火の役割を果たす）、もはやこれは共同体全体の作業になっているともいえる。刺青と他界観との関連は、アイヌ民族や南西諸島、中部インド、インドネシア、メラネシアの諸民族にも共通して見られるけれど、この基盤があればこその多様性だろうか[★13]。そして制度としての刺青、〈風習／刑罰〉という対立項も、この豊かな多様性のなかから見つめてゆかなければなるまい。

日本のイレズミ・ルネサンス

日本の刺青は、奈良朝末期から室町時代にかけて歴史から消え去り、江戸期にはいって突然のように復活する。日本の中世は江馬務のいう割青の第三期、いわば「塗色・刺青絶無時代」であって、一七世紀を迎えるまでは私刑やアイヌ・沖縄の習俗を除き、風俗史からまったくその姿を隠していたが[★14]、やがて寛永ころから徐々に再登場しはじめる。具体的な墨刑の復活は、八代将軍吉宗が享保五年（一七二〇）に刑罰体系の改革をおこなって以来のことだったが、それ以前から関西の遊郭などで「起請彫」という恋愛の誓約としての刺青が流行しだしていて、たちまち世間に流布するのである。このとき、刑罰としての刺青は「入墨」と呼んで前科者をあらわすものとし、一方の風俗的な刺青は「彫物」と名づけて刑罰と区別し、盛んにおこなった。制度と風俗のどちらが先行したものか、ぼくには判断できない。だが、いずれにせよ、ここから刺青の全盛期が生じ、明治一三年（一八八〇）の禁止令発布まで連綿と刺青の文化が咲き誇ることになる。

はじめ、明和のころまでは、もっぱら文字の刺青が主流だった。まだ専門の彫り師が発達しておらず、絵柄や複雑な文様を彫るにはいたらなかったからである。おおきく分けてその内容は四つに数えられる。①起請彫。あるいは「入れぼくろ」とか「堀入」とも呼ばれ、もっぱら恋愛関係、性的衝動にかかわる刺青である。ふたたび江馬務によれば、それは男子間の誓約と男女間の誓約とに二分され、相手の名前のあとに「命」とか「一心」など彫るものが定石だった（相手が勘兵衛なら「カンサマ命」などと彫る）。②神仏への誓い。「南無妙法蓮華経」などと彫る。③紋所。羽織に染めるように背に家紋を彫る。隠語に「代紋を背負う」などというのも、ここに由来するのだろうか。④その他。地方風俗の模倣など。ここに一心太助などを連想すれば、まだ戦国の匂いの漂ってくることがわかる。

——黥をする事、恋の一すぢのみにあらず、中間・馬追・船子のたぐひは人もすさめざるに、をのれ一分の所意として、紋所をゑかき入つ。題目の七字・六字の名号、又は世六返の念珠のかたちなどをかたさきに堀入て、是をたのしむおほかり。

これは『色道大鏡』の一節だが、上にしめした刺青の分類と、そこにかけた心意気（をのれ一分の所意）とが、みごとに要約されている。この「たのしむ」とは、たしかに刺青の痛覚とも通じているはずだ。自虐をはらんだ美学が生まれようとしている。

こうした土壌に『水滸伝』を題材とした一勇斎国芳の一連の作品が火をつけたのは、当然すぎる出来事であった。明和を迎えると、職人や侠客などに粋や伊達の風が生じ、豪気を競って派手な刺青に威勢をしめそうと走ってゆく傾向が起こったのである。専門の彫り師があらわれて技術が洗練され、ますます刺青は制度から遠くへと飛翔するかに見えるのだ。この時期の刺青の分類は、こうである。①起請彫。②願望。信念や理想を図像化するもので、龍は天上雄飛の志、地雷也などは豪勇、桃は桃太郎を象徴して鬼にも勝つなどの意をしめす。③標章。紋所ばかりか、鳶が纏を、宗教者や賭博者が数珠や花札を彫るなどするまでに拡大した。④性的象徴。性器の周辺に暗示的な図柄を入れたり、あからさまに性関係を絵解きしたり春画を彫ったりする。⑤悪感寄与。幽霊や髑髏、鮮血したたる生首などを描くもので、威嚇や性的興奮を誘うもの。⑥自然描写。純粋に装飾的な傾向をめざし、身体そのものを画布に見立てて風景や花鳥を描いたり、街を描きこんだりする。⑦演劇的描写。当時の評判劇を題材に描いたもの。国芳を嚆矢とする説があるが、江馬務は否定的である。⑧好奇的娯楽。さまざまに意匠を凝らし、その趣向を競って楽しむもの。たとえば、女性の背から腹にかかって彫られた金太郎が実際の乳首をつまんでいたり、河童が肛門を覗いていたり、二〇人が背を並べると巨大な龍一匹になったり、という類である。天保のころには剳青会というコンテストもあったようで、男女にかかわらず刺青がたいへんに幅をきかせた時代でもあった。それを江馬は、こう記述している。

――［刺青の］色彩も始めは黒のみであつたが、文政頃、朱、藍を入れ、蕎麦屋お竹は背から腹へかけて金太郎を彫つたが、金太郎を朱色とした。元来、朱は殊更苦痛が多いので、大評判となつたものである。この色をさすことは浮世絵師の創案であらう。これを施したのは多く侠客、屋敷及び町消防人足、大工、左官、それに屋敷の六尺、駕籠屋等、裸体を見せるものが反つて之を施したので、吉原通ひの者も必ず刺青ある籠舁を傭ひ、刺青のよしあしで賃も高下があつた。又刺青あるものは人から軽蔑せられず、親分と崇められ、料理屋、妓楼でも之を丁寧に待遇し、従つて遊女なども文身ある客を情夫としなければ恥辱とするに至つた。

こうした風潮は、いかにも今日とは正反対だが、江戸町奉行の遠山左衛門尉さえ腕に女の生首をあしらう刺青をしていたというから、モラルの有り様が根本的に異なっていたというほかはない。この時代にもたびたび刺青の禁令が発せられてはいるが、ほとんど効がなかったというのも納得できる。まさに刺青の絶頂期であった。

しかし、この興隆も流行風俗以上のものではありえず、たしかに身体そのものを衣服とする意味では、江戸期の刺青も元来の裸体装身の意義を保っているかに見えるが、もはや大勢は着衣文化を中心としており（被覆装身）、今日よりはるかに裸体を目にする機会がおおかったとはいえ、すでに刺青は風習ではなく個人的に参加する風俗と化していた。時代の爛熟に肥大した美的感覚といってしまえばそれまでだが、文化史のいう服飾変遷原則の論理に従うなら、刺青は孤立爛熟の原則に沿って頽廃・分解してゆかざるをえない。安定期の過剰な慾動が噴出して自壊するのである。★15もちろん刺青は刺青であって、衣服のように脱ぎさることはできないし、流行が変化したからといってデザインを変更することもかなわない。常識的なモラルを圧倒しているうちならともかく、ついに制度の波に押し流されそうになったとき、個々の美意識に埋没していた風俗は耐えきれないのだ。

風俗と刑罰

風俗が下落すると制度が突出して見えるのが世の習いであって、現代に連なる刺青のイメージは、もっぱら刑罰としての刺青に塗り込められているかのようである。すでに述べたことだが、江戸期の刑罰には耳そぎ、鼻そぎなどがあり、これを「入墨」という刑へと変更したのが将軍吉宗だった。当時の刑罰としては、磔（公儀への大逆、主殺し、関所破りなどに適用）、遠島（盗み・賭博の常習、不義密通など）、敲（五〇回が原則で、武士・僧侶・神官・婦人には適用されない）、晒（付加刑の一種で、女犯の僧、心中未遂などに適用）などがあったが、これらにたいして入墨は主として盗犯者に施され、その方式には地方差がある。これを敲の付加刑とすることもあり、のちには追放の付加刑となっている。享保五年に江戸、京都、大阪、長崎に制定され、つづいて伏見、奈良、駿府、山田、佐渡、堺、日光、関東郡代へと拡張された。江戸では左腕のひじの下に三分の巾で輪を二本入れ、再犯以上の重罪者には入墨を追加した。その他、佐渡は「サ」、紀州は「悪」など、一目でどこの前科者かわかるようにしてある。また額に入墨する地方もあり、肥前では「×」、奥州二本松では「悪」と彫る。芸州広島では初犯に「一」、再犯には「ノ」を加え、三犯になるとさらに二画を加えて「犬」と額に彫る。なかなか印象はすごい。ちなみに類似の刑罰として焼印があるが、これは正規の刑ではない。私娼の臀部に押したり、キリシタンの額に十字を押したりした記録があるが、これは私刑の性格が強いと思われる[★16]（図1）。

ともかく入墨は累犯を処罰する性格が強く、

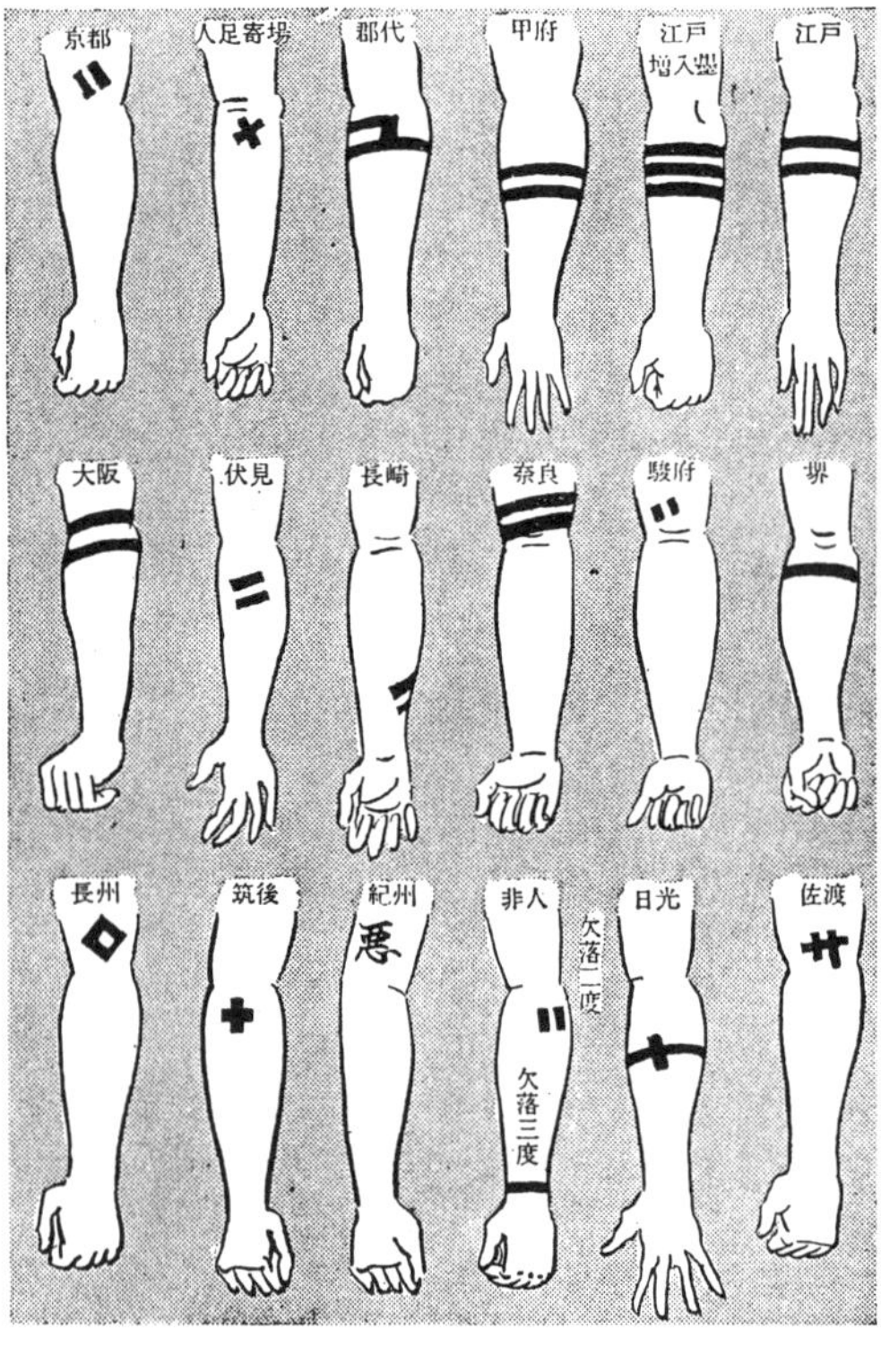

図1　いれずみのいろいろ
名和弓雄「拷問刑罰史」雄山閣より

江戸の三奉行や火付盗賊改などと遠国奉行などでは形式に差があるとはいえ、入墨を入れられる事実の意味の重さに変わりはなく、おおいに恐れられたという。窃盗罪の場合、一般的に、初犯は敲、再犯は入墨、三犯になると死罪になった。したがって入墨は死罪の一歩手前であり、その指標を打たれることは社会からの徹底的な疎外と同義であり、犯罪者は追放刑よりも入墨を恐れたようだ。遊女の入れぼくろなどは客の引き寄せ効果をねらうものでもあり、なじみ客が離れると灸などで焼いてつぶしたというが、刑による入墨を焼いたり別の（刑に関わりのない）刺青でそれをつぶしたりすると、再度の入墨のうえ江戸払いになり、帰国するとさらに厳しく罰せられた。もっとも元禄期前後に幕府の悪法がはびこり、綱吉の「生類憐れみの令」（貞享四年／一六八七）などは庶民のしらけ気分を生んだため、また忠臣蔵で有名な四十七士の仇討ちなどがもてはやされたこともあって、荻生徂徠らが法改革を推進することになったのである。そしてようやく寛保二年（一七四二）に秘密刑法典「公事方御定書」が制定され、江戸期の刑法が整備されたのだから、この点では制度が風俗を追ったかたちになるのだが、庶民の側も刺青のあいだの差異（入墨／彫物）にこだわり、かつ誤解されることを恐れていて明確な差別化をはかりつづけた。そこから芸術としての刺青が生まれたといってもいいから、やはり、つねに両者は相互を睨みながら展開していったわけである。

秘儀への夢想

こうした相互関係のはざまで、刺青はついに〈わたし〉から遊離しはじめているのではないか。美学は相関的な経済論であって、存在論とはなりえない。だからこそその美学であるとはいえ、そのゼロ価値（ムカジョフスキー）を世界に向けて発動させるためには、ふたたび緊密な社会関係のうちに、共同体のイデオロギーのなかに刺青を返さなくてはなるまい。たとえば落合清彦は、刺青の儀礼性をめぐってこう書いた。

——刺青は死を通過する象徴的な予行儀式、殺人を犯す者の資格認定の試験である。鋭利な針を一つ一つ肉の間に突き刺し、小規模の流血をくりかえすことで彼はミニマムな仮りの死を体得する。……こうして彼は死と流血を司る資格と権利を獲得する。[★17]

このバタイユを連想させる死とエロスの交歓としての刺青は、もちろん『古事記』やカヤン族やラトーカ族の発散していた刺青への希求とは次元を異にしているけれど、肉体そのものを供犠の場として解体し、皮膚という表層をいっさいの肉体に向けて解放する儀礼を空想させる。なるほど、エロスは地上とイデアとのあわいに放散された運動性そのものであった。殺人を犯すとは〈わたし〉という幻影を殺すことの謂であった。だから『孝経』の語「身体髪膚これ父母に受く、あえて毀傷せざるは孝の始めなり」さえも、おおいなる逆説と読みはじめよう。父母という制度から脱出すること、この表層を「あえて」そのまま深みとすること。身体の儀礼化は、こうして開示されるのではなかったか。

割礼、抜歯、頭蓋穿孔、去勢、纒足。ボディビル、ピアス、ダイエット。コルセット、ボンデージ、カニバリズム。そして刺青。現代はすでに身体を失いかけている。身体と文化とのかかわり方は、いまや一定の対立項を想定することなしには対象化しえなくなっている。自然と文化、女性と男性、文明と未開、有標と無標、意味するものと意味されるもの。もはや皮膚は防護壁でもなければ媒体でもなく、対立の指標［／］としての荒野なのである。「刺青の様式が多様なものであるにもかかわらず、西欧のタトゥーは肉体という幻影を一個の表面となし、さまざまな意味を書き込む場としている。かくしてタトゥーは理論化にとって有効な隠喩とされ、文化を〈肉体に書かれた文字〉と断ずるのだ」。[★18]しかし、そのとき肉体は宙づりにされた紙片となり、刺青は書記法であるにすぎなくなる。江戸の刺青も、またそうだった。はたして刺青はテクストなのか。むしろ、テクストと不可分の〈外〉を構成するテクスチャー（肌理）ではないのか。かつて表層を〈わたし〉とし、内と外とを転換しつつ、皮膚ではなく身体そのものをテクストとして解放した秘儀の存在、それを夢想しつづけなくてはならない。

ここで、あるエピソードを紹介したい。小原一夫『南嶋入墨考』に見る出会いの物語である。柳田国男の弟子として、沖縄南西諸島の刺青を調査していた小原は、一九三一年八月、台風の間隙をついて島々を調査して歩いたが、たまたま宮古島で多良間島出身の婦人を紹介され、その手の刺青を写生した。小さな男の子を連れたその婦人は生活も楽でないように見えたが、ついに姓名を名乗ることを拒みとおした。やがて多良間島にゆくことができ、ある老婆と出会って刺青を調べることができた。そのとき、

——老婆は他の島の入墨は一体どんな文様かと非常な関心を持って私に聞くので、いままで採集したうち、数十枚を出して見せてやると、嬉しげに一枚一枚見ていたが、俄に大声を挙げ、その一枚を取り上げて泣きはじめた。ただごとならぬ様子である。涙にぬれた目をその入墨から離さず、生ける人の手をさするが如くその文様をなで、あるいはその愛児を抱くがように私の採集用紙を胸にかき抱き、皺の多い顔を寄せては頬ずりするのであった。案内して呉れた船頭の話によるとこの入墨は「知念ウト」というこの老婆の娘の入墨で、その愛人と共に密かに島を出たのが十年余りも昔のことであったのだそうである。その間生死不明で、床の間に欠茶碗に砂を盛って娘が再び島に帰るようにと祈っているのもあわれに思えた。私は暗然とした気持で、目前に泣きながらその子を懐かしむ老婆にその娘の元気相だったこと、男の子がいたことなどを話して慰めてあげた。集まっていた他の人たちももらい泣きしてうなづき合っていた。子の入墨を一見して直ちに、それを他の者のそれと見分けた老婆は、人の子の心を打つこよない訓しを教えて呉れたと同時に、親子の間に何かしら一種のつながりがその入墨文様にあるのではないか、ということを考えさせられたのである。★19

すでに『隋書』の琉球国伝に「婦人、以墨黥手、為虫蛇之文」とあり、その後も多数の記録があるが、地域、階級、

年齢によって微妙に文様の差異があり、歴史をこえて刺青の分布を島民は正確に位置づけていたようである。しかし、ここで重要なことは、その刺青が一個の人格とおなじように扱われていた点であり、もちろん美的感覚や図柄（記号）にも意味を与えてはいるが、それ以上に刺青が歴史の経験であり、アイデンティティの保証であり、顔以上に顔であったことを注目すべきである。

もちろん、こうした原初回帰にたいする反証がある。葛飾北斎らが描きあげた『新編水滸画伝』から歌川国芳『通俗水滸伝豪傑百八人』にいたって、文化・文政期の浮世絵と刺青は妖しいまでの野合を果たし、刺青は全身彫りへと領野を拡大してゆくが、そのとき、

> ——国芳においては、刺青の呪詛が、被刺体の存在そのものを覆いつくしているのだ。なぜ全身彫にまで刺青は到達せねばならなかったのか。異端性検証のたえまない地獄として刺青をみれば、全身彫が刺青のどうしようもない必然的帰結であることの、半ばは理解しうるだろう。ボロブドゥールの重層の壇が、種々の宇宙界のトータルであるように、若い無頼は一身の上に、イマーゴ・ムンディ、まんだらをみようとするのだ。かれにとってもはや世界はなく、一身のまんだら、刺青のみがあるのだろうか。この痛覚のミクロコスモスに賭けることの切実さが、無頼を全身彫におもいやるのであろうか。かくしてわれわれは、肉身によるチュリーゲラ様式、バロックの極地に、到達したのである。[★20]

しかし、この一方には「刺青は彫師のアトリエからエステティシャンあるいは外科医の治療室へと拡散している」という現状があり、すでに“tattoo”という語さえ、医学用語の“dermography/dermopigmentation”(皮膚描記／皮膚着彩）へと置き換えられつつある。さらにフランスでは“tatouage/détatouage”(刺青の－沈着／除去）という対語もあらわれ、刺青さえもが随意に着脱可能なファッション・ユニットと化す勢いなのである。[★21]もちろん現代の刺青を

ハイパー・イコンなりシミュラークルなりに向けて解体し、もうひとつの皮膚、もうひとつのイメージの場を切り開く可能性もあるだろう。そのとき「世界がなく、刺青がある」という〈空−間〉を目にすることはできるだろうか。

ふたたびパズィルィクの刺青を思い出すなら、腕から肩にかけてはいあがろうとする動物たちと足首から向こう脛に伸びあがる魚のイメージは、そのまま宇宙を構成する多数多様な運動性をあらわし、いってみればこの身体は、皮膚をミクロコスモスとし、筋肉で世界を動かしていたのである。肉体の死とともに小宇宙は休息する。宇宙は図像になり、運動は関係式に還元される。かつて、ここには「図像はなく、世界のみがあった」はずである。皮膚は表層ではなく運動する線であり、死すべき肉体こそが〈外〉であった。だからこそ〈わたし〉は、運動と図像のあわいにあったのだ。

肉体は可塑的であり、人工的な技術によっても造化の神の妙によっても、たえまない可能性の渦のなかに投げこまれている。人はその内／外で〈わたし〉を捜し求めることができるし、そこから他者を、社会を、宇宙を呼び出すこともできる。しかし肉体にとって時は有限であり、肉はついに〈わたし〉ではない……。知念ウトのように、刺青を読む術を知らなくてはならない。刺青は、表層にさまよう〈わたし〉を定位する地図、もうひとつのイメージをさししめす羅針盤なのだ。今日の刺青が、すでに制度の軛から抜け出し、肉体への定着からも自由になっているのだとすれば、その地図は身体という記憶の線の解体に向かう道を隠しているはずだ。皮の衣の秘儀とは、脱ぐことのできない衣、最後の衣、最後の外部、極北の流刑地という臨界点に、ケルビムの炎を照らすものだった。そして肉体の可塑性を暴露する刺青は、その炎をかいくぐる技法なのである。蹄をかって草原を走るスキタイ人を夢見よう。波のまに龍となる倭人を想像しよう。すると、刺青だけがある。

註
文中★標示

★1―ジョルジュ・バタイユ（生田耕作訳）、一九六四『エロスの涙』、現代思潮社、一八三～一八四頁。「この写真は私の人生で決定的な役割を持った。恍惚としている（？）と同時に耐えがたい表情であるこの苦痛の図は、いつまでも私の頭から離れなかった。現実の処刑を夢みるばかりで果たしえず、見物さえできなかったサド侯爵が、この写真を見たら、どんな態度を取っただろうか…」。

★2―皮の衣の解釈の一例として、拙文「エデンの園の衣裳」（松枝到、一九八八『外のアジアへ、複数のアジアへ』、思潮社、所収）を参照されたい。

★3―〈いれずみ〉をあらわす語は数多く、しかもそれらの語に込められたニュアンスは歴史・風俗・刑法などの変化によって多種多様に変容してきたし、いまも移り変わりつつある。ここでは、その一般的形態としての〈いれずみ〉にたいして「刺青」の語を当てた。しかし「刺青《しせい》」という語を「入墨」「劄青」「彫物《ほりもの》」などと区別して用いる場合に、必ずしも明確な用語区分をしきれなかった箇所も多々ある。むしろ現代にあっては、雑誌などでも「タトゥー」という呼び方が一般化＝ファッション化している事実があるから、あらためて語彙規定をする必要があるだろう。

★4―チャールズ・ダーウィン（池田次郎・伊谷純一郎訳）、一九六八『人類の起源』、「世界の名著」第三九巻、中央公論社、五〇九頁以下。

★5―チャールズ・ダーウィン、同書、五一三頁。

★6―『正史・三国志』4「魏書Ⅳ」、一九九三（今鷹真・小南一郎訳）、ちくま文庫、四七一頁。また同じ記述が『魏志倭人伝』、一九八五（石原道博編訳）、岩波文庫、四五頁に見える。なお、ここにいう少康の子の伝は司馬遷『史記』にあるもので、集解の註に「文身は龍子を象るを以て故に傷害を見ず」と見える。ここでは同様の解釈を府会したものだろう。

★7―江馬務、一九七六「劄青の史的研究」『江馬務著作集』第4巻、中央公論社、三八六～四〇三頁。以下もたびたびこの論文にしたがう。また衣裳史の枠内に土偶に見られる刺青状の装飾を取り入れた一例として、太田臨一郎、一九八九『日本服制史』、文化出版局、をあげることができる。

★8―香山陽坪、一九七〇『騎馬民族の遺産』「沈黙の世界史」第6巻、新潮社、一五七頁。ちなみにヘロドトスの記述は『歴史』第4巻「スキュティアの風俗習慣」に見られ、貴婦人が刺青をする風習を伝える。またカエサル『ガリア戦記』には、ブリトン人兵士がみな刺青をしていたとの記述もある。

★9―ここでは主にKarl Jettmar, *Art of the Steppes*, Methuen, London, 1964. およびGeorges Charriére, *L'art barbare scythe*, Édition cercle d'art, Paris, 1971. の記述を参照したが、今日ではこの刺青の文様の意味論＝構造論的研究も精力的に進められている。

★10―ヨーロッパにこの語を伝えたのはブゲンヴィユの旅行記が最初であり（Bougainville, *Voyage autour du Monde*）、クックの旅行記がそれにつづく（Cook, *Journal of First Voyage*）が、南太平洋を旅行したのはほぼ同時期（1766～9）である。

★11―その具体的な例証については、吉岡郁夫、一九八九『身体の文化人類学』雄山閣、五一頁以下に詳しい。刺青の目的のみ項目を列挙しておけば、①種族・性差の標識、②階級の標識、③勇者の標徴、④婚期の標徴、⑤宗教的理由、⑥身体装飾・化粧、⑦医療として、⑧刑罰・威嚇・性的な動機・流行・好奇心・その他、となる。

★12―別技篤彦、一九七五『服装の地理』、玉川大学出版部、五〇頁に掲載の図表（Hose/McDougall, *The Pagan Tribes of Borneo*, 1912.）による。

★13―中山太郎は「女子元服考」のなかで、古代日本の身体変工の習俗にアイヌ民族の影響を見ようとしている。「而して私の信ずるところでは、我国の涅歯の土俗は、先住民族なるアイヌの入墨と交渉するところが有るのではないかと考へてゐる」（一九九〇『日本民俗学』上巻、復刻版、パストル社、六五頁）。

★14―松田修は、それ以前に確認できる刺青の「唯一の例外」として『陰徳太平記』の記事をあげている（一九七二『刺青・性・死』、平凡社、三三頁）。すなわち天正十五年（一五八七）に討死した島津軍勢の五百人余が、ことごとく二の腕に死の記録を彫りつけていたという記録で、当時の人々に強烈な衝撃を与えたものだ。これこそ「Onomatologie［用語法］としての刺青、すなわち刑罰外、賎徴外の刺青の、それはきわだって早く、きわだって美しい開花であった」。

★15―小川安朗、一九七九『民族服飾の生態』、東京書籍、四四頁。

★16―名和弓雄、一九六三『拷問刑罰史』、雄山閣、第二十二章。

★17―落合清彦「返り血をあびる男」、『季刊歌舞伎』第三号。さらに、この見解とは似て非なるもうひとつの刺青への希求を引いておこう。「人間のもっとも原始的な本能［性欲］に根ざす行為であるために、刺青という風俗は、たとえ一時は禁圧され、絶滅したように思われても、不死鳥のようにいつかは必ずよみがえって来る不滅の命を持っているともいえるのだろう。」（高木彬光、一九七三『刺青殺人事件』角川文庫）。

★18―Frances E. Mascia-Lees/Patricia Sharpe, *The Marked and Un(re)marked: Tattoo and Gender in Theory and Narrative*, in "Tattoo, Torture, Multilation, and Adornment", State University of New York Press, 1992. p.147. 本論では、西欧と対比的な谷崎潤一郎の刺青観について言及し、新たな性への視点を模索している。

★19―小原一夫、一九六二『南嶋入墨考』、筑摩書房、七五頁以下。ここに採集された刺青や刺青に関する神話、歌などは、いずれも東南アジア諸島の刺青にかかわる風習と符合するものであり、他界伝説やタブーについても類似の構造をしめしている。また多数の刺青スケッチはきわめて貴重である。柳田国男『海南小記』にある「いれずみの南北」には「沖縄でも元は入墨に依つて、女の故郷が大凡知れた位、少しづゝの相違が有つた」とあり、習俗を知る人もほとんどいないと嘆いているが、おそらくはこうした表白が小原の作業の発端となるものだろう。
★20―松田修、前掲書、六〇頁以下。しかしここでは、絵金にまで連なる浮世絵師のパトスの系譜にふれる余裕はない。むしろ刺青の呪詛という問題系は、港千尋の指摘する「痛みのイコノグラフィー」（次註）の現在性と対比する必要があるだろう。
★21―港千尋、一九九三『考える皮膚』、青土社、三四頁以下。

参考文献

いわゆる身体論の手前でモノとしての刺青について考えるとき、基本的に三種類の資料群が浮かんでくる。すなわち、
①歴史的・考古学的資料
②医学・人類学・民俗学などの資料
③趣味、風俗、ファッションにかかわる資料
である。ここで専門的な学術誌、論文などにはふれないが、その周辺に関する基本文献・情報をあげるなら、

●アンドレ・ルロワ＝グーラン（荒木亨訳）、一九七三『身ぶりと言葉』、新潮社
●クロード・レヴィ＝ストロース（川田順造訳）、一九七七『悲しき熱帯』、中央公論社
●吉岡郁夫『身体の文化人類学』、雄山閣
●ミルチャ・エリアーデ（堀一郎訳）、一九七四『シャーマニズム』、冬樹社
●『人体改造！』別冊宝島、一六二号、ＪＩＣＣ
●バーナード・ルドルフスキー（加藤秀俊・多田道太郎訳）、一九七九『みっともない人体（からだ）』、鹿島出版会

などに概観を見ることができるだろう。また、衣裳史や美術史の観点から身体装飾をあつかうものから、刑法史や社会史などの視点（とりわけ犯罪者、無頼、性関係、秘密結社などに着目して）から身体変工を分析するものまで、刺青に関わる研究の裾野はかなり広い。各分野の辞典類を参照いただきたい。

刺青をあつかう写真集、専門誌、あるいは彫り師の評伝は内外に数多く、特殊なものとしてはハードロック周辺の音楽雑誌や性風俗、暴力団情報誌などに刺青（タトゥー）の特別記事がしばしば見られる。人類学・民俗学博物館や、また誰もが見学できるわけではないが、医学資料館（たとえば東大医学部など）で刺青の標本を収集しているところもある。大宅壮一文庫や各種学術文献から手がかりが得られるだろう。

また文学（谷崎潤一郎『刺青』など）、映像（鈴木清順監督『刺青一代』一九五六年、日活、など）、演劇（歌舞伎など）といった刺青をめぐる想像力の流れについては、松田修の『刺青・性・死』（平凡社）をはじめとする一連の著作が格好の視座を与えてくれるはずである。

●礫川全次編、一九九七『刺青の民俗学』批評社
●『刺青絵師――毛利青二自伝』一九九八、古川書房

●日本刺青研究所、一九八四『刺青研究』1・2、恵文社

などが最近になって刊行されている。『刺青の民俗学』には、白川静らによる刺青論のほか、資料編として一九世紀末の文献五編が収められており、参考になるだろう。

消し去られる身体

アラブ・ムスリム女性をめぐる断章

大塚和夫

「女性とは、通例男性的な権力幻想によってつくり出された生き物なのである。」

エドワード・サイード★1

「第三世界には女はいない」

パキスタン出身で現在アメリカ合衆国の大学で文学・文学理論を講じているサーラ・スレーリ。奇妙に屈折しているのだが、それでも清冽な透明感を感じさせる彼女の自伝的作品、『肉のない日』の第一章、彼女の祖母《ダーディ》を主な登場人物とした「女のすばらしいところ」と題された章は、大学での学生とのやり取りで結ばれている。

第三世界の文学の講義の時間、彼女と「同性の一つの顔が、聡明さをひびかせて質問」する。「先生は第三世界の文学を教えていらっしゃるのに、なぜ講義要目に女性作家にも平等なスペースを与えてないのですか」と。このきわめて素直な問いかけに対し、幼い頃にパキスタンで共に暮した身内の女性たちの具体的なイメージをつぎつぎと思い浮かべながら、それでも教師としてのサーラはきっぱりと応じる。「なぜって、と私はゆっくりと答えるだろう、第三世界には女はいないのですから[★2]」。

サーラの育ったパキスタンときわめて類似した社会的・文化的環境にあるアラブ・ムスリム世界の社会人類学的研究を試みている者として、私は彼女の「第三世界には女はいない」という言い方に不思議なほどの共感を覚えている。本章は、このサーラの言葉を導きの糸として、つづられていくものである。

女性は実在しているのに「いない」という彼女の断定。それを私はきわめて散文的に解釈し、ムスリム世界において女性は「身体的」には存在しているのに、社会的さらには文化的には「いない」とされるという意味にここではとっておく。すなわち、彼女たちの身体はさまざまな政治・社会・宗教の力などによって強引にねじり伏せられ、奇妙に歪められ、時には物理《フィジカル》＝身体的に抹殺され、時には象徴的に非在のものとされてきた、と。その意味で、彼女たちの身体は、アラブ・ムスリム社会の広義の政治を沈黙のうちに雄弁に語っている媒体であるともいえるのである。

オリエントの女性の身体

オクシデントの「オリエント的官能」

E・サイードは、西洋的オリエンタリズムの言説のなかにみられる「オリエント」の本質的特徴として、その「専制主義」「異常なメンタリティ」「後進性」などとともに、「オリエント的官能」というものがあることを指摘している。彼によれば、これは「男性的な領域」であり「異様なまでに（不快なまでに、とはいうまい）男性的な世界概念を促進した」オリエンタリズムそのものから由来するものであり、レイン、ネルヴァル、フローベルらのテクストの中に見事なまでに表現されているものである[★3]。

確かに、アラビアン・ナイト、ハーレム、ベリー・ダンスなどの常套句によって喚起される「オリエント的官能」

は、今日では西洋のみならず、日本というオリエントの一地域においてすらアラブ・中東・イスラーム世界の女性に対する一般的イメージとして根強くみられるものである。そのイメージの持つイデオロギー性、すなわちそれが「オリエント」ではなく「オクシデント」に起源を持つことを、バートン版の『アラビアン・ナイト』にふれながら、高山宏は鋭く指摘する。

——元々、妻の性的裏切りに死をもって報いた王が、さらに旅先で放縦な女に誘惑されてすっかり女嫌いになったところから一切が始まる『アラビアン・ナイト』は、逆に男を楽しませることに全力を尽くす貞潔なシェヘラザード姫のイメージも併せ、『家のなかの天使』イメージと娼婦イメージの二極で女性を見るしか能のなかったヴィクトリア朝の道徳観に間然とするところなく一致していた。[★4]

これらの指摘の重要性は充分に認めなければならない。だがそれでは「オリエント的官能」がすべて西洋オリエンタリズムによって捏造された、まったくの幻想であるといえるのだろうか。そうは断言できない。アラブ世界の男性も、女性の「性的誘惑」の力とその危険性に関してかなり自覚的であり、しばしばそのような意見をあからさまに表明しているからである。

オリエントの「オリエント的官能」

モロッコのフェミニスト社会学者、F・メルニーシーは、女性の性的誘惑を恐れるムスリム男性の立場を、次のようにまとめている。

——ムスリムの女性は、抵抗しようとする男性の意志をそぎ、彼が受動的に黙従せざるをえないほどの、運命的ともいえる魅惑を持つ者とされている。彼には選択の余地がない。ただ、彼女の蠱惑に屈服することができるのみである。というのも、彼女はフィトナすなわち混沌、および神や社会に対立する宇宙的な力と同一のものであるとされているからである。[★5]

またモロッコでフィールド調査を行った合衆国の人類学者、L・ローゼンは、シ・アブダッラーという名の男性インフォーマントの語る興味深い話を報告している。[★6]

アブダッラーによれば、人間性を形成する三つの基本的要素がある。一つはルーフ（魂）である。二つめはナフスと呼ばれるものであり、それは人間が動物と共有しているあらゆる「熱情・欲望」を指し、われわれをしばしば悪事に誘う考えや態度である。これらの欲求は時として善事を行うときに必要なこともあるが、それはアケルによって統御された場合である。このアケル、すなわちわれわれが熱情に溺れることのないようにコントロールする「理性」が第三の要素なのである。

ここで重要なことは、ナフスはあらゆる人間が同じように持っているが、アケルはそうではないことである。生まれたばかりの子供はほとんどアケルを持っていない。そこで父親は子供をしつけて善悪のけじめを教え、そのアケルを成長させなければならない。また女性もアケルを持つが、それは男性のように充分には発達していない。それが女性の本質なのであり、とりわけ彼女が熱情に駆られるのは「性」の領域なのである。

「女はとても大きな性的欲求を持っているのです。そこで男は女を常にコントロールし、連中があらゆる種類の無秩序を作り出したり、男を迷わせたりすることを防がなければならないのです。………このような理由から、女は公の場に出る時には外套をまとい、他人から覗かれないように小さな窓しかない家で暮らし、父親に迷惑をかけないうちに結婚すべきなのです。格言にもあるでしょう。『女は独り身では水のない蒸し風呂のようなものだ』と。というのも、女はいつも火照っており、男なしではその火を消す術がないからです[★7]」。

さらに興味深いのは、ムスリム男性がそのような女性の激しい性的欲求を満足させることができるのも、彼らが「割礼」をしているからである、とアブダッラーが述べていることである。彼が言うには、ヨーロッパで密通が多いのは、「割礼されていない」夫が妻を性的に満足させることができないからである。それに対し、割礼を受けているムスリム男性は「同時に数人の女性の相手をすることもでき、したがって一夫多妻婚も可能なのです」。ローゼンは、最後の発言に対しては「とはいっても、私は確かめさせてもらってはいないが」という一句を皮肉まじりにつけ加えてはいるが、それでもこのような見解がアブダッラーだけではなく、調査地域の多くの男性に共有されていることを認めている。[★8]

もちろん、この露骨な「性差別論的」発言を、アラブ人男性一般もしくはアブダッラー個人の「世界観」を率直に表明したものとしてナイーブに受け取る必要はないかもしれない。むしろ、男女関係のことを根掘り葉掘り聞く奇妙なアメリカ人男性に対し、彼が喜びそうな話しをアブダッラーがサービスとして語った可能性すらある。[★9]その意味では、これはあくまであるモロッコ人男性が合衆国から来たある人類学者に対して、ある状況下で語った言説であり、インフォーマントが女性である場合はもとより、人類学者が女性であったなら、まったく別な語りが得られたであろう。

しかし、この言説の中には、アラブ・ムスリム女性の身体をめぐるいくつかの興味深い話題がとりあげられている。たとえば、割礼の必要性、正規な結婚による性的欲求の充足、私的空間への隔離、そして外出の際の外套着用の規範などである。以下では、アブダッラーの語りから抽出されたこれら四つのテーマ——それらはすべて、何らかの形で身体を「消去」することと関わっている——をめぐって、私が主として調査・研究を進めているエジプトとスーダンの事例を用いながら、「アラブ・ムスリム女性の身体性」を語っていきたい。

なお、ここで紹介する事例は、あくまである特定の時代・地域・階級に属している女性たちに関わるものであり、その枠を越えた「アラブ・ムスリム女性一般」を代表《リプレゼント》するものではないことを強調しておきたい。私が以下で試みていることは、これらの断片的な個別的事例を、先に提示したような筋道に合わせながら、コラージュ風につなぎ合わせることだけである。そこから彼女たちの身体性をめぐる一般的結論を導こうとはしていない。本章の副題に「断章」とつけた所以である。

切除される身体の一部―女子割礼

「陰核切除は女性の熱情を冷ます」

モロッコ人のアブダッラーは女性の性的熱情を満足させるために、男性は割礼を受けなければならないと語った。しかし、アラブ世界には、逆の操作を行って同じ結果に導こうとする慣習も見られる。すなわち、女性の生まれつきの性的熱情を抑える手段として、女子の割礼が語られるケースである。

五人のエジプト人女性のライフ・ヒストリーを集めたN・アティーヤの著書の序文で、人類学者A・ルーは「民俗理論によれば、陰核切除は女性の熱情を冷ますものである」と記している。男性が考えているのと同じく「女性は、行動の誤り、すなわち女性の『肉欲的な性向』を適切に抑制することに失敗した時の結果を恐れている[★10]」。

アティーヤがインタビューした女性の一人、漁師の妻オンム・ナイーマによれば「女の子は、冷静であり続け、自分の性的衝動をコントロールできるようになるために割礼を受ける」のである。ここでは、自分の身体の一部（陰核）を切除することによって、内なる性的熱情を抑えることができるという民俗理論もしくはイデオロギーが表明されている。なお、彼女によれば、割礼を受けていない男は「性交できなかったり、子供をもうけることができないと信じられて」おり[★11]、この点は先のアブダッラーの見解と比べると興味深いものである。

もっとも、すべてのエジプト人ムスリム女性が、割礼を行う理由をこのようなイデオロギーと関連づけているとは限らない。アティーヤの本に登場する車庫番の妻、オンム・ガドは、「割礼は絶対に必要です。その理由は知らないけど。昔からの伝統なんですよ」と述べているし、女中のスーダは「ムスリムの女の子はもちろん割礼を受けなければならない。そうでなければ、ムスリムとはみなされなくなるのです。私たちの村では、キリスト教徒の娘だけが、割礼を受けなかった」と言っている。[★12]

それでは割礼は、ムスリムであるかぎり受けなければならないものなのであろうか。スーダンのムスリム女子の割礼の実態を調査したA・エル・ダリールによれば[★13]、割礼はスンナ（預言者の慣行）なので必須であると説かれる男子の場合とは異なり、コーランには女子割礼を命じた章句はなく、ただその実施を示唆したと思われる預言者の言葉が二つほど伝わっているだけだという。それは「男子にとって割礼は規定であるが、女子にとっては装飾である」というものと「少しは取り去っても全部をなくすな。これは女性にとっては歓びであり、男性にとっては好ましいものである」というものである。なお、イスラーム法の権威ある見解としては、女子の割礼は陰核の包皮を除くだけであり、かつそれは法的義務というより好ましい行為という範疇に入るというものである。[★14]

しかしながら、エル・ダリールは、今日でも中部・東部スーダンのイスラーム地域では、広い範囲にわたって女子割礼が行われており、それを実施する理由として多くの人が宗教をあげていると報告している。彼女の資料を紹介しておこう。

ファラオ式とスンナ式

他のイスラーム諸国と比較して、スーダンの女子割礼はその過酷さで知られている。というのも、ファラオ式と呼ばれるやり方がもっとも普及している（表1）からである。

ファラオ式には昔風と今風のやり方がある。昔風のファラオ式割礼は、陰核、大・小陰唇を切除し、その傷口を砂糖や卵のような粘着質のもので押えつけ数日放置して癒着させたり、また糸などで縫合したりして、開口部を小さくするものである。これは主に村落部で、産婆によって麻酔剤なしで行われる。一方、今風のものは、陰核と小陰唇の全体および大陰唇の前面部の切除からなり、傷口は腸弦や絹糸で縫合される。これは主に都市部で、熟練の産婆によって麻酔を用いながら手術される。後者の方が多少ましだとはいえ、ファラオ式女子割礼は女性に多大の身体的苦痛および精神的外傷を与えるものである。

なお、スーダンにはスンナ式という女子割礼方式もある。それは、陰核包皮の切除のみであり、男子割礼と同じ程度の負担の身体変工と考えられる。また、一九四六年にファラオ式女子割礼が法的に禁止された後——したがって、今日それを実施しているのは公式的にはすべて「違法」行為である——に発明された、両者の中間形態の割礼方式もみられる。

このように女子に過酷な身体的・精神的負担を加えるだけではなく、国法にすら反する行為を、スーダンのどの程度の人々が実施しているのだろうか。エル・ダリールの面接調査の結果、男女とも八割以上の人々が女子割礼の存続に肯定的に答えた（表2）。もっとも、存続論者の七割以上がスンナ式を望ましいと発言しているところから、女子の身体的負担を減らそうとする傾向が読みとれるとエル・ダリールは述べている。

また、女子割礼の存続を望ましいと思う具体的理由も紹介されている。それによると、女性回答者の挙げる理由は「良い伝統」であるということ、以下「宗教的要請」、「清潔さ」、「処女性の保持」と続く。一方男性回答者の方は「宗教的要請」、「良い伝統」、「清潔さ」、「夫の快楽のため」「処女性の保持」となる（表3）。なお、「ファラオ式よりも害が少ない」という回答は、スンナ式と中間式が好ましいと思っている者のみがあげている理由であり、他のものとは次元が異なっていると思われる。

さて、表3であげられている「良き結婚のため」「夫の快楽のため」「処女性の保持」「多産のため」などの理由はすべて、男性による彼女たちの「性」のコントロールに結びつくものである。そしてそのようなコントロールの成否は、結婚の場において一つの重大な試練を迎える。

表1　スーダンの女子割礼の地域別・形態別分類（カッコ内は %）

地域／形態	スンナ式	ファラオ式	中間式	合　計
都　市	37（2.4）	1178（77.3）	310（20.3）	1525（100）
農　村	39（2.5）	1452（92.7）	76（ 4.8）	1567（100）
不　明	4	6		
合　計	80（2.6）	2636（85.0）	386（12.4）	3102（100）

出典　A. El Dareer (1982). Woman, Why Do You Weep? (p.5). London: Zed Press

表2　女子割礼の存続をめぐる意見（カッコ内は %）

	肯　定	否　定	合　計
女　性	2652（82.6）	558（17.4）	3210（100）
男　性	1355（87.7）	190（12.3）	1545（100）

出典　同上 (p.66)

表3　女子割礼を実施する理由（カッコ内は %）

理　由　／　回答者の性別	女　性	男　性
良い伝統	914	370
宗教的要請	668	680
清潔さ	290	344
良き結婚のため	94	53
夫の快楽のため	113	247
処女性の保持と不道徳行為の防止	190	109
ファラオ式よりも害が少ない	420	484
多産のため	29	22
複合的理由	125	43
合　計	2843	2352

出典　同上 (p.70)
（明らかに誤りと思える一部数字を訂正）

身体の物理的消去―性的「不始末」の処理

結婚と処女性

ムスリムにとって結婚は、イスラーム法に基づいて行われる宗教的行為である。たとえばエジプトでは、結婚契約式の際、公的な結婚立会人（マアズーン）は短い演説をするが、その中には結婚の意義をといたコーランやハディース（預言者ムハンマドの発言）の一節がちりばめられている。その際に引用されるコーランがどちらかといえば抽象的な表現であるのに対し[★15]、ハディースはより直接的な表現でムスリムにとっての結婚の意義を説く。例をあげれば、「結婚をした者はその宗教の半分を成就した者である。残りの半分でアッラーを畏れることだ。」とか「結ばれ、産めよ増やせよ。そうなれば、私［ムハンマド］は審判の日にあなたがたの創った国を誇るであろう。」というものである。ここに、結婚し、子供を多くもうけることがイスラームの観点から見て善であるという考え方が端的に表されている。

イスラーム的に認められた結婚をして子供を持つことが強く勧められるとしたならば、逆に「認められない」状態で子供を持つもしくは妊娠することは、厳しく禁じられるはずである。そしてそれは「処女性」の尊重というイデオロギーとも密接につながり、特異な慣行を生みだしている。それは破瓜の際の出血を公衆に提示することによる、花嫁の処女性の証明である。

エジプト人インフォーマントによると、それは次のように行われる。嫁入りの日、行列を組んで新婦は新郎の家、すなわち二人の新居に向かう。到着すると、二人は介添えの年長の女性とともに別室に入る。新郎は介添え女性の指導によって白いハンカチを右手の人差し指に巻き、新婦の破瓜を行う。そして無事に白いハンケチに血痕がつくと、介添えの女性は室外の人々に知らせるためにザガリートと呼ばれる祝いの叫び声をあげる。待機していた両者の親族たちは、ザガリートをあげたり祝砲を打ったりして喜びを表す。血痕のついたハンケチはただちに彼らの前に差し出され、彼女の処女性が公衆に示されるのである。★16

ではなぜ女性の処女性は重視されるのか。それは彼らの名誉観と密接に関連してくる。すなわち、娘をきちんとコントロールして社会的に承認された形で「産む性」としての女性に変換するのが、その家族・一族に責務と考えられているのである。逆にいえば、そのコントロールに失敗した時には、家族・一族の男性たちは身内の女性を満足に監督できなかった、すなわち男性としての責務を果たしえなかった者として恥ずべき立場に置かれるのである。★17

しかし、時としてそのようなコントロールに失敗し、身内の娘が結婚前に性的な関係を持つ事態も起こりうる。婚前の破瓜という事態だけなら、それは何とかとり繕うことができ、隠蔽することができるかもしれない。実際、エジプトの都市部では「処女膜再生」手術が語られ、農村部では処女証明に「鶏血」を使うなどといった噂が流れ、スーダンでも性交の痕跡を隠すための再割礼（と再縫合）があるといわれている。★18だが、そのような処置では対応できない事態も生じうる。少女が未婚のままで妊娠してしまった場合である。そうなると、彼女の家族・一族の男性は、社会的な恥辱を甘んじて受けるか、急いで彼女を誰かと結婚させるか、それとも彼女を物理的に抹殺して監督不行き届きの責任をとるか、のいずれかを選択しなければならなくなる。第三番目のものが、女性の身体を自分たちの手で抹消する、すなわち彼女が「存在しなかった」ことにすることで自分たちの名誉を回復する手段である。

名誉のための惨劇――文学から

私がこのような「慣行」の存在に気づかされたのは、下エジプトで調査をしていた時期である。ある日、知り合いのエジプト人男性が来て、今朝ほど近くの村の線路傍に若い女性と胎児の死体が発見され、大騒ぎになったと伝えてくれた。そのわけを尋ねると、おそらく未婚のまま妊娠したのが親兄弟に知られ、一族の名誉を守るために彼らが殺害したのだろう、と何の抵抗もなく語った。彼にとってこの事件は、殺人という犯罪ではなく、まったく正当な行為と受け止められているようであった。[19]

その後、これと類する話を何人かのエジプト人（ただしすべて男性）から聞いた。そしてエジプトのみならずアラブ社会を対象とした民族誌や文学作品にも、このような事件がとり上げられていることを知った。後者の例としては、イラクの作家ヤアクーブ・バルブールの『サイダ』（一九三八年）があげられる。比較文学者、E・アッカードが紹介するところによれば、[20] 主人公のサイダは産婆であり、ある日二人の男性の訪問を受ける。彼らは妹が陣痛なので来てくれと言う。サイダは同意して彼らの家に向かうが、その途中で彼女は目隠しをされる。目指す家につき目隠しをはずされたサイダは、彼らが彼女をつれてきた本当の理由を告げられる。「聞きな、おばさん。ここにいる俺たちの妹の腹をさわって、彼女が妊娠しているのかどうか診断してくれ。俺たちは後であいつの子宮をかっさばく。そしておばさんが正しく、赤ん坊がいたら、お礼を払うよ。だけど、もし妊娠していなかったなら、おばさんもあいつと一緒に死ぬんだ」。

サイダは恐怖に震えながら、真っ青になっている娘に近づき診察する。結果を言うのをためらっているサイダにたいし、男は言わなきゃ殺すぞと叫ぶ。「産婆は、間もなく自分の目の前で屠られるであろう哀れな少女にあわれみの視線を投げかけ、答えた。『確かに……彼女は妊娠しています。……アッラーにかけて、この子は罪を犯しました。……それは本当です、けれどどうか哀れみを。……神と預言者たちの名前にかけてお願いします。……赦してやって下さい』」。しかし、男たちは聞く耳をもたない。娘に最後の礼拝をするように勧めるかたわらでナイフを鋭く研ぎ、すべてが終わるとただちに妹の頸動脈を切断する。そして子宮が開かれ胎児が確認される。サイダの診断は正しかったのだ。

「アジーズ［男の一人］はあたかも割礼を終えた後のように、両手を洗いにいった。それから金をポケットからとりだし、それを産婆に渡そうとした。しかし彼女はそれを受け取るのを頑なに断った。このような罪深き行為でもうけることなどできなかったのである」。

名誉のための惨劇――民族誌から

これが「未婚の妊婦」を扱った「文学」テクストだとしたならば、いわば「既婚の姦婦」の殺害にふれた「民族誌」テクストもある。一九三八年に初版が刊行された『エジプト農民』において、著者のアイルート神父は次のように記している。

――次のようなことは数多くある例のうちの一つである。マフムード・アフマド・アブダッラーが、いつものようにナグ・ハマディ近くの自分の村から畑に向かっているとき、三五歳になる彼の妹が男から誘惑されたという話を聞いた。彼はただちに村に戻り、まっすぐに妹の家にいった。一言も発さず彼は持っていた斧を振り上げ、哀れな女の頭蓋骨をかち割った。この犯罪は人に知られ彼は素直に自首した。妹を殺した武器を警官に渡してを自白した後に、彼は家族の名誉のためにこの殺人を行ったのだと明言した。★21

なお、ここで注意しておかなければならないことは、このような「処女性の尊重」や「名誉のための殺人」は、アラブ・ムスリム地域に限定されたものではなく、地中海の北岸の南ヨーロッパ地域にも共有されていることである。★22その点で、民族学者、G・ティヨンが指摘しているように、この慣行はアラブ・イスラーム的というよりも、地中海地域の「イトコたちの共和国」における特異な価値観として検討した方が良い部分もあると思われる。★23

さて、先に引用した部分の前の段落で、アイルートはエジプト農民女性について、「彼女は好きなように外出して、他の女性たちと噂話に興じることができる。しかし、男と一緒にいたり、いつも行かない場所に一人でいるところなどを見られたら、大変である」と書いている。★24その場合、彼女を待ち受けているのはマフムードの妹と同じ運命であるかもしれない。あらぬ疑いを避けるためには、彼女は余り外出しない方が賢明である。そのことはとりわけ、周囲がすべて顔見知りであり、かつ女性も労働力として畑で働く機会が多い農村よりも、匿名的な群衆が集住している都市において強調されよう。そこから、都市におけるハーレム、すなわち女性の身体を家庭内空間へ封じ込めようとする制度が生まれてくる。

封じ込められる身体―ハーレム制度

女の空間

エジプトの初期フェミニズム運動の代表的活動家、フダー・シャアラーウィーの回想録を英訳した歴史学者M・バドランは、解説を兼ねたその序文で次のように記している。

――ハーレム、いつでもヨーロッパ人に多くのエキゾティックなイメージを抱かせるこの言葉は、単に、家屋の中で女性と子供たちが日常生活を送る部分のことであった。ハーレム［より正確にはハリーム］はまた、ある男性の妻（たち）をも意味しており、ある種の敬意を含んでいた。中東のいずれの都市とも同様にエジプトでも、一九そして二〇世紀初頭（そしてある地域では今日でも）の上流・中流階級の間では、女性と男性とは分離されていた。女性は家庭内の私的に囲いこまれた室内で自分たちの人生を過ごしていた。外出の際には顔面をヴェールで覆い、そうして自分たちの隔離生活を一緒につれて歩いていた。★25

この短い文のなかに、女性の身体をめぐるきわめて興味深い二つのテーマが述べられている。それは、まず主として都市に住む伝統的なアラブ・ムスリムの上流・中流家族においては、女性の身体は基本的に家庭内の特定の場所（ハーレム）に封じ込められていたということである。つまり、ハーレムに封じ込められることで、彼女たちの身体は「物理的」に街頭から消される傾向にあったといえる。この問題が本節のテーマになる。

さらに彼女たちは、外出の際にはヴェールをかぶる必要があった。すなわち、ヴェール着用によって、身体は家庭の外にありながら、あたかも家庭内空間にとどまっているかのようにみなされていたのである。その意味で、街頭での彼女たちの身体は「象徴的」に消去されていたといえるであろう。この慣行に対する女性たちのさまざまな評価、それに基づく彼女たちの行動が次節のテーマとなる。★26

さて、バドランの文章から示唆されるように、ハーレム制度とヴェール着用は二〇世紀の前半に大きな転機を迎えた。今日ではハーレム制度はほぼ消滅したといえるであろう。それは、女性が家庭内に封じ込められた状態から、家庭外に進出する機会が質

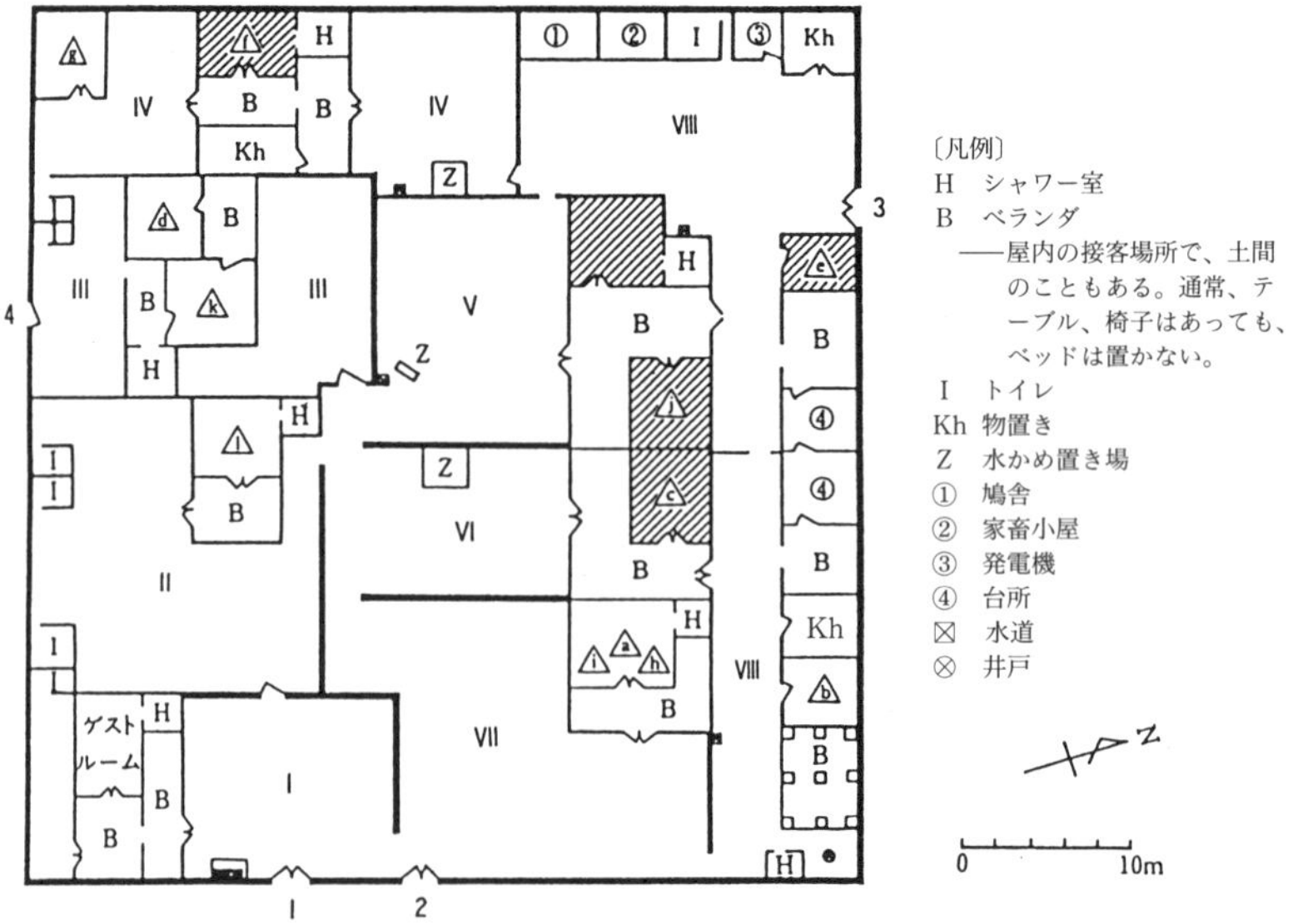

（注）図中▨印の部屋では、女性たちが寝起きしているとのことである。その他の記号は凡例参照。

図1　北スーダンの農村の屋敷地の例（平面図）

出典：「変動する現代世界のなりたち」晃洋書房

的に変化し、量的に増えたことを意味している。とはいっても、今日でも男性は外、女性は内といった空間区分はある程度遵守されており、外部の者の目にも容易に入るものである。とりわけ、それは家屋構造に反映されている。

一般にアラブ・ムスリムの家屋には、入口に近いところに男性客人接待用の空間が設けられている。たとえば、私が調査した北スーダンのある農村の屋敷地（図1）は、客人接待用の空間（I）、比較的外に開かれた青年たちのたむろする空間（IIおよびIII）、完全に女性と子供だけ——きわめて近しい身内の男性は立ち入ることができるが——の空間（VIII）とに明確に区分されている。男性の客は入口1か2を用いてIの空間に入りそこで対応され、村の若者たちは1、2または4の入口を利用してIまたはIIやIIIの空間で時を過ごし、それより奥に入ることはできない。女性訪問者は3の入口から直接VIII空間に入ることが多い。この屋敷地の空間構成において男＝外、女＝内という原則が端的に表現されており、外に開いた内（空間I）と内なる内（空間VIII）という対比も容易にみてとれるのである。[★27]

家庭内で男性が入りこめない空間があるのに対応して、家庭外では女性の立ち入ることがはばかられる空間も存在している。男性の社交場カフェや食堂の類はその代表的な場である。モロッコを調査した合衆国の人類学者V・クラパンザーノは、モロッコで自分が受けた文化ショックの例として、血まみれになった神秘主義教団員の実施する儀礼と並べて、「それより重要ではあってもそれほど劇的ではない」ものとして「女性の姿を一度として認めたことのないレストランでの食事」をあげているほどである。[★28]

家庭内からの政治的操作

このような男／女と内／外との対比図式を、公／私（public/private）の二元論と重ねて理解して行こうとする傾向がある。この一見すると妥当と思われる議論を、人類学者、C・ネルソンは批判する。[★29]彼女も中東において、男女の生活領域が分離される傾向にあることは認める。だが、それを公私の区別と対応させ、さらにこれらの対立項の前項（男・公）にのみ「権力」が握られているという前提が誤りであると主張しているのである。中東の女性たちの主たる生活空間は、確かに家庭内である。しかしながら、彼女たちは、男性には介入できない女性同士のこみいったネットワークを通して独自の利益集団を構成しており、それを媒介とした情報の操作によって身近な男性の社会的・政治的判断にさまざまな影響を与え、ときには宗教的・超自然的手段（妖術、占い、治病、憑霊など）によって男性の人生を左右するのである。ネルソンによれば、「われわれは家庭内的と政治的という観点から、私と公といった比喩を検討し直さなければならない。………女性は公［政治］的出来事に関わりあうが、それを彼女は私［家庭内］的位置からするのである[★30]」。

アラブの女性は「政治」から疎外されているという通説に反し、彼女たちが「政治力」を行使している事例を、ネルソンはいくつも紹介している。その他にも、たとえばスーダン人人類学者、アブドゥルガッファール・アフマドの報告によれば、スーダン・青ナイル地域の牧畜民、ルファア・アル＝ホイでは、政治的問題、移動ルート、テント集団内での争いなどをめぐる議論と決断とは、男のみが出席する集会でなされる。だが、出席している男性はしばしば中座してテントに戻り、話し合いの途中経過を妻に報告し、彼女の意見を聞いてから改めて集会に参加するという[★31]。このように、女性は公的・政治的世界（＝家庭外）にはその姿を現さないが、しかし裏（＝家庭内）からそこでの決定に大きな影響を与えているのである。

さて、家庭内から何らかの政治力を行使していた可能性があったとはいえ、基本的には女性の身体は、今世紀の初めのころまではハーレムに封じ込められていた。しかし、それはこの一世紀ほどの間にかなり「解放」された。ヴェールをはずし、洋服を着て街頭を歩き、学校や職場に進出する女性が、とりわけ二〇世紀後半には急増してきたのである。ヴェールと外套なしの女性の身体は、家庭外でもかなり目につくようになってきたわけである。だが、ここに一つのパラドックスが生じた。それは一九七〇年代以降、とりわけ中東都市部のムスリム女性の間に、ヴェール着用者が再び増えだしてきたことである。

身体の象徴的消去―ヴェールの着用

脱ヴェール化の波

一九二三年の初夏のある日、カイロの駅頭には大勢の女性が集まっていた。彼女たちはローマで開催された国際女性連盟の会議にエジプト代表として出席した二人の仲間の帰郷を待っていたのである。汽車が着き、フダー・シャアラーウィーとサイザー・ナバラーウィーがタラップを降り始めた。突然、フダーが、次いでサイザーが自分たちの顔面を覆っていたヴェールを脱ぎ出した。待ち受けていた女性たちは歓声をあげ、一部の者は彼女たちにならってヴェールを脱ぎ始めた。バドランの記すところでは、彼女たちの父や夫たちに命じられて護衛していた宦官たちだけが、一斉に眉をひそめたといわれている。彼女たちの勇気ある行動がエジプトにおけるハーレム制度の終焉を告げた。この瞬間に、フダーは彼女の人生の前半と後半との分岐点に立っていたのである。すなわち、ハーレム制度の因習の中での人生と、女性運動の指導者としてのそれとの分かれ道である[32]」。

まさしくこの時が大きな転換点であった。その後、徐々にしかし着実に、エジプトの女性たちは外出時にも顔面をヴェールで覆わなくなってきた。この動きが、とりわけ都市部に住む上流・中流階層出身の女性のなかから芽生え、進展していったことが興味深い。というのも、労働の必要などから比較的ラフなスタイルで外出できた農村部や都市下流階層の女性たちと異なり、彼女たちこそハーレム制度の最大の犠牲者であったからである。

彼女たちの服装は、次第にラフなものになってきた。顔面のみならず、頭部の覆いや外套もつけなくなり、洋服姿で四肢を露出して、ついにナセル時代には当時の世界の流行ファッションに合わせてミニ・スカートをはく女性も登場した[33]。その意味では、彼女たちは家庭内に封じ込められた自分たちの身体を解放し、男の視線も気にせず公の場に姿を現すようになったのである。

ヴェールの復活——七〇年代後半から八〇年代前半

このような脱ヴェール化の潮流に変化の兆しが見えだしたのは、エジプトの場合は第四次中東戦争の終わった一九七三年以降のことである。都市の高学歴の女性の中に、ヴェール着用とともに身体の線が露出しないゆったりした長袖・マキシ丈のワンピース服が流行しだしたのである。これは「イスラーム服」などと呼ばれていた。

F・エル＝グインディによれば、イスラーム服には次の三つの段階が見られるという。①長袖シャツにスラックスまたはマキシ・スカートをはき、スカーフまたはボンネットをかぶって頭髪を隠す段階。②スカーフの替わりに、尼僧のように顔以外の頭部全体を覆うヒマールと呼ばれる頭巾をかぶり、ギバーブという長袖のゆったりした丈の長いワンピースを着る段階。以上二つの段階の者はムハッガバなどと呼ばれる。③目を除いた顔全体を覆うニカーブと呼ばれるヴェールをかぶり、ゆったりしたワンピースはもとより、真夏でも手袋をして自分の肌を絶対に公衆の視線にさらさない段階。着用者はムナッカバと呼ばれる。[★34]

このようなヴェール姿の女性の登場、それはおりから高まりつつあったイスラーム復興運動とのかかわりでさまざまな方面から議論された。五〇年ほど前に女性束縛の象徴として唾棄されるべき対象であったヴェールを再び着用することが、近代的政教分離の政治原理に反抗して「中世的な」祭政一致体制への回帰を目指す「原理主義運動」と呼応すると考えられたのである。この点に関してはすでに別のところで議論しているので、ここではそれをくり返さない。[★35]ただ、重要なポイントとして、いわゆるイスラーム復興現象は単なる「復古主義」ではなく、イスラーム的な「近代」への模索の試みと思われる側面も持つこと、一九七〇年代の女性のヴェールは「祖母のヴェール」への単純な回帰ではなく最新のファッションと考えられること、さらに、彼女たちは宗教に関心を持っているが、だからといって武力闘争も辞さない急進的イスラーム主義運動を必ずしも支持してはいないこと、などを指摘しておくべきであろう。むしろ、女性のヴェール着用は、今日のエジプトにおける急激な社会・文化的変動のなかで、都市に住む比較的若い女性たちの自己アイデンティティの模索の帰結とも考えられるのである。

ヴェールの復活――八〇年代後半

この点において、政治学者、A・マクラウドの研究がきわめて興味深い[★36]。彼女によると、一九七〇年代後半にエジプトの大学のキャンパスを中心にイスラーム主義運動と多少なりとも関連しながら出現した女性のイスラーム服と、八〇年代後半カイロの下層中流階層出身の有職女性たちの間に広がったそれとは、同じ動機に基づいて着用されていたものではない。後者は、家庭のなかで家事に専念してきた祖母や母とは異なり、一家のなかで初めて家庭外に職場を持った世代であり、同じ階層の男性たちよりも高学歴である傾向が強い。とはいっても、彼女たちは先進国の女性やエジプトでも上流階層の者たちのみが持っている「自己実現のための職業」という意識はない。むしろ、できることなら家庭生活に戻りたいと考えている人々なのである。

それではなぜ彼女たちは働くのか。マクラウドは経済的な理由を挙げている。下流階層の人々とは異なり、上昇志向のある下層中流階層の人々は住宅費や教育費などで、かなりの負担を強いられている。その様な「威信財」を手に入れるためには、一家の男性だけの収入――たとえ彼らが副業をしても――では間に合わず、どうしても妻や娘の現金収入が必要になってくるのである。

一方でこの階層の人々は、これまでふれてきたアラブ・ムスリム社会の男女関係に関する伝統的イデオロギーをかなり共有している。つまり、女性はむやみに外出せず、家庭内でよき娘、そして結婚後はよき妻・母となって家事と育児とに専念すべきという考え方である。ここで彼女たちはジレンマに直面する。家庭内に入るのがふさわしいと思いながら、経済的必要から外での仕事につき、結果的には自分の理想とは異なる生き方をせざるを得ないという葛藤に、彼女たちは悩んでいるのである。

マクラウドの解釈によると、この袋小路から脱出する手段としてイスラーム服がある。それを着用することによって彼女たちは、不本意ながら経済的事情から職場で働いているが、それでも自分は伝統的すなわちイスラーム的な価値観に従っている、と暗黙のうちに主張しているのである。マクラウドがイスラーム服着用者にその理由を尋ねたところ（おそらく複数回答）[★37]、八割が自分がムスリムであるからと言ったという。マクラウドは、これはおそらく「準拠集団」としてのムスリム社会という意味であり、戦闘的なイスラーム主義運動の支持を意味しているのではないと見ている。むしろ彼女たちは、過激派を「悪いムスリム」とみなし、「犯罪者」とすらいうことがあるらしい。その他、イスラーム服着用の理由として彼女たちが挙げるのが、イスラーム服が流行のファッションであるというもの（五六パーセント）や「よきムスリム」というイメージを表現しているので路上などで男性からむやみに声をかけられないという自己防衛手段という理由（四〇パーセント）などがある。

「同調的抗議」としてのイスラーム服

このような八〇年代後半以降の新たなイスラーム服の流行現象を、マクラウドは「同調的抗議」という用語で説明しようとしている[★38]。それは、国家に対して直接的になされるあからさまな反抗行動ではない。だが、自分たちに経済的犠牲を強いる政府に対する間接的な異議申し立てであり、それ以上に自分たちの悩んでいる葛藤を理解してくれない身近な周囲の世界に対して無言のうちになされる抗議である。それは、自己の意志に反して家庭外で働いているのに、それが時として批判の眼差しにさらされるという理不尽さに抗して、自分たちに正当な敬意を払うことを要求する行動とも考えられるのである。

その一方でヴェールへの回帰は、これまでの伝統的なジェンダー・イデオロギー——男は外で仕事、女は内で家事育児に専念——に順応しているという意味では、既存の体制に「同調的」な行動でもある。それだけでなく、男女の「不平等な」秩序を再生産していくという役割も果たしている。したがって、彼女たちより上の世代で、今日責任のある役職についている女性たちは、このような動向を苦々しく感じている。その一人が言う。「そうね、あの子たちがしたいのならヒガーブ［ヴェール］を着けてもいいでしょう。けれど私は御免だわ。私は今の自分の地位（管理者）になるまで一生懸命働いてきました。あの子たちは昔女性の生活がどれほど厳しかったか知らないのよ。人が何を着てもいいけれど、私は決してヒガーブを着ないつもりです[★39]」。

やはりヴェールの復活は、時代に逆行する「反動的」行為なのであろうか。女性は自らの身体を再びハーレムに封じ込めようとしているのだろうか。ここでは軽率な予言は慎みたいが、私は一時的な停滞はあっても、女性の家庭外への進出は後戻りのできない歴史的過程ではないかと考えている。その点で興味深い一つのエピソードを紹介しよう。

「ムスリム同胞団の母」の逆説

ザイナブ・ガザーリーは、エジプトでもっとも著名なイスラーム主義運動の組織、ムスリム同胞団の女性幹部であり、「同胞団の母」とも呼ばれている。合衆国のイスラーム学者、V・ホフマンのインタビューに応じてザイナブが言うには、彼女は一八歳であった一九三六年に「ムスリム女性連盟」を組織したが、その当時はフダー・シャアラーウィーと協力して運動を行っていたという。しかし、幼い頃に受けたイスラーム教育のために、フダーたちの説く「女性解放」はムスリム女性にとって正しい道ではないと確信するようになり、三九年以降同胞団と行動を共にするようになったという[★40]。

インタビューのなかで、ザイナブは次のように発言している。「イスラームは、女性が活発に公的世界に参加することを禁じてはいません。働くこと、政治に関わること、自分の意見を述べること、その他を妨げてはいません。ただし、それは彼女の第一の義務、すなわち母としてイスラームの教えにしたがって子供たちを最初にしつけるという義務を阻害しない限りにおいてです。そこで、彼女の第一番めの、神聖なそしてもっとも重要な使命は、母そして妻となることとなのです[★41]」。このようにザイナブは明確に女性の家庭内での活動の優先を主張している。しかし、ここでも逆説的なことに、このような彼女の思想は、まさしく家庭内ではなく、公の場でのさまざまな活動――その中には影響力の強い同胞団の機関紙への論文執筆も含まれる――を通して得られたものなのである。実際、彼女の最初の夫は「彼女が家庭の外で活動することに反対して」彼女と離婚したとされている。★42

このように時代の流れ――おそらく広い意味での「近代化」と呼べるであろう――は、確信的な女性イスラーム主義者すらも「家庭外」へ連れ出したのである。その結果、かつてのような「家庭内」からではなく、まさに「家庭外」の場において、彼女たちが公的＝政治的活動に積極的に関与する可能性が広がったのである。これまでふれてきた女子割礼、性的「不始末」による殺害、ハーレム制度といった現象は、すべて女性の身体に外部から「物理的」に加えられた力の結果であり、そこでは彼女は徹底的に「受け身的」な存在として、身体（もしくはその一部）を消し去られたり、封じ込められたりしてきたのであった。それに対して、七〇年代以降の女性のヴェール姿は、彼女たちが「主体的」に自分の身体を「象徴的」に消し去ろうとした行為であった。一見すると時代錯誤的な「過去への回帰」と思えるこの流れのなかに、それでも一つの歴史の転換を見出すことも可能なのである。

付記　本論文の第一稿は一九九三年に執筆されたが、諸般の事情から刊行が今日まで遅れた。その間に本論文は部分的に改稿され、拙著『近代・イスラームの人類学』（東京大学出版会、二〇〇〇年刊）の第五章に収録された。また内容面でも、ここで扱ったテーマの一部に関しては、その後の状況の変化などを織り込めば、書き直すべきところがある。しかし、今回は最小限の修正にとどめた。本論文第一稿執筆後、ここでふれたテーマを多少なりとも展開した拙稿としては、以下のようなものがある。興味をお持ちの方は参照していただければ幸いである。

＊「男女隔離の世界？」佐藤浩司編『シリーズ建築人類学2――住まいにつどう』学芸出版社、一九九九年刊（スーダンの村の事例を中心に、アラブ世界にみられる男女の生活空間の区分を検討）

＊『いまを生きる人類学』中央公論新社、二〇〇二年刊（一九九〇年代後半におけるエジプトの「女性解放」の兆候と再ヴェール化の進展、および女子割礼／女性性器切除（ＦＧＭ）の詳細な議論とエジプトにおける反ＦＧＭ運動の紹介）

＊「ジェンダー空間の変容」大塚和夫編『現代アラブ・ムスリム世界』世界思想社、二〇〇二年刊（エジプトを中心に、ジェンダーに基づ

く空間分節化の近年における変容を考察）

＊『イスラーム主義とは何か』岩波書店、二〇〇四年刊（再ヴェール化などに関する最新の資料を提示。なお、「イスラーム主義」と「イスラーム復興」との区別も明示）

＊「イスラーム世界と世俗化をめぐる一試論」『宗教研究』三四一、二〇〇四年（女性の社会もしくは公共空間への進出と再ヴェール化という一見背反すると思える現象を説明する際に用いられる「世俗化」という概念の理論的検討）

註 文中★標示

★1－エドワード・サイード（今沢紀子訳）、一九八六『オリエンタリズム』、平凡社、二一三頁。

★2－サーラ・スレーリ（大島かおり訳）、一九九二『肉のない日』、みすず書房、三三頁。

★3－サイード、前掲書、二〇九および二一三頁。

★4－高山宏、一九九二『テクスト世紀末』、ポーラ文化研究所、五五頁。

★5－Mernissi, F., 1985, Beyond the Veil. (p.41). London: Al Saqi Books.

★6－Rosen,L., 1984, Bargaining for Reality. (pp.31-33). Chicago: The University of Chicago Press.

★7－*ibid*., pp.32-33.

★8－*ibid*., p.37.

★9－インフォーマントの語りが必ずしも「事実」ではなく、相手（民族誌学者）に合わせた「作り話」でもありうる可能性を如実に示す例として、V・クラパンザーノ、一九九一『精霊と結婚した男』、紀伊國屋書店、および同書に訳者解説としてつけた拙文を参照していただきたい。

★10－Rough, A., 1982, Forward (p.xiv). In N. Atiya, Khul-Khaal. Syracuse: Syracuse University Press.

★11－Atiya, N., 1982, Khul-Khaal. (P.137). Syracuse: Syracuse University Press.

★12―*ibid.*, p.11, 79. なお、エジプトでは一九四〇年代ぐらいまで、キリスト教徒の女子割礼も実施されていた。同書四一頁を参照のこと。

★13―El Dareer, A., 1982, Woman, Why Do You Weep? London: Zed Press.

★14―*ibid.*, pp.72-73.

★15―コーラン第三〇章第二一節、第四章第一節の前半など。なお、以下で紹介されるエジプトの結婚をめぐる慣行の詳細に関しては、拙稿、一九八五「下エジプトのムスリムにおける結婚の成立過程」『国立民族学博物館研究報告』第一〇巻二号を参照のこと。

★16―なお、今日ではこのような処女証明を行う場合がきわめて少ないこと、さらにそのような慣行に対してエジプト人内部にも批判があることについては、前掲拙稿、三〇一～三〇二頁参照。

★17―その他、一族の男性の名誉が問われる状況として、報復闘争（タール）の実行、近親の所有財産（農地など）の保持といったものがある。報復闘争に怖じ気ついたり、身内の財産をむざむざ他人に売り渡すことなどが、一族の恥と考えられているのである。

★18―エジプトに関しては、前掲拙稿「結婚の成立過程」三〇一頁および拙稿、一九八三「下エジプトの親族集団内婚と社会的カテゴリーをめぐる覚書」『国立民族学博物館研究報告』第八巻三号、五六九～五七〇頁を、またスーダンに関しては、El Dareer, op. cit., pp.56-57 を参照。

★19―この出来事にふれながら、子供が「不始末」をした時の親の責任の取り方について、エジプトと日本の場合を比較しながら論じたものとして、拙稿、一九八六「子の不始末と親の責任」（端信行編）『日本人の人生設計』、ドメス出版、がある。

★20―Accad, E., 1978, Veil of Shame. Quebec: Editions Naaman, pp.145-146.

★21―Ayrout, H. H., 1963, The Egyptian Peasant. Boston: Beacon Press, pp.122-123.

★22―Peristiany, J. G., 1976, Introduction, In J. G. Peristiany (ed.) Mediterranean Family Structure. Cambridge: Cambridge University Press, pp.11-12.

★23―Tillion, G., 1983, The Republic of Cousins. London: Al Saqi Books. なお彼女は、妻が不貞を働いた時に夫ではなく兄弟などが彼女を殺害する理由として、報復闘争の慣行の存在をあげている(同書一六九頁)。つまり、この地域は親族集団内婚が多いとはいえ、異なった一族の者同士の結婚の場合には夫は妻とは別の親族集団に属すことになり、したがって夫が妻を殺せば彼女の身内から「報復」されざるをえないので、それを避けるためにこの慣行が生まれた、というのである。

★24―Ayrout, H. H. *op. cit.*, p.122.

★25―Badran, M., 1986, Introduction. (p.7). In H. Shaarawi, Harem Years. London: Virago Press. [ ] 内は大塚の補足。

★26―ムスリム女性のヴェールのかぶり方が、地域、階層、そして接する相手との社会的距離などによって変わりうる融通性を持つものである点は、たとえばD・アイケルマン、一九八八『中東―人類学的考察』、岩波書店、一四一～一四二頁などを参照のこと。

★27―詳細は、拙稿、一九九三「北スーダン・アラブ人の空間認識」、（杉本尚次・中村泰三編）『変動する現代世界のなりたち』、晃洋書房、一一一～一一四頁を参照のこと。なお、この屋敷地住民の身内や親しい知人男性は、3の入口を利用してⅧの空間に入ることもできるので、空間区分は男女という基準だけではなく、社会関係の親疎という要素も関わってくることに注意する必要がある。

★28―V・クラパンザーノ前掲書、二三五頁。

★29―Nelson, C., 1974, Public and Private Politics: Women in the Middle Eastern World. American Ethnologist 1-3, pp.551-563.

★30―*ibid*. p.558. [ ] 内は大塚の補足。

★31―Abdal-Ghaffar M. Ahmad, 1974, Shaykhs and Followers. (p.37). Khartoum: Khartoum University Press.

★32―Badran, *op. cit*., p.7.

★33―ただしこれらのファッションは、都市の中流階層以上の現象である。都市下流階層ならびに農村地域では、女性はガラビーヤと呼ばれる伝統服を身につけ、外出時には黒の外套とショール（ヴェールの役割も果たす）を当時もそして今日でも身にまとう。この点については、拙著、一九八九『異文化としてのイスラーム』、同文舘出版、二三五～二四一、二五八頁などを参照していただきたい。

★34―El Guindi, F., 1981, Veiling Infitah with Muslim Ethic. Social Problem 28-4. pp.274-275.

★35―前掲拙著『異文化としてのイスラーム』、第一〇章などを参照していただきたい。

★36―MacLeod, A. E., 1991, Accommodating Protest. New York: Columbia University Press.

★37―*ibid*., pp.109-115.

★38―*ibid*., pp.125-163.

★39―*ibid*., p.113. [ ] 内は大塚の補足。

★40―Hoffman, V. J., 1985, An Islamic Activist: Zaynab al-Ghazali. (pp.233-238). In E. W. Fernea (ed.) Women and the Family in the Middle East. Austin: University of Texas Press.

★41―*ibid*., pp.236-237.

★42―Hoffman-Ladd, V. J., 1987, Polemics on the Modesty and Segregation of Women in Contemporary Egypt. International Journal of Middle East Studies 19-1. 41.

第IV部

身体の運動空間

身体パフォーマンスの発生とストラクチャー

市川　雅

アリストテレスにおける「憐憫」

アリストテレスの「詩学」の六章には悲劇の構成要素が列挙されてある。悲劇とは単に人間を模倣するものではなく、人間の行為を模倣するものであること、劇的模倣の本来の対象は性格ではなく行為であるが、行為を描くために性格もとりいれられること、悲劇的効果に対して決定的意義を有するのはプロットであること、悲劇においてひとの心をとらえるのはプロットの構成部分の事態の急転と人的関係の発見であることなどが詳述されてある。[★1] アリストテレスはソフォクレスの「オイディプス王」のことを考慮しながら、悲劇について書いたといわれる。

古代ギリシャのテバイに猛威をふるう疫病を静めようと決意したオイディプス王はアポロンの神託をうかがうために妃の弟クレオンをデルボイに派遣する。クレオンは先王ライオスの殺害者を追放すべしという神託を伝え、オイデイプスは老予言者ティレシアスにその犯人をたずね、意外にも自分が下手人であることを知る。オイディプス王はクレオンの陰謀と考え、彼に死刑を宣告する。そして妃から先王殺害の事情をきき、かつて自分の殺した老人のこと、父を殺し母を妻にするという幼時からの不吉な予言を思い出す。そしてまた自分がテバイの生まれで山中に棄てられていた事実を知る。先王ライオスと妃イオカステの実の子であることを知ったオイディプス王は自ら両眼をえぐりとり、クレオンに後事を託して二人の娘とともに旅に出る。

筋書はこのようなものだが、ここで重要なのは事態の急転、それによって引き起こされる舞台上の人物と観客の情緒的変化である。ティレシアスの告白によってオイディプス王は自分の位置が転倒するのを感じ、苦しみ始める。その苦しみは怖れと怒りの混濁したものである。その苦しみの後にイオカステから事実を突きつけられ、過去の明白なる事実であることを認知する。そして、彼は狂ったように自分の両眼をえぐり取り、過去の罪深き事実のために自身の眼球を犠牲としてさし出すのである。緊張に耐えている自身の過去の諸事実と今の自分との関係は、もろくも崩れ始める。観客はこの一連のオイディプス王の行為にまず憐憫を感じ、続いてカタルシスに至るのである。

苦しみに対応する憐憫と犠牲に対応する心理的浄化が、パフォーマンスの基本的な原理を構成していることはすでに推測できたであろう。アリストテレスはさらに悲劇を〝憐れみと怖れの誘発を通じてかような情緒のカタルシスをなしとげるもの〟〝悲劇は単に完結した行為の模倣であるのみならず、怖れと憐れみを起こす出来事の模倣である〟と記述している。主人公を不幸から幸福へと転換するようなプロットは憐れみも怖れも起こしはしない。破壊的な、苦痛を与えるような害悪によって、われわれ自身と同格の人々が過失によって不幸を体験し、このことが憐憫を起こさせるのである。なんたる不幸よ、なんたる運命なのだろうか、という叫びが憐憫の背後から聞こえてくるのだ。オイディプス王は父を殺し、母と姦通するという近親相姦と憎悪の真只中に自身の運命が転落していくのを体験している。ギリシャ劇にあっては血縁によって結ばれているような親愛の間柄が悲劇的行為によってひき裂かれて憐憫と怖れの情緒はいやがうえにも高められている。[★2]

ただ、演技者＝観客関係は憐憫だけを介在させて成立はしない。コメディや笑劇は笑いを観客に与える。だが笑いは、観客にふりかかってこない悲惨だから起こってくるのだ。見る＝見られるという関係は距離の中で成立するが、心理的な距離という点から見れば悲劇においては心理的距離がほとんどないのに較べ、コメディは自分と関係のないこととして心理的距離をもって見ることができる。

憐憫に誘発される心理的な浄化はカタルシスと呼ばれていることはすでに述べた。しかし憐憫の情とは演劇だけに特有な情緒的効果ではない。同情して自分のことのように感情移入して涙を流すシーンは多い。他人の不幸に同情するというのが憐憫の基本であり、その同情のためにその人になにかをやってやろうかという交換と贖罪の論理が生まれてくる。同時に他人の同情を買うために、なにか演技（パフォーマンス）をしなければならないという演技者の意志が生まれてくる。演技―交換（贖罪）―授与というドラマトゥルギーを私はここで言おうとしていることに気づくだろう。

乞食のパフォーマンスと憐憫の感情

ここで演技＝パフォーマンスの概念について検討する必要がある。青木保は『儀礼の象徴性』[★3]で、儀礼に近似した概念としてパフォーマンスに言及している。S・F・ムーアの儀礼的行動は一、繰り返し行なうものであること。二、意識的に行なうものであること。三、特別の行動ないしスタイルをもつ。四、秩序立ったものであること。五、喚起的で顕示的なスタイルをもつ。六、集合的次元に属する。

この要素の指摘はほとんどパフォーマンスにもいえることである。ただ、要素の強度の相違があることは認めなければならない。ここで筆者が頭に描いているのは世界各地で散見した乞食のパフォーマンスであることを頭に入れておいてもらいたい。乞食のパフォーマンスは繰り返し行なわれるが、社会的、季節的な拘束力はなく、行為者の自由にかなり任されていること。儀式と異なり、神に奉仕するというような敬虔な行動ではないので、それほど秩序立ったものでないこと。だが、まったく喚起的、顕示的そのものであること。集合的ではなく、個人的な場合の方が多いことなどが指摘できる。

一方、E・ゴフマンの『行為と演技』によれば、パフォーマンスとはある特定の機会にある特定の参加者がなんらかの仕方で他の参加者のだれかに影響を及ぼす挙動の一切の行為とされている。[★4] ここで重要なのは他の参加者の存在である。他者を想定しなければパフォーマンスは必要がなく、ただコミュニケーションの発信者は肉体をごろりと存在させるだけで、まったく動物的に行為するだけで終始してしまうしかない。特定の行為者は他者の見る対象であり、他者の視線に曝されているのである。その関係の中から憐憫の情が生まれてくることはいうまでもない。そうした情緒を喚起するのが乞食のパフォーマンスであって、行為者はマニュアルに近い形式の枠組を持ったパフォーマンスを演ずることになる。行為者は憐憫を喚起させる一定のスタイルをもったパフォーマンスを用意している。乞食一般でいうなら、お金をもらうための容器、帽子が自身の前に用意され、情けなさそうに深々と頭を垂れるのが一般的である。マニュアル通りのパフォーマンスを演ずるとなると、パフォーマンスに熱中し常軌を逸する感情にとらわれることがあっても、行為者は自分とは別の何かを演じていることを冷静に知っていなくてはならない。

パフォーマンスの他の特徴は外面の様々な見せかけ、態度、姿勢、身振、背景などが考慮され、なにかの記号として機能するように工夫されていることである。憐憫を抱くような記号、その他の情緒を起こすために外面の装置が考えられなければならない。ただ、こうした情緒の記号は他者に理解できるものでなくては、憐憫の情すらも喚起できない。そのためこうした記号は社会的に確実にコード化されていて、読解可能でなくてはならない。社会的なコードの不在によって民族間、国家間で誤解が生まれやすいことがよくある。例えば身振のなかで、D・モリスなどが指摘しているように、[★5] ヨーロッパでの親指と人指指で円型を表示するO型サインはイスラム圏に行くと猥褻な記号になる。R・ヤコブソンもおもしろい例を指摘している。今世紀イタリア未来派のマリネッティがモスクワに講演のため滞在した時、画家のラリオーノフがもういい加減にして飲みに行こうよ、と背中に水を入れる身振を遠くから示した。だが、マリネッテイはその意味がまったく解らなかったという。[★6] この二つの例は民族によって記号内容が異なる好例だろう。同じように、パフォーマンスにも社会的なコード化が必要である。乞食の場合、パフォーマンスは物乞いと憐憫を喚起するためのものであるからコードは社会的な広がりをもち、解読困難ではないと考えたほうがよい。

パフォーマンスは演技であり、欺瞞的であるとしても、リアリティをもたなければならない。ここでパフォーマーの演技力が問題になってくる。本当に憐れみを抱かせるには、実際悲惨でなくてはならない。このリアリティを獲得するのには、行為者のコミュニティーで一般的に悲惨であると思われているコードやモデルを選択しなければならない。コミュニティーには悲惨と思われているモデルがいくつかある。日本の中で悲惨だと思われているものに親と子の別離、「山椒太夫」「隅田川」を祖型とした母物といわれるものがある。子供を失った、または親を失った子供に対する憐憫の情は悲惨の極地といってよい。

パフォーマンスとゲーム

パフォーマンスと似たものにゲームがある。ゲームについてはレビィ＝ストロース、R・カイヨワ、G・ベイトソンなどが概念規定している。ベイトソンがいうようにゲームはフレームをもった現実であって、メッセージや記号によって指示されない、つまり、別の現実である。[★7] ゲームを象徴論的に解釈して、象徴行為の祖型をさぐる論文をよく見受けることがある。例えば、クレタ島の迷宮のなかにいるケンタウロスという聖獣から回帰してくる迷宮舞踏を祖型として、日本の子供の一面二面とすすんでもとへ回帰する遊戯を解釈することもできる。これは死と再生の象徴的行為だという意見が多い。たしかに象徴的行為であるので、テキストとして読解することは可能であろう。だが、観客あるいは他者の不在という点で、パフォーマンスとゲームはまったく異なる。ゲームは他者に向かって行なう必要はまったくない。だが、アゴン（競争）に相当するものは相手を必要とする。それは見るための他人ではなく同じルールで同様な行為をするために選ばれた同伴者なのである。賭博、競輪のようなものはまったく一人でやることが普通である。競輪場などでジャンパーの襟を立てている人は口もきかず、はずれ券を破り捨てて帰っていくではないか。

この遊戯のパラダイムを変換させようとする試みが、六〇年、七〇年代のアメリカで見られた。R・シェクナーはゲームをパフォーミング・アーツの中心に位置させようとし、ハプニング、ボディ・アーツなどをゲーム理論で解釈しようとした。[★8]現代演劇は表現的、描写的な方法を脱し、身体メディアそのものの可能性を信じた。グロトフスキーの肉体演劇は残酷な儀式という趣があり、身体のなかから聖なるものを顕在化させようとした試みであり、身体に暴力的な力が加えられたようだ。[★9]リヴィング・シアターにしても暴力的な力が働いていたが、グロトフスキーの持たざる演劇が聖なる儀式に向かったのに較べ、もっと開かれた混沌とした暴力性に特徴があった。ゲーム理論はこれとは異なるが、身体遊戯に関心を寄せ、演劇のパラダイムの変更を迫った。未開社会の演劇にはゲーム性を強く感ずるであろう。ルールを作って、そのルールを守ることが、ゲームの原則である。彼等の身体パフォーマンスは描写的でないといったが、アニマルダンスは確かに動物の真似をする。その動物は祖霊であったり、自分達の生活に役立つ動物である。描写的に見えるかも知れないが、人々と動物はむしろ一体となっていると解釈すべきだろう。シェクナーがゲームに関心を持ち、次に民族的なパフォーマンスに近づき、最終的には演劇人類学に向かった理由は、身体パフォーマンスは描写的、表現的ではなく、隠喩的で、象徴論的であったからと思われる。外見は形式的であるのにもかかわらず、内部に記号内容を隠しているところにゲームの性格があり、それは演劇人類学の調査でたびたび指摘されている。

パフォーマンスは社会的なもので、他者を必要とすることはすでに述べた。パフォーマーはコミュニケーションの送り手であり、身振や装置によってなんらかのことを伝えなければならない。オイディプスにみられる不可避で悲惨な運命は、日常の場なら演技によって人々を欺いたりするのに使われる。ギリシャの民衆は共同体の運命の行方を知り、感動して、対価として入場料を払う。職業的な乞食は仕事時間が終わると着がえをして帰るが、執務時間中はいかに自分が悲惨な状況にあるかを演技や扮装によって伝え、憐憫の情を与え、対価としてカタルシスの気分と金銭をもらうことになる。ギリヤーク尼ヶ崎のストリート・パフォーマンスでは「津軽じょんがら」が終わるとお金が投げられたりする。田舎芝居でもおひねりという紙に包んだお金が投げられる。このお金の額及び金銭授受の形態は多種多様である。お金ではなく物品の場合もある。演者が奉納する芸能などではお神酒が捧げられ、お金は額の順に奉納者の名前が書かれて公示される。ストリート・パフォーマンスについては、いく分かの憐憫の情とともに芸能を享受した満足感が対価に込められている。神社に奉納される芸能についてはまったく憐憫の情などはなく、神にたいする敬意から対価を払っている、もちろんお金に換算されないパフォーマンスも多い。儀式、儀礼などに近いパフォーマンスやお辞儀のようなものは対価としてお金が選ばれることは少ない。

乞食のスタイル―インドにて

インドは乞食の集散地であり、様々なかたちをとる乞食がいる。ここでは肉体だけでなくすべてが解体と消滅に急速に向かっているように見える。カーリー寺院の周辺は世界で最も恐ろしい地獄のような所であった。私はこの恐ろしさに総毛だってしまったのだ。骨と皮ばかりになった病気の老人男女が道路の傍に座り込んでいる。空ろな目、もうすでに半死状態で片付けるために投げられた金が着衣の上に載っている。彼等は死につつあるのだ。もう死んでいるのだ。老人達は死ぬと片付けられ、巨大なタイルの洗い場でモップで洗われ、次に格子状に何段にも積まれ、薪の間に置かれる。死体片付け人が火を放ち、死体は焰に包まれ、死体が燃えいぶる異臭が立ち込める。死体片付け人達はさすがに興奮して、歌ったり、踊ったりするがほとんど混乱した大騒ぎであり、葬礼の儀礼としての音楽や舞踊は見られない。生焼の死体がガンジス川に投げ込まれ、母胎回帰しタラッサ（水）深く沈み、静かに解体されていく。

風化と解体に傾斜しているインドの肉体は仮の姿であり、不滅ではなく、もろく砕け、水に流され、風に舞い、鳥に喰いつくされる運命にある。肉体が輪廻転生の周期を繰り返し、はかないものであることをインドの人々はよく知っている。沢山の子供を作り、世界の平均死亡年齢とは較べものにならないほど早く死んでいく。肉体に強い力点をおかない彼等は肉体の欺瞞性を選ぶ。インドに乞食が多いのも、そして神話の再生である舞踊芸術を生んだのもこの肉体の欺瞞性のためだ。肉体はうそをつくものであり、肉体はうそをつかないという世界のどこでもいわれている常識はまったくここでは通用しないのである。自分の肉体でありながら自分の肉体ではないという感覚と、現在ある身体はすでに風化し、やがて他の物に転化していくのだという考え方が欺瞞の上塗りをする演技性なるものを生み落とすのだ。★10

追いつめられた肉体が、自分の肉体だけに依拠して、憐憫の装置を作り出す。それが演劇の原身振であった。オリッサ州のプーリの寺院の前に立つとまるで蝿のように物乞いが集まってくる。執拗な攻撃を避けて逃げるしかない。一人にお金を渡せば、ほどこしの意志があると見て、攻撃はさらに執拗になってくる。彼女等は子供を抱いていることが多い。マドラスやカルカッタの路上でもそのことは同じだ。子供なんか作らなくてもと思うが、彼等の生命観は沢山生まれて沢山死んでいくといった一瞬の人生体験にもとづいているのだから、子供の生命は本質的に薄命である。彼女達は演技として憐憫を起こさせるようなことをしない。ただ〝呉れ〟といっているだけに過ぎない。原身振としての演技はここには見当たらない。ただ、彼女達が唯一もっている演劇的な装置は抱いている子供だろう。子供にたいする憐憫の情を期待しているのだ。飢え、痩せた子供と必死になって育てようとしている母親の像が人々にシンパシーを抱かせるのだ。

原身振を演じようとする乞食を二、三例としてあげてみよう。カルカッタの街路で、詳しくは劇場に向かう途中で会った女の乞食である。彼女はサリーを頭からかぶり、ほとんど顔はわからない。身をよじりながら、時々うつ伏せになり、愁嘆のかぎりをつくしていた。声は訴えるようであり同時に祈るようでもあった。この姿は可哀想だという感情を喚起することはまちがいなく、憐憫の情に見合うコインが投げられていた。インドでは五体満足な身体は満足した状態ではなく、身体を損傷することによって生きてゆける肉体を手に入れることができる子供達がいることを知った。本当のことはわからないが、親は子供が乞食になるために手足を幼い頃に切断するという。たしかに彼等はいざったり、片足で器用に群衆の間を縫って歩き物乞いをしていた。繰り返していうが、彼等もまた、手足がないことが物乞いの装置であり、それによって憐憫の情を得るのである。アクション自体はプーリの寺院の前の女達と同じく、手や缶を差し出す直接的なものであった。蚊による伝染病といわれる象皮病で、鬱血した足を地面に放り出している乞食にも会った。行方を失った黒い血が足に沈澱し、足は半ば腐り、蝿がびっしりとその足にたかっている。こうした病気も、切断された手足と同様に物乞いの装置である。顔は笑っていて悲惨の足と好対照を示している。このコントラストがまた一層憐憫の感情を高揚させるのである。

肉体の部分の損傷はこのようにして物乞いの装置になるが、損傷のなかでよく見かけるのはハンセン氏病患者ものだ。目玉がなく顔が白骨化しているが、歩ける状態にあるのでさまよい歩く。またハンセン氏病で多いのは鼻の軟骨部分が溶けてしまい、顔の中央が黒ずんで、鼻孔だけが開口している。彼等の肉体は病気という外圧によって歪んでしまっており、回復することは不可能になっている。だが彼等は三人で組になり、一人の目あきが先導役となり、マントラを唱えながら物乞いをする。ハンセン氏病による歪曲した肉体は装置であり、三人の組合せも単純な物乞いではなくオリジナリティのあるパフォーマンスとして人々の目を引くはずだ。山田和著『インドの大道商人』には乞食とのインタビューが紹介されている。〝六つの時に目が見えなくなって……それから親が離婚して、べつべつに再婚して俺を捨てたのさ。だから俺は一〇の時から二五年、一人歌を歌ってその日暮らしをしてきたわけですよ。ときどきわたしの心におもいうかぶのは……こういう身体だから、生まれてから一度もこの村を出たことはないですよ。村じゃみんな俺のことを知っているからさ、まあ何とか食っていけるわけだよね。俺の歌うのは流行歌ばっかし。インド映画の主題歌だね。稼ぎなんて……食って、それでおしまいよ。〟[★11] 目が見えないという肉体的な欠陥はあっても、

インド・ダウンネスロール寺院の物乞いの老人（共同通信社提供）

この人はタンバリンをたたきながら流行歌を歌う点から考えると完全に大道芸人といえる。ただここで指摘しておきたいのは、プリミティブな演技によって憐憫を誘う乞食も流行歌を歌うこの男にしても、演技、歌というパフォーマンスを通してコミュニティーの内部に生きているということである。

パフォーマンスを欠落させた人々

これに反して現代の大都会にはホームレスといわれる一群の人々がいる。路上生活者といってもよいだろう。ニューヨークでは七〇年代以降彼等の名称はブラウン・バック・レディ、ショッピング・バック・レディ、ホームレスと変わってきている。彼等はホームレスつまり家庭を失っているのであって、住宅困窮者なのではない。家がないのではなく、依るべき家庭がないのだ。彼等の話では彼等は精神的な疾患を病んでおり、家族と共同の生活を営むことがいやになり、家を出るはめになったという。彼等は生活の道具をショッピング・バックに入れ、あるいはショッピング・カートに積んで移動し、適当な場所、例えば人目につかない、そして暖かい場所で一夜を明かすことになる。彼等は教会などで一宿一飯にありつけるが、それもいやで、街頭を住居にすることが多い。彼等は原則として他人から金銭をもらったりはしない、そして金銭のためにパフォーマンスを演じたりもしない。彼等は憐憫に訴えるという他人志向の生活空間の中に生きてはいないのだ。

ニューヨークにはバムといわれるアルコール中毒患者がバワリーなどのダウンタウンに住んでいる。彼等が安い酒場や公園などで酒を飲んでいるのは、ニューヨークでは街路で公然と酒を飲むことが禁止されているからだ。酒代はどうして稼ぐか。まずバワリーを車で通ると頼みもしないのにフロントのガラスをふきにくる連中がいる。汚れていようといまいと交差点で一時停車する車目がけて彼等はやってくる。運転する人達は頼みもしないのに、とはいわない。ほとんど関所を通過するための通行税感覚で一ドルぐらい払うというわけだ。彼等もまたパフォーマンスをしているわけではなく、効率の悪い、熟練度の不要な労働を提供して、金銭を得ているのだ。

日本でのホームレスの現況はどうなのだろうか。嵐山光三郎の探索によると、彼等もまた心神喪失のような病気をかかえている。彼等は朝から集めてきた料理と酒で、数人で酒盛りをしている。彼等の病気は心神喪失とともに性病、肝臓障害が多いといわれる。解剖医から聞いた話では他人の自転車を借用して事故を起こし、打ち所が悪く死んだ人を解剖すると肝硬変を患っていることが多いという。アメリカでも日本でもホームレスには酒がつきもののようだ。彼等に忍び寄ってくる大都会の抑圧的雰囲気は社会的規範から身体を逸脱させただけでは追い払うことはできないらしい。どうしてもすべてを忘れさせ、かなわぬ夢を抱かせる酒の酩酊状態が必要なのだ。三年ぐらい前のことだが、ニューヨークのダウンタウン・イーストにあるトンプキンス・スクエアからホームレスが追い出され、ホームレスと警官がもみ合った事件があった。ニューヨークの条例で、公園に夜中にたむろしてはいけないことになったからである。ホームレスはこのように一般社会生活から身体的に逸脱することによって反社会性をもつのである。うろうろ歩く、風呂に入らない、仕事をもたない、日中から寝ている、しかも人が歩くところで寝ている。誰もが排除したくなるのは当然だろう。

しかし、嵐山が考察したのはおそらく一〇年ほど前の状況であろうと思う。現在の新宿の地下道などのシェルター住人は宴会などをしない。彼等はまず段ボールを手に入れ自身のテリトリーを作る。隣に陣取る人もほぼ同じような大きさのテリトリーを作る。隣りとの距離はほとんど一定であって、まるで建築基準法にのっとっているようだ。彼等は孤独であって、たむろして酒を飲んだり話し合ったりはしない。自分の生活ができさえすれば、食うことと寝ることができさえすれば充分なのだろう。彼等は仲間がいないから、仲間を通して社会と接しようとしていない。反社会的でもなく没社会的空間に生きている。没社会的態度であるならば当然他人に乞うこともないわけで、他人に訴えかけるような身振は必要としなくなってくる。沈黙と睡眠が彼等の行為の総計なのである。

深夜、地下街の入口で夜を過ごすホームレス＝新宿駅西口（共同通信社提供）

身体損傷者と非損傷者のパフォーマンス

ホームレスは乞うことがないので憐憫を誘うことはない。インドの大道芸人のなかには身体にハンディキャップがあって、憐憫を誘いながら、歌を歌ったりして芸人、大道芸人になっているものが多い。これは憐憫を誘うと共に芸によって正当の報酬を受けるために、乞食と芸人の中間的存在あるいは重複している存在になっている。多くの場合身体的な障害をもつ人達は芸人になることが多い。日本の場合越後の瞽女などがその代表的なものだ。彼女達は説教節を語る。伴奏は三味線で出し物は「葛の葉の子別れ」「山椒太夫」などである。浪花節の前身である単調なメロディーの繰り返しからなっている。彼女達は私がインドでかつて見たような三人組の乞食のように肩に手をかけて、つながって歩いて行く。彼女達は二棹の三味線と一人の歌謡という構成で演奏する。中世の日本では障害者つまり異型の人を神の使いと考えていた。他の世界から定期的にやって来る神の使いであるために非常に大事にされたようだ。瞽女が女だとすれば、男は座頭といったが、柳田国男の『遠野物語』によると人々は遠方より来る座頭のために座頭部屋を特別に用意していたくらいだという。恐山のいたこは芸人とはいえないが、目に障害があり、人々は彼女の肉体は霊的な世界とつながっていると信じ、彼女の託宣を聞くのである。たしかに、目が見えないことによって人間の内部や一般の人が見えないものを見、感じる能力が発達してくる。

こうした芸人とは異なり目あきの芸人は神との関連もなく、異型の人でないために憐憫を感じさせることもない。彼等は様々な大道芸を演じる。東京でいえば渋谷東急デパート前、新宿の東口駅前その他である。ギリヤーク尼ヶ崎はおそらく二十年近くも大道で公演してきた。彼の場合津軽じょんがら節などを得意として、三味線をもって踊る。パフォーマンスが終わると、観客に帽子をまわして金銭を入れてもらう。ここには憐憫も神人としての扱いもなく、芸人と観客、芸を売って対価をもらうという近代的な経済関係が成立している。ただ対価が上演後だし、価格が決められていないことに特徴がある。外国の例でいえば、ニューヨークのワシントン・スクエア、パリのポンピドー・センターの前、ロンドンのトラファルガー広場など開かれた空間が多い。パリの地下鉄の通路などでも音楽を演奏する人々をよく見かける。また、パリやベルリンの地下鉄のなかでも演奏して、金銭をもらう人々がいる。

東京新聞の日曜版にノルウェイのオスロの大道芸人の生態が報告されている。[★12]カール・ヨハン大通りでペルーのインディオが「コンドルが飛んで行く」を演奏している。ショート・パンツの金髪女性や半裸の若者達が手拍子を打ち、路上には山高帽が置かれている。曲が終わるたびにポンポンと一クローネ硬貨や一〇クローネ札が投げ込まれる、その二〇メートル離れたところで空き罐を利用した打楽器などを使ってジャズの演奏がある。今度はそこから一五メートル離れてハンサムな男が手品をやっている。見物の若い男性のポケットからパンティーを取り出したりしている。まったく祝祭的な街頭風景である。もうここには憐憫を伴ったパセテックな風景はない。

生活のなかでの身体表現

筆者の父親は生涯に数回にわたってちゃぶ台をひっくり返した。私は驚愕し、父親を見た。父親が腹を立て、怒り狂っていることは幼くてもわかった。だが理由はわからなかった。きっと母親から給料の少ないことか女のことかをなじられたに違いない。ちゃぶ台のひっくり返しは私の家だけではなく、友人の家などでもあり、実は男性原理が支配する時代の男の怒りの表現として様式化してしまっていたのだ。ちゃぶ台ということばができたのは江戸時代で、ふだん用いない時は邪魔になるからたたんでしまっておくという簡便な道具として、庶民の生活に使われ始めたという。[★13]それ以前は一人用のお膳が優勢で、お膳に引き出しをつけ、自分の食器や箸を入れる箱膳も用いたという。

ちゃぶ台は共食という伝統的な思想と一家団欒という近代的家族思想を背景に生まれてきた。しかも秀逸なことは丸いテーブルであることである。丸いことによって四人が坐るスクエアーなかたちと異なり、不特定多数が坐れるようになっており、人間関係に丸味を持たせるような役割が課せられていた。だが、どうだろう。ラウンド形式はかならずしも人間関係に丸味を与えず、夫婦対立の修羅場を用意してしまったのだ。突然〝出てけッ〟と怒鳴り、誰のおかげで食わせてもらっていると思っているんだ、と続く。そして一瞬にしてちゃぶ台をひっくり返す。御馳走が散乱し、大きな子供が父親の乱行をなじり、夫婦の間に入るが、今さら制止しても遅い。亭主は下駄などをひっかけて、夜道に出て行く。おそらく飲みにでも行ったのだろう。私がここで言いたいのは、〝お父さんは怒っているのだぞ〟という表現がちゃぶ台のひっくり返しであり、その行為は私の父だけでなく、庶民の父親の多くがやった事実である。家庭での怒りの様式化であり、社会の中でコード化された身体表現であったのである。

もう一つ私の父親がやったのは〝ふて寝〟である。ふてくされて寝るの略である。これもまた、私の父親だけの話ではなく、一般にふてくされてなすすべがない状態の時にやる行為で、〝ふてくされ〟の身体表現としてコード化されているのだ。父親は母が死んだ時ボッーとしてしまったのか、あるいは驚いてしまったのか、自分が中心になって葬儀のプロデュースをやらなければならないはずなのに二階へあがって、布団をかぶって半日位降りて来なかった。ふて寝とは横になることで、かならずしも眠る必要はないが、布団をかぶることは必須条件のようだ。顔の表情を他の人に見られてはならない。泣いているのか口惜しがっているのかの他の人の判断を拒絶しなければならない。

祖父もまた息子の一人が戦死したとの報を受け、ふて寝をしたことがあった。二日位寝ていたろうか。これもまた布団をかぶっていた。わが家にふて寝の伝統があるわけではなく、どうしてよいか思考停止になり、そのため行動停止になってしまった時の身体表現として一般に認められた方法なのである。一種のサボタージュといえるだろう。彼等は責任ある立場にいるのだから家というコミュニティーを離脱するわけにはいかず、だが存在はするが行為は一切しないという態度を表明しなければならず、亀のように首をひっ込めて寝るのだ。こうして見ると様々な行為が意味内容をもつ表現を構成しているのがわかる。

身体と姿勢

E・モリス、野村雅一の著書[★14]には世界各地にそのコミュニティー固有の身振があり、同じ身振でもまったく意味が異なることが指摘されている。

インドではイエス・ノーの身振を欧米と同じように首の振り方で表現するが、これが欧米とまったく異なった表現の仕方になっている。私は南インドの洗濯屋でYシャツの洗濯を依頼したことがある。明日までに仕上がるかという問いに主人は首を横に〝曲げた〟。首を〝振った〟わけではないことに注意してもらいたい。私にとっては曲げた首はノーの意味であり、無理してても明日までにやってもらわなくてはならないといった。主人は再び首を曲げた。厳密にいえば首の曲げ方は、欧米でのノーを表わす首を横に振るのとは異なるが、私には同じに見え、ノーだといっているように思えた。実はこの首曲げはイエスの意だったのである。同じようにロシアとバルカン半島諸国は首の前への振り方は同じように見えるが、微妙に違い、意味も正反対だとR・ヤコブソンは書いている[★15]。

このように同じように見える身振も意味が正反対であったり、異なったりする。言語の代替物としての身振言語は万能だという俗説がある。旅行先の国の言葉を知らない旅行者は、帰国後身振手振で通じたと話すことがある。だが、身振は反対の意味を持つことがあるという点からいえば決して万能どころではなく、その地域コミュニティー特有の限定された意味しかもち得ないのだ。身振は言語と同じようにコミュニティーのなかでコード化されているのである。モリスがその著書でいう身振とは何かを表現し、相手に伝えるという機能をもつもので、コミュニケーションの道具であるという点でパロールに近い。だが、言語以上に広がりをもつが、対象を表現する厳密性に欠けている。ただ、言語と同様に伝えるための積極性のあるメディアであることはまちがいないだろう。

これに反してポスチャー（姿勢）は身振と異なり、静止している状態になっている。相手を喚起する能力という点で、身振は姿勢よりまさっていて、静止している姿勢は人の注意を引きつけることがない。そのために姿勢は伝達するために使われることが少ない。積極的な意志の伝達は身振によってなされるが、姿勢は意志伝達能力の劣った無意識にする不動の型式といえるかもしれない。姿勢はなにも語りかけることがない。ただ、コミュニティーのなかで共有されていることは確かである。例えば日本では職人坐りといわれる坐り方などがその例である。この坐り方は他人になにかを伝達しようというものではない。実際的な側面から解釈すれば休息のためであり、しかも椅子は必要としないし、ズボンなどの着衣を汚すことがない合理的な坐り方といえなくもない。そういった側面はあるにしろ、共有された習慣的な休息法、人々の身体技法として定着している。同じように暴走族や不良学生といった人々も職人坐りをして、煙草のまわしのみをしているのを目にしたことがある。彼等と職人はどういった関係にあるのだろうか。この坐り方の伝統を継承するという立場にはないが、普通の人達のとらない休息姿勢をとることによって、反社会的とまではいわないが、社会とすこしずれた位置に自分達がいることを無意識に示しているのだろう。

野村雅一が舞踊学会で紹介してくれたサルディニア島の人々の腕を組む姿勢なども興味深い。老いも若きも腕を組んでいるのだ。この姿勢から一般に推測されるのは、熟慮、威嚇なのだろうが、彼等はそうした意志の表現と関係なく腕を組んでいるのだ。腕組みはその発生においてなんらかの意味を持った身体表現であったかも知れないが、現在ではその意味はほとんど消滅してしまい、一種の集団的なくせとして残存しているのだろう。

新しいコードの発生

身振とか姿勢はコミュニティーのなかで認識され、共有され、コード化されている。コード化とはいい方を変えれば伝統社会のなかに組み入れられ、コミュニケートの道具として機能していることをいう。だが、伝統とはまるで関係のない身振や姿勢のコードが生まれてくるのを私達は見ているはずだ。その最も顕著な例はモードのなかで起こってくる。古い例で申し訳ないが、ジーパン・ブームなどはどうだろう。六〇年代、七〇年代は日本といわず、ヨーロッパ、アメリカの若者達はこぞってジーパンを身に着けていた。そしてこの服装はヒッピー世代の象徴として受け入れられたようだ。スーツを着るブルー・カラーやヤッピーといわれる中産階級の服装と異なり、ジーンズは労働者の着るものであった。綿をタイトに織った丈夫な布地を使っており、重労働にも耐える強さをもっている。特に芸術家や学生などの自由を重要な生存のための価値と考える人々にとっては自由の象徴と考えられていたようだ。六〇年代から七〇年代はじめのポスト・ヴェトナム戦争の制服でもあった。同じ服装をしている人にたいして、シンパシーを感じ、さらに同じ生き方、考え方をしていると思うのは自然のことだ。服装の同質性によって彼等は表現を共有していたのである。

だが、同じようにモードのなかでも、数年前に現れた原宿の竹の子族ファッションは同質性ではなく異質性、つまり差異を強調していた。バッギーではあるが、誇張、過剰が目立つ服装であった。彼女達は異質性の強調による同質性という反語的な表現を好んだようだ。服装は身体そのものより、コード化、脱コード化が素早くできるものである。身体そのものに沈着してしまった身振や行為はそう簡単には表現の方法を変化させることはできない。そのために服装は身体に代わって、あたかも身体が変わったかのような錯覚を起こさせるのだ。服装がファッションとして、身振的な表現として成立するのはその速度である。

私が身体による身振や行為のパフォーマンスとして現れたもののなかで、最も興味をもっているものにオートバイの暴走族がある。最近は数が少なくなったと聞くが、その原因は型として社会のなかで定着してしまったからだ。暴走族は出現当時は反社会的な集団と思われ、一般の人々に嫌われていた。真夜中に轟音を立てて疾走するのだから、反社会的な行為と見られて当然であろう。この暴力性は伝統社会の身体表現のコードを脱しようとする若者のいわば前衛的な新しいコードのために必要とされたのかも知れない。オートバイを用いた身体表現は、モードと同じように身体の外皮としての金属で作られた装置を必要としていた。身体は装置と一体となり分離できない。ここでは装置の身振が身体の身振であり、身体の身振が装置の身振になっている。

オートバイの思想

『イージーライダー』はカリフォルニアからニューオーリンズにオートバイで移動する二人の若者をテーマにした映画であった。彼等はヘルス・エンヂェルスに見られるような暴力的な行動をしなかったし、オートバイで群衆を追い散らしたりもしなかった。彼等は前傾などをせずに、いわば牧歌的にアメリカ中西部を走っていた。[★16] 服装こそヒッピースタイルでGパンに長髪だったが、ヒッピーの哲学である自然回帰のエコロジカルなオートバイの乗り方であった。彼等は強い自己主張や表現を求めなかった点で、オートバイの乗り方としては古典的ともいえるだろう。この映画と共に七〇年代の若者を魅きつけたのは車での逃走を描いた『バニシング・ポイント』である。一定の時刻までにサンフランシスコに到着しなければならな

気勢を上げる暴走族グループ＝1978年（毎日新聞社提供）

い男は、車で休むことなしに猛スピードで走り続ける。当然速度違反の容疑で警察に追い駆けられる。走る装置は男の逃走の欲望と結びついて、自由という表現性を帯びてくるのだ。オートバイにしろ乗用車にしろ、使う人間によって表現性を帯びるのである。

アメリカのヘルス・エンヂェルスや日本の暴走族のオートバイの乗り方はより強度な表現性を示している。まだ理解されない新しい表現のコードを胚胎しているパフォーマンスである。オートバイの走り方はパフォーマンスなどではないという議論があるかもしれない。だが表現的な行為であるという点を押さえれば確実にパフォーマンスである。一種の街頭演劇といってよいかも知れない。ここでは様々な表現的な行為が見られる。まず轟音である。エンジンをふかして開放しての轟音は存在の主張であり、警察や住民が驚いてふり返れば存在を示したことになり、まずは成功である。自分達の名前、例えば「スペクター」などの旗を立てて疾走する場合もある。これは軍隊の旗手を真似たものであろう。日本の軍隊、アメリカの軍隊を問わず、旗手は戦闘員と共に走ったことを想起すれば、これもまた存在の表現だということがわかる。

佐藤郁哉の『暴走族のエスノグラフィー』[★17]は表現論から暴走族の行為について書かれた非常にすぐれたものである。暴走族について書かれたほとんどのものは、なぜ若者はグレたのか、彼等を非行から救済するにはどうしたらよいかといった軽薄な道徳論である。旧来にないコードを作りあげようとしている表現の構造にはまるで関心を向けていない。佐藤の関心は、暴走族の表現論、象徴論に向けられていて、「スピードとスリル」「ファッションとスタイル」「モードの叛乱」などの章がこの本には配置されている。服装についてはたしかにモードの叛乱にふさわしく、過剰と誇張が強調されているし、モードの一部であるヘアースタイルも、逆立てて固めたり剃ってあったりしている。特徴的なのは皮ジャンパーであった。動物の皮による野性の奪回という考え方を彼等は直観し、皮にたいする偏愛さえ抱いていたというべきだろう。俺達は強い動物なのだという声さえする。

さて、オートバイの走り方はいかにも表現的であり、オートバイという装置は象徴的行為や身振をすることを実証している。私が気がついた乗り方の一つはニューヨークで見かけたものだ。交叉点で信号が赤だったので、オートバイは後輪だけで立った。エンジンはふかしたままだが、後輪は回転することがない。この曲芸的な乗り方はサーカスでもやっているかのようだ。たしかリングリング・サーカスがオートバイの曲芸として披露したことがある。馬も後足で立つことがあるが、前方に敵あるいは障害物がある時、逡巡して本能的に後足立ちになるようだ。オートバイの場合、曲芸的な身振りに酔うナルシズムと周囲を走る車にたいする威嚇的な態度が読みとれるがどうであろうか。暴走族というとすぐ気がつくのは蛇行である。直進しなければならないのに故意に蛇行する。蛇行はデモンストレーション特有な現象で、学生運動のデモは常に蛇行していた。前進は一瞬のうちに見ている人の眼前から消えていってしまうが、蛇行は横に向かっての前進があることによって進行の速度が遅くなる。ということは一定の街頭の空間を占拠している時間が長いことを意味している。占拠している時間が長くなれば自身の存在や意見をデモンストレートする時間も長くなるわけだ。学生運動には学費値上げ反対など、デモンストレートする内容をもっているが、暴走族は彼等の存在を人々に印象づけ、反社会性を表明するために蛇行していくのだ。

空間と時間の分節化

身振り、姿勢、行為などは表現としてコード化されていることをこれまで論じてきたが、こうしたものは言語の文法構造などに似ていて、ワードに相当する身振、姿勢、フレーズに相当する行為などが一体となってシンタックスを構成しているといえる。トポスもまた重要な意味を担っているので身振、姿勢と共にワードに相当する。炬燵やいろりなどを囲む位置は家族のなかで暗黙のうちに決められていた。座敷を背にして主人、台所に近いところに主婦が坐り、来客は玄関に近い所に坐った。子供達は下座に分散して坐る。位置は家庭内でのヒエラルキーを示すコードである。そして位置で示されるヒエラルキーにしたがって、身振や姿勢も変化していく。ワードに相当する身体的なパフォーマンスは互いに絡み合いながら流動的に意味を創出していくのだ。

空間と同時に時間の構造もシンタックスを構成する上で重要なものである。時間による分節化は儀礼などに顕著に見られる。例えば仏式の葬儀は近親者ほど柩の近くに坐り、お経があげられ、葬儀参加者が焼香をし、出棺があり、埋葬があり、直会がありという順序で行なわれる。この順序こそ儀礼のなかにコード化された時間の分節化である。一つ一つのフレーズがはっきりした順序で推移していく。儀礼は身振り、姿勢、行為などの身体的パフォーマンスである点でパフォーミング・アーツを想起させる。パフォーミング・アーツは直接宗教とは関係をもっていないが、儀礼は宗教的なものと関連しているのが通常である。儀礼とパフォーミング・アーツは身体的パフォーマンスであるとともに時間の分節化を必要とするために、一体となっていることが多い。私はここで民族芸能を示唆しているつもりである。

早池峰山の山岳信仰から生まれた山伏神楽は儀礼と同時にパフォーミング・アーツでもある。八月一日に行なわれる祭りは次のように始まる。まず山の神の神降ろしが行なわれる。神は完全に霊的な存在であり、権現つまり鹿に変身して降臨して来る。これを権現様といい、祭りの間中部落に遍在している。複数の権現が霊的な力を与えるべく各家々を廻り、人々は手を合わせ礼拝する。権現は人々が病んでいる部分を噛み、悪を呑み込み消滅させようとする。権現様は行列し、練って歩き、一種の風流を演ずる。祭りの間神楽殿での神楽に参加しない権現は各戸の床の間などに安置されている。祭りの日の午後から、神楽殿で神楽が演じられるが、その順序は厳格に決められている。これは儀式の特徴的な形式性であり、勝手に順序を変えることはできない。神楽は完全にパフォーミング・アーツであり、同時に儀礼であることがこれでわかるだろう。神楽殿ではまず座揃いから始まる。笛と太鼓の伴奏で神歌が権現の前で歌われる。太鼓やチャッパといわれる金属楽器の演奏者の位置は神が顕現してくる方向に向けられ、観客の方には向けられていない。儀式性がスペクタクル性に勝っているのだろう。続いて式舞である鳥舞、翁舞、三番叟などが演じられ、女舞である天女や神舞である山神舞、荒舞である注連縄切などが続き、権現舞でコミュニティーの成員の幸福を祈願し、神送りがあり、すべてが終わる。私の指摘したいのは神楽殿の位置や楽人の坐る場所などの空間的なきまりが意味をもっており、同時に時間の進行の分節化が厳格にきめられ、意味をもっているということである。空間的、時間的配置が出鱈目になされると最終的な目的である祈念が神に通じなくなる。人間と神との間で儀式とパフォーマンスがコード化されているからである。

桜井徳太郎の『民族儀礼の研究』[★18]は祭祀には必ず宗教上の規則があり、空間や時間の配置が定形化していることを指摘している。神事は祭神が降臨する位置が決められ、神霊の鎮座する依代が立てられ、神域はけがれのないように清掃され、注連縄が張られる。神事を司る神役は厳重に潔斎しなくてはならない。神前には供物が捧げられるが、一般には海の幸、山の幸、野の幸などである。酒は米のエッセンスであり、米穀を重視した人々にとっては不可欠な神供であった。神事の後には直会があり、神前に捧げられた供物を食ったり、飲んだりする。これは神人共食という儀礼的な食事であり、けっして飲めや歌えやの無礼講ではない。日本の祭りのシンプルな姿はこうしたものだが、ここでも場所と時間の形式が決められている。神のための依代を立て、注連縄で聖域を表示し、依代の設定から直会に至る時間の進行順序はきちっと決められているのである。山伏神楽も神事ではあるが、パフォーマンスの部分が大きな部分を占めていて、神事的な部分を圧迫しているように見えるが、基本的な構造はシンプルである。

このようにして、身振り、姿勢、行為、その行為の場や順序は記号として機能し、象徴性を獲得している。

註
文中★標示

★1―竹内敏雄、一九五九『アリストテレスの芸術理論』、岩波書店、一二三〜一六六頁。
★2―フランシス・ファーガソン（山内登美雄訳）、一九五八『演劇の理念』、未来社、二八〜六七頁。
★3―青木保、一九八四『儀礼の象徴性』、岩波書店、二八〜六二頁。
★4―E・ゴッフマン（石黒毅訳）、一九七四『行為と演技』、誠信書房、一九〜八九頁。
★5―デズモンド・モリス、一九八一『ジェスチュア』（多田道太郎・奥野卓訳）、日本ブリタニカ、一一三〜一三四頁。
★6―R・ヤーコブソン、一九七八『ロマン・ヤーコブソン全集2』（服部四郎編）、大修館書店、八五頁。
★7―ベイトソン（佐伯泰樹訳）、一九八四「遊びとファンタジーの理論」、『現代思想』五月号、青土社。
★8―R.Schechner, 1985, Between theater and anthropology, University of Pennsylvania Press pp.295-297.
★9―F・グロトフスキー（大島勉訳）、一九七一『実験演劇論』、テアトロ、四三〜五六頁。
★10―市川雅、一九七八「肉体その欺瞞と演技」『日本読書新聞』四月二四日号。
★11―山田和、一九九〇『インドの大道商人』、平凡社、一四六頁。
★12―「オスロの大道芸人市」『東京新聞』一九九〇年八月一二日号。
★13―樋口清之、『人づき合いの日本史』、天山文庫。
★14―野村雅一、一九八三『しぐさの世界―身体表現の民族学』、NHKブックス。
★15―R・ヤーコブソン、一九七八、前掲書、八六頁。
★16―市川雅、一九七一「オートバイの乗り方」雑誌『SD』七月号、鹿島出版会。
★17―佐藤郁哉、一九八四『暴走族のエスノグラフィー―モードの叛乱と文化の呪縛』、新曜社。
★18―桜井徳太郎、一九八七『民俗儀礼の研究』（桜井徳太郎著作集9）、吉川弘文館、一四三〜一四六頁。

参考文献

★―青木保、一九八四『儀礼の象徴性』、岩波書店。
★―本田安次、一九七一『山伏神楽・香楽』、井場書店。
★―桜井徳太郎、一九八七『民族儀礼の研究』（桜井徳太郎著作集9）、吉川弘文館。
★―佐藤郁哉、一九八四『暴走族のエスノグラフィー』、新曜社。
★―朝倉無声、一九九二『見世物研究』姉妹篇。
★―川名隆史他、一九八八『路上の人々』、日本エディタースクール出版部。
★―デズモンド・モリス（多田道太郎他訳）、一九八一『ジェスチュア』、日本ブリタニカ。

★—古河三樹著、一九九三『図説　庶民芸能—江戸の見世物』、雄山閣。
★—The Body as a Medium of Expression Edited by G. Benthall and T. Polhemus.
★—保坂修司、一九九四『乞食とイスラーム』、筑摩書房。
★—竹内敏雄、一九五九『アリストテレスの芸術理論』、弘文堂。
★—フランシス・ファーガソン（山内登美雄訳）、一九五八『演劇の理念』、未来社。
★—青木保・黒田悦子編、一九八八『儀礼—文化と形式的行動』、東京大学出版会。
★—伊藤幹治・渡辺欣雄、一九七五『宴』、弘文堂。
★—野村雅一、一九八三『しぐさの世界—身体表現の民族学』、NHKブックス。
★—多田道太郎、一九七九『しぐさの日本文化』、筑摩書房。
★—E・モリス（藤田統訳）、一九八五『ボディウォッチング』、小学館。
★—Norman Brown, 1966, Love's Body, Random House
★—B・ルドフスキー（加藤秀俊他訳）、一九七九『みっともない人体（からだ）』、鹿島出版会。
★—T. Polhemus, 1988, Bodystyles, Lenard Publishing
★—栗原彬他、一九八六『身体の政治技術』、新評論。
★—スティーヴン・カーン（喜多迅鷹他訳）、一九七七『肉体の文化史』、文化放送。
★—E・ゴッフマン（石黒毅訳）、一九七四『行為と演技』、誠信書房。
★—藤岡喜愛他、一九七四『からだ』、弘文堂。
★—A・ルロワ=グーラン、一九七三『身ぶりと言葉』、新潮社。
★—L・プロズナハン（岡田妙他訳）、一九八八『しぐさの比較文化』、大修館書店。
★—T. Polhemus, 1978, The Social Aspects of The Human Body, Penguin Books.
★—「しぐさの思想」『思想の科学』一九九二年五月号。
★—野村雅一、一九八四『ボディ・ランゲージを読む』、平凡社。
★—L・フィドラー（伊藤俊治他訳）、一九八六『フリークス』、青土社。
★—F・ルークス（蔵持不三也他訳）、一九八三『肉体』、マルジュ社。
★—『乞う』、ポーラ文化研究所、一九八八。
★—山折哲雄、一九八七『乞食の精神誌』、弘文堂。
★—山田和、一九九〇『インドの大道商人』、平凡社。

ブラック・イズ・ビューティフル

米国黒人の身体表現

辻　信一

われわれ黒人は、ドルと抜け目なさの支配している索莫たる砂漠のなかにただ一つ湧き出ている……オアシス……

（W・E・B・デュボイス『黒人のたましい』より）

黒人的コミュニケーション

一九八〇年代の終わり、メキシコはユカタン半島のメリダという、いまだに植民地的《コロニアル》な要素をたくさん残した街にいた時のことだ。〝白人《ラディーノ》〟ばかりが集う大きなクラブでは大画面にミュージックビデオが映し出されていた。会話の途中、その画面を一瞬ふり返ったある女性が、「聞いている分にはいいけど見るもんじゃないわね」と吐き捨てるように言った。彼女が大画面にみたのはアフリカ系アメリカ人[★1]で社会派フォーク歌手のトレイシー・チャップマンがギターを抱えて歌う姿だった。

メキシコの地方都市でたまたまぼくが目撃したこの小さな出来事が意味するものは、決して小さくない。ここ二〇年余りの間に、北米はもちろんのこと、世界の様々な場所で、これと似た出来事が無数に起こってきたにちがいない。

かつて、せいぜいが〝聞くもの〟でしかなかった黒人が、今やテレビやビデオといった画面の中に、身体を伴って、つまり〝見るもの〟として、ますます頻繁に現われるようになっていた。黒人を下等なものと考え、その身体をけがらわしいものと感じてきた旧来の白人的な感性は、自らの〝縄張り《テリトリー》〟と信じてきた場所にまで着々と侵入してくる黒人の身体に危機感を覚えないではいられなかった。

メキシコの地方都市や、白人優位主義が色濃く残っていたアメリカ合州国南部の一部はともかく、北米の多くの場所で、〝黒人的身体〟をめぐる状況は八〇年代以降大きな転換をみせた。〝白いアメリカ〟において、かつて人種的偏見や民族的偏見と表裏の関係にあったはずの身体的優位の感覚が、ガラガラと崩れていった。

以来、フットボール、バスケットボール、ボクシング、陸上競技などでの米国黒人選手たちの活躍ぶりに世界中の熱い視線が集まっている。本来身体の技術性を競うこれらの競技が、近年ますます〝見るスポーツ〟〝見せるスポーツ〟という側面を肥大化させるに従って、身体の伝達性や表現的機能がますます重要な役割を果たすようになってきた。スポーツの世界と同様、映画、音楽、ダンス、ファッションなどの世界でも、技術性と表現性を高いレヴェルで統一した黒人の〝見せる身体〟がめざましい躍進をみせた。

特に米国ではテレビやビデオを通して、一般の白人家庭でもかつて〝異なる身体性〟としてあった黒人の姿態、表情、しぐさ、身ぶりが日常的なものと感じられるにいたった。一時期白人の演出家や振付け師によってつくり出された、「白人的な知性、洗練されたものごし、アクセントのない英語」を身につけた黒人ヒーロー像(例えばシドニー・ポワチエの演ずるそれ)はもうはやらない。〝ありのままの〟、〝黒人らしい〟身ぶりや口ぶりは、しばしば誇張されて、〝白人的でないこと〟をこそめざしているようにみえる。

かつてのエド・サリヴァンやジョニー・カースンのように、自分の名を冠した全国ネットのテレビ番組のホストをつとめるほどの黒人人気タレントが急増した。アーセニオ・ホール、オプラ・ウィンフリー、ウーピー・ゴールドバーグ。彼らの立居振舞やユーモアの質は明らかに黒人庶民の日常生活に根ざしたものだ。バスケットボールのマイケル・ジョーダンやボクシングのマイク・タイソンといったスポーツ英雄たちの態度や動作も、都市の低所得者用団地《プロジェクト》の広場や運動場から生まれ出て、また逆にそこへ影響力としてまっすぐ帰ってゆくものだ。世界的なスターとなるヒップホップ・アーティストたちの早口ラップや激しい踊りもまた黒人街の教会や街路と直結している。そして、これらの人々はそうした身体的出自を意識している。いや、それだけではあるまい。彼らは恐らく自分の身体の優位性を意識しており、そのことを意識的にコミュニケートしようとしている。

黒人ゲットー内でのみ成立したかつての民族的コミュニケーションと違って、今では、黒人的身体の優位性というメッセージは、白人にも広く受けとめられ、受け入れられている。身体的コミュニケーションにより敏感な若い世代では特にそうだ。白人ティーンエージャーの間では黒人とデートすることがはやり、黒人口語独特の言い回しや口調から、黒人風の挨拶、ファッション、ヘアスタイル、歩き方にいたるまでが模倣される。〝黒人っぽい〟が若者にとっての〝かっこよさ〟のひとつの基準である。

ジャズやブルースやロックンロールといった音楽の世界では、白人ミュージシャンによる黒人的身体性への合一の試みはなにも新しいことではない。しかし一般の若い白人たちが、歌い、踊り、走り、跳躍する黒人の身体に、今ほど強い吸引力を感じたことはなかったろう。現代白人世界のセックスシンボルであるマドンナは、磔にされた黒人のキリストと性交する幻想をミュージックビデオにしている。白人ラップのヴァニラ・アイスやビースティー・ボーイズは、踊りから喋り方まですっかり黒人ゲットーの身体性をわがものとすることで大スターの座についた。

＊　＊　＊

北米に今、黒人的な身体コミュニケーションのうねりが起こっているようにみえる。一体これは何を意味するのか。この大問題を考えてゆく準備として、本稿でぼくは〝黒人的な身体的コミュニケーション〟といわれるものに光をあてることで、問題のありかを特定できればと思う。

コメディアン

白人社会への浸透度という点では、今をときめくラッパーたちも、エディ・マーフィーとかリチャード・プライヤーとかの黒人コメディアンにはまだ及ばない。映画俳優として大活躍してきたマーフィーやプライヤーだが、元々はわいせつな禁句を駆使してのわい談を得意とする漫談師《スタンダップ・コメディアン》だ。すべてを性交と性器に還元する単純明快な論理。人種的、民族的、性的な紋切型《ステレオタイプ》の多用。彼らの公演で何より印象的なのは、観衆の大部分を占める白人の男女の晴れ晴れとした笑顔だ。社会的なタブーの数々から束の間自由になった者の解放感がそこには感じられる。

マーフィーやプライヤーの芸のひとつの中心はものまねである。それも、声や顔の表情に限らず、からだ全体が動く様子を模倣することが多い。モハメド・アリとかスティービー・ワンダーといった有名人のまねにそれはつきない。例えばプライヤーは白人と黒人の歩き方を対照してみせる。そして、黒人がリズミカルに足をはね上げるようにして颯爽と歩くのは、かつてアフリカのジャングルで、地を這う毒蛇を避けるように歩いていた名残なのだ、と冗談を言って笑わせる。白人のようにがに股で足を引きずるように歩いていたのでは到底ジャングルで生き延びられない、というわけだ。黒人がいかに複雑な体位でセックスするのを好むかを、自分の身をくねらせながら示すのも彼だ。[★2]

マーフィーは、白人が黒人に比べていかに踊るのがへたかをまねしてみせる。しかし彼の十八番《おはこ》といえばやはり、股間を握って下顎を突き出すようにして立つ〝ツッパリ黒んぼ《ニガズ・アチチュード》〟の格好だろう。黒人の男がすぐ性器に手をやるのはなぜかって？　あんたたちが他のすべてを奪ってしまったからさ。これは黒人の間でよく知られた冗談《ジョーク》だが、マーフィーによればこの股間《またぐら》握りのしぐさは、黒人嫌いのはずのイタリア系をはじめとした白人のツッパリたちにも踏襲されている。

マーフィーやプライヤーの〝考現学〟は、黒人文化における身体的コミュニケーションが、北米文化の中に占める特別な位置についてぼくたちに教えている。彼らの目から見ると、白人的アメリカにおける身体はぎこちなく、冷たく、硬く、静的《スタティク》だ。それは自発性に欠け、不自然で、うち解けにくい。コミュニケーションにおいて主導的な役割を果たすのはむしろ言語的なもので、身体的なものはこれに従うべきものとして見下げられているふしがある。そのせいで、白人のことばにはからだがついていかないことが多い。こうした身体的ぎこちなさを笑いの種にすることは、黒人的ユーモアの基本的な要素だといえよう。

黒人コメディアンたちがこれと対照的なものとして描き出す黒人の身体とは、ではどんなものか。それは滑らかで、暖かく、動的である。積極的で自発的で、伝達力、表現力に富んでいる。ここで滑稽だと見なされるのは、白人の場合とは逆に、からだの方にことばや思考や理性がついていかない様子だ。

末吉高明も指摘しているように、リチャード・プライヤーのお笑いには、「抑圧された白人の性」に対する鋭い批判がある。[★3]こうした白人の性に比べ、黒人コメディアンの描く黒人像では、性を含む身体的なものに対する明るさとおおらかさ、そしてそれを本質的に善いものだとする〝性善説〟の態度が際だっている。そこでは、身体的コミュニケーションはどちらかといえば言語的コミュニケーションに対して優位にたっている。またそこには、社会的には劣勢《マイノリティー》である黒人の、白人に対する文化的優位がほのめかされている。

街路

エディ・マーフィーやリチャード・プライヤーほどの鋭い観察眼に恵まれなくても、黒人のからだと白人のからだがちがう動き方をすることは容易に見てとれる。特にゲットーと呼ばれる大都市の黒人居住地域では、黒人的な身ぶりやしぐさの特異性がことさらに強調されているという印象を受ける。

食事の時、指で料理をつかみ口へと運んだ後、大きく広げた五本の指の一本一本を舐める黒人女性のしぐさ。ゆったりとしかもリズミカルに上半身を大きく動かしながら、それこそ〝肩で風を切る〟ような男性の歩き方。〝ギミー・ファイヴ〟や〝ハイ・ファイヴ〟などで手と手を打ち合わせたり、からだの他の部分をぶつけ合ったりして意志を伝え合う黒人風コミュニケーション。まず腕相撲の時のように斜めに手を握り、次いで指先だけをかけるように組み、さらに親指を上にした普通の握手へ移行する、〝ソウル・シェイク〟という名の〝手のこんだ〟握手[★4]。

バプティストに代表される黒人街の教会を訪れるものは、同じキリスト教の中に、白人教会とかくも異なった宗教表現がありうるのかと驚かずにいられない。説教師《プリーチャー》たちはゆっくりとした低い調子から始めて、早いリズムと独特のふし回しをもった歌うような語りへ、やがてからだ全体を激しく揺さぶり、腕を振っての絶叫にいたる。それに手拍子、足踏み、かけ声、踊り、失神などで応える会衆。手を打ち大きく左右に揺れながら合唱する聖歌隊。聖霊《ホリー・ゴースト》の憑いたトランス状態の中で身もだえしたり、火がついたように激しく跳ね回るもの。あるいは首を振り、手首を細かく回転させながら涙を流すもの。

黒人街の路上でしばしばケンカと見紛うような声高の〝対話〟を見受けるが、特徴的なのは双方の動作のきわめて大きいことだ。笑い、嘲り、疑い、驚きなどが顔の表情と全身の動きを使って示される。同意はよく〝ハイ・ファイヴ〟つまり大きく腕を振って上方で相手と手を合わせる所作で表わされる。不賛成や落胆の身ぶりはとりわけ大きく、時には相手に背を向け首を左右に振って罵りのことばを吐きながら数歩行ってから、おもむろにきびすを返したりする。女性は不満を表現するために腰を振りながら数歩相手へ近寄り、腰に手をあて首をかしげてみせる。

こうした〝身ぶり言語〟がその雄弁ぶりを発揮するのは、第三者、つまり観衆の視線があるか、または想定されている場合だろう。野村雅一は、イタリア人の身ぶりが派手なのは伝統的に〝広場の文化〟が発達していたためだろうと推測しながら、ヨーロッパにかつて存在した広場という社会空間について次のように述べている。

――広場にあつまる公衆の前では、すべてが誇張され、演劇的に表現された。広場の言語は身ぶりと不可分であり……そこで話されることばも身ぶり性をふんだんにふくんでいた。……広場では身ぶり手まねの全身的身体表現がおこなわれる[★5]。

黒人街では往々にして街路そのものが広場として機能する。ぼくがかつて住んでいたワシントンＤＣの黒人地区のある通りは、道幅が狭く通り抜ける車が少ない一街区《ブロック》だけの短いもので、広場として使うには理想的だった。ことに暖かい季節には子供や若者たちが夜遅くまで明るいオレンジ色の街灯の下で、スケートボードに乗り、ボクシングごっこに興じ、ボールを投げ合い、ラジカセからの騒々しいソウル音楽にのせて踊った。

道路から家のポーチへとあがる数段の石段には少し年長の若者がたむろして、茶色い紙袋に包んだままのカンやビンからビールやコーラを飲んでおり、その前を時折通りすぎる少女たちに冗談をとばしたり、からかったりする。その少し外側、つまりブロックの両端の方やポーチの前あたりには、男女のカップルや、すでに子供のいる若者、ポーチにはさらに上の世代、という風に同心円状に位置して、それぞれが〝広場〟、あるいは〝舞台〟としての街路の中央を臨む格好になる。

二〇世紀の初めから黒人アメリカの〝首都〟といわれてきたニューヨークのハーレム地区でも、街路は重要な〝文化施設《インスティチューション》〟だった。六十年代の相次ぐ暴動以来、その都市空間は荒廃し、しかも麻薬に伴う犯罪が激増し、街路を舞台とする近所づきあい《ネイバーフッド》や共同体的な結びつきに支障をきたすようになった。

しかし、マーチン・ルーサー・キング大通りという名を冠せられた一二五丁目の目抜き通りは、ハーレム随一の〝舞台〟としての特徴を失っていない。夏の〝ハーレム・ウィーク〟というお祭りの間は車も閉め出されて文字通りの公園と化すが、普段の日でも一二五丁目には色とりどりの露店が並び、物売りの声、ストリート・ミュージシャンの歌声、ボンゴのリズムなどが響いている。街角説教師たちのリズミカルな弁舌はラップとそっくりだ。耳をつんざくような音楽を流しながら徐行してゆくコンバーチブルのスポーツカー。レコード屋から流れる音楽に合わせて歩道で踊る少年たち。〝ゲットー・ブラスター〟と呼ばれるラジカセをかついで揺れながら歩いてゆく若者。

舞台としての一二五丁目の中心はなんといってもアポロ劇場だ。夥しい数の芸能人を世に送り出したこの黒人大衆文化の〝殿堂〟に、人々は深い親しみと誇りを感じている。普段からこの劇場の前では地元の有力者や著名人の顔がよく見受けられるし、奇抜な服とヘアースタイルで〝見られる身体〟を飾りたてた男女が多い。

水曜日の夜のアポロ劇場は、スターダムをめざす歌手やダンサーの登龍門として名高い〝アマチュア・ナイト〟で賑わう。自分たちの歓声や拍手や足踏みやブーイングが出場者の勝敗と順位を決定するということもあって、アポロの観衆は他の劇場でのように受け身的ではない。立ち上がり、叫び、踊り、合唱する観衆は時に主導権を舞台からもぎとってしまう。この夜、アポロ劇場の内部は外の一二五丁目と切れ目なくつながっているようにみえる。

週末の夜も更けると〝舞台〟は移されて、若者たちはハーレムの北部フレデリック・ダグラス大通りにくり出す。車道には改造し飾りたてたジープやスポーツカーが大音響を響かせながらパレードし、それに乗りこんだ洒落者たちは歩道の群衆を前にいでたちの奇抜さを競う。王座についていた頃のボクサー、マイク・タイソンは〝舞台空間〟としてのハーレムにスターとして登場することが何より気にいっていたらしく、このフレデリック・ダグラス大通りでのパレードの車や、アポロ劇場の二階のテラス席から、百ドル紙幣をバラまいたという話が言い伝えられている。

ハーレムはこの種の〝神話〟に事欠かない。

スタイル

マイク・タイソンは神話上の人物としてゲットーに長く生きるだろう。ゲットーにはよく、その姿が見られなくなってからも長く語り継がれる神話的な人物というものがある。

社会学者エリオット・リーバウがワシントンDCの黒人ゲットーの男たちについて書いた『タリーの街角』には、〝ウミネコ〟と呼ばれる次のような登場人物があった。

――ウミネコは二七歳。……中肉中背。縮れを人工的に伸ばした太く長い髪と黒々とした肌のせいで、白く大きな歯がくっきりと目立つ。彼には華やかさがつきまとっている。彼の身のこなしは運動選手のように軽々として優美だ。ボール投げをする時でも、石を放る時でも、身ぶり手ぶりで話をする時でも、得意のピンボールをする時でも、彼の手の動きのみごとさは誰の目にも明らかだ。講談師《ストーリーテラー》としても優れている彼は、話の内容はもちろん、演技《パフォーマンス》の力で聴衆を魅了する。例えば、「老人が道を歩いていた」と彼が言ったとする。途端に彼のからだは寄る年波にたわみ弱って、手は震え、膝はまがって、彼は道を行く老人になりきるのだ……。ウミネコは〝ありきたり〟ということに軽蔑を感じている。そしてしばしば普通の人間やありふれた出来事の中にも何か特別な性質を見出そうとする。[★6]

ゲットーの人々の間で、〝パフォーマンス〟と〝スタイル〟ということがいかに重要な意味をもつかについてはしばしば指摘されてきた。リーバウと同様、六〇年代にフィラデルフィアの黒人街に住みこんで調査をした民俗学者《フォークロリスト》のロジャー・D・エイブラハムズはこう言っている。差別のために多くの職業から閉め出されているゲットーの男たちだが、パフォーマンス、つまり芸が重要な役割を果たす領域では存分にその能力を発揮している。新しい芸風を開く者、一芸に秀で、しかも名人の風格《クラス》を備えるに至る者が黒人の英雄だ。[★7]

エイブラハムズによれば、ゲットーでは、何をやるにしてもそれをただ上手にやるというだけでは十分ではない。肝心なのはそれをどのようなスタイルをもってやれるか、である。「どんなスタイルをもって生きるかということの方が、生きること自体よりも大事だ。[★8]」

ゲットーにおける自己宣伝と見せびらかしの精神《イグジビショニズム》、そしてツッパリの態度《コック・オヴ・ザ・ウォーク》が、他所者の目にも特にわかりやすく現われているのは、服装と歩き方だ、ともエイブラハムズは述べている。ハーレムに生まれ育ったある若者がぼくにこう言ったことがある。

――ピカピカの新しいスニーカーはいてないと馬鹿にされる。ふつうの格好してると仲間に入れてもらえない。

「おまえ、こじきか?」って。穴だらけでトイレもきたねえ家に住んでても、目の玉とび出るようなキザな格好して、金の鎖ジャラジャラさげて、派手なら派手なほどいい。金があったら使っちまえ。買ったものを見せびらかせ。フレッシュ。それが彼らの合言葉だ。ここの黒人は道で人に出会うと、まず相手のスニーカーを見る。次にズボンを、次にシャツを、それからやっと顔を見て、「やあ、元気かい、兄弟《ブラザー》」ってわけ。俺はこれがいやなんだ。これじゃ俺より俺のスニーカーの方が大事みたいじゃないか。[★9]

「人生より人生のスタイル」とか「俺より俺のスニーカー」とかということばに幾分誇張されて表現されているのは、〝中味〟とか〝実質〟に比べておとしめられがちな〝外見〟とか〝形式〟にもそれなりの価値を認めようという姿勢ではないだろうか。それは〝内面性〟にすべてを還元してしまう思考への、〝外面性〟、あるいは身体性の側からの抵抗ともとれる。

アチチュード

言語に関して言えば、ことばの内容自体にも増して、それがどう言われるかという表現の方法やスタイルが重要な意味をもつ場合が少なくない。ここでは、米国大都市の黒人街に生まれ短期間のうちに現代大衆音楽の主流となった、〝ラップ〟という名の芸能について考えてみよう。

全国誌『ニューズウィーク』が大流行のラップ音楽について特集を組み、その表紙におどけたラッパーの顔をのせたのは一九九〇年の春。この特集によれば、ラッパーたちこそ、「ベビー・ブーム以降の若い世代がはじめて切り開いた文化的地平」としての〝アチチュードの文化〟(the Culture of Attitude)を代表する者だ。[★10]

Attitude とAが大文字になっている。態度と訳したのではわからない。態度は態度でも悪い態度、デカい態度、なまいきで反抗的な態度。ツッパリという日本語に通じる。今はこのことばの意味をなるべく広くとって、黒人を中心とする米国の若者の間に広範にみられる行動の、思考の、そして生活全般のスタイルだ、と考えることにしよう。悪い、気にいらない、おもしろくない態度、つまりbad attitudeというべきところだが、形容詞のbadは、名詞のattitudeの中に含みこまれる。これは、〝He's got an attitude〟、つまり〝あいつはなまいきだ〟という言い方で、黒人に広く使われてきたものだ。

一方、黒人米語におけるもうひとつの興味深い現象は、badという形容詞（比較級はbadder、最上級はbaddest）が〝強い〟とか〝かっこいい〟とか〝うまい〟とかを意味したり、crazyが〝最高〟を表わしたりする、否定性の肯定性への転換である。転換とはいっても、これらのことばから否定的な意味が消えてしまうというわけではない。肯定的に用いられるbadは、〝悪さ〟や〝悪っぽさ〟を兼ね備え、それに裏打ちされた魅力や優秀さを指すことが多い。crazyの場合にも、〝常軌を逸した〟あり方をこそ肯定的に評価するという二重性がみられる。

末吉高明は、アトランタにある黒人神学校に留学していた頃、寮のルームメイトが会話の中で、「Jesus, that nigger is bad」と言ったことに新鮮な衝撃を受けたと報告している。白人の英語では〝イエス・キリスト、あのクロンボは悪党だ〟という意味になるはずのこの表現が、黒人民衆の間では、〝イエス、あいつはスゲエ奴さ〟と理解される。白人社会で黒人への差別語として用いられたniggerという語を、「黒人社会の側はその毒を骨抜きにして」、むしろ親しみの表現とし、やはり白人社会が自分たちに浴びせてきた否定的形容の語badも、「黒人社会は意味内容を逆転させて」、すばらしいという正反対の意味をも含むようにしたのではなかろうか、と末吉は推測している。[★11]

悪さや異常さを内に含みこんだ優秀さ、という逆説的なあり方は、広く米国の黒人の間に存在してきたひとつの文化的テーマなのではないか、とぼくには思える。そうだとすれば、〝アチチュードの文化〟とは恐らく、そんな文化的テーマの現代における変奏である。

先に触れた『ニューズウィーク』誌の特集記事は、ラッパーたちの〝アチチュード〟について次のように説明している。陽気かと思うと陰気、むっつりしているかと思うとほがらか。派手で目立ちたがり屋のくせに、こそこそどこかしら逃げ腰。要人送迎用自動車の窓ガラスみたいに不透明なサングラスに、銀行員のワイシャツみたいに真白なスニーカー。彼らのいう音楽とはリズミカルな読経。ドラムのビートにのせた韻文《ライム》。そこへ聞こえてくる街の騒音、怒号、「ポリ公をやったぜ」という叫び声。[★12]

『RAP―これでラップ・ミュージックがわかる』という本の中で藤田正は、「喋くり漫才と音楽のドッキング」としてラップを把えることができる、としている。[★13] ここでいわれる〝音楽〟とはどのようなものか。ラップの一方の立役者はDJ（ディスク・ジョッキー）と呼ばれる人々で、彼らは普通二台のターンテーブルを前に、アクロバティックな操作を行ないながら自前の音をつくりだす。「同じレコードを二枚そろえ、気に入った部分を好きなだけ繰り返し、ビートを持続させる」ループという方法。[★14] レコードを手で回して様々な効果音、リズムをつくるスクラッチング。DJはさらに別々の曲の部分をとり出し、リズムを保ちながらつなぎ合わせることで、原曲とは全く違う曲を生み出してみせる。レコーディングのためにスタジオ入りしたラップでは、ハイテク機器のおかげで、サンプリングと呼ばれるこのコラージュ《つぎはぎ》作業の可能性が大きく広がった。

しかしラップの音楽性の基本はあくまでも強烈なビートであり、踊りのリズムである。「簡単に言えば『体を動かすか否か』がポイントなのである」。[★15] DJという新しい英雄が生まれたのと時をほぼ同じくして、ブレイク・ダンスがゲットーに現われたのは偶然ではあるまい。関節が外れたような奇妙な身体の動きと曲芸技を駆使した少年たちの中には、その後ラッパーに転じたものも少なくない。

ラップの〝音楽〟の側面を担ったのがDJであるとすれば、〝喋くり漫才〟の方を担ったのがMC、つまり〝司会者〟と呼ばれる連中だった。確かに、黒人コメディアンたちの場合と同様、彼らの口からはことばがとめどなく豊かに、そして滑らかにほとばしる。しかしそれは、必ずしもメッセージの内容の豊かさを意味しない。そのかなりの部分が一揃いのことばや表現、決まり文句、紋切型の文から成っており、とりあげる主題も当初はごく限られたもので、特にライバルを口汚なくおとしめながら自分がいかに優れたラッパーであるかを誇るものが目立った。

相手をいかに巧みに罵りこきおろせるかを競うゲームが米国の黒人社会にはある。今も黒人街で少年の間に見受けられるもので、ダズンズとかサウンディングとかと呼ばれる。あるいは単に〝お前の母ちゃんについて《トーキング・アバウト・ユア・マンマ》〟といわれるが、それはこのゲームにおける罵詈が主に相手の母親を対象としているからだ。しかし、特に重要だと思われるのは、ダズンズにおける揶揄のことばが、対象とされている人物――例えば相手の母親――を直接に指示するような内容をもたないことだ。「おまえの母ちゃんのオッパイはミートボール、股の間にゃいりたまご」とか「おまえの母ちゃん、ゴキブリのサンドイッチにマヨネーズつけて食っちゃった」とか、投げつけられることばの意味内容には脈絡がなく、ほとんどナンセンスに近いものであり、黒人の音楽であるブルースのアドリブがそうであるように、たいていは既成の語彙要素をいくつかの統辞的定型にのっとって組み合わせたものである。★16

ダズンズにおける罵りは実質的な侮辱ではなく、儀礼的なものだ。このことを伝える（コミュニケーションについてコミュニケートする、いわゆるメタ・コミュニケーション）ために罵詈の応酬は一定のリズムをもち、しばしば韻をふんだ言語的形式、聴衆を前提とした大声などを備えている。★17 ここではことばが〝意味をなすこと《メイキング・センス》〟よりも、〝韻をふむこと《ライミング》〟の方が、そして内容より形式が重要だ。★18

黒人が子供の時に路上で学ぶ、こうした儀礼的な口ゲンカは、様々な形で黒人大衆文化の中に活かされているようだ。ジャズやブルースでみられる歌と楽器の、または楽器と楽器のかけ合いと〝きり返し合戦《カティング・コンテスト》〟。かつての名ボクサー、モハメド・アリの催眠術師的な弁舌。街頭の説教師たち。黒人同士の会話がいつの間にか全くのナンセンスに堕してゆき、しまいにはそのナンセンスさそのものを競うようになる様子を巧みに描いて笑わせる黒人漫才。そして、今日のラッパーたちの罵りとわいせつと大ぼら。

言語が形式《スタイル》化し儀礼化し、ゲーム化し、演劇化し、音楽化する過程がここにはあらわれている。ことばそのものにも増して、そのリズムや韻律や強弱や高低から成るパラ言語――書きことばには到底還元しきれない豊かな〝ことばの身ぶり〟――が幅を利かす領域がそこには開けている。

抵抗の身体性

非対称コミュニケーション

〝白いアメリカ〟と〝黒いアメリカ〟という二重構造は、建国以来現在に至るまで、米国の社会と文化の性格を決定する基本的な要素だった。白人と黒人の間のいわゆる〝人種関係《レイス・リレーションズ》〟を特徴づけてきたのが、〝同化《アシミレーション》〟（黒人の白人化）と〝分離《セグレゲーション》〟という一見相矛盾したふたつのテーマだろう。しかし、近年このふたつのテーマの枠におさまらないような思考や行動が多く、ひとつの新しい文化的な流れを形づくるようになった。そしてそれは特に身体的コミュニケーションという場面で著しい効果を発揮しているように見える。

〝人種〟・民族関係はいうまでもなく、社会的、経済的、政治的な諸要素の複雑な絡み合いだ。それらの要素に規定され、密接に関わり合いながらも、しかし黒人的な身体コミュニケーションという文化現象だけが、〝人種〟・民族関係の束の中から突出している印象をぼくは受ける。

さて、本稿ではここまで、そうした〝突出〟の印象の中味を具体的にみてきたわけだが、以下、黒人的な身体コミュニケーションなるものについて考える上で有効だと思われる三つの理論的な視点について見ていきたい。

その第一は、社会学者のアーヴィン・ゴフマンが言う「儀礼的《セレモニアル》な態度やふるまい」の問題と、そこに現われる「非対称性」という見方についてである。★19

ゴフマンは、社会的な行動に「実質的」なものと「儀礼的《セレモニアル》」なものがあると区別した上で、その後者が人間同士のコミュニケーションの中でどんな働きをするかに注目した。なぜ儀礼的かといえば、その行為がそれ自体としてはたいした実質的な意味をもたないと感じられ、すでに定められている形にのっとってなされることこそが重要だとされているからだ。儀礼的メッセージには、相手についてのメッセージ（deference）と自分についてのメッセージ（demeanor）の二種があり、ことば（例えば習慣化した挨拶、口上、おせじなど）、からだの動き（身ぶり、姿態、目つきなど）、空間のとり方をはじめ、服装や持ち物などを含めた様々な要素によって表現される。

またゴフマンによれば、こうしたコミュニケーションには、同僚や友人同士の間でのように対称的なものと、師弟や主従の関係にみられる非対称的なものとがある。さらにゴフマンは、英国という階層社会で下流社会が上流社会の〝儀礼的な態度やふるまい〟をものまねして笑いの種にするという例をあげて、コミュニケーションの儀礼性そのものが〝批評〟される過程について言及している。

こうした〝批評〟が米国の黒人社会においても重要な意味をもつことについては前にも触れた。上流社会と下流社会、白人社会と黒人社会の間の態度やふるまいにおける非対称性というのは、恐らくただの差異性——例えば、軽い会釈に対する深々とした御辞儀とか上向きの視線に対する下向きのそれ、黒人が白人に道を譲るしぐさなどのいわゆる〝人種エチケット〟——なのではない。儀礼性そのものへの批評を可能にするのは、こうした差異に基づいたコミュニケーションの場を全体としてとらえる視線だろう。この視線があればこそ、例えば白人と黒人の間に成り立つ（あるいは成り立たない）コミュニケーションのおかしさを笑うことができる。

ぼくらはここで、米国の黒人が白人との常に非対称的な儀礼的コミュニケーションの関係に参加しつつ、一方で自分たちの内部でだけ通用する別のコミュニケーションの関係を維持してきた事情を想起しよう。社会の主流——この場合は白人社会——によって統轄されるコミュニケーションに従属的に参加（同化）しつつ、同時に排除（分離）され、自分たちだけの〝下位文化〟を形成する。儀礼的なコミュニケーションにおけるこうした少数者の二重性はしかし、政治的、経済的には支配的であるはずの多数者に対する文化的優位性としてあらわれる可能性をもっている。

それは、ふたつのコードをもち、だから非対称的な場の全体を見通すことができる側の強みだろう。ハーレムのあるインフォーマントの次のようなことばが思い出される。支配されるものが支配するものより強いのは、前者が後者のことを、後者が前者に対するより、何十倍もの注意深さで意識し観察し、その結果相手のことを何十倍もよく知っているからだ。そしてこのインフォーマントは、それが我々黒人の白人に対する強みであり、我々男性の女性に対する弱みなのさ、とつけ加えたものだ。

リロイ・ジョーンズは『ブルースの魂』の中で一九世紀中期のミンストレル・ショーという演芸についてこう言っている。それはまず白人によるニグロ生活のもじり《パロディ》として生まれたが、間もなく、黒人自身による自らの生活のもじりや誇張として生まれ変わった。黒人はこのショーで自分自身を嘲笑しながら、実はそれを通じて、白人の黒人観そのものを嘲笑していたのであり、また、ダンスの中に、「立派なお屋敷に住む白人のもったいぶった礼儀作法のもじり」を入れておくことも忘れなかった。[★20] ここにもコミュニケーションの非対称性が、黒人の側の優位性としてあらわれている。

黒人の庶民文化の中にあって重要な役割を果たしてきた概念に〝シグニファイング〟(signifying) がある。それは要約すれば、〝婉曲的に示す〟という意味だが、このことばに注目した民俗学者のロジャー・エイブラハムズはその機能を次のように説明している。[★21] 話が遠回しでなかなか肝心なところへ行かないこと。特定の人物や状況を馬鹿にしたり笑ったりすること。目や手といったからだの動きを駆使して話すこと。例えば警官の背後で彼のまねをしてからかうのもシグニファイングだ。さらに、知ったかぶりをしたり、空威張りしたりすること。そうすることで重要なことを軽んじたり、おとしめたりすること。

シグニファイングがもつこうした諸機能は、先に見たダズンズという儀礼的なののしり合戦、またトーストという、韻文を即興的に重ねてつくる笑い話など、黒人庶民の遊びや芸能の中で、その威力を存分に発揮する。トーストにたびたび登場するいたずら者は、〝シグニファイング・モンキー〟という名で知られており、その名の通りシグニファイングの力によって人をおとしめたり、丸めこんだり、いじめたり、欺したりする。この黒人文化のトリックスターの活躍について、エイブラハムズは、「トリックを駆使することで自分より強大な存在に対して優位に立てる」というメッセージを伝えているのだと解釈する。[22]
とすれば、ジェスチャーや視線や、あいまいで多義的で不透明なことばを主体としているシグニファイングというもの自体が、ひとつの反抗的な態度を意味しているだろう。黒人たちの中にはシグニファイングを〝子供の悪知恵〟とみなして、それを使う子には厳しく叱る習慣があるという。しかしそれは、大人たちが恐らくその有効性を熟知しているからだ。「シグニファイすることが黒んぼの職業」ということわざの中には、米国という差別社会の二重構造を下方から見つめつつ、白人を凌駕するトリックスターに自己を重ねて慰めを見出す黒人庶民の心情があらわれているように見える。[23]

言うまでもないことだが、米国における黒人の場合と、他の階層社会における下位文化とコミュニケーションのあり方とを、同列に並べて考えることはできない。周知のとおり、黒人が米国の下位文化を形成するにいたった過程は、あまりにも特殊で安易な類推を許さない。

米国の奴隷社会のひとつの特徴は、アフリカから強制的に連行した奴隷の言語と文化を意識的、かつ組織的に抑圧し、剝奪しようとしたことにある。数世代のうちに奴隷間の言語コミュニケーションはほとんど奴隷主たちのことば、すなわち英語に統一され、アフリカ諸言語の痕跡は見出しにくくなる。短期間に強行されたこの言語的な殲滅作戦《ジェノサイド》が黒人文化のその後のあり方に決定的な影響を与えなかったわけがない。

一方では、言語文化——特に文字に基礎をおくそれ——における白人の黒人に対する圧倒的な優位が確立する。他方、この言語的な階層性《ヒエラルキー》の中にあって黒人社会は自らを〝二重化〟することによって、辛くも文化的な延命をはかる。例えば歴史家のジョン・ブラッシンゲイムは『ザ・スレイヴ・コミュニティ』の中で、〝文化を失った者〟というこれまでの奴隷についてのイメージを批判し、彼らが苛酷な抑圧の下にあってなおいかに文化的な独自性を保持しえたかを語る。注目すべきは、奴隷たちのコミュニティーがその内部に、白人たちの知らない〝地下《アンダーグラウンド》〟のコミュニケーションを確保していたことだ。非言語的なコミュニケーションはもちろんのこと、言語コミュニケーションにおいても、ことばの暗号化、隠喩やかけことばや隠語や符牒などの使用が、奴隷の世界を白人にとって不透明なものにしていた。[★24] 言語学者のラヴォフもこうした内向けと外向けというコミュニケーションの二重化について語っていた。[★25] 多くの白人にとってほとんど意味をなさないラップ〝言語〟や、ブレイクという名の奇怪な身体運動は、ゲットーという名の閉鎖空間の内側に成立しているコミュニケーションの異文化性を、その外側にある者にあらためて思い知らせることになった。

奴隷制という過去を引きずっている米国の〝人種関係〟の特殊性に十分な注意を払った上で、しかしぼくたちはなおそこに見られる非対称的なコミュニケーションのあり方が、他の様々な階層社会におけるそれと深く関わっていることを覚えておくべきだろう。一般に、抑圧的、差別的な社会における被抑圧者や被差別者の側のコミュニケーションがどういう形をとるのか、さらにそれが抑圧や差別に対する抵抗や反逆という意味をどう担うのか、についてはよく知られているわけではない。なぜよく知られていないのか。その理由にはいろいろあるだろう。しかしぼくの推測によれば、その一因は次項に述べるような非言語的、そして身体的コミュニケーションの軽視、ないしは無視ということにある。

非言語的コミュニケーション

さて第一点がコミュニケーションにおける〝非対称性〟ということであったとすれば、第二の観点は、ゴフマンらによって指摘されている言語的コミュニケーションと非言語的コミュニケーションのちがいということである。

ゴフマンは例えば『集まりの構造』の中で、情報が、「偶発的に、あるいは何気なく、または意味あり気に伝達され、受け手はそれをひろうという形」があると言い、これを〝言語的メッセージ〟と区別して〝表出的《エクスプレッシング》メッセージ〟と呼ぶ。この両者を比較して彼はこう述べている。

——言語的メッセージが伝える意味は、表出的メッセージがもたらす意味よりも大方の合意を得やすい。なぜなら、言語的メッセージは、翻訳することも、蓄積することも、法的根拠とすることもできるからである。それに対して、表出的メッセージでは、メッセージの送り手に法的な責任を負わせることがほとんどできない。他の人たちの主張に対して自分はそんなことを意図した覚えはない、と否定することがありうるからである。[26]

ここにあらわれた「意図」「合意」といったことばに注意しよう。言語的メッセージについては、一般に「随意の、意図されたもの」と考えられているのに対して、表出的メッセージには、「計算されたものではなく、自然にわいて出てくるような、しかも不随意なもの」という印象がある。実際には何らかの意図が伏在している場合もあるのだが、〝悲しそうな目つき〟とか〝戸惑った様子〟とかといった表出的メッセージは非意図的なものと感じられやすい、というわけだ。

ゴフマンは〝言語的メッセージ〟という概念の中に、話しことばの他に、「その代用となる文字や図や身振りなどの手段」をも含めている。[27] ここに出てくる「身振り」とは、ことばに代わるものとして、つまり言語に従属する形で使われるものだと考えてよい。狭義のジェスチャーである。[28] 今、重要なのは、こうした言語的なコミュニケーションに使用される身体運動とは区別された、非言語的な身体コミュニケーションというものがあって、ことばに従属せず、それに解消されることもない独自の領域をなしている、ということだ。ゴフマンのいう〝表出的メッセージ〟によるコミュニケーションとは、この意味で、非言語的コミュニケーションのことだと考えてよい。

それにしても、非言語的コミュニケーションにおける社会的「合意」のなり立ちにくさが意味するものは一体何だろう。意図性が見えにくいという不透明さについてはすでに触れた。このことはメッセージの送り手が、メッセージに対して責任をもたない傾向としてあらわれる。メッセージの伝達はむしろ、一見無造作に投げ出されたものを受け手が「拾う」、つまり意味を与える、という形をとってなされる。そこでは送り手と受け手の間のずれやすい違いはむしろ当然のことだと感じられる。受け手の解釈によってのみ成立するコミュニケーションは、こうしてメッセージのあいまいさや多義性をその特徴としてもつことになる。

意味の齟齬を基本として成り立つこのような関係が、意味の合致をモデルとするふつうの意味でのコミュニケーションという概念からはみ出していることは明らかだ。しぐさについての野村雅一の次のことばは、この辺の事情を説明している。

――しぐさは記号表現と記号内容の結合を欠いているという点で、ふつうの意味での記号ではない。しぐさは幾重もの記号表現の織りなす多様体であり、そこに読み手が中心をあたえ、記号内容を付与する。それゆえ、しぐさはできあいの記号ではなく、記号生成過程そのものである。★29

こうした〝記号ならぬ記号〟としての、〝コミュニケーションならぬコミュニケーション〟としてのしぐさ（〝身ぶり表現〟）については、哲学者のジュリア・クリステーヴァも言及している。★30

彼女によれば、身振りとかしぐさとか表情とかの非言語的表現は、厳密な意味では、〝意味をもっている〟とはいえない。第二者が意味をそこに見出すといっても、それはその人が解釈を与える限りにおいて、である。しぐさがメッセージの伝達に関与していることは確かで、この意味では、〝言語的〟だといえる。しかし肝心なのは、しぐさが、メッセージの成立に先行していること、つまりコミュニケートされる意味が形成されるのに先だつ行為であるということだ。

身ぶり表現《ジェスチュアリテ》はこうして、通常の意味での記号からの〝逸脱〟であり、記号システムの〝破れ目〟である。クリステーヴァはここに、言語における構造的で論理的なテキストにはない新しい可能性を見ている。その可能性とは、意味の無意味化であり、転倒であり、拡張である。ひっくり返され、ズタズタにされ、まぜかえされて、テキストは新しいものとして幾通りにもつくり直される。

　ここからクリステーヴァはさらに一歩すすめて、次のような注目すべき提言をしている。できあいの意味としてではなく、意味生成の過程として身ぶり表現《ジェスチュアリテ》を研究することが、今後、社会におけるすべての逸脱や反逆の行動について考える際の、ひとつの準備となるのではないか★31、と。

　ここでぼくらは、こうした〝コミュニケーションならぬコミュニケーション〟としての非言語的表現が、先に見た非対称的な場面にもちこまれた時に、どのような機能を果たすことになるか、と考えてみなければなるまい。米国の緊張した〝人種関係〟の中で、階層の下位にある黒人が、非言語的メッセージのもつ、意図性についての不明瞭さ、内容のあいまいさ、多義性、責任の所在の不明確さを、最大限に活用しようとしたとしても不思議ではない。白人に対する関係を言語的コミュニケーションの枠の中に閉じこめることなく、いわば活路をその外に見出すこと。この意味で非言語的表現は、米国という一種の抑圧社会における被抑圧者たる黒人の抵抗のかたちであったといえるだろう。

　ある時、ハーレムのアポロ劇場前の路上でこんな場面に遭遇した。今にして思えば、それはアポロ劇場前にふさわしい〝神話〟的な出来事だった。それは次のような順序で起こった。
　①三人の二十代と思われる若者たちが、ぼくに向かって自信ありげに、アポロ劇場が昔に比べてすっかり落ち目であることを、声高に説いている。②自転車で通りかかった一人の老人が、これまた声高に反論を始める。アポロの栄光は今も続いている。お前のようなヒヨッ子に何がわかるか、と主張。お前いくつだ、と若者の一人に問いただす。③若者は五二歳だと嘘をつく。④周囲をとりまきだした人々の中に、老人がタップダンスの名人として名高いサンドマン・シムスであることに気づく者があって囁きが広がる。サンドマンだ、これはサンドマンだ。⑤ヒヨッ子め、おまえが一人前の男なら金を賭けてみろ、とサンドマン。ポケットからいきなり百ドル札を出す。⑥よーし賭けてやろうじゃないか、と初め勢いのよかった相手の男も、サンドマンの百ドル紙幣にびっくりして苦笑い。そんなに持ってねえよ、と負けを認めるそぶり。⑦ざまあみやがれ、若僧め、とサンドマンは、相手の金には構わずに自分の金をポ

ケットに戻す。アポロは昔も今もすばらしいのに、くだらねえデマを流す奴がいるから、評判に傷がついちまう。俺たちはみんなでアポロを盛りたてていかなくちゃいけないのに。⑧そう声高に〝一人言〟を言うサンドマンをとりまく人々の中に、サインをねだる者も出てくる。人々とのやりとりの中で、サンドマンは、アポロ劇場に常連のように出ていたこと、舞台にまいた砂の上で踊る技法を編み出してサンドマンの異名をとったこと、などを語る。⑨一度行きかけるが、思い直して壁に自転車をたてかけておいて、タップを披露する。満面に笑みを浮かべて、わしは七三歳だが現役だ、と言う。⑩自転車を引いて人々の輪を離れる。再び思い直して自転車をたてかけて、人々に向かって、ことばではなく一連の身ぶりでメッセージを送る。ぼくはそのメッセージを次のように読んだ。

「口を閉じよ。耳をすましてよく聞け。目を見開いてよく見よ。そしてからだをして語らせよ」

身体性

第三点として、コミュニケーションにおける身体性ということをもう一歩進めて考えてみたい。

文化人類学の川田順造は、長年研究した西アフリカの人々について、特にそのリズム感の特異性に注目している。日常生活の中のリズムが集約的に表される場が、踊りである。

——複数の太鼓のそれぞれから異なるリズムがほとばしるように打ち出され、それが絡み合って展開するポリリズムに、頭、肩、胸、腹、腰、膝、足……と、身体の異なる部分がそれぞれ感応して躍動するかのようなポリセントリック（多中心的）な踊り……。★32

文化の中でリズムが一体どのような意味をもつのか、と考えていく中で川田は、次のように米国の黒人について触れている。

――アメリカ大陸に連れて来られて何世代もたち、生活様式も先祖のくにアフリカとはまったく変わってしまった黒人奴隷の子孫たちが、いまもはっきりアフロのリズムを身体記憶として保ち続けているのは、リズム感覚の根強さとともに、リズムが彼らのアイデンティティの支えとして、いかに大切であったかということを考えさせる。[★33]

リズムがアイデンティティの支えであるというのは、どういうことだろう。ぼくは、一九世紀米国南部の奴隷社会に見られたという〝ジューバ〟と呼ばれる音楽＝踊りのことを思い出す。両手で膝を打ち、両手を打ち合わせ、左手で右肩を、右手で左肩をたたく、といった動作を複雑に組み合わせつつ、同時に足でリズムを刻み、歌を歌う。こうした奴隷たちの芸能は黒人コミュニティを訪れるものをしばしば驚嘆させた。ある者は動作の素速さ、リズムの正確さ、踊りのみごとさにわが目を疑い、ある者は、リズムが複雑に絡み合い、自在に変化してゆく様に感動した。[★34]

現代の米国黒人の音楽やダンスやスポーツにおける優位性の源をここに見る思いがする。リズムは、文化における身体性の基本要素だ。ジューバの例にあらわれているのは、身体的な表現とコミュニケーションというものが、言語を含むほとんど一切を奪われた人々の間で、文化的アイデンティティの維持、確立、再生のために、いかに決定的な意味をもったか、ということだろう。

ここで再びアーヴィン・ゴフマンに登場してもらおう。彼によれば情報というものは、それが言語的なコミュニケーションか、非言語的なそれかに関わらず、「身体的なものであるか、それとも脱身体的なものであるかのどちらかである」。身体的というのは、送り手が自分自身の身体そのものを動かすことによってメッセージを伝達する場合のことで、例えば、顔をしかめたり、口頭で話したり、足げりをしたりという動作を、送り手の身体がその場にあって続けている時点でだけ成立する。一方、手紙、郵送された贈り物、たった今逃げていった動物の足跡などから、つまり送り手が情報提供をやめてしばらくの後に、与えられている手がかりから、受け手が読みとるというのが脱身体的

コミュニケーションのかたちである。★35

この視点から見れば、同じ言語的コミュニケーションの中でも、身体的なものと脱身体的なものとが、また、口頭の言語と書かれた言語とが区別される。〝口頭《オラル》〟ということば自体にあらわれているように、オラル言語ではメッセージの内容が身体性といまだ未分化の状態にあると言ってよい。オラル言語には、受け手に知覚されるものとして動いている口があり、声があり〝喋り方〟という〝ことばのしぐさ〟があり、アクセント、イントネーション、速度などという多くの〝パラ言語〟と呼ばれる要素がある。先に見たリズムとか音楽性とかも身体的言語の重要な要素である。

ところでオラル言語にも、お経を唱えるような話しぶりや本をでも読むような喋り方といった比較的身体性がうすいものがあるように、その身体性には程度の差があるだろう。同様に、同じ脱身体的な言語でも、印刷された文字は手で書かれた文字よりも身体性がうすいだろうし、その手書きの文字よりも録音されたことばはさらに身体性が濃厚だと感じられる。言語の身体性を計るものさしを想像しよう。一方の極には最も身体性の希薄（脱身体性）なものとして、例えば印刷された科学書、もう一方の極には、身ぶりやしぐさに限りなく近く、また音楽性にあふれた言語表現、例えばラップのライヴ・パフォーマンスをおいてみたらいいのではないか。

先にも引用したロジャー・エイブラハムズはこんな風に言っている。

――白人中流階級とゲットーに住むアフリカ系アメリカ人の間にみられる主な文化的相違のひとつは、次のことである。すなわち黒人が口承（oral-aural）中心の世界観を維持してきたのに対して、白人はその創造へのエネルギーと想像力を専ら書物に、印字的世界につぎこんできた。★36

エイブラハムズによれば、黒人に対する白人の偏見は、口頭文化の中での創造ということに関する無知や無理解に起因していることが多い。一般に白人は、発話場面における言語というものにあまり価値をおかない。語りは、書きことばに転写《トランスクライブ》できる限りにおいて評価されるのであって、そこに還元しきれない語りの質――聴衆を魅了する弁舌――はむしろ、詭弁家やデマゴーグのしるしとして危険視されかねない。一方、エイブラハムズの観察によれば、ゲットーの黒人にとって、対面的な場面における語りの良し悪しは決定的な重要性をもっている。ここで語りとはパフォーマンスとしてのそれであり、その良し悪しを決定づけるのは、語り方、スタイル、また〝ことばの身ぶり〟としてのリズムであり、押韻である。

このことは、人類学者の菅原和孝が『身体の人類学』の中で使っている「言葉もまた身体のようなものだ」という言い方に関係している。カラハリ砂漠のグウィと呼ばれる人々や、米国の黒人を持ち出すまでもなく、

――私たちの日常会話それ自体が、同時性ぬきには成りたたないことは明らかだ。私は微笑みながら、身ぶり手ぶりをまじえながら、ちょっと高い声で、しゃべるかもしれない。言語、パラ言語、動作、表情といった複数のチャンネルがまさに同時に作動しあって、相互行為という複雑精妙な統合体をつくりあげる。[★37]

菅原は〝同時性〟ということに注目する。言語学は同時に作動している多くのチャンネルのうちのひとつを抽象することによって成り立ってきた。とり出された「線状的なコミュニケーション」としての言語だけを重視する〝言語中心主義〟では、様々なチャンネルが共存するという意味での同時性も、「私」と「相手」がひとつの場を共有し、身体として共存しているという意味での同時性も、閑却されてしまう。

しかし、身体的同時性というコミュニケーションのあり方を、脱身体的な言語に還元することはできない。菅原はグウィに例をとりながら、「同時に声を響かせあい溶かしあうことによって成立するコミュニケーション」とか、歌と区別しにくいような会話とか、情報を運ぶというよりは、「ふれあう足と足のように、同時的に共有されるために

こそ発せられている」ようなことばとかが、重要な役割を果たす世界について述べている。そこではまさに「言葉もまた身体のようなもの」なのだ。★38

まとめ——黒人的身体の優位性

以上、〝黒人的身体性〟なるものについて三つの視点から考察してきた。それは、米国という階層社会の下位にあって政治的・経済的な従属を余儀なくされてきたアフリカ系アメリカ人が大衆文化の場面で今、ある圧倒的な優位性を白人社会に対してみせているという不思議な現象に光をあてる試みだった。

一般に、欧米を中心とする現代文明においては、ゴフマンの言う実質的で合理的な行為の、儀礼的行動に対する優位、また言語的、脱身体的コミュニケーションの、非言語的、身体的コミュニケーションに対する優勢が特徴的だと言える。それは言語中心主義、文字中心主義の文明であり、脱身体の文明である。

菅原の言う「身体とひとつに融合した言葉のあり方」★39は、エイブラハムズのいう「印字的世界」の中では差別され、おとしめられている。しかし実はこのことが、逆にわが現代文明における、ある決定的な貧しさを、欠落を、そして危機をも意味しているのでないか、とぼくは思う。それは身体性の危機である。人類学者のメアリー・ダグラスはこんな風に言っている。身体的コミュニケーションの原型は、母親の乳房を通じての、いや、さらにさかのぼって子宮内での、母親との結合である。

——人格的家庭に育ったため、非言語的形式による関係を切望しながら言葉以外のものをもたず、儀式のさまざまな形式を軽蔑するような子供は、不幸である。★40

ここに言う「不幸な子供」をぼくは米国の白人社会の中に見る。そしてそのような感想は多くの人々によって、しかも白人自身によって共有されている。米国白人社会に今、身体的危機の感覚が広がっているようだ。そして恐らくその感覚のひとつの表現が、黒人的身体へのあこがれであり、劣等感である。先に触れたような、黒人の目から見た白人の身体の〝ぎこちなさ〟や〝硬さ〟や〝冷たさ〟にしても実は白人自身によっても広範に感じられている身体的な疎外感——あるいは脱身体化の感覚——と対応するものだ、とぼくは思う。

身体性の危機とは、しかし、白人社会において身体が軽視されたり、無視されたりすることを意味するわけでは必ずしもない。そこでは身体に対する意識はむしろますます鋭敏になってゆく感さえある。問題なのは、その場合の身体が、動きのない、もののように静的なそれだ、ということだろう。人々にとって重要なのは身体のかたち《シルエット》であって、それがどう動き、また動くことによってどうコミュニケートするか、ではない。人々がよりよいからだ——つまり、より好ましい形をしたからだ——を求めて自らにありとあらゆる苦行を課す社会において、その同じ身体がどう動くかについての興味がほとんど見られないのは、思えば奇妙なことだ。

一方、同じ米国にあって、黒人文化がなお、身体のもちうる様々な形に対して示す寛容さにもまた驚くべきものがある。白人社会が全体として、贅肉《ファット》と脂肪《ファット》を敵とする〝戦争〟に自らを駆り立て、現に少なからぬ〝戦死者〟を出しているこの時代に、黒人社会ではいまだに〝大きなからだ〟が堂々と自らのあり方を主張しているように見える。ヘヴィー・D、ファット・ボーイズ、ビッグ・ダディなどラッパーには巨漢が実に多い。彼らがその大きなからだを巧みに動かして踊る時、アポロ劇場の観客がモデルのような華奢なからだつきの歌手を「骨と皮《スキン・アンド・ボンズ》」と、声を合わせてののしる時、そこには痩身のみをよしとする主流文化への異議申し立てがある。さらにそこには、身体の形そのものより、むしろ身体がいかにふるまい、どのように動き、コミュニケートするか、の方に重きをおくという流儀が見てとれる。恐らくそうした流儀をもって、黒人文化は北米の主流文化が設定する〝美〟の基準に抵抗しているのだろう。[★41]そして逆に主流文化の側でも、ますます多くの白人たちが、黒人文化の中に身体のもうひとつのあり方《オルターナティヴ》を見出し、それをむしろ手がかりとしながら、自らを〝美〟の圧制から解き放とうとしているようにみえる。

一九六〇年代に米国の人類学者や社会学者の間に〝貧困の文化〟という概念をめぐる論争が展開されたことがある。この論争は当然、黒人研究にも及んだ。そこには一群の研究者があって、〝貧困の文化〟論とは、貧困を文化のせいにし、だから貧困を犠牲者たる貧者自身のせいにし、結局は貧困を正当化するものだ、という批判を展開した。これら批判者はさらに、貧困の中にある者——例えばゲットーの黒人——は、米国の主流社会で共有されている文化的な価値感以外の何か特別なものをもっているわけではなく、ただその価値感に見合うものを実現する条件にたまたま欠けているにすぎない、とした。つまり、アメリカ文化の中に経済的に恵まれない黒人という集団があるだけのことで、黒人文化などというものが別個にあるわけではない、というわけだ。

一方の〝貧困の文化〟論者の間には、〝貧困の文化〟は同時に〝文化の貧困〟を意味する、と考える人が多かったようだ。つまり、皮肉なことに、〝貧困の文化〟論者も、その批判者も、経済的に劣位にある集団の文化的な劣勢と従属性、という点では考え方が近似したものとなっている。

しかしこの論争からしばらくの時間がたって、少なくとも黒人社会については、そうした見方が成り立たないことがわかった。〝貧困の文化〟といわれたものが、実は〝抵抗の文化〟であること、また、〝文化の貧困〟どころか、逆に〝文化の豊かさ〟をこそその特徴としていることが、ますます明らかになっていったわけだ。今日のゲットーは、いまだに経済的貧困をはじめとして山積する社会問題に苦しんでいるのだが、一方では、大衆芸能やスポーツを世界に向けて輸出し続ける、豊沃な文化の地であり続けている。

政治的経済的に優勢な白人社会が、にもかかわらず文化の領域で黒人社会に対して劣勢であるという感じ方がある広がりをもって存在していること、またその文化的劣勢を身体的な危機感として感じる白人がますます増えていることを、ぼくたちは見てきた。しかし、こうした身体の危機は、米国の白人社会にとどまらない文明史的な出来事なのかもしれない。

生産的であることをやめた身体。しかし一方では儀礼性をもはぎとられて、合理的、世俗的になってゆく身体。それはポスト産業社会的な徴候とでも言うべきだろうか。

ジュリア・クリステーヴァはこんな風に言っている。しぐさなどの身体的表現は、わが言語中心の文明においてはおとしめられ、貧困の淵に追いやられている。それはしかし、ギリシャ―ユダヤ―キリスト教文明圏の外にある諸文化では、豊かに花開いているのだ。その豊かさから学ぶことで、我々は自らの文化について考える新しい道すじを見出すことができるのではないか、と。[★42] 米国の白人にとって黒人社会はその〝豊かなる外〟を意味するかもしれない。

＊　＊　＊

米国の黒人文化について、特にそれを支えている〝もうひとつの身体《オルターナティヴ》〟のあり方について考える中で、ぼくは黒人的身体性に対する白人の羨望について触れた。実を言うと、自らの身体的状況を選択肢をもって検証し、更新しうる可能性をもった社会自体が、ぼくは羨ましいのだ。〝豊かなる外〟を内包しうる社会。今、北米で行なわれている大規模な文化的実験が、従来の人種偏見や民族差別に及ぼすだろう重大な影響は、しかし遅かれ早かれ海を越えて、この日本でも感じられるようになるだろう。その時のためにもぼくらは、ぼくらの内なる〝もうひとつの身体〟を見出し、育み、鍛えておくべきではないか。

追記　本稿を書いてから一〇年近い年月がたってしまい、特に動きの速い米国大衆文化についての描写に、現状とくい違っているものがあることをお断わりしておきたい。

註 文中★標示

★1—African-American の訳。本稿では以下、慣例どおり主に（米国）黒人とする。

★2—リチャード・プライヤーについては、末吉高明、一九八六『黒人文化と黒人イエス』、日本基督教団出版局、一二四〜一三〇頁を参照。

★3—末吉、同上書、一二八頁。

★4—末吉、同上書、九三頁にもっと複雑なソウル・シェイクが紹介されている。ギミー・ファイヴについては九一〜九二頁。

★5—野村雅一、一九八三『しぐさの世界』（NHKブックス）、日本放送出版協会、一八七頁。

★6—Liebow, Elliot., 1967, Tally's Corner: A Study of Negro Streetcorner Men. Boston: Little, Brown and Company. pp.24-25.

★7—Abrahams, Roger D., 1970, Deep Down in the Jungle (2nd ed.). New York: Aldine Publishing Co., p.36.

★8—Ibid., p.37.

★9—辻信一、一九九五『ハーレム・スピークス』、新宿書房、一三一〜一三二頁。

★10—Newsweek. March19, 1990, pp.56-63.

★11—末吉、前掲書、二二二〜二二三頁。

★12—Newsweek（前掲）.

★13—藤田正 他、一九九二『RAP—これでラップ・ミュージックがわかる』、TOKYO・FM出版、三〇頁。

★14—藤田 他、同上書、一五二頁。

★15—藤田 他、同上書、一五九頁。

★16—野村、前掲書、一〇五頁。

★17—野村、同上書。

★18—Abrahams 前掲書（p.45）及び Hannerz, Ulf., 1969, Soulside: Inquiries into Ghetto Culture and Community. New York: Columbia University Press, p.132.

★19—Goffman, Erving, 1967, Interaction Ritual. New York: Anchor Books.

★20—リロイ・ジョーンズ（上林訳）、一九六五『ブルースの魂』、音楽之友社、一〇六〜一〇七頁。

★22—ジョーンズ、同上書、六四頁。またトーストについては同書第二部。

★23—ジョーンズ、同上書、五二〜五四頁。

★24—Blassingame, John W., 1979, The Slave Community: Plantation Life in the Antebellum South. (2nd ed.) New York: Oxford University Press. (pp.105-148).

★25—Labov, William., 1972, Language in the Inner City: Studies in the Black English Vernacular. Philadelphia: University of Pennsylvania press. 特にその第二部は黒人口語、いわゆる〝街言葉〟と主流社会で支配的な言語が、ゲットーにおいて形成した二重性について述べている。なお第三部はダズンズを詳しく扱っている。

★26－E・ゴッフマン（丸木・本名訳）、一九八〇『集まりの構造』（ゴッフマンの社会学4）、誠信書房、一五～一六頁。
★27－ゴッフマン、同上書、一五頁。
★28－野村、前掲書、一一〇頁。
★29－野村、同上書、一五五頁。野村雅一、一九九六『身ぶりとしぐさの人類学』、一六四～一六五頁を参照。
★30－J・クリステーヴァ（中沢他訳）、一九八七『記号の生成論－セメイオチケ』（第二巻）、せりか書房。第三章「身振り－実践かコミュニケーションか」、八一～一一五頁。
★31－クリステーヴァ、同上書、九七頁。
★32－川田順造、一九九二『西の風・南の風』、河出書房新社、二〇六頁。
★33－川田、同上書、二〇八頁。
★34－Blassingame 前掲書（p.125）。
★35－ゴッフマン、前掲書、一六頁。
★36－Abrahams 前掲書（p.39）。
★37－菅原和孝、一九九三『身体の人類学』、河出書房新社、二八七～二八八頁。
★38－菅原、同上書、二八九頁。
★39－菅原、同上書、二九〇頁。
★40－メアリー・ダグラス（江河他訳）、一九八三『象徴としての身体』、紀伊國屋書店、一一〇頁。
★41－アリゾナ大学の研究者たちによる調査では、白人女子中高生の九〇%が自分のからだに不満なのに対し、黒人女子中高生の七〇%が満足している。身体の美醜の基準は何かという問に対して、同じ白人少女たちは、「身長五フィート七インチ、体重一〇〇から一一〇ポンド」という数値で答えたが、黒人少女たちは「しかるべきアチチュード」つまり、その人の態度による、と答えたという。（"The Body of the Beholder". Newsweek. April 24, 1995.）この問題については、辻信一、一九九五『ブラック・ミュージックさえあれば』、青弓社、の第八章「アフリカ的身体」を参照。
★42－クリステーヴァ、前掲書、八九頁。

建築と身体

角野幸博

身体と建築との相互関係

シェルターとシンボル

建築と身体との関係を論じるには、ふたつの立場がある。第一は建築を身体の延長あるいは身体と同じ特徴をもつものとして、それが建築空間の構成原理にどのような影響をあたえているかという視点。第二は、建築を身体をとりまく環境ととらえ、その相互作用を考えるという視点である。前者は、建築デザインが身体の構成や秩序を模倣したり、どのような精神的影響を与えているかが考察の対象となる。後者は、主体となる人間の身体がもつ様々な特性が、環境としての建築デザインをどう規定するか、あるいは建築が人間の身体行動にどう影響するかという点が考察の中心となる。両者は厳密に区分しづらい点もあるが、本論では、おもに前段では第一の視点を、後段では第二の視点を中心にして、建築のみならず都市空間一般にまで範囲を広げて考察をすすめることにする。

さて、身体と建築との関係は、身体と衣服との関係に酷似している。建築は、衣服をまとった人間の、大きな衣服であるといってもよい。さらに都市は、ひとつの大きな家であり、したがって大きな衣服としての側面をもっているということができる。身体、衣服、建築、都市は、一種の入れ子構造になっている。

その入れ子構造のなかで、様々な相互作用が発生する。またそれぞれの役割は、常に入れ替わり得る。たとえば衣服は、身体を包み込む外部環境であると同時に、社会に対しては個人を表現する手段であり身体そのものとなる。同様に建築は、身体を保護する外部環境であると同時に、個人や集団のメッセージを社会に対して発信する手段となり、あるいは個人や集団そのものともなる。「都市は大きな家、家は小さな都市」とは、オランダの建築家バン・アイクのことばだが、さらにいうなら「家は大きな衣服、衣服は小さな家」なのである。

建築や都市空間は、衣服と同様、多くの場合において、シェルターとシンボルという両義的性格をもつ。シェルターとは、特定の場を外界から保護し、温湿度、衛生、防災、保安性能などを一定水準に保ち、その場の環境を維持しようとするものである。いいかえれば、建物利用者のための内部環境を充足させるという求心的性格をもつ。シンボルとは、その建築がもつ機能や使用者のメッセージを、社会に伝えることを意味する。ひらたくいえば、建設者の思い入れを社会に伝えるためのメディアでもある。建設者や時代のメッセージが、建築デザインに託される。建築の意味を外部環境のなかでより明確にすることを目的にするという意味で、遠心的性格をもつ。空間デザインは、この異なる二面性を両立させるプロセスといいかえることもできる。

道具としての建築

建築はまた一方で、人間の活動を支援する道具として発達してきた歴史をもっている。大半の建築物にはそれぞれ、明確な機能がある。神殿、住宅、工場など、それぞれの目的は明快であり、意図した機能を最大限発揮できるようにデザインされる。自動車や船も、道具としての機能を最優先させた建築であるといってよい。

道具としての機能の向上を追求する過程で、人間の活動にもっとも適合した大きさや比率についての検討や改良が重ねられてきた。それはいかに心地よく使えるかという快適性追求の歴史であると同時に、どこまで効率的に設計できるかという合理性追求の歴史でもあった。その成果は、日本工業規格（ＪＩＳ）で標準化されたり、建築基準法などによって最低限守るべき基準として示されている。普通の建築家であれば、座る、歩く、ものをとるといった、人体の基本的な動作に関連する寸法はたいてい頭にはいっている。

建築物が道具として機能する場合、人はそのなかにいるというのが常識的な考え方だろう。しかし、道具としての機能が高まるほど、建築はそのなかに人を入れることを拒否し始める。われわれは、高度にオートメーション化された無人工場や原子力発電所のことを、思い浮かべなければならない。内装されていた人体が外部化し、遠隔化することによって、身体と建築との新しい関係が生まれる。身体の一部あるいは延長であった建築が、空間的な連続性を断ち切って、都市のなかに漂い始める。実際には見えないネットワークによってつながっているわけだが、それを実感することは難しい。しかもそこでの建築とは、表層だけをもつブラックボックスなのである。

大工道具とか調理用具などは、手になじんではじめて道具として機能していた。コンピュータの登場は、道具と身体との直接的なコミュニケーションではなく、画面とキーボードによってものを設計製作することを可能にした。従来とは異なる身体感覚が生まれてくることは間違いない。

溶ける境界と、堤防としての建築

すでに述べたように、建築はそれが包み込む内部に対する役割と、それが存在する環境に対する役割とをもつ。建築デザインとは、内部が要求する性能と、外部に対して見せたい意匠との間に一貫した理念をもって、ひとつの造形物としてまとめあげるプロセスのことであった。そしてその内部環境と外部環境とは、常に明確に区分されるものではなく、混ざり合い、逆転することが往々にしてある。建築家の力量は、こうした内部環境と外部環境との間に、どのようにうまく折り合いをつけるかによって問われるといってもいいすぎではない。また、そのデザインには世界各地の風土や文化によって、大きな差や特徴があらわれる。

そもそもこうした内部環境と外部環境との境界は、単体の建築にしても、ひとつの都市の場合でも、あるいは衣服であっても、常に確固としたリジッドな形態が長続きするわけではない。境界は常に溶け出し、内外のものが入り交じる傾向にある。

本来あるべきところのものが流れ出たり、切り離されてバラバラになると、人はそれらに対して、見苦しいとか、汚いという評価を与える傾向にあるようだ。たとえば、身体に付属する髪や爪、皮膚などは、それが身体と一体となっている間は、整えられ、磨かれ、彩色されるなどして、身体を美しくみせるための重要な要素となっている。ところが、いったん身体から離れると、とたんにそれは汚くけがらわしいものになってしまう。たとえば、抜け毛、爪切りで切り落とされた爪、皮膚が老化してできた垢。一本の抜け毛が食器や食卓にあるだけで汚いと大騒ぎをしてしまう人がいる。「爪の垢を煎じる」という言葉の背後には、「そんな汚いものであっても」という意味が隠されている。体の垢はいわずもがなである。

体内にあったものが対外に露出されたり排出された場合は、さらに評価が下がる。唾、おう吐物、糞尿などは、体外に出たとたん汚いものになる。また、ふだんは衣服などで隠されているものを露出することも、下品で恥ずかしいこととされる。と同時に、こうしたけがらわしく、下品な行為やものが、性愛の対称や手段になることは興味深い。ここに価値の両義性をみることができる。

建築デザインや都市デザインにおいても、まったく同様の特徴を示すことができる。建築や都市のデザインは極論すると、空間の内外の境界を定める行為、すなわち内外の出入りを制限する堤防のデザインとしてとらえることができるが、一般の都市空間においては、そのなかのある要素が、内外の境界を乗り越えたり、本来あるべき場所から切り離されて存在するとき、醜いとか汚いという評価を受けることが多い。

たとえば、団地のベランダに干される洗濯物やクーラーの屋外機など。これらはいずれも、本来プライベートな場所に隠されるべき物がパブリックな領域ににじみ出してきたものであり、それを景観上不快に感じるものと考えられる。また、建築物に取り付けられる屋外広告物は、建物のほころびや破れのようにも見える。建築の堅い殻を破って、そこから私的な欲望やメッセージが首をもたげる。これも一般に見苦しいと評価されるゆえんではないだろうか。さらに、大都市の周辺部で、農地を無秩序に侵食していくミニ開発住宅などのスプロール現象も、都市計画されたエリア内の秩序が、その境界部分で乱れ、計画エリアの外へ見苦しくにじみ出しているのである。

こうした現象はいずれも、建築あるいは都市空間の内的秩序が乱れ、それが外的秩序に影響を及ぼしている結果とみなすことができる。古典的な建築観では内部の秩序と外観の秩序とは統一されたものでなければならなかった。しかし、内部と外部とをまったく異なる論理で作り上げるという思想も存在する。

建築の複合・対立・融解

ロバート・ヴェンチューリは、建築の機能と表層の意匠との間に、対立や矛盾が生じていることを指摘した。[★1] 建築の意匠が必ずしもその内部機能に対応していないことが、近代以前の建築においても往々にして存在すると主張する。また彼は、表層のシンボリズムのみで成立する広告物のような建築の存在も指摘している。[★2] 同様の概念で日本では、擬洋風のファサードを在来の木造建築に張り付けたり、モルタルやレンガタイルなどで表だけを改造した店舗住宅などを「看板建築」と呼ぶ。建築デザインにおける機能と表層、あるいは外部空間と内部空間との間に生じる対立や矛盾は、ますます顕著になってきている。建築の形式が内容から解き放たれ、「らしくない」建築が多数生まれているのである。

単一の機能ではなく複合する機能をもつ建築がふえたり、構造材と仕上げ材とが完全に分離してしまったことが、この傾向にさらに拍車をかけている。加えて、建築を構成する要素が格段に増えたこともおおきい。構造材と仕上げ材はもとより、電気・ガス設備、水回り、家具什器、インテリア金物などのアイテムは無数にある。それぞれが個別のデザインプロダクトとして生産され、建築はその集合体となっている。

建築と同様、都市も機能はさらに複合、多様化している。都市は神殿であり、市場であり、遊園地でもある。使い手や住み手の数だけ、都市の顔があらわれてきた。今や都市全体をひとつの秩序だった体系として理解することは難しい。パッチワークやコラージュとしての性格がますます強まり、コスモロジーの追求や、何かのアナロジーとして都市空間全体をとらえることは、困難になってきたのである。

もちろん、都市全体がアノニマスな混沌空間であるからこそ、よけいにその秩序化をねらったプロジェクトもあるが（たとえばパリのグラン・プロジェなど）、それとて部分的な秩序化であって、都市全体を統一した秩序で再構成できるものではない。象徴性を意識した全体像の追求は、新都市や、テーマパークなどの疑似都市においてのみ可能となった。

こうした変化は、実は身体そのものの変化と相通じるものがある。人体はそれ自身ひとつの小宇宙であり、秩序の体系だといわれる。しかし、臓器移植や人工臓器の導入、人工透析などは、恒常的にせよ一時的にせよ、異なる秩序との共存を認めるものである。また、化粧、美容整形、痩身術、入れ墨などは、人体の表層に、物理的に手を加えることによって、内部とは異なる秩序を、表皮に作り出すものとみることができる。つまり身体も、単一の秩序体系で語ることは困難になり、パッチワーク化しているのである。

建築と都市のデザイン原理

空間のコスモロジー

建築や都市の空間構成原理について、すこしふりかえってみることにしよう。デザインプロセスの中で、多くの先人達の発想の拠り所としてくりかえし試みられてきたのが、一方がコスモロジー（宇宙観）の追求であり、他方が生命体のアナロジーとこれに伴う身体感覚の拡張であった。

建築や都市をひとつのミクロコスモスとして再現しようとする発想は、地域、時代の壁をこえて、随所にみられる。バシュラール[★3]、エリアーデ[★4]、ボルノウ[★5]らは、いずれも家屋が「世界の似姿」であることを指摘している。また、ローマの都市形態や古代中国の都城が、宇宙や世界の似姿として位置づけられてきたことも、多くの先学が指摘している。ローマの都市建設神話について、J・リクワートは次のように述べる[★6]。

まずはじめに、鳥占い師（アウグル）が丘の上にたって鳥占いを行う。彼は曲がった杖（リトゥス）をふって、世界を前後左右の四つに分割する。そして鳥が飛び立つのを待って、その土地の吉凶を占う。その後生け贄の儀式を行う。そこでおもしろいのは、生け贄の肝臓を取り出し、肝臓占いを行う点である。肝臓は世界の鏡とみなされ、肝臓の状況がその土地の状況を指し示す。

実際の建設にあたっては、中心になるところにムンドゥスという穴を掘り、捧げものを入れる。地の神への捧げものである。石で蓋をし、祭壇をつくって火を燃やす。その火が都市の中心となる。ここを中心にして、二頭の牛に円弧上に犂を引かせる。溝が堀となり、かきあげられた畝が儀礼上の壁となる。その内側の帯状の土地をポーモエリウムと呼ぶ。このポーモエリウムが聖なる境界線となり、そこに城壁が建てられるという（以上、前掲書より）。この境界線はむやみにこえることが許されず、数カ所にこれをまたぐ橋がかけられた。ちなみに、ローマの草創神話で有名なロムロスとレムスのうち、レムスはこの禁忌を犯したために殺されたという。

また中国の都城が、王権を権威づけるために、紫微宮（北極星）と王宮とを対応させながら、コスモロジーを強く意識した形態をとっていることはよく知られている。中国の都城の形態は、春秋時代に周公旦が著した中国最古の技術書といわれる『周礼考工記』に詳しい。「匠人営国。方九里。旁三門。国中九経九緯。経涂九軌。面朝後市。」といった表記から、「都の広さは方九里、四方にそれぞれ三つの門があり、東西南北それぞれ九本の道が通じている。道幅は九軌。宮廷が全面にあり、市場がその後方にある。」といった都市の形態がわかる。

こうした特徴の背後には、為政者の政治的威信を、空間デザインによって表現したいという強い気持ちがあったことはいうまでもない。しかし空間のコスモロジーは、絶対権力のもとにのみ生まれるわけではない。

インドネシアのバリ島の伝統的集落では、日の出－日の入りの軸（東西軸）と、山－海を結ぶ軸（南北軸）とが、空間構成に決定的な影響を与えている。島の中央にアグン山という聖なる山があり、山の方向が聖なる方向（カジャとよぶ）、逆に海には悪魔が住んでいるので悪の方向とされる。これと東西軸とが組み合わされて（東は未来、西は過去をあらわす）、空間に階層性が与えられる（図1）。山の方角が島の南北側によって異なることはいうまでもない。

これによって集落の聖所の位置が決められる。また、個々の住居のゾーニングにも大きな影響を与える。バリ島の伝統的住居は、各々独立した小屋の集合体であり、個々の小屋の配置が、上記の方向性に強く制限されている[★7]（図2）。

こうしたコスモロジーにもとづく空間の秩序は、多くの場合、方位観の尊重や幾何学的形態によって表現された。聖なる軸線、正多角形や正円、十文字などは、コスモロジーの表現の、必須アイテムとすらいうことができる。都市の形態を理想的な秩序のもとに実現しようという試みは、洋の東西を問わず、また歴史的にもくりかえしみることができる。しかしそのなかで特筆すべきは、ルネサンスの理想都市だろう。一五世紀中ごろから一七世紀にかけて、多くの建築家が理想都市の計画案を世に示した。そのほとんどが、正多角形の幾何学的形態をとっている。中央に広場

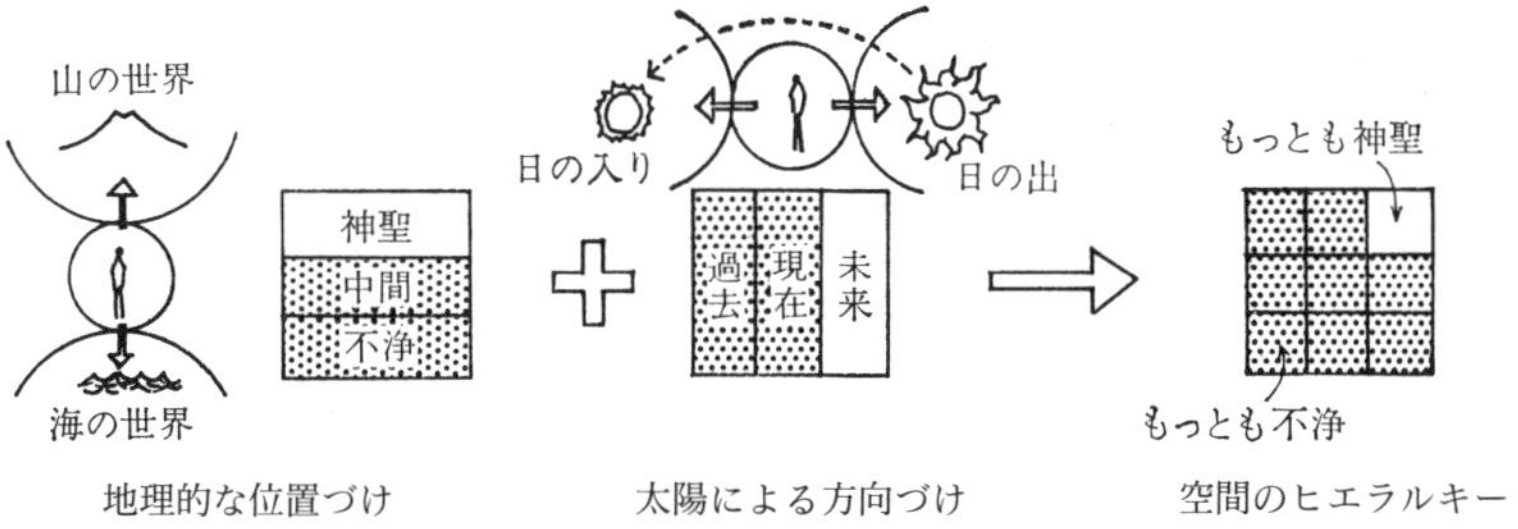

図1　バリ島の空間概念

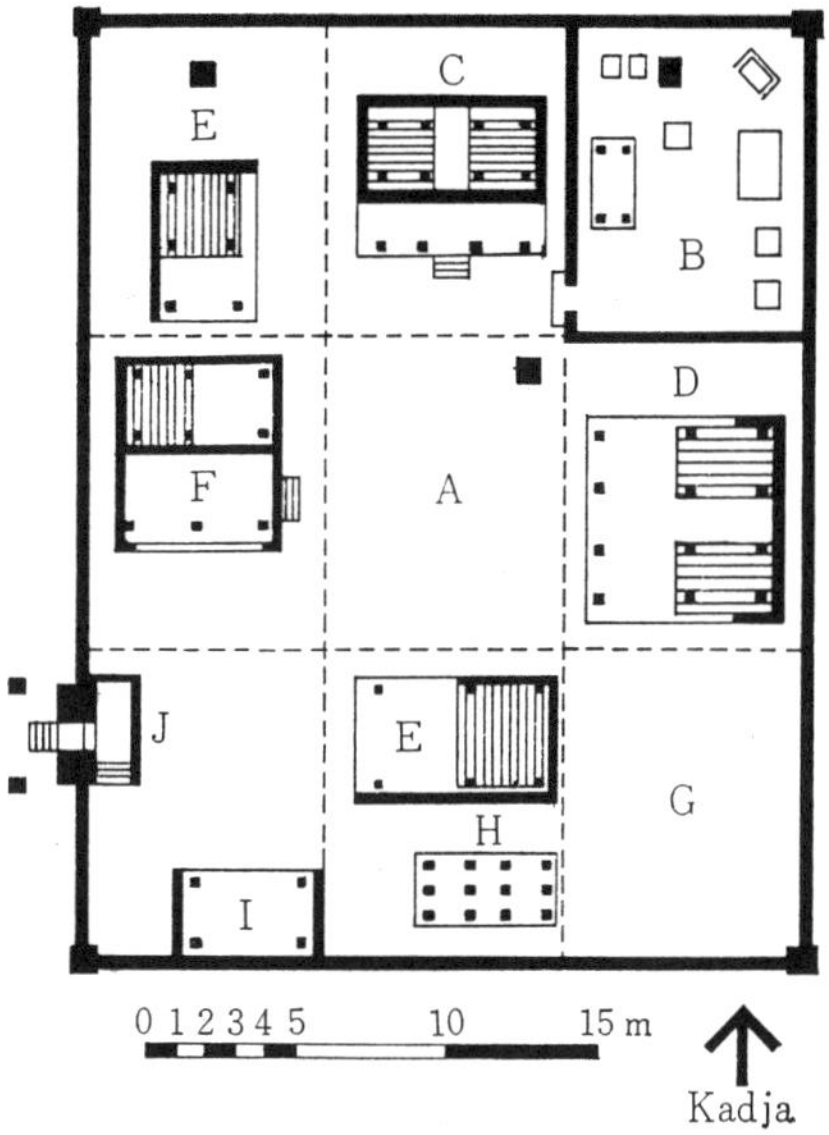

A中庭　B祠群のある場所　C夫婦の寝所(未婚の娘の寝所にもなる)　D作業や団らんのスペース(寝所にもなる)　E親類や子どもの寝所(女の機織の場所にもなる)　F客のための場所　G米つきや豚の飼育のためのスペース　H米倉　I台所　J魔除けのスクリーン

図2　バリ島の住居の事例

(図1、図2とも出典:鳴海邦碩「形態のアナロジー」、上田篤他編『空間の原型』、筑摩書房、1983年)

をもち、そこから放射状に街路をのばす。周囲は正多角形の城壁によって守られている。そこには要塞の築造ノウハウが活かされている。一五世紀中ごろにフィラレーテによって最初の理想都市「スフォルツィンダ」が提案されて以来、いくつもの提案がなされたが、そのほとんどは実現していない。一七世紀にスカモッツィが設計した、ヴェネチア北東部のパルマノーヴァは、数少ない実現例のひとつである（図3）。

それでもなお理想都市の実現は、建築家の見果てぬ夢として、形を変えながら二〇世紀まで、その尾をひきずることになる。二〇世紀に実現されたいくつかの新首都、たとえばキャンベラやブラジリアは、様々なデザイン技法を使いながら、完全な秩序を都市にあたえようとしていた。

また現代建築家のなかにも、作品のモチーフに自身の宇宙観を強く表現している人がいる。たとえば毛綱毅曠の釧路湿原展望台は、展望台内の展示室にドーム状の空間をつくり、彼の宇宙観を表現している。コスモロジーは、現代の建築家にとっても魅力あるテーマのひとつとして生き続けている。

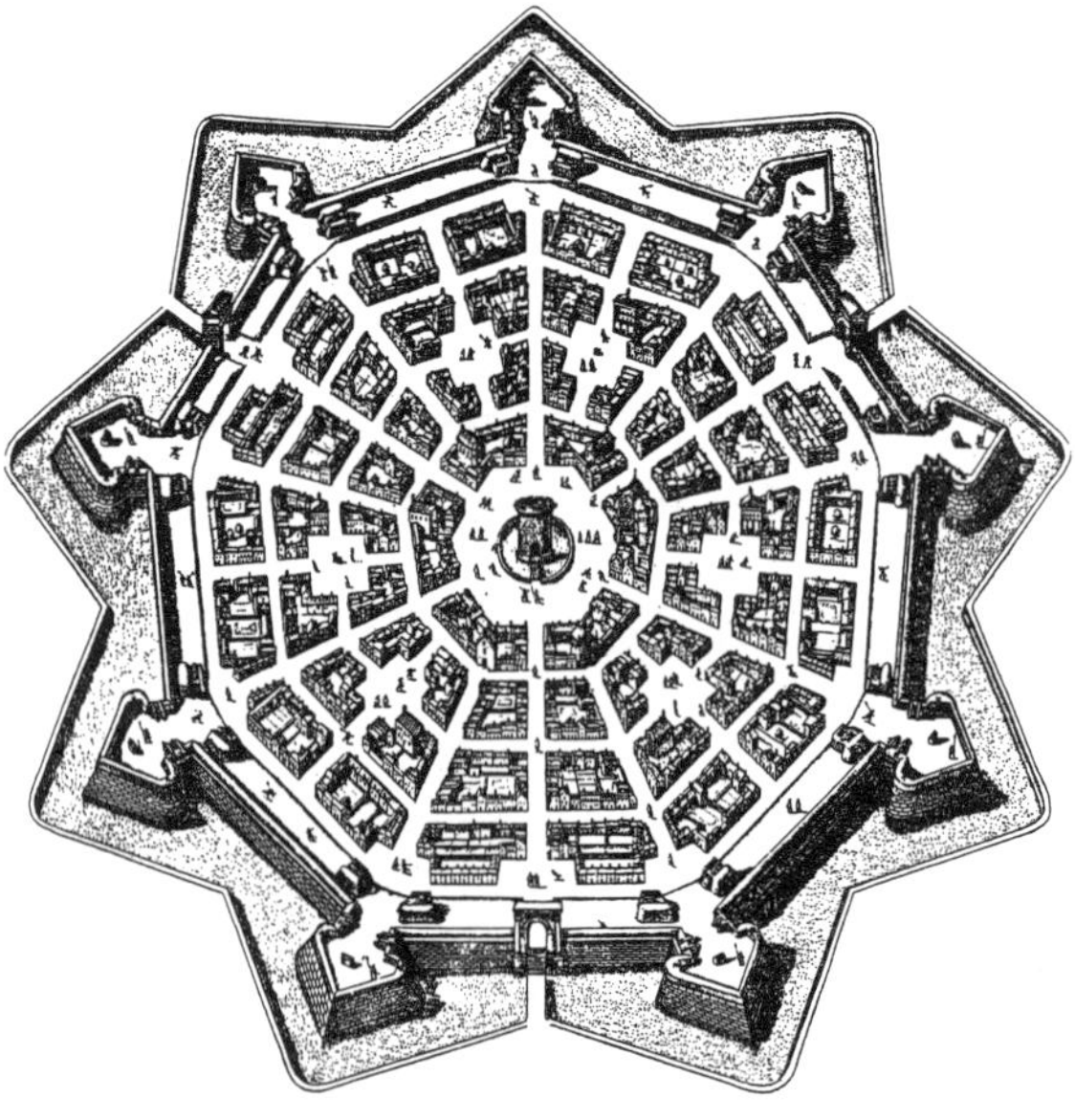

図3　パルマ・ノーヴァ平面図（出典：スティーン・アイラー・ラスムッセン『都市と建築』、横山正訳、東京大学出版会、1993年）

身体のアナロジー

もうひとつの重要な視点である身体のアナロジーとは、建築や都市を生物とみたててデザインしたり、個々の空間を身体の延長ととらえることである。一般の人間にとって、住居は都市あるいは集落よりも身近な存在であり、身体がもつ機能的および精神的意味を、身体の延長としての住居に込めようとする事は、容易に想像がつく。

アフリカにはこうした事例が数多いが、とくにマリ共和国のドゴン族のものがよく知られている。図4はそのなかのジョン部族のギンナ（家族の大きな家）の平面図を示したものである。これは地面に腹ばいになって寝ている再生したノンモ（宇宙の創造者アンマによって最初につくられた世界の監督者、人間の祖先でもある）をあらわす。台所は北にあって頭、中央の部屋は胴体、両側のふたつの部屋は左右の腕と鎖骨、玄関は足を意味する。一階にはこのように五部屋あり、それはノンモが懐胎した原初の胎盤の五つの枠に対応する。★8 また別の事例では、二

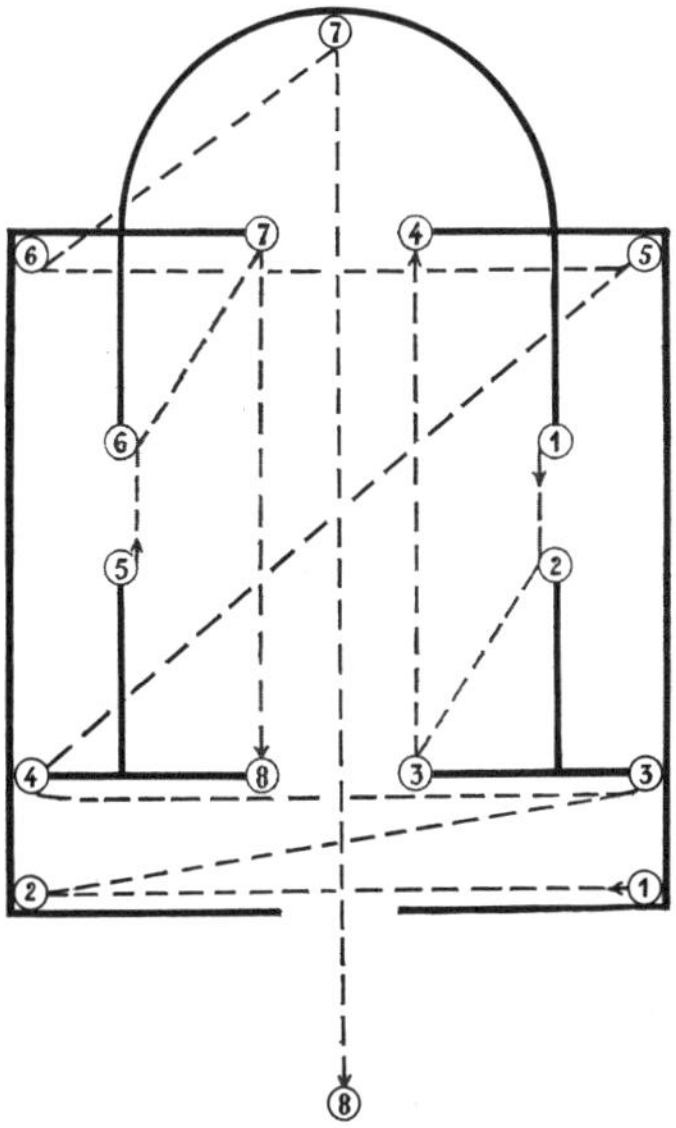

図４　ギンナの平面図（出典：マルセル・グリオール＋ジェルメーヌ・ディテルラン『青い狐——ドゴンの宇宙哲学』、坂井真三訳、せりか書房、1986年）

階建ての住居が、交合する二人の男女をあらわしている。ベッドの下には穀物の種子が置かれ、男の行為が女や種子に恵みの雨をふらせる行為とみなされる。農業の営みと男女の交じわりとが、住居のなかで結び付けられているのである。[★9]

また、インドネシアのジャワ島の古都ジョグジャカルタ近郊には、王宮に出入りしていた銀細工商人の集落が残っており、その住居は非常に特徴的な様相をしめす[★10]（図5）。ダレムと呼ばれる母屋と、ペンドポと呼ばれる儀礼用の壁なしのあずまや風の小屋とが前後に並ぶ。母屋の両側と背後には台所や物置などの附室が取り囲む。母屋の内部は、ペンドポの側に居間をかねた広間がある。広間に面して、スントンと呼ばれる窓のない三つの小部屋がならぶ。ふだんは厚手のカーテンのようなもので、広間と仕切られている。特に中央の小部屋は聖なる部屋とされ、いっさいものをおかないようにしている。近代化とともに住居内の使い方やライフスタイルも変化してきているが、この小部屋とその前部あたりが、住居内でもっとも

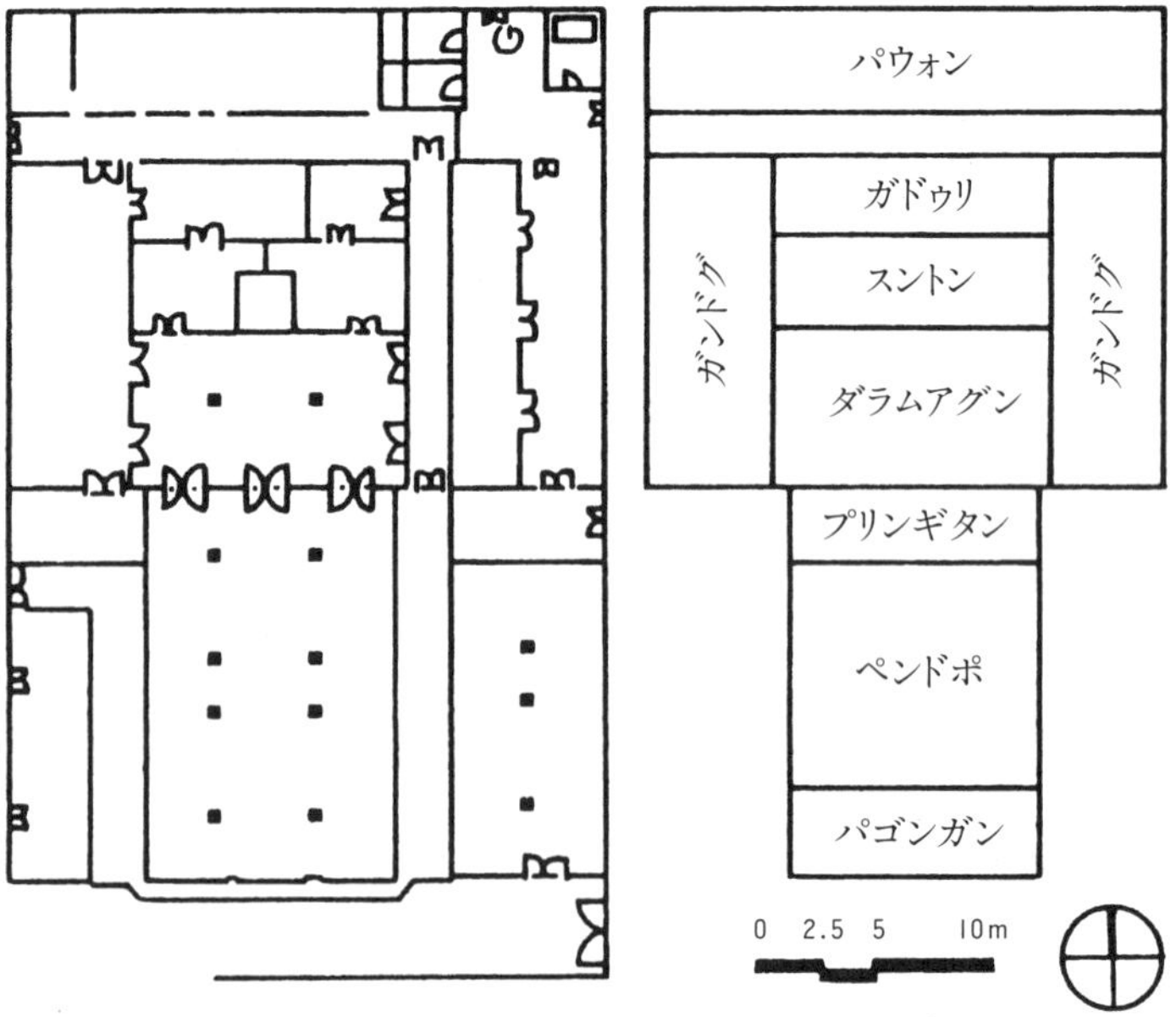

図5　ジャワ島の伝統的住居の平面構成（出典：大阪大学工学部南太平洋調査団『アジア的都市居住環境の構成―インドネシアを事例に』、1987年）

重要な場であるとの認識は今もうけつがれている。

住居内の配置には明快な軸線があり、左右対称の構成をとる。からっぽの小部屋を中枢にして、その下にパブリックスペースや儀礼用のスペース、そしてバックヤードが整然とならぶ様は、生物標本をみているような感じを受ける。

また、単に形態上の問題として生物と建築との比較をするだけではなく、発生と成長のシステムのなかに、類似性をみる指摘もある。岡秀隆は、その著書の中で、細胞分割から始まる生物の成長過程を都市の成長になぞらえ、その各々の段階で、内部の秩序化と外部との関係づくりがなされていることを指摘している。★11

都市や集住体が生物のメタファーで語られることは案外多い。そのほとんどの場合、社会階層的な秩序のあることが前提となる。イーフー・トゥアンは、次のように述べる。

——そのような社会は、服従を促し、根本的な批判を抑圧した。なぜならその階層的な秩序は自然の全体的な調和の一部分として理解されていたからである。（中略）国家の観念は、生物学的なメタファーによるイメージを利用していた。社会的な差別は必然だったのだ。★12

現代社会では、こうした階層性は少なくとも表面的には弱まりつつある。社会が自由になればなるほど、科学技術が発達すればするほど、個人は社会の枠組みから自由になることが可能になる。生物学的メタファーで語られてきた都市が、その構成者の側から変えられつつある。都市はもはや単一の秩序体系によって語り得るものではない。異質なものが混合することによって、その全体像は断片化して見えづらくなり、それらが無秩序に混ざり合うというイメージで語られ始めている。

異質なものが混合したり、生命体としての統合性を欠きながらも生存し続けるというイメージは、近未来の生物像そのものでもあるかのようだ。つまり、生命体や生物を理解する枠組みが変化したのとまったく同じように、都市に対する理解の方法も変えなければならない。

寸法

人体と建築とのもっとも直接的な関係は、寸法をどうとるかというところにある。人体寸法と建築空間との関係を、最初に意識し説明を試みたのは、ルネサンス期のレオナルド・ダ・ヴィンチだろう。彼は、人体の精密な解剖図を記すとともに、建築設計も行い、また未来都市像も描いている。透視図法など、人体感覚を考慮した表現法の開発もおこなった。

近代建築においてそれをもっとも合理的かつ美的にとらえて体系化したのは、フランス人の近代建築家であるル・コルビュジェであった。彼は「モデュロール」という概念を提起し、人体の各部位の比率が黄金分割を基本に成立しているとし、そのスケールとプロポーションを、建築空間に適応することによって、完全な美と機能性を備えたデザインができると主張した（図6）。

モデュロールは、世界の近代建築に決定的な影響を与えた。空間の壮麗さや重厚さを演出し、いわば神の国を地上に再現しようとするヨーロッパの建築デザインにおいては、スケールを大きくとったり、だまし絵や強制遠近法といった手法は以前からあった。しかし、人体寸法を空間計画の単位にするという、至極当たり前のことがあまり重要視されてこなかった。

コルビュジェ以降、多くの建築家がモデュールや空間のプロポーションを意匠計画上の最大の検討項目とみるようになった。モデュールとは、空間を構築する際のもっとも基礎となる単位空間の大きさのことである。たとえば、日本の現代建築などでは、九〇〇ミリを一単位として（一モデュールとして）検討されることが多い。近代建築が過去の装飾を拒否し、その機能美を追求するようになったとき、合理的なモデュールの決定と、それを積み上げて生まれる均整のとれたプロポーションの追求が、建築家の至上課題となったのである。

人体は美しさや完全なものの規範とされ、人体各部の寸法へのあてはめによる根拠付けが行われた。ダ・ヴィンチの手を広げた人体の円と正方形へのあてはめやノイフェルトのへその位置と黄金分割との結び付けなどである。コルビュジエが「人体の寸法と数学の結合から生まれた、ものを測る道具」と呼ぶモデュロールは、①手を挙げた人体を包絡する2倍正方形、②人体各部の黄金比、③身長183cmの人間などを基準として、183cmの正方形と2倍正方形より生じるフィボナッチ数列から導かれた二つの尺度(43、70、113cm：赤の数列、86、140、226cm：青の数列）の体系である。

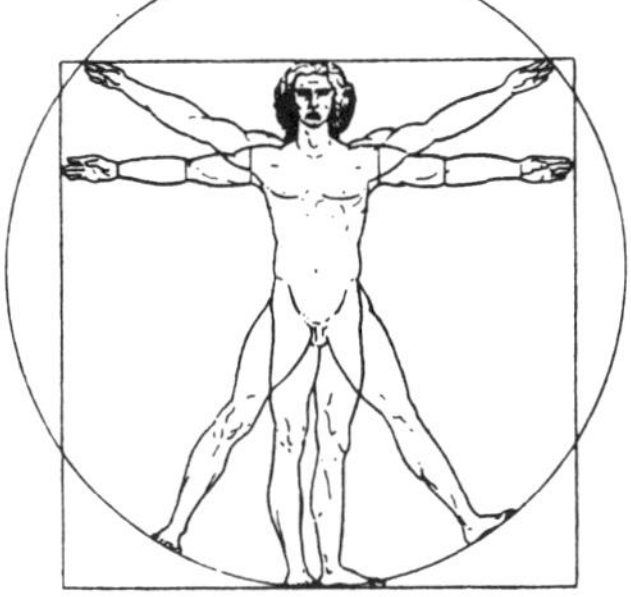

ダ・ヴィンチ

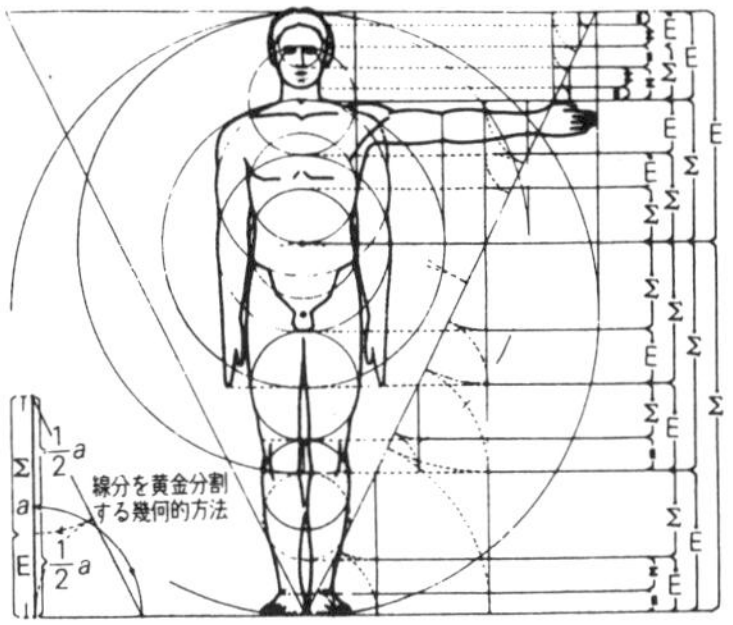

ノイフェルト

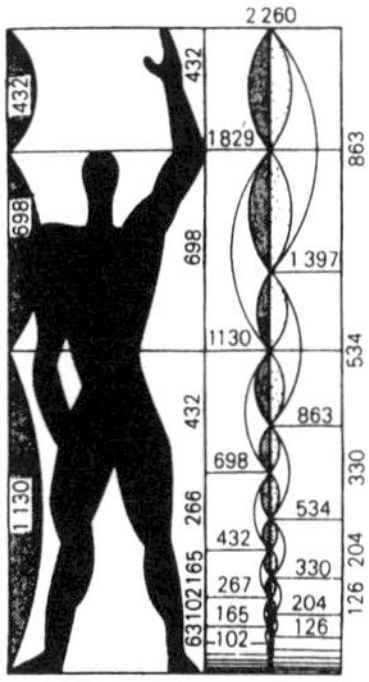

赤	青
6	
9	11
15	18
24	30
39	48
63	78
102	126
165	204
267	330
432	534
698	863
1 130	1 397
1 829	2 260
2 959	3 658
4 788	5 918
7 747	9 576
12 535	15 494

コルビュジエ

図6　身体を規範とした比例理論（図・説明とも出典：日本建築学会編『コンパクト建築設計資料集成(住居)』、丸善、1991年）

さらに意匠上の影響はもちろん、建築部材やシステム家具など、寸法の規格化と製品の工場生産化が飛躍的に進んだことを指摘しておかねばならない。プレファブ住宅においては、一〇〇〇ミリや九〇〇ミリモデュールの建材が工場で量産され、現場で組み立てられる。家具什器も、これに合わせて工場生産される。人体寸法をもとにしたモデュールが、建物全体の大きさを自動的に決定してしまう。このことは、設計行為の本質を根底から揺るがすことになった。編集・組立行為としての性格が強くなってきたのである。

これ自体は必ずしも非難されるべきものでもない。日本の伝統的な建築設計施工のシステムである「木割り」は、間取りと大まかな仕様さえ決めれば、自動的に各部位の寸法から必要な部材量がほぼ決まってしまう。畳という、人体寸法をもとにしたユニットが、全体の建築デザインから施工材料までを、ほぼ決定してしまうシステムが近世にはすでに完成していたのである。

こうした人体寸法と空間の大きさとの関係を極限まで追求し、実験してきたのが、茶室の系譜だろう。最小の茶室である今日庵は、一畳大目。亭主と客が、文字どおり膝突き合わすことになる。

また、ホテルやワンルームマンションなどに使われる、洋風バス・トイレ・洗面所を一体化したユニットバスの設計では、その大きさを極限まで切り詰めるスタディを繰り返している。図は市販のバスユニットのなかで最小サイズのもののひとつだが（図7）、人体寸法とその動きを配慮しながら最小の空間をデザインするというのは、宇宙船やコックピットの設計思想につながる。カプセル

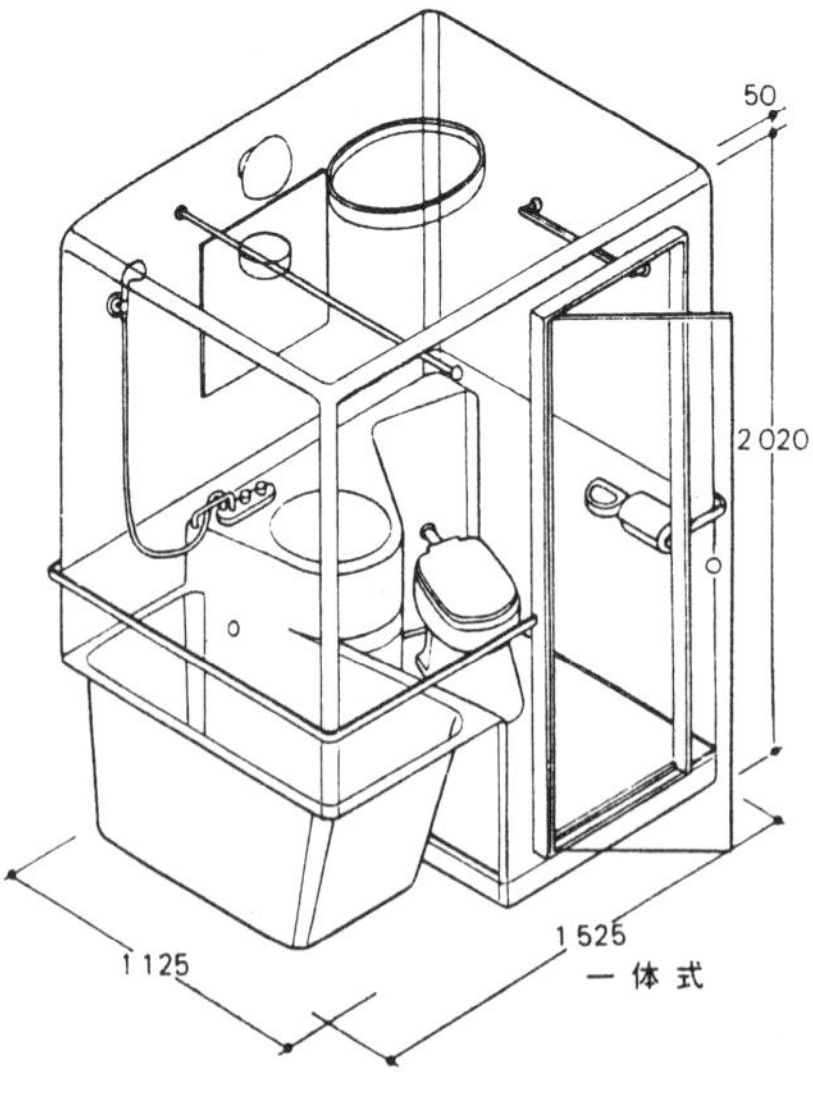

図7　バスルームユニット（入浴・用便・洗面複合形）
（出典：日本建築学会編『建築設計資料集成2　物品』、丸善、1978年）

ホテルは、「寝る」という行為を極限まで切り詰めてデザインされたものである。こうしたカプセル状の空間は、人体と建築（あるいは装置）との間の空隙を極力排除し、ボディコンシャスな建築をめざしているかのようにみえる。このボディコンシャスは、あくまで内側すなわち人体側のもので、外側に対しては無表情なのっぺりとした様をみせるのみである。

建築における寸法の問題は、普通は、そのなかで身体が快適かつ合理的に活動あるいは休息できることが目標となる。その欲求は常に身体の側から出される性格のものだが、合理性や経済性の視点から、人体をどこまでいじめることができるかという問題にすりかわることがある。建築家のなかには、ここに興味をもつ人もあり、最小限住宅への提言も数多い。たとえば建築家東孝光の代表作である自邸「塔の家」は、敷地面積六・二坪、建坪四坪にすぎない。また望月照彦は、屋台のコンパクト性に着目し、独自の「ヤタイオロジー」を提唱している。[★13]

こうした最小限住居のもっとも純粋なものは、作家の安部公房が描いた、「箱男」だろう。[★14] 主人公は、体がすっぽりとはいるくらいの段ボールの箱を自らの住居と定め、路傍で生活をしている。自由に移動することができ、段ボールにあけた穴だけが外とのコミュニケーションの、まさに窓口である。箱のなかで、彼が何をしているのか、何を着ているのかすらわからない。箱男の箱は最小限の住居であり、衣服なのである。主人公は箱を着る（あるいは住む）ことによって、自らのアイデンティティをいっさい消し去ることができる。この場合、箱は、都市のなかの何物でもない誰かであることを示すシンボルとなる。箱男の箱から移動性をなくし、これを横に積み重ねたものがカプセルホテルである。深夜そこを訪れるサラリーマンは、衣服とも部屋とも区別がつかないカプセルのなかで、いっさいのアイデンティティを消し去って眠りにつく。繭のなかで溶けたような一夜を過ごすことによって男は再生し、朝の都会へ出撃する。箱男は、再生することを拒否した繭男なのかもしれない。

デザインボキャブラリー

デザインボキャブラリーとは、デザインを組み立てるためのボキャブラリー（語彙）のことである。魅力的な建築や都市空間の実現は、どれだけ豊かで個性的なデザインボキャブラリーを設計者がもち、自由に扱えるかにかかっている。そしてその多くは、身体の寸法や運動特性、視線の動きなどに強い関わりをもつ。

デザインボキャブラリーをおおむね、以下の三グループに分類してみる。

第一は、空間の構成技法に関するもの。軸線の明確化や、空間のヒエラルキーの演出などがある。公的空間と私的空間とを段階的に構成することも、基本的なセオリーということができる。また住宅の平面計画における食寝分離やｎ－ＬＤＫ型プランなども、一種の空間構成技法である。食寝分離とは、一般住宅の場合、食事室と寝室とは最低限別々にすべきというセオリーであり、戦後の日本の住宅政策の基本方針のひとつであった。ｎ－ＬＤＫ型プランとはいうまでもなく、マンションの間取りの開発からうまれたものである。公室をＬＤＫでとりまとめ、家族数に合わせた私室を設けようという考え方である。

都市の外部空間についていえば、歩車分離の方法や、水辺、植栽等の演出方法がある。アーバンデザインに関するデザインボキャブラリーは、まだまだ貧困といわざるを得ないが、伝統的な造園技法を援用したり、モダンアートとの結合を試みるなどの努力がなされている。

第二は、個々の構成要素の意匠に関するものである。○○様式とか○○風と呼ばれるデザインがある。ロココやルネサンス、アール・ヌーボー、アール・デコなど、絵画や工芸、ファッションなどと同じ時代区分とデザイン様式を表現するものもあるが、建築デザインの場合、さらに細かく分かれている。それぞれ代表的な意匠アイテムがあり、新しい空間をデザインする際にも、これらからの引用や部分的改変、組合せなどが行われる。様式として確立されたもの以外でも、写真などで紹介されたり、量産され、他者が利用することによって、ボキャブラリー化する。個々のデザインとそのメッセージが、部品化して他のデザインプロダクトの構成要素となる。

第三は、景観や眺めの演出法に関するものである。ビスタ、パースペクティブ、アイストップ、借景、折れ曲がり、見えかくれなど、静止あるいは動きながらの景観の演出のための、様々な技法が考案され、それが使われる。[★15] 身体の運動特性や目の動きを科学的に解析し、人間工学的な視点からのアプローチもある。

空間デザイナーは、これらのボキャブラリーのなかから、独自の感性に従ってアイテムを選択し、組み合わせながらデザインを決定する。その過程で、また新たなデザインボキャブラリーが追加される。

こうして、ボキャブラリーのデザインカタログ化が進行する。特定のデザインとその意味内容とが明示されることによって、個々のデザインの記号性が強化される。記号性の強化とともに、個々のデザインが生まれた背景は忘れられてしまう。このときすべてのデザインは、身体ほか様々な拘束から解き放たれる。デザインプロダクトはデザインプロダクトとしてのみ残る。

こうして都市はカタログ化した空間でうめられる。デザイナーは、そこから個々のエレメントの記号性を確認したうえで、引用したり、組み合わせたりして、みずからの作品を作り出す。

この段階で、デザインとは、「無」から「有」を生み出す過程から、「既存の有」を再構築して「異なる有」を生み出す過程へと変化する。

建築における身体感覚の変容

新しいデザイン原理

ここまで、建築や都市のデザインが何によって決定されるのか、とくに身体というものをどのように意識してきたかを中心に述べてきた。しかし、考察を深めれば深めるほど、統一された秩序をもつ身体の再現ということが、とくに現代建築や現代都市においては、現実とかけ離れているのではないかという疑念につつまれるようになった。また、身体の拘束を意図しているのではないかと思えるような建築すら生まれてきた。それでもなお、建築や都市は、実体としての身体をもつ人間が活動する場であることには変わりない。

建築や都市が身体から離れ始めたというよりも、身体そのものが変化してきているのではないか。この節ではそのような視点で、再度建築と都市をみなおすことにする。

クラウディア・ドナは、デザインを「環境に対する感覚を獲得する方法」と定義しており[★16]、環境や他者とのコミュニケーションのメディアととらえている。デザインに対するこのような視点は、今後さらに強化されるだろう。ここにおいて、デザインは肉体という形に加え、感覚という非常にわかりづらいものを相手にせざるを得なくなった。「自己完結的な身体」対「環境」という図式から、身体の様々な部分が遊離し、環境と一体化するなかで、デザインが成立するのである。身体は表にでない、身体は自己完結的な秩序をもつ実体ではない、身体を構成する様々な感覚器管が随時ネットワークしながら、外界との相互関係をもつ。建築は、個別化する感覚器管と外部環境とのインターフェイスとなる。こういった現象を、断片的にではあるが、以下に紹介してみよう。

コスモスからランドスケープへ

イーフー・トゥアンは、ヨーロッパでは一七世紀にコスモスの観念が衰退し始め、そのかわりに、景観——自然の特定の断片——という概念が出現したと述べている[★17]。その変化は、まず舞台空間の変化として始まった。ギリシャやローマの古典的な劇場は、舞台がコスモスそのものであった。

——そこで演じられる役は必然的に寓意的な人物や、紋切り型の人物であり、万人ということさえあった。しかし、舞台に普遍的な背景とはっきり区別された特定の背景が使われるようになった頃には、劇中人物自身も強い個性を身につけていたのである。★18

劇中人物に強い個性があらわれると、その背景は特定の人物のものでなければならなくなる。さらにプロセニアム・アーチの登場は、極端にいえば、観客席のなかのたった一点からの眺めを再現することに力が注がれる結果をもたらした。舞台はたった一人のために演出され、劇場空間は、万人のコスモスから、特定個人の個別世界へと変化した。

このことはやがて、庭園のデザインや建物内のだまし絵に影響を与えた。人は普遍的なコスモスに身をおくのではなく、それぞれの眺めを支配する。人は世界に所属しているというよりは、自分を中心にして世界を組織し秩序づけようとしている。

現代の建築や都市デザインにおいて、この傾向は急速に強まっているように感じられる。全体の秩序をデザインすることよりも、各個人がその場をどう体験するのか、どのような景観を経験できるかに重点が移っている。いわばデザインの視点が、神の目から個人の目に変わっているのである。全体のコスモロジーの追求から個人のランドスケープの演出へと、その方向が変化している。しかもそれは、人間の五感のうちの視覚の優位性に片寄りすぎるきらいもある。デザインが個人の身体へふたたび近づくことは評価できるが、問題もある。

建築が、たとえば地中の住居のように完全に内部の利用だけを前提とし、他人からはいっさい目にもふれないというのならよいが、現代都市の建築はすべて社会的存在といってよい。つまり、現実には特定個人だけのランドスケープというのは存在せず、無数の他者の目が、それぞれ異なるところからながめているのである。そこでランドスケープの混乱が起こる。ゲシュタルト心理学における「図（フィギュア）」と「地（グラウンド）」になぞらえていうなら、それぞれが各自の身体感覚に基づいて、勝手な視点から図のデザインをおこなうわけだが、それは他者にとっては地のデザインにすぎない。視覚優位の現状において、図と地のデザインのバランスをどうとるかは、今後の大きな宿題として残されている。

代用品と見立て

ギリシャ・ローマ時代以来、自然に発達し鍛えぬかれた肉体を美しいとみる感性と、体の一部分の線を強調するために、あえて他の部分の発育を妨げたり、締め付けたりする美意識とが、人間には共存していた。また、かつらやつけ髭、つけ黒子、つけ睫などは、もちろん当初はできるかぎり偽物とは思わせないような努力がなされただろうけれども、やがてそれが代用品であることを自他ともに認めあった上で使用することが一般化してくる。化粧も、誰もが決してそれが素顔ではないということを認めあった上でなされている。

完全な肉体や、完ぺきな美など、普通の人間には得ることができないという暗黙の了解があって、こうした代用品や、本物に見立てるという行為が一般化しているかのようである。さらに医療技術の発達によって、人工臓器や人工骨などの代用品が身体に混入しつつある。黄金の義歯がそうであるように、代用品や偽物であっても、それ自体の新しい価値がうまれている。

建築はどうか。現代の建築は代用品のオン・パレードである。人造大理石や木目のプリント合板、木や煉瓦がプリントされシート状になった床材など、かぞえあげればきりがない。外壁にしても、いまや石や煉瓦は積み上げるものではなく、貼り付けるものになってしまった。本物の石でも薄く切ってタイルのようにして使う。煉瓦はまさにレンガタイルという新しい素材となった。その結果まったく新しいデザイン手法がうまれた。煉瓦や石が構造材であれば、窓やドアの開口部を開けるには、アーチを組むか、楣《まぐさ》を使うしかなかった。しかし装飾材であるから、どのような使い方も可能になる。当初は代用物でありながら、いつのまにか独自のデザイン手法と美意識とが生まれているのである。

もちろんこのことは、それぞれの素材がもつ本来の特徴を殺してしまっているという批判をうむ。しかし、コンクリートを思いきり軽やかに使うというように、素材がもつ制約から完全に解き放たれたデザインを試みることもできるのである。それは見ようによっては、部材を寄せ集めたサイボーグのように、あるいは満身創痍の体に見えるかもしれない。しかし、人体の装飾や改造と同様に、当初は代用品であり、また代用品であることを隠そうとしていたのが、それ独自の美を追求し始めているのは興味深い。

その結果、建築を構成する要素が、無限に拡大している。意匠が、技術的制約や経済的制約から解き放たれることによって、より自由になった。どんなものでも建築にすることができる。建築の素材が、無数に漂っているのだ。その結果、デザインボキャブラリーもまた、際限なく増加する。

建築は、そして空間デザインは、ここにきて、浮遊する素材を定着させるための編集行為となった。

内部化する境界

身体がそれ自身完結した完全な秩序をもつ体系としては存在しにくくなったことはすでに幾度となく述べた。特定の感覚機能だけが突出したり、体内に異物を混入させたり、機械や薬品の力を借りて感覚機能や運動機能をサポートすることすらある。その結果、あらためて、一体どこまでが身体なのかという素朴な疑問が生じてきた。

そしてこれは、建築の現代的特徴でもある。建築がリジッドなものとして存在しづらくなってきた。建築の境界領域が曖昧になり、融解しつつあるのだ。これにはふたつの意味がある。

第一は、本来、ウチ・ソトや公・私の領域を確定させるという意味をもっていた建築行為が、成立しづらくなったことである。空間に秩序を与えることが建築行為のひとつの役割であったのだが、空間の段階構成とか軸線といったデザイン手法が、必ずしも絶対ではなくなりつつある。ウチ・ソトや公私の逆転などは日常茶飯事となり、人間の行動はこうしたルールをいとも簡単に踏み越えてしまう。

第二は、建築の定義がますますわかりづらくなっていることである。建築について考えてみると、その境界領域が大変曖昧になっている。たとえば、総コストにしめる設備費の割合が増加し、設備と建築との区分がしづらくなっている。また仮設物であったり、人間のパフォーマンスのような、「建築的なもの」もある。いったいどこまでが建築なのか。建築が、都市の側に、また人間の側に溶け出している。

結局、建築とそうでないものとの境界が、見えなくなってしまった。とくに情報機器の発達は状況をよりわかりづらいものにしている。建築は、その内部において、こうした機器を通じて外部に開かれてしまった。また、コンピュータのなかの仮想空間が、実体としての空間と等価になりつつある。結果として、建築のなかに他界や異界が無数にうまれることになった。

これに対して、もう一度完全な秩序だった体系として建築をつくろうという動きはある。環境と建築とをいかに対峙させるかというよりも、外界とは切り離された完全な小宇宙を実現しようとする試みがはじまった。これを都市レベルで実現したいとする動きもみられる。都市全体をつくるのではなく、数ヘクタールあるいは数十ヘクタールくらいの広さで、島のような小宇宙をつくろうとするのである。混沌とした都市から、そこへいけば独自の秩序をもった世界が開けるという意味で、一種の租界のようなものである。テーマパークのようなものといってもよいかもしれない。

五感の建築

イーフー・トゥアンはいう。

――近代以前の感覚世界は小さく複雑であり、眺めと匂いと音が争いぶつかりあっていた。近代の視覚的な経験は、視覚的な刺激や経験が他を圧倒するとともに、互いに分離され明瞭になる傾向がある。この変化の結果、知覚世界は拡大しているが、いっぽうでその原初的な豊かさは失われているのだ。もうひとつの結果は、自己についての感覚が環境から切り離され、強化されていることである。見ることの強調、とりわけ心の目でみることの強調は、個人を孤立させる効果と、認識の唯一の枠組みとしての自己に関する意識を促進する効果があったのだ。★19

現代の都市は視覚だけに感覚が制限される傾向がつよい。それに対して、ヨーロッパの中世世界には匂いがあふれていた。薬草や花の芳香、木や土、石といった素材そのものがもつ匂い、そして個人や都市空間の不衛生さから生じる匂いと、それを消すための香水などの人工の匂いなど。これらが入り交じった匂いは、あまり快適なものではなかったかもしれない。近代の衛生思想は、これらの匂いを消し去り、都市から嗅覚を排除した。

聴覚について。現代人は建築内や都市の音に対して、無頓着にならざるを得ない。現代の都市空間には、エンジンやモーターの音が、常に暗騒音として存在している。住居の内外を問わず、じっと耳をすますと都市のほとんどの場所で、何らかのエンジン音や、電化製品のモーター音や電磁音が聞こえてくる。完全な静寂はのぞむべくもない。耳は常にマスキングされた状態にあり、微細な音に対する感性が弱められている。それが、音のデザインを無意識のうちに避けさせてきた。

触覚や皮膚感覚への憧れは強い。われわれはからだ全体の皮膚を通じて、常に外部環境と接触している。皮膚と直接接する衣服に関しては、肌触りや風合いについて、微妙で繊細な感性を今ももち続けている。しかし、そのもうひとつ外側の環境である建築については、退化のきざしがある。人間の手の触覚はたいへん鋭いものがあるが、建築に直接触れるという機会がすくなくなっているのである。自分が住む住居を除いて、家具くらいしか触れることのできる素材がない。しかもその家具の仕上げ材が、プリント合板や合成樹脂にとってかわられている。

内外装材とも、自然模倣の技術がすすみ、見ただけでは本物の石や木材と変わらない素材が多用されている。しかし見た目だけをまねようとする安易な自然模倣は、ある素材に対して、触覚と視覚とが一対一で対応しないという状況を生みだした。さらに、コンクリートや鋼材を構造材とし、そのうえに仕上げ材を貼りつけるという近代建築の方法は、触覚の追求を無意識のうちに避けてきたのではないだろうか。

また、図面重視の建築教育や、液晶モニターを通しておこなうＣＡＤでは、素材の質感を教えたり表現することが難しい。写真による表現と評価を続けてきた建築ジャーナリズムにも、視覚偏重の価値観を育てた原因があるのかもしれない。

建築に限らず、近代の知覚的な経験は視覚によるものが他を圧倒している。たしかに目からはいる情報量は他のそれを圧倒する。しかし、トゥアンの指摘のように、経験の豊かさは失われてきた。また、見ることの先行は、自己と環境との距離を離してしまったのも事実である。個人が環境から孤立してしまった。

こうした状況に対して、建築を再び個人の近くに、身体に密着したものとして再生させようという動きがでてくるのは当然のことかもしれない。一部のアトリエ派の建築家のなかには、たとえば漆喰などの伝統的素材に注目したり、逆に、近代が生みだした新素材を、独自の感性で使おうと試みる人々がいる。

隠される秩序

現代の建築や都市は、コスモロジーや生命体のアナロジーといった、全体の秩序の構築という方向からはずれているかのように見える。個人が個々の環境をもち、全体の秩序に対して無頓着な傾向を読みとることができるわけだが、果たして本当に空間の秩序といったものはなくなっているのだろうか。わたしはそれは、無くなったのではなく、隠されていくのだと考える。

建築作品のなかには、「まるで彫刻のような」と評されるものがある。大きな塊に穴を穿ち、面を削り、形を切り出していく。新しい造形を考えるというより、塊のなかに隠されている形を読みとり、それを洗い出していくという思想がある。見えない秩序を心眼によって見いだし、見えるようにするのが彫刻という芸術であるという考えをもつ人がいる。いわゆる芸術作品ではなく、土着的な住居にもそのような例はある。たとえばトルコにあるカッパドキアの穴居住宅などがそうだ。これらの住居は、土や岩のなかにあらかじめ隠されていた空間的秩序を、見つけだし洗いだしたというような感をうける。

また逆に、いったんつくられた造形を包み込んで隠してしまい、ラッピングしたものに新たな美を探すという試みもある。アメリカの環境デザイナーであるクリストは橋や建物といった巨大な構造物を大きな布で包み込んでしまうというパフォーマンスを繰り返し行っている。人体に衣服を着せて、その肉体美を隠しながら想像させるという行為を、建物で行っているのである。包み込まれ、隠されることによって初めて、ものが本来もっていた美的秩序を考え始める。建築という衣服にもう一枚の衣服を着せることによって、その意味を問おうというのだろうか。

建築と都市をめぐる身体論の予感

身体の変化

ここまで、建築および都市と身体との関係を、ほぼ羅列的に述べてきた。本論では、身体と建築についてふたつの視点を設定してきた。第一は建築を身体の延長あるいは身体と同じ特徴をもつものとして、それが空間の構成原理にどのような影響をあたえているか、第二は、建築は身体をとりまく環境であるととらえ、その相互作用を考えるという視点であった。

この両者はもちろん不可分の関係にあるが、あえていうなら前者は、建築や都市の空間構成を秩序立てるために、身体のそれを模倣しようとするものであったとみなすことができる。バナキュラーな建築や、古代の都市空間においては、身体や家屋、都市を同様のメゾコスモスととらえ、アナロジカルなデザイン的解決を試みてきたといえよう。

これはひとことでいえば、古典的な身体・建築論である。建築や都市の計画を行う環境が変化している現在、形態の決定のよりどころを、ここに求めようとする動きが一部にあることはすでに述べた。しかし表層的で安易な模倣は、建築や都市デザインの質を、自ら落としてしまいかねないことを留意すべきである。

第二の、建築は身体をとりまく環境であるという視点については、より深い考察が望まれる。身体、衣服、建築、都市は、互いに入れ子状になっていて、それぞれの段階で外部環境を構成する。身体に対して衣服は外部環境であると同時に、建築に対しては、身体側にも属する。建築は、衣服をまとった身体に対して外部環境となる。

建築や都市が身体（衣服を含む）の入れ物である以上、中身である身体の変化によって、当然入れ物の性能や形態も変化していく。身体は一定不変のものではなく、常に変化し続ける。医療技術の発達は、身体そのものを操作可能な対象にしてしまった。人工透析などは、身体機能の一部を外部依存することの兆しかもしれない。人間は、衣服を着替え、部品を取り替えるように、身体の各部を操作し始めている。とくに情報化社会の進展は、感覚器官の機械化と外部化をうながした。ひとつの体のなかに小さくまとまっていた機能が、外部化しネットワーク化しつつある。さらに、家族形態の変化、ライフスタイルの多様化、高齢化社会の進展などといった社会制度の変化は、身体の機能や環境への依存内容を大きく変化させつつある。

身体性と公共性の間で

こうした変化が、建築や都市を大きく変える。その変化の方向を単純化して説明するのは難しいが、次の二点にまとめることができるかもしれない。

第一は、衣服と建築との距離が縮まり、衣服のような建築が多数うまれてくることである。建築が静的で不動の造形物ではなく、衣服と同じように着替えたり、自分でコーディネイトしたりできる、操作可能な環境になる。

第二は、建築がもっていた様々な機能が、都市のなかに分散してしまうという方向である。都市と建築との境界がなくなり、人は都市のなかに分散した様々な場所や機能を随時勝手に使い分ける。あるいは建築プロジェクトにおいては、都市そのもののような複合建築が多数をしめるようになる。

建築は常に、身体性と公共性との間を揺れ動いてきた。そして今や、永続性のあるスタティックな空間をつくることを意味しない。使い手のニーズをリアルタイムでつかみながら設計に反映させ、実際に使いながらさらにそれに変更を加えるということもありうる。その結果、商業施設の場合、その社会的寿命が短くなることもある。また、はじめから取り壊すことを前提とした仮設建築も散見される。こうした事例は、建築がインタラクティブ（相互作用的）なメディアとなることをしめすものである。「ナラティブ・アーキテクチャー（物語のある建築）」ということばがあるが、このような相互作用性を認めたうえで、つくり手と使い手とのあいだで共感できる何かを用意しようとすることが、これからの建築に課せられた使命とはいえないだろうか。

註
文中★標示

★1―ロバート・ヴェンチューリ（松下一之訳）、一九六九『建築の複合と対立』、美術出版社。

★2―ロバート・ヴェンチューリ（石井和紘・伊藤公文訳）、一九七八『ラスベガス』、鹿島出版会。

★3―バシュラール（岩村行雄訳）、一九六九『空間の詩学』、思潮社。

★4―エリアーデ（風間敏夫訳）、一九六九『聖と俗』、法政大学出版局。

★5―オットー・フリードリッヒ・ボルノウ（大塚恵一他訳）、一九七八『人間と空間』、せりか書房。

★6―ジョーゼフ・リクワート（前川道郎・小野育雄訳）、一九九一『〈まち〉のイデア――ローマと古代世界の都市の形の人間学』、みすず書房。

★7―鳴海邦碩、一九八三「形態のアナロジー」、上田篤他編『空間の原型』、筑摩書房。

★8―マルセル・グリオール&ジェルメーヌ・ディテルラン（坂井信三訳）、一九八六『青い狐―ドゴンの宇宙哲学』、せりか書房。

★9―マルセル・グリオール（坂井信三他訳）、一九八一『水の神―ドゴン族の神話的世界』、せりか書房。

★10―鳴海邦碩・角野幸博・田原直樹、一九八六「ジャワ島都市における生活空間の伝統と変容一・二・三」『日本建築学会近畿支部研究報告集第二六号・計画系』、日本建築学会近畿支部。

★11―岡秀隆、一九八六『都市の全体像　隔離論的考察』、鹿島出版会。

★12―イーフー・トゥアン（阿部一訳）、一九九三『個人空間の誕生――食卓・家屋・劇場・世界』、せりか書房。

★13―望月照彦、一九七〇「ヤタイオロジー　屋台の都市学的考察序説」『都市住宅』八月、鹿島出版会。

★14―安部公房、一九七三『箱男』、新潮社。

★15―『日本の都市空間（都市デザイン研究体著、一九六八年）』には、さまざまな日本の伝統的デザイン技法がカタログ化されて、紹介されている。

★16―クラウディア・ドナ（奥出直人他訳）、一九九一「見えないデザイン」、ジョン・サッカラ編『モダニズム以降のデザイン』、鹿島出版会

★17―トゥアン、前掲書。

★18―トゥアン、同上書。

★19―トゥアン、同上書。

第V部　加工される身体

見えない衣

下着という装置、マネキンという形象

鷲田清一

下着とマネキンの妖しさについて考えてみたい。

下着とマネキンは、それぞれ、〈衣〉の文化における二つの対立する契機の交叉点である。下着は、物質であるとともに記号でもあるという、衣のもっとも基本的な二重性をもっとも典型的に浮かび上がらせるものである。すなわち、生きた身体の排泄物や分泌物や匂いを吸い込んだ、身体に密着する物質としてのアンダーウェアという契機と、誘惑と節度の記号としてのアンダーウェアという契機との。マネキンもまた、意味と〈死せる〉物質という二つの契機の戯れのなかにその存在がある。まずは、ステレオタイプとしての意味だけで構成された物質として、次に、意味がほとんど消失した、剝きだしの物質性において。

下着という装置

下着は最初に着る衣服である。ということは、最後に脱ぐ衣服でもある。わたしの服の下に潜んでおり、わたしのからだの上に密着している、わたしではないもの。あるいは、わたしでないものとも決めがたいもの。あるいは、そのどちらでもあると言えそうなもの。

〈際〉という言葉がある。なにかと別のなにかを区別する境界、なにかが別のなにかと触れあうところ、なにかがなにかでなくなる場所のことである。

身体と外界との際にかぎらず、〈際〉というのはエネルギーが充満しているところである。たとえば水際。これは植物が生命力をきわだたせている場所だといわれる。防災のために水際をコンクリートで固めるのは、その意味では自然のいのちを抑えつけることでもある。〈際〉はまた危険なところでもある。町外れ、場末、国境の街がそうだが、そこはつねにきわどい場所である。

じぶんとじぶんでないものの境、身体と外界の境、つまり〈わたし〉の際についてはどうだろうか。〈わたし〉の際、それはまず皮膚であり、つぎに身体の各所にある穴、つまりは開口部である。ついで身体の末端部、たとえば手足の指の先であり、髪の毛の先である。

これらの〈際〉は過敏である。鳥肌、蕁麻疹、湿疹というふうに、〈わたし〉とその外界とのあいだのトラブルは、しばしば皮膚のトラブルになって出る。人体の開口部となると、口であれ排泄器官であれ、文化的なチェック（きれい／きたないといった感覚）がとりわけきびしく、それに対してひとは意識過剰にならざるをえない。口や耳、眼といったふうに人間が顔の穴の空いた部分に装飾品をつけたり、排泄器官のまわりを布で覆ったりするのも、そのことと深いかかわりがある。そしてこの、身体にじかに密着する下着が、指先や髪とともに、人体のなかでとりわけフェティッシュになりやすいものでもあるのも意味深長であるが、その理由についてはここではふれない。もういちど確認しておこう。〈際〉はなにかとなにかの境界面である。人間のばあいはまず皮膚であるのだが、しかしこの皮膚は衣服という第二の皮膚をまとうことによって、ぶれはじめた。

いうまでもなく、服には表と裏がある。ふつう服の表といえば、じぶんの外から見える側、ぱりっとしていろんな柄や模様がある側をさす。裏といえばもちろん身体に近い側である。そして服のその表が〈わたし〉の表面にもなる。他人に服のなかに手を突っ込まれるシーンを想像してみよう。愉快なシーンではない。なんとなれなれしい、なんと無礼な、ということではきっとすまず、むしろ生理的にたえられないような危うさに、とっさにその手を拒むにちがいない。服のなか、そこはわたしのなか、秘せられてあるべきわたしの内部なのだ。このとき、下着もまたそこ、つまり〈わたし〉の内部にある。だから他人に上着の合わせ目から中に手を突っ込まれたり、下着姿を見られたりすれば、わたしたちは自分の内部を蹂躙されたような気がする。

ところが、室内でひとりでくつろいだかっこうでいるときでさえ、わたしたちは、申し訳ていどであれ万が一のことを考えて下着をつける。他人が突然押し入ってきてもだいじょうぶなように、「最後の部分」ははだけたないでいる。下着は〈わたし〉の最後の被い、つまりはわたしの外皮なのだ。そうすると服の裏というのは、ほんとうは身体が最初に触れる外界の表面ということで、つまりは身体をわたしの表面とすれば、それと接触する面が服の表になる。つまり衣服とは、わたしたちが最初に接する異物、いいかえると身体のもっとも近くの環境なのである。まさにそこにおいてわたしたちは、すべすべ、つるつる、ざらざらといった服のきめをじかに感じとっているのだ。

衣服はこのようにときに〈わたし〉の一部になり、ときに〈わたし〉のもっとも近くの環境となる。〈わたし〉の一部になったり、環境の一部になったりという、その反転がもっともダイナミックに起こるのが、インナーとか下着とよばれる衣料の場所である。

下着のことを近ごろはインナーと言う。下着といえば上着に対置されるのだから、インナーといえばいうまでもなくアウターに対置されているのである。いいかえると、下着が服の下に着るから下着とよばれるように、インナーは服の内側に着るからインナーとよばれるわけである。しかし、内と外、下と上、表と裏という区別は、じつはきわめて相対的なもので、なにを基準におくかで、下が上になったり、内が外になったりする。この基準はまた、時代や文化によって大きく変化する。たとえば、身体のどういう状態を裸と感じるか、何を「表」あるいは「上」とみなし、何を「裏」あるいは「下」とみなすか、身体のどの部分は公然と見えてもよく、どの部分は見えないように注意深く隠されるべきか、こういった解釈は時代によって、文化によって大きく異なるものであり、それとともに下着の意味も変化する。

下着とは、わたしとわたしでないものとの境界というよりは、むしろその二つがかさなる場所、つまり〈わたし〉であり、かつ〈わたし〉でないような、あるいは〈わたし〉の内部（インテリア）であり、かつ外部（イクステリア）であるような、曖昧な場所なのである。そして、〈わたし〉たちは皮膚と衣服の表面のあいだをたよりなく揺れ動くのである。下着はその意味で、服のもっとも裏にあるものともいえるし、服のもっとも表にあるものともいえる。服のもっとも奥まった部分をなして外からは見えないものともいえるし、身体にいちばん近い部分をなして身体の臭いや汗をたっぷり吸い込んだものともいえる。

こうして〈わたし〉と外界の境界は皮膚と服の表面とのあいだで揺れ動く。そしてそのあいだの一センチにも満たない隙間は、〈わたし〉であったり〈わたし〉でなくなったりと、なかなかにきわどいものである。そして他人の欲望、他人のエロティックな視線も、つねにそのきわどい場所を駆けめぐる。「身体のなかでもっともエロティックなのは、衣服が口を開けている所ではないだろうか」（ロラン・バルト）。

「欲望の曖昧な対象」ということばにもあるように、わたしたちの欲望は確定不可能なもの、曖昧なものに向かう。衣服のばあいなら、下着、つまり〈わたし〉のなかにあり、かつからだのまわりにあるという、あの曖昧な場所に、である。衣服は身体の表面に幾重もの襞を作りだし、そこに身体の新しい触感、新しいフォルムを出現させる。そしてそのことによって記号としての意味作用を増殖させてゆく。けれども下着は、見え〔てはいけ〕ないものとして、可視性の平面での意味作用をさらに多重化し、屈折させてゆく。見えないだけでなく、じかに皮膚に密着するものとして、薄暗がりにある私たちの身体感覚に妖しく働きかけもする。下着というマテリアルの触感と私たちの感情や官能との深い関係がここにはある。

着ていながら見えない衣服、あるいは見せてはならない衣服……。それにしても、人びとはなぜそのような〈下着〉という装置を考えだしたのか。どうしてそんな装置にいともかんたんに翻弄されるのか。そこには人びとのどのような自己意識が映しだされているのか。

わたしたちは下着があるあのあいまいな場所に、いろいろな欲望の記号を書き込み、いろいろな神秘を宿らせる。欲望を高めるためである。そのなかにあるものを、もっとそそるものに変えるためである。そのために、《サスペンス》、つまり宙づりという、よくある手をつかう。たとえば、思わせぶりにわずかずつ見せながらきわどいところで視線を禁じる危うさの演出。そういうかたちで欲望をあおる。ヴェール越しにほのめかす。あるいは、「最後の部分」にいきつく前に何枚ものアンダースカートの幕を垂らせ、期待をもたせる。たとえば十七世紀のフランスでは、その幕に「しとやかな女」であるとか「浮気女」などという名前がつけられ、《ひとは「しとやかな女」の切れ目から「浮気女」をみることができたし、「神秘の女」をそっと持ちあげると両の踝をあらわにすることができた》などといわれたものである。男女の誘惑的なかけひき、そのもっとも効果的な場所、それが服と肌のあいだにあったのである。《誘惑の劇場》としての下着のその後の歴史については、解説などはいらないだろう。十九世紀の女性たちの妖艶な詐術が、あの黒のガーターや飾りのついた靴下どめをはじめとして、いまもランジェリー・ショップに精密に引き継がれているのはご存じのとおりである。

が、これはもう古い物語である。たとえば、誘惑のアイテムとしての「黒の三点セット」、それはいまでは、ノスタルジックな欲望のストーリーを演出するために、そしてそれに囚われた男たちをきりきり舞いさせるために、いわばあそびとして装着されるものでしかない。女性たちは、《ファム・オブジェ》、つまり男性の視線の対象としてのじぶんの存在を、もう、ずいぶん突き放して意識するようになっている。下着は、見られるものから、感じる器官そのものに変わりつつある。表面の視覚的な構成や配置から、それを身につけたときの微細な皮膚感覚へと、意識の焦点が移動してきたのである。想像力のはたらきかたが変わってきたのである。素材や装着感により大きな関心が向かうようになったのも、たぶんそのためだ。

下着は、その内部にある身体についての意識にもさまざまな影響をあたえる。衣服を身につけているときのその皮膚感覚とは、身動きするたびに布と皮膚がふれあい、こすれあう感触である。からだじゅうでそういう接触やひきつれや密着の感覚が、たえず震えるように起こっている。その意味では、衣服をつけたときのこの感触は、わたしたち自身のヴァイブレーションであり、ざわめきにほかならないともいえる。

こうした触感のヴァラエティ、そしてその濃やかさは、近年のハイテク素材の開発で一気に増した。天然繊維のなかでももっとも細い絹のさらに一〇〇分の一の細さの超極細繊維を毛ばだててできたピーチスキンなど、ひとびとはいまそれまでの人類が知らなかったような未知のテクスチュアを経験しつつある。この超極細繊維とその織りの加工によって、未知のテクスチュアだけでなく、超軽量の布地やあたらしい光沢の生地も生みだされてきている。そんななかで、このテクスチュアがわたしたちの未知の身体感覚を刺激する。あるいはそこに、身体の深みに淀んでいる太古の記憶がいずれ浮上してくるかもしれない。このわたしよりももっと古い〈わたし〉が、である。その意味では、皮膚はいまきわめて可変的な状態に置かれていると言ってよい。

ところで、下着にはこれまで三つの機能があるとされてきた。皮膚を柔らかく包む肌着の機能と、衣服のフォームを裏面から整えるファンデーションとしての機能と、滑りをよくして重ね着の抵抗感を少なくさせるランジェリーの機能とである。現代女性の下着は、これらの機能をひとまとめにしたり(ボディスーツやビスチエ)、そのいくつかを省略したり、あるいはそのままアウターとして浮上させたりしている。現にストリートでは、柔らかなキャミソールやランジェリーをそのままアウターとして着たり、ワンピースの上にさらにランジェリーを羽織ったりと、インナーとアウターの境もひどく揺らぎだしている。

そのかぎりでは、スリップの売り上げの激減にみられるように、下着というのはどんどん省略される傾向にあると言ってよい。が、これは別の言い方をすると、インナーの制作・改良に注ぎ込まれてきた膨大なノウハウがアウターのなかに深く浸透しはじめたということである。絹のような肌ざわりとかストレッチ素材のもつ伸縮性など、触感に意識を集中してきたのが下着デザインである。〈第二の皮膚〉という服の定義にかぎりなく近接するであろう未来の服は、下着産業とスポーツウェア産業がこれまで蓄積してきたこれらの知と技術に大きく依存することになるにちがいない。

皮膚というオルガン

「ファッションとは時代の空気のようなものだ」とは、よく耳にする言葉である。「空気」とはなかなかの譬えだとおもうのだが、しかしもし「空気のような」ものだとしたら、ファッションは見えないものだということになる。ダンスが、身体の運動性という、それじたいとしては見えないものに見える形をあたえることであるとすれば、ファッションもまた、感覚の水位だとか感受性の回路だとかいった、それじたいとしては見えないものを見えるようにする装置なのかもしれない。

もう一つ、「衣服は第二の皮膚である」という、いかにも言い古された言葉がある。が、ほとんどのひとはこれを、比喩的な言いかたとしてしか受けとめていない。わたしはこの言葉を、精神医学者のルモワーヌ゠ルッチオーニとともに、「衣服は着たり脱いだりされる皮膚である」と言いかえたい。衣服が皮膚であれば、さらに、皮膚は衣服であるとも言いかえてみたい。というのも、わたしたちにとって、じぶんの身体というものはそっくり知覚できるものではないからだ。じぶんの身体はじぶんには断片的にしかあたえられない。そのばらばらの知覚像が一つの全体へと想像的に縫合されてはじめて、わたしたちは一つの身体をもつようになる。そう、一つに縫い上げられてはじめて、である。

この縫合された自己の〈像〉こそがわたしたちが身にまとう最初の衣服であるとするならば、衣服はもはやわたしたちの存在の被いなのではない。それはむしろ、わたしたちの存在の継ぎ目、あるいは蝶番とでも言うべきものである。いやもっと直截に言って、身体はまずは衣服なのだ。この〈像〉としての身体こそがわたしたちが身にまとう最初の衣服であるからこそ、わたしたち人間は、繊維を編みだすよりもはるか以前から、皮膚をまるで布地のように裂いたり、引っかいたり、あるいは皮膚に線を引いたり、顔料を塗ったり、異物を埋め込んだりしてきたのだ。だから文字どおり、皮膚にも縫い目があり、ボタンが存在するのである。実際、女性器のラビア（陰唇）を縫い止めする習俗というのは人類史のなかでしばしば見られるものであるし、また現在でも、耳たぶや鼻、唇、舌、乳頭などにピアスするのと同じ気分でラビアを安全ピンで留める女性がいる。少年たちも眉に、唇に、臍に金属をぶら下げたり、はめ込んだりしている。

おそらくはそれとまったく異質ではありえない行為が、ルモワーヌ＝ルッチオーニの描きだす病院の光景のなかに見いだされる。

「精神病院では、狂人たちがよくめくちゃな服の着かたをする。しかも衣服が彼らのからだの上にちゃんとおさまっていない。帽子やボンネットを斜めに被り、上着は垂れ下がり、スカートは傾いでいる。靴はといえば、反対に履いている。最後にボタンもなかなか留まらない、衣服のボタン、皮膚のボタンも。衣服だけでは飽き足らなくなると、患者はじぶんの皮膚じたいを責める。じぶんのからだを引っ掻き、皮をむき、引き裂いては、もっと裸になろうとするのである」（『衣服の精神分析』柏木治・鷲田清一訳）。

皮膚を責めることで「裸になろう」という感覚。この感覚がこれほどまでに明確なのは、わたしたちの皮膚である衣服が、まさに〈わたし〉の存在そのものであるからだろう。〈像〉としての身体と戯れる（jouer）ことで、わたしたちはおそらく、「わたしはだれか？」を賭けている（jouer）のである。ロラン・バルトのことばを借りれば、それはつまり《同一性》を賭ける遊びなのである。

しかし、ひとはなぜそれほどまでに、皮膚にこだわるのか。皮膚を責めるのか。皮膚こそ、世界を感受する装置だからである。わたしがそれである情報が通過する場所だからである。

皮膚は〈わたし〉の囲い、〈わたし〉の被いなのではない。それが胎盤のようなものと異なるのは、それが主体を隔離する膜ではないからだ。皮膚というこの薄膜は、そこを通過する情報をスクリーニングする。そのスクリーニングの機能によって、そこを通過するものが変形される。心的なものが物質に、非性的なものが性的なものに変換する。微細な情報が可視的なものに、このトランス（変圧器）において増幅させられる。その変換の意識が、おそらくは、〈わたし〉たちの存在である。

ところで、港千尋の『考える皮膚』によれば、精神科の療法に、全身を湿布でくるむ「パック」と呼ばれる、ある意味ではとても原始的な方法があるという。皮膚を傷つけるという自己破壊的な衝動はじぶんの身体イメージが壊れるところに発生するといわれるが、その分裂した身体を湿布で「包み、つなぎ合わせる」ことで、患者にまとまった身体イメージを回復させる、そういう療法である。その間、看護人がじっと付添い、湿布の上からからだをマッサージする。ここでたいせつなのは、布という媒体が、身体に全体的な統一像を回復させるだけでなく、接触を呼び込むための場を開くということだ。患者の身体イメージは、脱衣・湿布・発汗という温度の変化によってさまざまに刺激を受ける。そして体表を包む水温は、患者の体温と看護人のマッサージによって変動する。その過程で、患者に許された唯一の表現である言葉と看護人の皮膚感覚のあいだに深いコミュニケーションが生まれてくる。ときに治療中に感極まってその場にいられなくなる看護人もいるのだという。皮膚感覚、それは身体の内と外の境界で発生するというより、自己と他者のあいだで起こる出来事なのだ。この意味でパックは、「全体シェーマを与えるだけでなく、接触を呼び込むための場を提供している」わけだ。

この「深いコミュニケーション」が、パックではなく衣服によって発生しているとき、その衣服はすぐれた意味でファッションとよばれるのだろう。ところが、衣服という「皮膚のコピー」をもつことによって、わたしたちは皮膚を衣服の内部にある「実質」に変えてしまう。意識の表面が皮膚の外部へ移行してしまうのだ。同じように、現在では、メディアを着ることで、わたしたちはフィジカルな皮膚を、（服の下にではなく）メディアのこちら側に内部化しているのかもしれない。ということは逆に、接触を呼び込む場としての身体（意識としての皮膚）は、現在では肉体の「ここ」という場所から外されて、都市空間のなかに散乱しているということである。意識の皮膚は、肉体の場所を離れ、メディアをとおしてさまざまな映像や音響に、いや情報の気配にすら、じかにふれだしている。現代の狩猟民の皮膚は、メディアの回路のなかを疾走するのである。そして現在のファッションとは、多くの場合、この回路の作りかたのことである。

この落差が、おそらくは、皮膚感覚というものを、もう一度たぐりよせる。衣服の場合、その視覚化、その記号化が極端にまで昂進したとき、触覚的な契機がそこに復活してくる。一九八〇年代のボディ・コンシャスやスキン・コンシャスというファッション・コンセプトは、きゅっきゅっと音がしそうなエナメルやひんやりした合繊素材の、皮膚を刺激するアイテムを浮上させたし、九〇年代に入って、服の選択規準をシルエットではなく素材感や装着感にもとめる女性たちも増えている。服の内側、メディアのこちら側に意識を向けかえているのかもしれない。ポケベルが、プルルと震える、その振動を肌でじかに受けとめる感じ。パソコンで字を手で書き入れたり、マウスのかわりにボードを指先でじかに撫でてポインターを移動させる感じ。あるいは、友だちのコンパクト・カメラに頬をすっと撫でられる感じ。アニメの触感、プラスティックの洗濯バサミやセロファンの包装紙、人工的に着色されたボンボンの感触……。ファッション感覚といわれるものも、どうもそのような地平へと転位しだしているような気がする。

メディア論のマーシャル・マクルーハンもまた、衣服を皮膚と連続的なものとしてとらえる思想家だが、その彼が、衣服は皮膚の拡張だというのは、衣服が、皮膚と同じように熱制御機構として機能するからだけでなく、ひとがじぶんがだれであるかを社会のなかで記号的に表示する「社会の皮膚」でもあるからである。その衣服がしかし、一九六〇年代を一つの転回点として、視覚的なものではなく、「彫刻的で触覚的なもの」を強調するようになりはじめたと、マクルーハンは指摘し、次のように書いた。三十年も前のことである。「全身を衣服で覆った時代、すなわち全身が画一的な視覚的空間に収められた時代を経て、今日の電気時代に、われわれは、われわれの肉体のすべての表皮によって、生き、呼吸し、聴くような世界に出てきたのである」、と（『人間拡張の原理』後藤和彦・高儀進訳）。

一九七〇年代に入り、こんどはわが国の「風俗学者」が、「抑圧された感覚をもふくめてすべての感覚が視聴覚、とりわけ視覚に翻訳される」文明からの揺り戻しがいま起こりつつあるとして、次のように書いていた。「ジンメルや今和次郎が、事物の表層と思えるものに執着し、その解釈に熱中したのは、彼の生きていた社会が、ふしぎな方向に進みつつあったからであろう。一つは文明の方向として。――視覚中心の文明がすごい勢いですすむと、他の感覚がふかまり、そして抑圧されっぱなしだったそれらの感覚は、あるとき、歴史の皮肉が働いて、いっせいに視覚への翻訳をもとめ、いわば反逆をはじめる。手ざわりを視覚化して素材感を出すというようにして……。感覚的、表層的なものが、かえってこれらの社会では、もっと深いものの表現であるという逆説が成立する。なぜなら、深い闇のなかにあったものが、翻訳をもとめて浮かびあがるその場所は、理念の体系ではなく、感覚の表層なのだから」（多田道太郎『風俗学』）。

ファッションは、ごく表層にあるからこそ、かえって見えにくい。のみならずそれは、現在、メディアのなかを漂流する身体性とメディアの外部でかすかに触知される身体性とをよりあわせながら、ますます見えないもののほうへ向かっているようにおもう。

マネキンという形象

下着という装置について、そして皮膚感覚という見えないファッションについて、これまで語ってきた。このベースにあったのが、〈像〉として想像的にたぐりよせられる「わたしの身体」がわたしが身にまとう最初の衣服なのだという考えであった。この〈像〉としての身体の対極に、衣服を剝いでむきだしにされた裸体（ザ・ネイキッド）がある。それは、あの目のつまった、ほころびのない表面としての「ヌード」――これもまた〈像〉としての身体である――ではなく、衣服を剝がれて無防備になったあの丸裸の身体、あるいは、剝がれているという、欠如そのものをさらしているような、傷ついた身体のことである。そしてそれが何よりも傷つきやすいのは、身体が衣服という身代わりの皮膚を剝がれて――最初の皮膚はもうない――、みずからを閉じえない状態にあるからである。皮膚の閉じ目がほつれてしまったのだ。これに対して、同じ裸でもヌードが強いのは、その表面を「意味」という透明のヴェールで隙間なくコーティングしているからである。言いかえると、意味の衣服を着て、みずからの存在を封鎖しているからである。ヌードは形象のなかの形象とでもいうべき無欠性（integrity）においてあって、だからロラン・バルトも言うように、それは「もはや倒錯的ではない」。とすれば、服という被いを剝がした無垢の身体は、ヌードとともに、衣服によって作られたものだといえる。

だから、衣服ということの意味を最初の衣服としてのわたしの身体の〈像〉や刺青などの身体塗飾にまで拡張して「身体の被い」というふうにとれば、衣服を着る以前のオリジナルな身体などというものはもはや存在しないことになる。むきだしの、あるいは無修正の身体など一度も存在したためしはないのであって、衣服を剝げば、衣服が刻印したそのちょうど凹み、つまりは衣服の陰画が見えるだけだ。だからボディ・コンシャスなミニドレスではないけれど、服を着たまま裸になるほうがもっと効果的だということにもなるのである。いやそれよりも、ここでは、服を着ることでもっと裸になるという手法に思いをはせるべきだろう。

衣服を着る以前の「生まの身体」、オリジナルな身体など、どこにも存在しない。そして、「生まの身体」ということの観念をわたしたちの身体経験から放逐するのが、刺青やピアシングだろう。でっち上げられた「無垢なる根源《オリジン》」としての身体を消去する行為として、刺青やピアシングはあると解釈することもできる。

では、「生まの身体」ではなく、マネキンという人体の形象はどうだろうか。マネキンは一見したところ、生物学の教室の人体模型のように、原型としての「生まの身体」を忠実にコピーしたオブジェのようにみえる。が、なにかが欠けている。

覆いが欠けている、個性が欠けている、リアリティが欠けている、いのちが欠けている。不在、空白、喪失、凹み、陥没、欠損。どうにでも表現できようが、ともかく欠如ということがマネキンの最初の特徴をなしているのはまちがいない。

マネキンは、アニメの登場人物のような想像上のキャラクターを立体化したもの（シミュラークル）ではなく、人形のようにかわいいミニチュアの愛玩物（欲望の投影対象ないしはその代理）でもなく、蠟人形のように実在の人物の複製（コピー）でもない。想像的な形象であれ実在の人物であれ、そこには指し示される何かがない。イメージがそこへと収束していく何かがそこでは消失してしまっているのだ。

この欠如、この消失によって、マネキンが映しだしているものとは、いったいなんだろう。

マネキンの顔、マネキンのボディ。それはもはやステレオタイプとすら言いえないほどに平準化された表情をしている。表情がないということくらいしか表情はない。それほど無表情である。それはディスプレイのなかで、コスチュームやボディ・イメージの部分としてそれらを演出しながらみずからは影に隠れる。が、それはときに、その無表情性によって、わたしたちの視線を吸い込んでしまう。それはときに、それが置かれた空間を凍りつかせる。それはときに、わたしたちをその存在の芯から震え上がらせるような妖しさと不気味さをかもす。なぜだろうか。

マネキンは、ファッションの世界では長らく脇役だった。マネキンは服を見せるためのボディ（人台）であって、それじしんが主人公になるということはなかった。ところが、七〇年代に三宅一生が「ボディー・ワークス」という展覧会を行なったときから、マネキンの固有の存在感というものに視線が向けられるようになった。それと同時に、素材もそれまでのものとまったく異なった素材、たとえば針金や透明アクリルの皮膜、ポリ袋などが使用されるようになった。マネキンのフォルム、人体を模したものからかけ離れだして、ついにはマネキンじたいが一つのオブジェとして独立する領域を構成するようになっていった。

マネキンがファッションの世界でしだいに固有の存在感をもちだしたその理由の一つには、いうまでもなく、プレタポルテという商品形態の比重が相対的に大きくなってきたということがある。複製技術、とくに大量生産技術の急速な発達にともない、化繊の素材も精巧で安価に製造できるようになり、プレタポルテが、かつてのオートクチュールの世界に代わって、コレクションの主流になってきたことと関連がある。つまり、デパートをはじめとして、ボディとしてのマネキンの需要が一気に増したのである。

そのような過程を経て、一九八〇年代にファッション・デザイナーたちは、「フェイク」と呼ばれる一種のまがいもの感覚のもつ独特の存在感をデザインの対象にしはじめた。たとえば、シルクのような肌ざわりをもつ化繊素材は、天然のシルクからすれば、あきらかにまがいものである。ところが、優れたデザイナーの手になると、こういうまがいものそれ自身が天然素材とは異なった独自のリアリティをもったオブジェとして空間を構築してゆくようになる。これまでの本物志向、いわゆるハイ・テイスト、グッド・テイストといったファッションの審美感に対して、まがいものやキッチュのもつ新しいリアリティを対置しようというのである。このことは、マネキンという、均質的な表情と肌理とプロポーションの安っぽいボディのコピーたちが、一体一体「芸術的」なオブジェとして彫塑されたものより以上にリアリティをもちだしている、という状況と深く関連しているようにおもえる。

マネキンを見たときに、わたしたちが発見する一番わかりやすい特徴をまず取り上げてみると、素材が安っぽいということがある。マネキンの初期の段階からみても、紙粘土のように固められた紙であるとか、木、合成の木材で作ったケミ・ウッド、あるいはＦＲＰと呼ばれるガラス繊維強化プラスティック、また、針金、ポリ袋、透明アクリルなど、マネキンに使われる素材は、つねに安っぽいものが多かった。それに、マネキンは各部分がかんたんに取り外しできるし、不安定ですぐにひっくり返ったりもする。

このように、マネキンがもつイメージの特質としては、まずは〈安っぽさ〉と〈もろさ〉とがある。いいかえると、見ていてどこかたよりない、何かが欠けているという感じ、あるいは、あらかじめ何かが失われてしまっているという不在もしくは喪失の感覚が、マネキンにはつきものである。

それに、動きはぎこちなく、姿勢にも不自然なところがある。手は取り外し自由で、なかは空っぽだ。棒で支えるために左のお尻の後ろあたりに穴も開いてる。このように、マネキンは壊れやすそうで、無表情で、あらゆる表面を外にさらして、痛々しいほど無防備な姿をしている。それに、運動せず、感情や人格もなく、からだは硬直している。意志を持たず、外力に対して言うなりになる。時間が凍結されており、歳をとることもない。このようにマネキンはかぎりなく人間に近い外見をしていながら、わたしたちが人間的ということで思い浮かべるあらゆる要素を欠いている。

それにしてもこのようなマネキンがもつ固有の存在感とはいったい何だろうか。

だれでもないという、個性のなさ、ステレオタイプのイメージを、だれかであること、つまりアイデンティティから、脱落したいという、わたしたちの心の奥底にある疼きのようなものとしてとらえかえし、それを《アノニミティ》（無名性、匿名性）への誘惑ということばでとりあえず呼んでおこう。たよりなさ、つい他人の攻撃性を誘発してしまうような無防備さを、さしあたり《ヴァルネラビリティ》（傷つきやすさ、攻撃誘発性）という概念でとらえておこう。《アノニミティ》と《ヴァルネラビリティ》という、ふつうネガティヴに理解されているこの二つの契機が、逆に、マネキンを前にしてわたしたちが引き込まれる独特の魅惑のエッセンスをなしているのではないか、そういう感触がわたしにはある。

わたしたちの生きている社会というのは、人びとにだれかであることを強要する社会だ。だれであるか曖昧であるということは、わたしたちの社会では許されない。

わたしたちは子供のころから、大きくなったら何になりたいか、結婚したらどんな家庭をもちたいか、どんな父親になりたいか、などといった質問を、おとなたちからくりかえし向けられてきた。こういう問いをつうじてわたしたちに要求されているのは、わたしたちがつねにだれかでなければならないということ、つまりアイデンティティの自己提示である。男か女か、おとなか子どもか……わたしたちはそのどちらかでなければならないのであって、どっちつかずでいること、つまり正体が不明であることがいちばん困ると、つねに社会から無言の圧力をかけられてきたのだ。

ゴンブローヴィッチの『フェルディドゥルケ』(米川和夫訳)のなかにこんなシーンがある。

「ねえ、ユーゼフや」、モゴモゴとモゴモゴの合間におばさんがたはこう言うのだ。

「ものにはね、切りというものがありますよ。世間の口だってありますからね。もしお医者になりたくないというのなら、せめてものこと、女たらしか、馬気違いにでもなれないの？　ただね、こう、はっきりしてもらわなければ……はっきりと……」

最終的にはだれでもいいから、とにかくだれかになれというわけだ。いったいなにを考えているのかわからず、何者であるかが不明であるということを許さない社会は、ことばを代えて言えば、顔を隠すことを許さない社会、たえずだれかとして自己表明することを強制する社会なのである。

「じぶんらしさ」の強要、それは地下鉄のなかのファッション雑誌の吊り広告でおなじみのものだ。じぶんがだれかよくわからないままに、じぶんらしくあることにこだわる。皮肉な言い方をすると、みんななにかの社会的な意味に憑かれなさいというわけだ。おとなになるための「教育」とは、その意味でみな基本的にはこの社会の成員になるための「集団洗脳」のことなのである。ファッション・ディスプレイや広告コピーはそれを煽る。

マネキンは、そういうディスプレイの一部としてそれを構成しながら、同時にそこにひそかに孔を空けてもいる。社会的な意味やイメージにとり憑かれたそういう身体の表面のすきまに、かすかな空隙をつくりだす。だれのものでもない無名の〈顔〉、未だ社会的な「わたし」の顔として限定されていない没表情が、からだの表面によぎるのである。

マネキンの顔を見てみると、当たりまえと言えば当たりまえのことなのだが、だれかでなければならないというオブセッション〈強迫観念〉が、そこからきれいに脱落していることがわかる。そのぶん見ようによっては、マネキンの顔ははじめこそなにか異様に感じられるが、じっと見ていると逆に人間の顔よりもはるかに穏やかに見えてくることがある。

それは、わたしたちが時代のなかでほぼ習慣的に抱くようになっているステレオタイプの身体イメージであると同時に、他方でわたしたちの無意識を引きずりだしもするのだ。わたしよりももっと古いわたし、わたしの、名をもたぬ無名の基底であるような存在次元を、まるで幽霊のようにふっと浮かび上がらせもするのである。それは、アンソールやキリコが、面のように類型化された群衆の顔や、のっぺらぼうに陥没した顔たちの無名の風景をつうじて浮かび上がらせていたものである。

表情以外にさらにもう一点、マネキンに特徴的なことは、頭のてっぺんから足の爪先まで、その表面のテクスチュアがモノトナスであり均質的であるということだ。人間のからだはふつう地勢図のように思い描かれているのであって、身体じゅういたるところがそれぞれに価値づけされているのに対し、マネキンのボディにはそういう価値づけがなされていず、すべての場所が等価である。もう少し具体的に言うと、だれかという人格を考えるとき、わたしたちは顔面に圧倒的な価値を置いている。人格が顔面に収斂しているのだ。あるいはまた、欲望というものは、なにも生殖器官のある場所にあるわけでもないのに、わたしたちの観念のなかでは、欲望は生殖器に集中し、いわゆる性感帯を駆けめぐるかのようにおもわれている。服を着るとその差異性は一気に増殖・拡大する。布きれ一枚で覆うだけでも、身体の表面にさまざまな差異が発生するのである。たとえば布きれで覆われている部分はプライヴェートな身体として、露出している部分はパブリックな身体として、差異化される。

本来、空間的な局所化になじまない意味をこのように身体の表面に、見えないかたちで、あるいは見えるかたちで刻み込むこと、それは人間にとってもっとも原初的なフェティシズムの一つだとおもわれる。そしてこのフェティシズムをそっくり解除・脱落させたのっぺらぼうの身体こそ、マネキンのボディなのだろう。マネキンにおいては、頭も、胸も、腹も、脚も、膝も、すべてが等価だ。それが、もうそんな意味にこだわることをやめなさい、という潜在的メッセージを発する。そのことがわたしたちに、底知れぬ穏やかさの印象を与えるのではないだろうか。そして、もはやだれかであることをやめてからのじぶんというものへ、わたしたちの想像力を引っ張っていってくれる媒体になりうるのではないだろうか。

もちろん、こういう曖昧さは物騒なものである。その存在を匿名化することで、市民としての生活のいろんな規範を緩めてしまうのだから、かなり危なっかしい可能性ではある。そういう危険な可能性が、マネキンのおぞましさを構成する。おぞましさと安らかさ、この対立するものの共存、対立する意味の揺れ、それがマネキンの誘惑の核をなしている。

マネキンのもう一つの特質、《ヴァルネラビリティ》についてはどうか。マネキンはどういう意味でヴァルネラブルなのか。マネキンをじっと見ていると、どことなく攻撃的な怪しい気分になってくるのはなぜか。

それは、マネキンが人間そっくりでありながら意識をもたないので、まるで物体のようにどうにでも意のままに処理できるからではないだろうか。意のままに処理できるということ、これは何かを所有することの本質だ。マネキンの怪しさはその意味で、他人を疑似的に所有するわたしたちの欲望を映しだしていると言ってもいい。マネキンは、床にひっくり返すこともできるし、腕を外すこともできるし、胴体と頭を逆向きにすることもできる。そういう意味で、マネキンというのはなにかわれわれのなかの攻撃性を誘発させる。あるいはそういう内なる攻撃性を、わたしたちに直視させる。マネキンはオブジェのように、ゴロンと転がしてもてあそぶ、一種の攻撃性というものを刺激する危なっかしいものなのだ。ハンス・ベルメールの人形がそういう攻撃性をみごとに形象化している。

と同時に、わたしたちはそういう危なっかしいマネキンにじぶん自身を同一化し、そうすることでじぶん自身の傷つきやすさに直面する。じぶんの存在が今度はマネキンのようになり、そしてそういうじぶんをほかならぬじぶんが傷つけているという、そういうサイコ・ドラマが、マネキンをじっと見つめているうちに発生しはじめる。マネキンには、わたしたちのなかにある攻撃性を誘発すると同時に、じぶん自身をその攻撃性のターゲットにするという一種の自虐性へとそれを転換してゆく、そういう怖い心理状態へとわたしたちを誘うところがあるらしい。それが、マネキンの漂わせるあやしさの秘密である。

これは、じぶんのなかにあってじぶんではどうにもコントロールできないような動性に身を委ねてしまいたいという誘惑ではないか、と考えられる。恋愛というのもそうした衝動の一つだ。異性とののっぴきならない関係にじぶんを巻き込むことによって、巻き込まれたじぶんをそのなかで無理やりに変えてしまう、そういう事態への誘いが、わたしたちのなかには欲望としてあるのではないか。そういう意味で、マネキンを見ているときの胸苦しさのなかには、じぶんがコントロール不可能なものになる、あるいはじぶんの内部のある制御不可能なものによってじぶんが翻弄される、そういう事態への誘惑が見いだされる。

この無力さ、あるいはヴァルネラビリティという、わたしたちの存在の原型とでもいうべきものを、わたしたちはマネキンという形象に感じてしまうのだ。集団ではなく、一対一で人間がマネキンの前に向き合ったときの、そのどうしようもない胸苦しさというのは、たぶんそういうところからきているようにおもわれる。

マネキンは、「わたしよりももっと古いわたし」へとわたしたちの視線を連れ戻す。そして、消去された可能性、抑止された可能性をも同時に浮上させる。そうでもありえたかもしれない《別の世界》を、わたしたちの日常の光景のなかに突如出現させるのだ。そういう意味で、マネキンは社会とその外部との境界に、つまりは社会の〈際〉に位置するものであるといえるだろう。

付記　〈わたし〉という人称的な存在の〈際〉からはじめ、社会という存在の〈際〉にまでたどり着くことになったこの論考は、わたしがこれまで同じ主題で論じてきたつぎの文章群のいくつかの部分をあらためてパッチワークのようにまとめ、再構成し、さらにそれに加筆するかたちででき上がったものである。もとになった論考のタイトルと出典はつぎのとおりである。

「衣服という皮膚」（『うつしとられた身体』、愛知芸術文化センター、一九九五年八月）
「マネキンの誘惑」（『マネキンのすべて』、日本マネキンディスプレイ商工組合、一九九五年一〇月）
「下着という感覚器官」（「インナー美学」創刊号、一九九六年四月）
「見えないファッション」（「東京人」第一〇三号、一九九六年四月）
「〈際〉の感覚」（ワコール社史第三巻『もの――からだ文化』、一九九九年一一月）

矯正＝直立化される身体

教育とその権力の歴史

ジョルジュ・ヴィガレロ著　神田修悦訳

礼節と直立性の記号学

中世は身体の直立性からの逸脱に既に敏感で、それを見過ごすことはなかった。以来、その様な逸脱は伝統的に二つのカテゴリーに集約されることになる。ひとつは身体の歪みという欠陥で、これは身体の壮健さ、美しさへの配慮から許されない。もうひとつは物腰のぞんざいさである。こちらは主に社会道徳に抵触する。ただいずれの場合にも、中世の観察は粗雑な上に性急で、後の一六世紀のものと比べると稚拙でさえある。たとえ頑強さと勇ましさでは誰にも劣らぬ騎士でも、体の姿勢が曲がっていればそれだけで絶望的で、「彼が世間から受ける評価は最低のものとなる」[★1]。他方、「首筋が真直ぐである」[★2]ことが、確かに中世では完成された人体のひとつの標徴となっている。しかしながら記述の方は大抵非常におおまかで、むしろ全体の活気が重んじられる。一例をあげれば、「鷹揚、率直、健康で背丈もあり、逞しく、社交にもたける……」[3]といった具合である。特に重要なのは力強さで、例えば頑丈な胸部と肩が尊ばれる。ただ力強さが偏重されるあまり、それが形の美しさに優先されることにもなる。[4]軍人は最も手入れの行き届いた身体をもつとされ、そのため彼らは頑丈で強靭な身体の模範、しかも歴然とした模範を示すものと人々から期待される。だが、恵まれた彼らの身体も紋切り型の表現のために生彩を失ってしまう。身体の直立性に関する表現は慣習的で非分析的なのである。力強さと活気、そして更には荒々しさが何よりも大切で、事細かな形態の描写は顧みられない。その点ではベルトラン・ド・ボルンの描く騎士たちは、伝説の英雄と同様、力強さの理想にまさにかなっている。毅然とした身体は喚起されるべきもので、長々と描写されるものではない。全体像が髣髴とすればそれで十分であって分析は不要である。解剖学的な描写にとらわれるまでもなく、そこでは「堂々たる体軀」[5]の一言ですべてが言い表されることになる。

礼儀を謳った韻文詩は身だしなみの作法に関する教則とも言えるが、そこでは身体の規律の第二の側面、すなわち物腰の問題がとりあげられる。この種の文学は、貴族の中でも封建君主と接する機会のある上流の階級に向けて書かれたものである。しかし、体の姿勢についてはごく僅かにしか触れられていない。ロベール・ド・ブロワは『女性の教育』の中で、歩くときには速足にならず、駆けず、「真直ぐとした」[6]威厳を保つことが重要だと指摘している。姿勢の描写は手短かで、主に道徳的な意味合いの方が重視される。また、『パリの家事人』が絶えず婦人に要求するのは、「右にも左にも視線をそらさず、誰とも目を合わさないで」[7]歩行することだが、ここでは身体の規律は専ら眼差しの馴致という点で言及されるに過ぎない。

『食卓の作法』は、礼儀作法を扱ったテクストの中でも最も多いものだが、そこでは、肘をついたり上体を曲げたりすることが咎められている。「注意を要するのは食卓では肘をつかないこと」[8]。『礼節の士ユルバン』は、明快で覚えやすい詩句を用いて、大領主に仕える若い貴族が守るべき作法を要約したもののひとつだが、姿勢に関しては上体を真直ぐにするということしか述べられていない。すなわち「食事中、君主の前では決して肘をつかぬこと」[9]。これらの韻文詩が語っているところをみる限り、作法で重視されているのは非常に一般的で道徳的な側面である。単に体の姿勢の問題にとどまらない。例えば、体と同時に衣服もまたきちんとする必要があるとされる。「口も手も歯も、そして体の外側も内側も等しく清潔に保たれねばならぬ[★10]」。また、抑制のきいた慎み深い態度も体全体で表現すべきものとされる。ファーニヴァルの『ベイビィズブック』に再録された英語のテクストでも、そのスタイルはフランスのものと同じである。

座れと言われるまで立っていること。
頭や手や足を動かさぬこと。
体を掻いたりしてはならない[★11]。

何事も控え目で、身ぶり手ぶりも避けることが、物腰に関する注意の中でも最大のものである。将来騎士となる者は、まずは自らの動作を律する必要がある。彼の物腰は自身を律する力を反映せねばならないのである。主題として身体の規律は、詳説というよりむしろ素描され、明記されずに暗黙のものにとどまる。それはほんの数語でほのめかされ、そのぼんやりとした身体のイメージから主として浮かび上がるのは、慎み深い態度ということだけである。同じ礼儀作法でも聖職者の目からみた作法として、ユーグ・ド・サンヴィクトルが取り上げている聖アウグスチヌスの戒律は、まさにその極端な例である。「足取りや態度や身なりにも、そして仕草や動作においても、他人の目を害するようなものがあってはならない[★12]」。姿勢に関する具体的な指示は、道徳性に重点がおかれているだけに漠然としたままである。とにかく姿勢に対して配慮を怠ってはならないのである。ところでこのような戒律は、馬鹿正直な程に単純であるという点を除けば、実際にはそれ程驚くべきものでもない。同じ主題を扱った後続のテクストがすべてそれを忠実に真似ることになるからである。ただ後続のテクストには、騎士の記述を支配している荒々しく勝ち誇ったイメージとは別の文化的傾向が示唆されてもいる。軍人には聖職者、大胆さには慎みが、血の気の多さに対してはむしろ冷静沈着さが前面に押し出されていると言えなくもない。しかし本当のところは両者は共存しているのであって、単純である点ではいずれも変わりはない。礼儀作法によってひとつの階級に規律が与えられるが、その階級の理想である力強い身体を満たす姿勢はひとつとは限らない。物腰や体の姿勢を指図しながらも、その規律の適用はごくあっさりしたものである。

このような構図は、一六世紀になるとさらに際立つこととなるであろう。新しい要求が生まれるが、それは感性の変化に由来する。手本となるのはもはや必ずしも聖職者たちではないが、しかしこの感性のもとにあるのは同じ節度と慎み深さの原則である。この原則はそれ以後ますます重視され、以前の記述にはなかったことが語られ、既にあったことも違う流儀で語られる。騎士世界の没落、儀礼や宮廷階級の出現により、新たに宮廷貴族たちが自らの地位を確立するが、それと相俟って身体の作法に関する様々な戒律も刷新される。漠然とほのめかされていただけの背筋の格好にも、以前にはなかった配慮が払われる。とはいえ、中世には体の姿勢への配慮が全く欠如していたということでは勿論ない。後代の同種のテクストと比較した場合、それはあまりにもおおまかで不明瞭であったということである。

一六世紀になると文化の変化が貴族的な立ち居振る舞いを支配する。それを定義するのに、貴族的礼節(civilité)という新しい概念も生み出される。この概念を主題としたエラスムスの論究[13]を読めば、一六世紀の宮廷によってどのような変化が礼儀作法にもたらされたかがよくわかる。カスティリオーネの『宮廷人[14]』についても同様である。この書は何度も版を重ね、事細かなしきたりを創始した貴族階級のバイブルとして愛読されたものである。二冊ともやがて教科書となるが、今日なら不作法で下品だと思われる記述もあり、その内容には依然として驚かされるものがある。[15]だが、前代の作法本と較べると、体の姿勢に関する記述には否定できない変化がみられる。ひとつの章全体が「身体の礼節」にあてられ、しかも、以前の様な性急でおおまかな考察ではなく、身体の部位が逐一取り上げられ問題にされる。説かれていることは相変わらず道徳的だが、描写はやかましく注文が多い。「子供は頭を両肩の間にうずめてはいけない、それは横柄な態度である。頭はさりげなく真直ぐに立てておくのである。それが礼儀正しい姿勢である。また、決して首を偽善者のように左右にかしげてはならない。自分の意図を伝えるのにどうしても必要であるときだけは別だが[★16]」。外観は道徳的態度を反映し、礼儀作法は社会的規範に従属する。かつてなかったほどの強い関心が、体の姿勢とその直立性に初めて向けられる。体を真直ぐにすることが尊ばれ、その反対は欠点となる。伝統的な分類法に従えば、それは偽善、慢心、怠惰などを表すものに他ならない。以前の書物では、このように体の姿勢を列挙するということはなかった。姿勢はまるで定義不可能かと思われる代物だったのである。立ち居振る舞い、四肢の挙動、或いは態度のもつ意味などの記述を試みようとも、身体を言語の世界に浮かび上がらせるのは容易ではない。身体というこの日常的な領域を分析するには、そこから相当の距離をおいて眺める必要がある。身体の様々な活動はあまりにも直接的で無意識的であるために、それを外部から捉え、言説の対象とすることは困難である。その点では、引用した文章にみられる姿勢の列挙とその描写の精確さには注目すべきものがある。

だが他方で、この種の列挙的な分類は、態度は人の「本心」を間接的に明かすという語り古された一般通念を反映したものでもある。そのいかにも平俗的な記号学は、肩や頭の位置を簡単に指示するだけで、前提的な類型論は省いてしまう。「矯正」を目的とした戒めとともに悪い姿勢が語られる。煎じ詰めれば、そこで言う教育とはすなわち注意のことであって、様々な誤りの記述を介してはじめて正しい身体の像が描き出されるのである。描写は明らかに深化したとはいえ、段階的に教育しようとする姿勢はまだそこにはみられない。表現される前にまず守るべき行ないがある。その行ないとはすなわち、「ごく自然に首を立てる[★17]」ということに他ならない。問題になる概念は日常の生活に属すもので、それは先験的に了解済みである。生徒は規則に従うように促されるが、それは礼儀作法の道徳に違反しないためである。規則は直接、即座に実践可能であって、姿勢について前もって訓練したり、「勉強」したりする必要はない。せいぜい解説が少しばかりついているだけのことで、確かにこれは目新しいことだがその内容は貧弱である。とにかく重要なのは、一方に真似てはならない姿勢の誤りがあり、他方には尊重すべき「気品にみちた[★18]」姿勢があるということである。

しかしその論法は、ただ道徳を振りかざすだけのものではもはやない。そこには明らかに脅しがある。これは中世のテクストにはなかったものである。礼儀作法を扱った一六世紀の書物では、姿勢の問題を扱うに衛生学的とも呼び得る新たな次元が付加されることになる。当時、姿勢の悪さが癖になると、子供の肉体に害を及ぼすものと考えられていた。「せむし」になるのも、姿勢に注意しなかったことがその原因とされたのである。「このような姿勢は幼い頃に一度許されてしまえば、それが普通のこととなり、体の自然な形状を歪めることになる。体を曲げるのが癖になるとせむしとなり、健全な身体を自然から与えられているにもかかわらず奇形を余儀なくされる。また頭を傾けてばかりいると、やがてその姿勢が硬直化して元に戻らなくなる[★19]」。体を「異常」な形に長い間曲げていると、その姿勢は石膏を嵌めたように固まってしまう。せむしのような欠陥の場合は尚更である。ここでは体の歪みの問題は、冷徹な病理学的考察の文脈から逸脱してしまっている[★20]。それは病気や奇形に関する様々な空想の産物に他ならず、重要なのは空想の力を借りて暗に教育的な脅しを行うことである。子供の身体の将来までをも危うくするこの脅威によって、身体の規範はますます強固なものとなる。

エラスムスの礼節論は大公の子息に献呈されたものだが、この書物は一八世紀末に至るまで何度も翻訳され、またこれを模範に同じ類の書物が数多く書かれることになる。これらの書物の殆どすべてが必ず取り上げているのは、誤った姿勢の問題であり、それが「いずれ普通となり、自然に反して体全体を醜く歪める[★21]」という点である。

こうして一六世紀は、態度や姿勢に関して貴族たちに以前より厳格な統制を行うようになる。イタリアで出版され、後にフランスでも多くの再版本が出たいくつかの重要な礼節論では、新しい気品の理念を語るに幾何学的な表象様式の問題にまで話は及んでいる。「更に心得ておかねばならないのは、人間というものは驚くほど美しいもの、釣り合いのとれたもの、端正なものを好むのである。反対に、ずんぐりとして、形の崩れた歪んだものはできる限り避けられる[22]」。体の姿勢は、この純粋に観念的な均整美への欲望にこたえねばならない。幾何学や数学的に構築された遠近法によって、画家たちの物の見方は既に変化を受けていた。画家たちは黄金数に加えて、平面の合成の仕方や画面を単純な図形に分割することを学んでいたのである。例えば寄せ木細工にみられる技術、与えられた空間を整然と正確に構成する技術が、この新しい様式を普及させるのに貢献することになる。「ここでわれわれは、数学的な図形の組み合わせによって、対象が整然と創造されてゆくのを目撃する。遠近法の画面は一種のチェスボードである。図案の段階では、まず規則正しい碁盤の目から出発する。互いに等しい長方形を重ねてゆくと、画面の奥へいくに従って、形の等しい三角形がそこに出現することとなる。これ以上に寄せ木細工にふさわしい構図はないだろう[23]」。一六世紀においては、このような図法は一般化され得るものにまでなっていた。その起源は前世紀で、既にそれなりの歴史があったからである[24]。かくして「均整のとれた」姿勢の重視は、その理論的根拠をここに見出すことになる。明らかにプラトン主義的と言える理論に依拠することで、身体に関する規律は、自らの絶対性を別のかたちで表明する機会を手にする。身体的外観にとって決定的な脅威である「誤った」姿勢だけでなく、同時に身体が均整美のひとつの「象徴[25]」である以上、「正しい」姿勢というものもまた強調され、追求される必要がある。一六世紀の調和の神秘学への熱狂は、身体の作法に関する新しい要求を正当化する根拠となる。こうして身体は、道徳と衛生学に加え、更により哲学的な意味を帯びた存在となる。身体というこのミクロコスモスは、品位の機微と豊かさ、各部位の釣り合いによって、広大な大宇宙を想起させるものでなければならない。身体の姿勢とその直立性についての新しい教育学は、宇宙の幾何学性までをも援用し、新たな規範の信憑性を更に高めようと試みるのである。だが、数多くある礼節論はいずれも問題のその調和がどういうものか詳説するまでには至っていない。それは一般的で慣習的な原則として述べられるに過ぎない。優雅な姿勢と歪んだ姿勢との差異は言うまでもないことなのである。身体の教育学は、時代のエピステーメの主流を成す概念、すなわち二重性と相同性の概念から自由でいることはできなかった。身体はその均整美によって、身体を越えたより大きな調和を反映せねばならない。だが、透視図の作成や空間的奥行きの合成は可能でも、人間や動物の肉体を理解することはそう容易ではない。形態の構造を秩序立てて視覚化するためには、機能的な解剖学や機械論の発想が必要となるが、これは調和の神秘学には無理なことであろう。この種の問題が経験に基づく証明よりも、むしろ思弁と結びつきやすいことは確かである。[★26] ただ、明白で具体的な形の変位が問題になっている場合にも、あくまで調和というものが云々されることになる。

礼節論が衣服に言及する際には、もはや衣服の廉潔さや節度ではなく、その形の方に関心が払われる。衣服はまず似合ったもの、「体にぴったり合った」[★27] ものでなければならないとされる。服の形と体の形とを合致させようとするその努力自体が、「礼儀正しさと調和」[★28] を呼び起こすものとなる。とはいうものの、一四、五世紀の衣装が醜悪極まりないものとして排斥されるわけでもない。それまで語られずにいたことが語られようとしているだけのことである。形の面から衣服が問題にされることとは、作法を扱った中世の韻文詩においてはなかった。一六世紀の礼節論が敢えてそこに言及するのは、それだけ細心の注意が体の姿勢に対して払われているからである。衣服が体に合っていなければ、姿勢に問題があるとそれがすぐに目についてしまう。一六世紀には初めて、鯨のひげで補強された女性用のコルセットが登場する。いつ頃それが登場したか推定することは可能であろう。例えばラブレーは、フランソワI世下の宮廷で着用されていた衣装に想を得て、テレームの僧院の貴婦人たちを描いているが、そこではまだこの強固なコルセットへの言及はみられない。「彼女たちは肌着の上に綺麗なカムロの胴着（vasquine）、その上には白、赤、褐色、グレーなど様々な色のスカート（verdugade）、最後に銀の地にきめ細かく金で刺繍された上着（cotte）を身につけていた」[★29]。cotte は体を引き締める一種の胴着であるが、布でできているためにまだある程度自由がきく。反対に一六世紀末になると、胸部と背中を決められた形に固定するために、次第により丈夫な材質がこの装具に用いられるようになる。アンリ・エチエンヌはこの新しい習慣について次のように述べている。「女性たちはその張り骨のことを鯨の骨と呼び（材質が異なれば呼び名も変わる）、姿勢を真直ぐ保つために、それを体の真ん中、乳房の下あたりに着けていた」[★30]。またレンヌ美術館には、『アンリIII世宮での舞踏会』（フランス一六世紀絵画）と題されたいい見本になる作品が所蔵されている。この作品では、世紀末の鯨骨のコルセットで上体を締めつけられ、踊り手たちの体はくっきりとした円錐形に描かれている。釣り合いの美しさだけでなく、輪郭の美しさをも胴体に与えようとする試みは、最後にはコルセットという窮屈な鋳型を生み出すに至るのである。衣服は体に合っていなければならないとされるが、実際には正反対のことが行われる。つまり、慣習で決められた形が身体に課されるのである。衣服が体の線を忠実になぞるのではなく、逆に衣服のフォルムに体が合わされる。ほっそりと真直ぐにみせるために、身体は鎧のような胴着の中に閉じ込められるのである。「スペイン風の（スマートな）体を得るために、脇腹に鉤の跡が残る程、締めつけられ縛られ、女性たちはどれ程の苦痛を耐え忍ばねばならないのだろうか？―そう、時には死ぬほどの苦痛を与えるのである[★31]」。

服飾の文化は変化し、幾何学的なフォルムに加えて硬直性と直立性が重視されるようになる。真直ぐとした身体に対して新たな感性が生じたことを示す徴候は他にもあるが、この服飾の変化はそれらを補完するものと言える。宮廷における礼節は、ひとつのモデルとして無視できないし、また少なくとも貴族階級に与えたその影響力についても同様であるが、そこでは身体の直立性に対して細心の注意が払われるようになる。行儀作法がより厳格なものとなったのである。このような社交上のしきたりと同時に、思弁的で非実証的であるとはいえ、秩序と均整美の隠れた原理を解き明かそうと盛んな議論が行われることになる。

身体修練の曖昧性

身体の教育は、体の直立性と節度ある態度を定めた形式的戒律に基づき、様々な根拠をあげてその戒律の遵守を促そうとする。それは一種の脅しであり、人々はそれに対して適切な解答をするよう期待されている。模範的な身体に対する関心は尋常のものではないが、しかし段階的に秩序立てて教育しようとする配慮がそこには欠如している。まず第一に、体の姿勢は全体として指示され注意されることはあっても、各要素にまでわたって分析的に説明されることは少ない。他方、様々な教育的指示が行われる場合でも、それが間接的に姿勢にどのような作用を及ぼすのか詳説されることはない。それは了解済みのことなのである。つまり、それは「気品」《bonne grace》を身につけるための修練に他ならない。実際、体を真直ぐにと言うだけでは不十分で、常にそれは「気品」をともなってとひと言添えられる必要がある。一六世紀に誕生したこの優雅の概念は、高貴さがあって節度ある調和を連想させるような状態を漠然と言い表そうとしたものである。それは、「構成も各部分の釣り合いもよく、全体として美しいまとまりを持ったものが放つ光りに他ならない。全体の調和がなければ、たとえ善いものでも美しくはなく、また美しいものも快いものとはならないだろう[★32]」。「気品」という言葉によって、貴族たちは体の姿勢まで含めて自らの存在を定義しようと試みたが、この概念で何よりも重要なのは、さりげなさ、人為的な努力の跡を何ら残さずに「完璧」な調和を達成することである。それは気取りとは正反対であって、いわば第二の自然とも言えるものである。すなわち、「天恵で最初からそれを与えられている者は別として、この気品というものが一体何に由来するのかこれまで何度も自問してみた結果、わたしは、人間の行為や言動を理解する上で有効な原理、他のいかなる原理よりも普遍的な原理を発見するに至った。それは、危険な暗礁を避けるかのように、出来る限り気取りを避けることである[★33]」。完璧さというものは、そこに至るまでに払われた幾多の注意や苦労を、人に悟られることがあってはならない。それは全く自然なもの、貴族の良き血筋を証すものとならねばならないのである。

これらのテクストでは、貴族階級の威光を誇示することに重点がおかれているだけに、実際には貴族の優雅さが習得されるものだという事実を彼らに認めさせるのは恐らく容易なことではない。品格や気高さは、貴族の資質として受け継がれるはずのものなのである。それは彼らの名が指し示しているところを、エンブレムのように象徴的に明かすものに他ならない。身体の問題はすなわち血統の問題であり、彼らが背負わねばならない責任が明らかに重い場合、つまり彼ら自身の態度に家系の気風が反映されねばならない場合には、特にそうである。にもかかわらず、何らかの教育的修練の余地がそこに全くないという訳でもない。「気品は習得されるものではないと、格言のごとく繰り返し言われようとも、私の考えでは、身体の修練で気品を身につけたいという者がいれば、支障をきたすような生来の欠陥がない限り、彼はできるだけ早い時期に、しかも優れた指導者のもとで学ぶべきである」[★34]。つまり教育は結局のところ可能であり、そして「修練」の手段として剣術、馬術、ダンスなどが利用されることになるだろう。

だが修練が果たす役割については、一般に認められていながらも明解に述べられることは不思議にない。礼節論では確かに正しい姿勢については細かく言及されるが、気品に関しては、態度を包む「オーラ」のごときものとしてしか捉えられていない。学ばねばならないのは生き方の流儀であって、教育が本質的に目指しているのもその点である。従って姿勢の問題は他の問題とひとまとめに扱われ、それだけ特に詳しい言及が行われるということはない。叙述は常に暗示的なままにとどまる。引き合いにされるのは日常の立ち居振る舞いにおいて了解ずみのものであって、また表現の方もおおまかで黙示的である。それは実際に行ってみて習慣的に明らかとなる振る舞いである。身体はほのめかされるだけの曖昧な領域で、実際の動作が、それを定義しようとする言葉よりも雄弁でそれを凌駕しているのである。結局、詳しい説明などは余計だと言えるかもしれない。むしろほんの数語の月並みな表現を用いるだけで十分であり、その情景が髣髴とするのであり、そこでは身体は語られる対象ではなくて生きられる対象なのである。「ヴェネチアの人々の言い草ではないが、鞍の上でしゃちほこばった騎手が、まるで地に足をつけて歩いているかのように楽々と落ち着き払っている騎手と較べて、どれほど無骨であるか明らかだろう」[★35]。体の姿勢は消極的な形で語られる。言及されるのは身体の全体像であって、分析されるまでもなく一目で理解されるような現実である。重要なのはまさに体全体の品格である。身体の直立性は、作法を扱った書物では細かく述べられているが、修練を目的とした書物では逆説的にも詳説されることがないのである。

同時に、優れた教師の実践がどういうものか明らかにされることもない。実証に基づいて書かれたある報告書でも、修練の結果、以前より「敏捷に、身軽く、健康で潑剌[★36]」となり、体の姿勢に対しても恐らく影響を与えずにはいないと述べられるにとどまっている。身体という領域にとっては、それにかかわる教育の試みがどういうものか、詳しく解説する概念装置は必要ではないのである。修練によって微妙な「差異」を見分けることができるようになるが、しかしそれが頼りとするのは直観的な知覚である。そして特に重要なのは、修練の実践のメカニズムそれ自体が暗黙の合意によるもので、必ずしも厳密ではないという点である。それが姿勢に対してどのように実践されるかは、常に間接的あるいは直観的にしか記述されることはない。修練では、調和のとれた身体など実際言われるほどには重視されてはいないのではないかと、時には疑ってみたくもなる。「ダンスの目的は、自分の恋人が肉体的に健全かどうか確認することにある。健全だと証明されて初めて男性はキスすることを許される」[★37]。礼節の手引書では姿勢の描写は比較的精確だったが、修練が姿勢に及ぼす影響に関しては、それに匹敵し得るような詳細な記述はみられない。

ひとつに考えられるのは、身体とその規律の問題全体がそっくり道徳的要請の範疇の網の目に「捕えられて」いるということである。物腰の問題は様々な行動を統括する道徳の影響下にあるのであって、きちんとした態度を守ることと礼儀をわきまえることが心理的には同じ問題となる。このように、姿勢の問題が暗黙のうちに道徳の問題に同化されることで、具体的手法の詳しい記述がないばかりか、身体の修練それ自体が二義的な問題にとどまる。同時に、身体を機械論的に分析しようとする発想が欠落しているということもある。つまりひとつの姿勢を、筋肉と骨の結合で成り立ち、動態的・静態的な力が相互に働き合う精密な構造体と捉える視点がないのである。筋肉のその効率的な作用とバランス機能はいまだ知られず、従って定式化されてもいない。

身体を運動の面から解釈する試みがあるが、これはわれわれにとって非常に参考になる。ティボーは、一六世紀的な知の枠組みでは最後のフェンシング論とも言える書物の中で[★38]、ダ・ヴィンチが描く身体の均整美とデューラーのそれとの比較を試みている。だが、フェンシングが目指す完璧な肉体が、形態論的にどういうものか示すために比較が行われている訳ではない。身体の理想的なフォルムは、フェンシングの動作によって生じる様々な姿勢の偶発的な変位を動機づける指針とはならない。そのような所作の規則は、教育が目指している指導原理とは異なる。問題になっているのは、人体工学的な論理とは別の論理であって、それに従うなら、均整美に関する議論が唯一目指しているところは、抽象的でピタゴラス的な動作の原理を定め、それによってより効率的な動作の技術を確立することにある。「上述した通り、芸術家や建築家や製図作家たちは、人体の均整美を彼らの作業原理の基礎とした。われわれが目指す方向もこれと同じである。だがわれわれはもっと巧くやってのけたと思う。われわれは同じ羅針盤を頼りに[★39]、あらゆる運動に対して、またいついかなる時にも適用可能な、真の均整美の尺度を発見したのである。円形の模式図を使って後に説明するだろうが、人体をもとにした均整美の尺度というものは、人間と彼が自らの体を用いて行う動作にこそ適用されるべきなのである。その円の中にこそ問題の均整美が存在し、またそれがなければ人間はこの世界でいかなる動作も行うことは不可能だろう[★40]」。

身体に一点を定め、それを中心としてひとつの円が描かれる。このような思弁的な円構造によってあらゆる身体の動作が階層化され、フェンシングの様々な攻撃や防備の姿勢も同じ円をもとに整理される。身体の各部位の結節点とも言える関節の機能は計算には入れられていない。この思弁を支配するイマージュは「丸み」で、それは宇宙全体を統制している「丸み」を反映する。そして、あらゆる運動に対して無闇やたらと同じ円弧のフォルムが当てはめられて考えられることになる。「現在では次のように言えるだろう。つまり、運動の軌跡の点でも宇宙は丸みを有し円の形をしていると。それは例えば、宇宙を構成する様々な物質の自然の働きや作用を、またその二次的変化の過程をみれば理解されるだろう。それらは相互作用的にまた連鎖的に生じるので、どこに始めと終わりがあるのか判断がつかず、円環として捉えるしかない。様々な局所的な運動が描く軌跡に関しても同じである。それらは常に力の中心を起点に、円の形を描きながら外縁部へと拡散してゆくのである[★41]」。従って、動作や運動は本当の意味で分析されることはない。すべてがアナロジーに基づき、それが動作の方向性や強度を真に理解する上で大きな障害となっている[★42]。

結局、修練の実践が肉体の形態論的な構造にまで作用を及ぼせないのは、性質を全く異にする要素が同列に扱われているからである。例えば骨の長さの問題と、腰や肩の形のようにむしろ態度にかかわる問題とがごちゃまぜにされる。言いかえれば、筋肉の統御のような動態的なレヴェルでの指示と、変化とは無縁の静態的なレヴェルでの指示が一緒に行われる。そして重要な指標は主として、骨の組み立てや筋肉の組織とは何ら関係のない身体の表層に設けられる（臍や乳房）。表層が好まれるのはそれが明らかに目につくからで、同時にそこが、先験的に絶対の価値を付与された数が出現する場所だからでもある。「十という完全な数は、常にわれわれの見える所に出現する。例えば指の数がそうである」[★43]。かくして身体は、外部に表れた関係性を基準に測量され、その各部位についても、ただ単に人の目を引き、時には人を「当惑させる」こともあるその「表徴」を手掛かりに読み解かれるのである。身体はタブローである、或いはそれは外被であって、外圧と絶えず拮抗状態にある構造体としての肉体として捉えられてはいない。そこにあるのは表層を仕切る境界線で、構造の線ではない。このような標定作業は、すべてを平面図形に還元して捉える画家にとってこそ有効なものであろう。タブローとしての身体が連想させるのは、姿勢の教育よりもむしろデッサンの教育である。確かに碁盤の目の上に重ねて各部分の釣り合いの比を割り出せば、ある程度までは忠実に人体を再現することは可能かも知れない。だがそれだけでは、身体の直立性や屈曲運動を支配しているメカニズムを明らかにすることはできない。釣り合いの問題を扱いながら、ティボーがなぜ姿勢の矯正について明確に述べ考察することができないのか、その理由がこれでよく理解できるだろう。同時に、一体どういう経緯でピタゴラス的なヴィジョンが、力学的で実践的な視点をとらずに、動作を純粋にフォルムの側面から記述しようとするのかも理解される。

先見性に富み知識では優るとはいえ、ダ・ヴィンチの直観も同じ制約を受けている。彼は直立した姿勢には二種類のものがあることを簡潔に指摘する。つまり、背中を伸ばした直立姿勢とそれを反らせた直立姿勢とを区別するのである。ところが、これら二つの姿勢の差異が刻印される場としては身体の表面しかなく、結果として、姿勢の問題に対する関心も霧散することになってしまう。「腰と背中が反っている時には、乳房は常に背中の肩甲骨よりも下にある。反対に腰が真直ぐな時には、乳房と肩甲骨は同じ位置に来る」[★44]。視線は二種類の異なった姿勢を認めているが、模範に近い複数の姿勢の偏差を区別することが殆ど行われず、表層の指標によって内部構造を理解する手掛かりが消されてしまうこの時代にあっては、確かにこれは重要な指摘であると言わねばならない。だが実際には、タブローという枠の中でダ・ヴィンチの記述も瑣末事にかかずらい、無駄話に終わってしまう。引き合いにされているのは乳房で、確かにそれは皮膚の上では目立つ部位ではあるが、形態の構造とそれがどういう関係にあるのかは明らかにされない。

この時代には「工学」[★45]と称されるものが確立し始めるが、たとえ背中の構造が機械論的に捉えられようとも、それは他から切り離されて考察され、大抵は機能的であるよりは形象的である。例えば、単なる暗喩的な置き換えを既に凌駕しているダ・ヴィンチのあるデッサンにおいては、背骨の筋肉は直立性を保つために肋骨に掛けられた索のようなものとして描かれている。[★46]ただ、この筋肉の解剖図では、内部よりも表層の部分に重点がおかれ、姿勢を支えるために力が各筋肉にどのように配分されるのかはわからない。しかし、ダ・ヴィンチが問題の力学的な側面に気づいていなかった訳ではない。彼の記述には力の精密な作用が漠然とほのめかされている。「論理的に考えれば、これらの筋肉の役割は恐らく、頭を曲げたり持ち上げたりする際に、背骨がその重みでたわまないように支えることにある」[★47]。この記述を読めば、動作や姿勢の解剖学的分析の基礎と、現代的な矯正術の基礎が既に出来上がっているのがわかる。ただ、実践と自信なげなこの種の記述の間にはまだずれがある。このような記述が矯正の技術に取り入れられることはなく、より古風な描写の方がむしろ特権化されるのである。見かけとは違って、機械論的な視座はまだ不完全で不明確である。それは依然「夢想的」とも呼び得るもので、身体が非客観的で思弁的な調和の反映で、広大なマクロコスモスの中では「岩石や湖や潮汐」[★48]と同列に扱われる世界観においては、全く二義的な問題に過ぎないのである。ガレノスは既に脊柱をより強固にする動作について述べていた。「身をかがめている側から近づいて、両手を臀部にまわし、彼を荷のように持ち上げて歩いてもいい。歩きながら前後に体を揺すれば更によい。こうやれば脊柱を完璧なまでに鍛えることが可能である」[★49]。彼が話題にしているのは、身体を強くすることであって真直ぐにすることではないが、体の部位が限定されて細かく描写されている。ただこれらの細部描写がどれほど重要で、何らかの矯正的な鍛錬のひとつのヒントになるように見えようとも、実際にはそういうことは全くない。更に一六世紀においては、人体は「肉」と骨だけでできた塊と捉えられている。それでは、鍛錬を積んでもただ肉体の堅さが増すだけである。人体が筋肉の操作で成り立っているという事実は掩蔽《えんぺい》されるのである。部位を限定した組織的な反復鍛錬の有効性は今日では周知のことだが、当時は重視されず筋肉的な「鍛錬」が探求されるということはなかった。筋肉のその効率的な働きは、身体の動作に関する観察の対象とはならなかったのである。

他方で修練に付与されたその役割も、個別的というより一般的で、専門化されずに大雑把である。その目的は体液の浄化と、余計なものを取り去ることで体質の向上を総体的におし進めることであって、精密で発展的な筋力の増強とそのダイナミズムは中心的な問題とはならない。つまり、姿勢を構成するひとつひとつの微細な相を取り出して、限定的に修練を行うことなど重視されないのである。体を真直ぐにするための特別な鍛錬はない。ただ体全体に対してほんの少し気を使うだけで、体質が改善されるのである。修練は筋肉を分析し鍛錬するのではなく、むしろ衛生学のコードに従うのである。「彼の体質は、力を使って運動することで、体が温まり、汗をかき、以前より食物の消化がよくなり、だらしのない体にたまった老廃物が知らない間に排泄され、その夏の終わりまでには次第に健康で逞しいものへと変わるだろう[★50]」。

最後に、筋肉の問題こそが姿勢全体の問題に直接関係しているにもかかわらず、それが等閑視されてしまうということがある。都市の娘たちは、体の線を整えるために様々な帯具を用いるが、田舎の娘の方はもっと自由に違った成育の仕方をする。都市の娘たちは締め過ぎによって体を歪曲させてしまう危険に絶えずさらされているが、田舎では反対に「せむしなどひとりとしていない[★51]」。自由な動きを保証されているために、彼女たちの体には力がみなぎっているが、後の一八世紀とは違って、例えばパレなどはまだその点を取り上げるには至っていない[★52]。光が当てられ強調されるのは、力の面で肉体を鍛えることではなく、帯具の誤った用い方であり、それこそが害を及ぼすとされる。体を型にはめ、締め過ぎで時には奇形の原因ともなる帯具とは無縁なため、田舎の娘たちの体は非常に恵まれていると言える。しかしそのような彼女たちの利点も消極的にしか語られない。議論は明らかに「ルソー的」だが、実践の原則はそうではない。帯具が体を歪めるのは、自由な動作が妨げられるからではなく、単に型のはめ方の誤りに原因があるとされる。動作の問題が、姿勢の矯正と関係しているかも知れないとは考えられなかったのである。やはり修練に与えられた役割は曖昧なものでしかない。

身体の教育の本質が依然として、直立的姿勢に関する道徳的な規範をただ繰り返しているにすぎないことが以上で理解されよう。それは手本を忠実に真似ること、非言語的な対処に終始するのである。修練の実践は、曖昧であるにしろ或いは無視されるにしろ、常に控え目な手段でしかない。すぐ前に挙げた例もその点を明らかにするものでしかない。ひとつの広大な領域が広がっており、確かにそれも一種の教育と呼べなくもない。そこでは親たちが、体形と姿勢を整えるために言葉もなく子供の体に手を加え、またいわゆる「都会育ちの娘たち」が窮屈な衣服によってやかましい拘束を強いられることになる。

幼年期における身体の可塑性

姿勢の矯正を最も見事に行える職人は、依然として子供の親たちしかいない。よい態度と姿勢を身につけられるかどうかは、彼らが早い時期にしつけを行うかどうかにかかっている。美しい体型を定着させるためには、幼年時代の初期にまで遡る必要がある。子供の体を模範的身体により近づけるためには、できるだけ早くに矯正を行わねばならない。様々なしつけが幼い間に行われねばならないが、姿勢のしつけもまたそのひとつに含まれる。身体の教育がここで夢見ているのは、柔順な乳幼児の肉体にじかに力を行使し、それを加工することに他ならない。身体が一種の「素材」で、物質に対するのと同様の作用を身体にも及ぼすことができると考えるのである。

体が最も柔軟な幼年期は身体矯正の特権的な場である。それは体の形が定着化される時期である。その脆弱さの故に、あらゆる矯正や整体も素直に受け入れる従順な身体というイマージュができあがる。それは身体の教育的実践の先史時代であり、粘土のようにしなやかな素材に対して、復元と変形の操作が同時に施されるのである。乳幼児のその粘土のような肉体は、完璧な矯正というひとつの理想を生むものとなる。またそれは予防的配慮への専心を正当化する根拠ともなる。というのもその時期の体は、奇形に転じる危険性が生涯の中でも最も高いからである。乳幼児の体は気まぐれなのである。このことに関してヒポクラテスは既に、乳幼児の体が異常に体温が高く水分が多い点を指摘していた[★53]。そのような状態においては、例えば体の骨格は決められた位置からいつずれてしまうかわからない。この多水性の身体は絶えざる危険にさらされている訳である。一六世紀はこのヒポクラテスの考え方に忠実に答えている。一六世紀はある意味でそれを再評価し、合理化した上で応用したとも言える[★54]。しっかりとした身体の加工を反復して行っておけばそれだけで、ここまで問題となって来た身体矯正の二大目標が達成されることになる。つまり、第一に背骨の湾曲やずれを防止でき、第二に作法に適った優雅な物腰を獲得することができるのである。以上の二点に関して早い時期から用心していれば、真直ぐな身体の基礎が時宜に適って的確に据えられることとなり、美的な範疇でも身体は完全なものとなる。間接的には遠い将来、礼儀作法やとりわけ健康な身体を目指す衛生学の範疇においてもその要求を満たすことになる。

こうして、身体のフォルムは実際に捏ねられ得るものとなる。姿勢の戒律に最初に言及することになるのは、小児の疾病を扱った書物である。姿勢に関して払われるべき注意、作法に適った身のこなしなどはすべて、この病気の治療を目的としたテクストの中に既に記載されている。確かに問題になるのは治療だが、しかし予防の点でも教育の点でもそれが目的としているところは無視できない。理想的な生活の枠組みが素描され、守られねばならない日常的な習慣が子供たちにたたき込まれる。子供に関する注意の一覧表が呈示され、その通り実行すれば、すばらしい体型ときちんとした姿勢が保たれ、更にはより洗練されることになる。

小児の疾病に関する理論がそれだけで一冊の書物を成し、もはや他の主題と一緒に記述されることがなくなったという事実は、子供に新しい位置づけが行われつつあるということ、つまりは一五世紀の終わりから一六世紀にかけて子供が重要な存在になりつつあることを物語るものである。[★55] ヒポクラテスの場合、子供の体への配慮は、依然としてアフォリズムやコーパス全体の中で折に触れて述べられる主題に過ぎない。古代において最も明確な言及を行ったソラノスも、[★56] 間接的にしか、つまり女性の体への配慮との関連でしかこの問題を取り上げていない。一六世紀に至るまで、子供は女性に肉体的に分かちがたく結びつきそこに依存していたのである。医学的には、子供と成人は実際には区別されることがなかったのである。子供に関する処方や配慮を専門に扱った書物が登場することで歴史はひとつの転換点をむかえることになる。子供を主題としたテクストだけを集成するということは、この問題の特殊性が意識されていることの証拠に他ならない。だがその手法やしつけの内容は、古代のテクストで述べられていたことをただ繰り返しているに過ぎない。主たる関心は、むしろ子供の存在それ自体にこそある。

これらのテクストがまず強調するのは、誤った姿勢が形の定まらない体にどのようにして刻印されるかという点である。不適切な力がかかると、成長するにつれて体の形は歪んだまま固まってしまう。強い力で押し付けられると、それが鑞のように柔らかい骨に型を残し、手荒なことをするとそれが奇形のもとになると考えられていた。例えば、あまり早い時期に子供を歩かせると両足が弓なりに歪曲してしまう。抱き方にも注意を要する。「このような奇形が生じるのは、常に子供を同じ向きで同じ腕で抱いたり、膝を曲げた格好で抱いたりするからである」[★57]。乳幼児の体とその未来は危険にさらされているのである。処置を間違えると、取り返しのつかない傷痕を残すことになる。

液体に満たされた身体というイマージュの氾濫によって、理想的なフォルムの刻印と保存を目的に、身体鋳造の手法が様々に模索されることになる。だがそのような試みが、実際のところ非常に「手荒な」ものであることにかわりはない。かくして生まれたばかりの赤ん坊は、どんな歪みも見落とすことがないようじっくりと検分される。何らかの欠陥が見つかれば、即座にいわゆる「修正」の試みが行われる。この骨格の矯正と復元の操作は、対象となる体の組織が理想的なまでに柔軟であるだけにたやすいことである。だが、骨を満たしていた水分が徐々に失われてゆくとともに、それもやがて不可能になる。整体を試みるにはやはり誕生直後が最も適しているのである。決められた型に素直に従う、粘土のように従順な身体に対して行使される力は絶大である。「思いのままに圧縮したり曲げたり延ばしたりするにしろ、誕生した直後ほどに骨格が従順なときはない。その頃なら骨はまだ脆弱で柔軟である。だが時間が経てば次第に堅くこわばってゆく。体温による水分の蒸発のように体の内部にその要因があることもあれば、乾燥をもたらす空気や風、更には体に影響を与える様々な物質のような外的な要因もある[★58]」。

この記述には、固まりつつある粘土と身体のアナロジーがまさに完璧なまでに示されている。そしてこのアナロジーをもとに、比類のない力を手にしているという意識が生まれることになる。子供は医者や乳母などの手によってまさしく「こしらえられる」ものなのである。一六世紀イタリアのある著者は、このような操作を文字通り《de faciendo infante》(子供の加工[★59])と呼んだことがある。また、ソラノスの書物にはこの操作の完全な目録が挙げられている。その目録では医学的な予防措置はもはや、鋳型製作の作業と何ら変わりのないものとなっている。医者の手によって、新生児の背骨は「やすやすと」矯正され「捏ね上げられる」。「体を真直ぐに引っ張り、背中を両手で力いっぱいマッサージするのである。そうすれば理想的な形を与えることができるだろう[★60]」。このような矯正はあらゆる幼児に対して一様に試みられる。それが美しいフォルムを生み出す土台となり、同時に奇形に対する保障となる。「人差し指と中指を臀部にあてて押さえつければ、優美な窪みをつくることができる。また両手を頸椎の上部にあてて前へ押さえつけると、もはや背骨は前へ湾曲することはない。同じことを脊椎の隆起がしばしば生じる箇所に対して行えば、それは真直ぐになるだろう[★61]」。身体の外観に関する規範は、医者の手によって行使される。子供にとっては体を捏ねられることが、社会的承認を獲得するための前提条件となる。子供が足を踏み入れることになるのは、決められた型を厳密に刻印することを義務としている世界である。そこに入るためには覚悟が必要であり、またコードに従った振る舞いが要求される。正しい姿勢を身につけるということは、すなわち正しいフォルムに加工されるということに他ならない。ここでもやはり身体は、姿勢の正しさの「証し」をただ受動的に受け取るだけの存在に過ぎない。同じことは、別の観点から取り上げられることもある。もとにあるのはやはり身体のその特異な材質の問題である。

例えば沐浴に与えられた役割も、可塑的な身体というイマージュに従いそれに貢献することにある。明確に述べられはしないが、やはり粘土のアナロジーが前提にあることに変わりはない。粘土の乾燥が遅れるとそれだけ、手を加えることのできる時間も長くなる。沐浴を行えば、水分で満たされた組織が維持され、骨格のしなやかさが増し、整体も容易になる。水に身体を浸せば、動作の妨げとなり脱臼の原因ともなる皮膚の凝結物を溶かすことができる。間接的ながらここで問題になっているのは、矯正を目的とした力の行使である。つまり、「実際、沐浴ほど見事にそしてやさしく体の垢を洗い流し、疲れを取り、凝固し汚れた血液を溶かし、腫瘍[★62]や血膿から体を守り、骨のしなやかさを保ったまま頭や四肢の格好を整えてくれるものはない[★63]」。

産衣やそれに類する帯具類は、正しい姿勢をしっかりとたたき込むための補助具となる。これらの帯具によって、身体の矯正が根気強く仕上げられる。産衣は一度与えられた姿勢を固定させる役目を負う。「子供の体が然るべき形に整えられ、皮膚の強化も済んだら、今度は産衣でくるまなければならない[★64]」。だがこの産衣は補助具として用いられるだけでなく、それ自身が体を矯正する力も有している。身体の軟弱さからすれば、この産衣でくるまれるとなすすべもない。乳幼児の体はパテのごとく柔らかいが、それだけに帯で強く締め付けられ圧迫されれば、何らかの影響を受けないはずはない。恐らく脱臼どころか骨格の形が歪んでしまうことだろう。粘土のアナロジーから導き出されるのは鋳型のアナロジーである。産衣もまた、正しいフォルムを強制する鋳型として機能する。「手足の形が悪い場合、つまり曲がっていたり捩れている場合には、帯具や圧抵布で矯正し整えることができる。背骨や胸部が湾曲している場合にも同様である[★65]」。

最後に産衣は、理想的なフォルムにとって脅威となるものから身体を守ってもくれる。体液の理論によれば、子供の骨格は脆弱である以上、常に奇形にみまわれる恐れがある。それ故、産衣の使用は議論の余地のないものとされる。

乳幼児なら、必ず手足と胴体を産衣でくるんでおくのが当然である。しっかりとくるんでおけば、子供の軟弱な体が鍛えられることにもなる。根気づよく圧力を加え続けることで体が丈夫になるのである。五体がしっかりと接合され、姿勢の捩れを避けることができる訳である。こうして身体は固められることになるが、それはちょうど物を強く握り締めれば固まるのと同じ原理である。「五体を毎日締め付けていれば、靭帯が強くなり体がこわばることなど一切ない[66]」。しかしながら、このような周到な予防策にも用心すべき点がいくつかある。使い方を誤れば、この産衣は逆効果ともなる。そもそもこの産衣の機能それ自体に最大の注意が払われねばならない。鋳型に手抜かりがあれば、出来上がってくるものにも問題が生じる。同じように、産衣に欠陥があれば、奇形やせむしを造り出すことになってしまう。ガレノスと同様ソラノスも、この種の不手際を強調するとともに、それが致命的な奇形の原因を説明するものと考えていた。「血管の狭窄は、炎症や周辺部の組織の阻害や圧迫、更には開口部の閉塞によって生じる[67]」。あまりにも強い圧迫を加えると、体の栄養分を各器官に行き渡らせる上で妨げとなり、誤って形の歪んだ帯具を使った場合と同じ結果を生むに至る。

歪んだ所を矯正するにしろ、形を保護するにしろ、使用法と同時に産衣の素材にも注意が払われる必要がある。ソラノスはこの二重の注意に従うべく、古代のテクストを（更には一六世紀におけるその模倣も含めて）総括し、次のように述べている。「身体の各部分にはそれぞれ固有の形があり、それに見合ったくるみ方が必要である。清潔な羊毛の帯具で、柔らかくてあまり擦り切れていないものが好ましい。幅は指三本か四本分あればよい。羊毛にこだわるのはそれがしなやかで、亜麻布なら汗で湿るときつく締まってしまうからである[68]」。美しい形に仕上げるためには、身体は慎重にくるまれなければならないという訳である。

軟弱な物質という比喩をもとに、他にも様々なアナロジーが生み出されることになる。ある論者にとって帯具の使用が正当化され得るのは、それが若木を支える添え木と同じ役割を果たすからに他ならない。実際、子供の背骨は未熟な木の枝にたとえ得るもので、それはほんの僅かの力でたわみ元に戻らなくなる。つまり、「水分を多く含んだ若い枝を曲げることなど簡単なのである」[69]。この苗木のアナロジーは、身体の矯正の潜在的な表象に常につきまとうこととなるが[70]、その機能は何よりも人々に確信を与えることにある。このアナロジーはひとつの問いを発し、われわれにその返答を迫る。つまり、添え木が曲がった若木を「正常な」姿に戻してやるのは当然のことではなかろうか、と。女性の出産を主題とし、一六世紀の半ばにフランス語に翻訳された書物の中で、ロディオンは古くからあるこのイマージュに関して次のように解説している。「真直ぐでも、曲がっていても、若木はそのままの形を保って成長するものである。子供の場合も同じである。帯や産衣でしっかりくるんでおけば、手足や胴体は真直ぐな形に成長する。反対に斜めに曲げた格好でくるめば、そのままの形で成長することになる」[71]。

これら様々なアナロジーは、すべて同じひとつの実践に収斂することになる。添え木と同様、鋳型のアナロジーを具体化するのは乳幼児の体や手足を締め付ける帯具に他ならない。体液の理論が好んで引き合いにするのは、体液に浸っているために、様々な圧力に対して無抵抗だとされる背骨のイマージュである。外部から力を加え手助けをしてやって初めて、この四散する身体の脆弱さを補ってやることができる。また、子供の体はまだ曖昧模糊とした物質に過ぎず、明確なフォルムが外から与えられるのを待っているのである。

こうして乳幼児の体全体をひとつの外力が貫くことになる。現実的にも潜在的にも、子供の存在はますます注目されて重視されるに至る。生まれたばかりの子供は様々な論考の対象にされ特別な関心が向けられるが、しかし彼らの存在それ自体は、帯具が一様に加える圧力の前で姿を消してしまう。この様な予防的配慮の本質は、操作の画一性にある。「教育的」とされるこの行為の真相は、じかに力を行使して肉体の変形を行うことに他ならない。子供たち自身の体はもはや、大人たちの意のままになる、受動的な器官の集積物でしかない。

誕生後の数ヵ月の間に望ましい直立的姿勢が刻印され、子供の五体は、予め与えられたフォルムに従って強化される。ここでは、身体の矯正は「巧みな」加工の操作によって果たされることになる。根気強く体を絶えず締め付けておけばそれで十分で、「教育的実践」の試みは、その歴史の原点においては突拍子もないほどに簡単なことなのである。当然のことのように柔順な身体は予め形を決められた産衣にくるまれ、そしてその産衣が社会的規範を代行することとなる。

だが子供が大きくなって身につける衣服に関して言えば、それほど明白で限定的な役割は負わされてはいない。一六世紀の初めより、成人の衣装を許されるまで子供たちは僧服を思わせるような裾の長いローブを着用していた。「子供に着せるものとしては、カミソール、分厚いストッキング、ゆったりとしたペチコート、それに両肩から腰まで隠れるどっしりとして襞の沢山ついた上着である。こういうものを着ると立派な印象を与えることを子供に教え込まねばならない」[★72]。エラスムスはまだ、腰の形を整える合わせ縫いのコルセット(corps pique)[★73]については言及していない。このコルセットの普及は一七世紀まで待たなければならないだろう。だが、特に女児の身体に対しては様々な圧力が加えられる。そこに体を矯正しようという意図があることは否定できない。問題になっているのは、様々な帯具を使って女性の美しさに磨きをかけることである。ただテクストをみる限り記述は曖昧である。それは恐らく日常的で経験的な習慣であり、産衣のことでは饒舌であった医者たちでさえそれについては何も述べていない。「女児の扱いは一層ひどい。男性用のボネや両肩が隠れるほどの襟巻きが着せられることもある。肌着の上にたっぷりと裏地のついたものを、その上に地面に裾が垂れるほどの上着を重ねる。それは非常にゆったりとしており、余分なその生地からもう一着服が作れるほどである。腰のところの生地にはフリルがつけられ、地面に届くほどのストッキングは、裏でベルトによってずれないように引っ張られ固定されてはいるが、それだけ余計に子供の体は重くなる。腰を細くしようとする意図は明らかで、あたかもそれが重大なことであるかのように、形を整えるためには、何事も惜しまれるということがない」[★74]。パレは「きつく締めすぎてせむしになったり、体を歪めてしまった」[★75]少女たちのことにふれているが、そこで彼が言及しようとしているのも恐らくこれと同じ習慣である。

大人たちの張り骨やコルセットに関しては、子供たちもやがてそれを真似ることになるだろうが、その実際の目的は産衣のように身体の矯正にはない。基本的に女性だけがそれを着用する。それはいわゆる「衣服の身だしなみ」のひとつで、体型を根気強く変形するためのものではない。それは一時的に衣装の輪郭を整えるのに手を貸すのであって、肉体のしつこい捩れの矯正とは関係ない。洗練されたシルエットを作り出すためで、欠陥を根本的に取り除くためのものではないのである。言ってみれば、歪みがあればそれをカムフラージュするだけのものに過ぎない。マリ・ド・ロミユーの『若い女性の教育』は、対話形式で礼節の問題を論じたものだが、そこに著わされた助言には、人工的な均整美を是が非でも手に入れたいという欲望がよく反映されている。「心しておかねばならないのは、生まれもった短所や欠陥をできるだけ改善することです。例えば、膨らみの足りない箇所や、大きさの点で見劣りがするような場合には、綿の詰め物を利用する。別の場合にはフリルを付けたり、また別の場合には履物を高くしたり、更にはコルセットを取り替えたりなどと、必要に応じて様々な手段に頼らなければなりません[★76]」。このような試みから明らかなのは、身体の統計学的な平均値というものが経験的に意識されているということである。それ故にこそ、履物の片方に詰め物が施されたりもする訳である。だがその実効性の度合いは詳らかにされることはない。明らかに言えるのは、それが厚みや輪郭を上から付け足し、ただ体の外観だけを操作する試みに過ぎないという点である。ここで言う「コルセット」とは身体の被いであって、矯正よりもむしろそれを隠すためにこそある。見せかけだけのことではあるが、当時体型の美しさは話題の的であった。数々のごまかしの手法を見れば、この均整美の追求がどれほどのものかわかる。だがそれは同時に、どれほど当時の試みがたどたどしいものだったかを暴露するものでもある。格好が悪くて人に見せられない部分を詰め物で補おうとするこの細工は、今日では野暮ったく適切なものとは到底言えないだろう。均整美に対する当時の絶対的とも思えるその要求も、実際には形を大雑把に整えるだけで終わり、現代のわれわれの目には相対的なものとしか映らない。

だが一六世紀も末になると矯正用のコルセットが登場する。フランスでは、恐らくパレが最初にこのコルセットの記述を行ったと考えられる。しかもそれは挿画入りのものであった。そこに描かれているのはコルスレ（corselet）と呼ばれる金属の胴着で、それは「せむしや体の歪曲した[★77]」女児のために用いられたものである。このコルスレなるものは、体に「負担がかからない」ように、また患部や矯正の用途に合わせ、様々に手が加えられているため、その堅固さはより確かで常に変わらぬ効果を及ぼすことができるとされる。「そのような欠陥を治療したり隠したりするには、はがね製のコルスレを用いるのがよい。無数の穴があけられているので余計な力がかかることもないし、体にぴったりと合い、詰め物もしてあるのでどこも傷つけることはない。患者の寸法が合わない場合には調節することもできる。成長過程にある患者の場合には、三ヵ月ごとに調節するのがよいだろう[★78]」。かくして、はがねの鎧によって初めて、歪んだ体にひとつのフォルムが刻印されることになる。同時にアンブロワーズ・パレは、足の捩れを直すはがね製の深靴の使用も勧めている。機械的に身体を矯正しようという意図はもはや明白である。

一度固まってしまった背骨に対するはがねの効果は、金属利用の普及を反映するとともに、技術の力への新しい信仰を証すものに他ならない。金属の利用により、身体という勝手気ままな自然に幾何学の規則が適用されることになる。はがねは物を変形する絶大なる力を有するのである。金属による矯正の試みは、技術全体の中ではどちらかと言えば目立たぬものだが、それは技術の新たな状況の到来を他の何よりもまして如実に物語るものとなっている。

一六世紀には、従って二つのタイプのコルセットが登場した訳である。ひとつは鯨のひげによって補強されたコルセットであり、これは基本的には女性の美しさを演出することがその目的でもある。もう一方ははがねで組み立てられたもので、その目的は治療である。両方とも身体の規律に対する新たな感性を反映していると言えるが、前者は仕立て職人の手によるもので、ファッションの領域に属する。後者は医者の治療器具に他ならず[★79]、用途は医学的なものである。そしてこれとは別に、少なくとも女児においては、様々な帯具や窮屈な衣装が存在し、それらは誕生時に矯正力を及ぼした産衣の働きを引き継ぐものと捉えることができる。姿勢に関する初期の教育的「言説」は、様々な矯正の操作について語ることになるが、その効果のほどは何よりも行使される力と比例することになる。

その点に関し最も極端で示唆的なのは、大人たちの手によってなされるがままに捏ねられ形を与えられる乳幼児の姿であろう。子供たちのフォルムは、大人たちが行使する力によってのみ可能となる至上の創造行為の中から立ち現れてこなければならない。彼らのフォルムはこの大人たちの力に全面的に依存する。そしてその力は教育的実践のひとつの象徴となる。その実践の目的は、子供に自律を促すよりも、ある状態を彼らに強制することに他ならない。更に付言しておかねばならないのは、この教育の試みが、「生理学」と呼ばれるものの内に自己を正当化する根拠を見出し、それと共謀しているという点である。子供のその脆弱な肉体は、当然の帰結として形を与えられることを必要としているという訳である。子供の肉体は全くもって無力な存在と捉えられるのである。

優雅さのコード

一七世紀には、前世紀に誕生した傾向の体系化が行われるが、同時に変化の兆しもかすかにみられる。身体の規律は、教育を目的とした文学の領域にまでその勢力を拡大する。他方で、礼節論は姿勢に関する様々な議論との調和を根気強くはかろうと試み続ける。だが、規律のある直立した身体というものの定義がより明確になったかと言えば決してそうではない。その点に関しては、例えば一七三六年に出たJ・B・ド・ラ・サールのテクストでさえ、その内容はかつてのエラスムスのものと殆どかわるところがない。[★80]また親たちのために家庭での礼節を解説した新しいタイプの教育論でも、正しい姿勢を記述するのに以前と同じ表現が用いられ、厳格な戒律も多少形式的なものへと変質しつつある。この種の新しい文学が親たちに求めるのは[★81]、作法とそれに伴う姿勢の規律を徹底させるということに他ならない。例えば食卓では、「体を真直ぐにし、手足を動かさず、できることなら周囲の者に不愉快な思いをさせないようにしなければならない[★82]」。かくして姿勢の問題は、広大な教育書の領域でも取り上げられることとなる。マントノン夫人は、本来道徳的な問題を主題とした論考においてさえ、姿勢の問題に言及することを恐れてはいない。サンシールにおける女子教育の主眼が、礼儀正しい物腰を習得させることでもあったことを考えればこれは何も驚くに値しないだろう。「姿勢を真直ぐに、頭を立て、顎は決して下げてはいけません。節度は視線に宿るのであって、顎に宿るのではありません。慎み深く視線を動かすことを学ばねばならないでしょう[★83]」。

新しい要求が出現したのである。礼節においてはますます自制心が、また「恭順の表れとしての節度[★84]」というものが重視されるようになる。礼節とは何よりも、抑制された動作、真直ぐとした姿勢、肉体の統御などから成り立つとされる。そして、体の上に現れるいかなる表徴も道徳的な意味合いを帯びることになる。常に変わらぬ「礼儀正しい」物腰に期待されているのは、感情を覆い隠すということに他ならない。「何事も表に出しては[★85]」ならないのである。同時に、礼節とは「落ち着き」を重視する規律でもある。態度もそれにふさわしいものである必要がある。「上品な物腰は、徳の高さを美しく伴奏するもの[★86]」。古典主義的な世界においては、姿勢は情念の統御を表すものとされる。情念に抗するに、平然とした物腰というものが何よりも好まれるのである。

他方、姿勢の問題は以前よりずっと広い範囲で話題にされることになる。従来この問題と全く無縁であったり、あるいは漠然とほのめかされていただけのところでも、それは明確な形で言及されることになる。一六世紀のフェンシングや馬術の教科書は、技術的で巧みな体の動作がどういうものか記述しようと試みたがそれは容易ではなかった[★87]。一方、「優雅さ」に伴うオーラの実態がどういうものか正確に定義されることもなかった。「しなやかさ」や力強さとともに自在な物腰が要求されるが、その姿勢がどういうものか、矯正を目的に明確な形で記述されることはなかったのである。一七世紀でも確かに、「最高の気品は生来の気品に他ならず、それはあらゆる活動、些細な動作にも表れ、神がかった崇高な光りを発しながら輝くのである。それはひとを喜ばせるためにこの世に生まれて来た者だけに与えられた光明である[★88]」とされる。しかしながら、以上のような歴然とした曖昧さの果てにやがて、前世紀の技術書にはみられなかった精確さが出現することとなる。様々な実践的修練の言説は、突如として姿勢の矯正や優雅さの厳密な定義を気にかけるのである。表現は非常に月並みで平俗ではあるが、上体や肩の姿勢に記述が割かれることになる。従来の技術書によって闇の中に置き去りにされたひとつの輪郭が、はっきりとその姿を現す。これは恐らく、体の姿勢が以前にもましてひとつのスペクタクルとして捉えられているからであろう。スペクタクルが評価され得るものとなるためには、何らかの規律がそこに課される必要がある。態度や姿勢の演出は、フェンシングや馬術のように演技を目的とする分野では当然無視される訳にはいかない。物腰の無作法は見る者の嘲笑の的となり、「称賛されるどころか衆目の面前で揶揄されることになる」[89]。常に「ひとの承認を得るようにふるまう」[90]必要があるのである。礼節や作法が命じる道徳によって、賞罰の原理が導入される。与えられたことを「見事にこなす」ことが重要である。判断を下すのは観客たちである。演技者の作法の中でも最も高く評価されるのは、姿勢の正しさである。フェンシングの手引書は、ここに至って作法のひとつの重要な要素として姿勢の問題に言及することになる。「正しい姿勢を得るためには、体を真直ぐに保ち、自在で大胆な動作で相手に顔を向け、それから自然な物腰で右足を前に出す」[91]。騎手の動作もまた描写の対象となる。ここでもやはり、従来の同種のテクストとは違って、身体はじっくりと「検分」される。このような記述の変化から明らかなのは、非常に緩慢ではあるが、体の姿勢が次第に言語の侵入を受け、その網の目にからめとられつつあるということである。身体の統御はそのような言語による占領と無縁ではない。言語こそがそれを深化し、より明確化してくれるからである。かくして、それまで名指されることのなかったものが名指されるに至る。言葉によって微妙なニュアンスや精確さにみちた空間が穿たれる。同時にひとつの輪郭が描き出され、それが詳細に規定されることになる。このような変化において最終的に重視されるのは、身体的外観の美しさがますます求められるという点、更にはそれが支配階級の教育的実践に見合う形で明確化されるという点である。「両肩も同様に前に突き出す。胃のあたりもぐっと突き出し、背中に腰のところまで縦に窪みができるようにする。両肘はいずれも同じように力を抜いて体から少し離しておく」[92]。いくつかの記述では、抑制された正しい姿勢の対極がどういうものか暗示されることもある。「背中にこぶがあったり湾曲していると疑われないように、胃のあたりを前に出し、腰は伸ばしてぐらつかせず、臀部は引き締め微動だにしてはいけない」[93]。馬術におけるのと同様に、フェンシングの技術の描写で何よりも重視されるのは「外観」に他ならない。形式が優先され、武術はスペクタルとなる。《王者の馬術》で一躍その道の権威となったプリュヴィネルは、騎手がかぶる帽子の形や寸法の描写まで行っている。フェンシングでは会釈が義務づけられ、そのコードが確立し、試合は「かつら、ひだ飾り、手袋[94]」を着用して行われることとなる。力強さよりも明らかにそのスタイルの方が重視される。決められた会釈をしなければ試合は始まらないが、このようなしきたりは一六世紀にはなかった。「構えの姿勢に入った後は、まず左の手で帽子を脱ぎそれを左の膝の上におく。右の足を左足の後ろへ一歩だけ引く。体は常に真直ぐに保っておく。それから足を戻す、つまり左の足を右足の後ろに引き、帽子をかぶる。その後で防御の体勢に入る[95]」。宮廷社会は優雅さや「上品な物腰」の定義を試みつつ、その法的権限を体の姿勢や動作にまで広げる。まさに「優雅な武装[96]」を手にすることが大切なのである。

規則と秩序の管理のもと、動作はひとつの技巧にまで高められる。立ち居振る舞いは演劇的で見世物的な要素となり、その点こそが最も重要視される。貴族の威信はひとつのポーズを取ることと無縁ではなくなる。身体はひとつのタブローとして視線の飛び交う場所に差し出される。常にしかるべき姿勢を崩してはならない。至高の権力を取り巻きそこに依存する者たちの存在は曖昧で、彼ら自身は決してその権力を所有することができないため、それだけ一層外観というものが重要となる。宮廷社会は彼らに対して絶え間ない姿勢の統御を要求する。物腰の内に「紳士のたしなみ[97]」なるものが透けて見えなくてはならない。まず何よりも身をもって「表現する」ことが重要である。自然さは全く姿を消し、密かに計算に基づいて組み立てられた姿勢や動作が好まれるのである。儀礼というものが究極の尺度となり、あらゆる姿勢や動作はそれに従って区分される。「姿勢をよく保持すること[98]」が、優雅さと外観の繊細なコードのもとでは最も高く買われるのである[99]。

姿勢の規律がここでは明らかに社会的な意味を有していることは言うまでもない。ひとつの手本としてしばしば引き合いに出される、腹部を突き出すという姿勢についても恐らくここでふれておく必要がある。この格好は身体の直立性の直接的で主観的なひとつの象徴として機能する、つまり腹をそのように前に出せば、必ず両肩が引っ込んでしまうかのように考えられるのである。姿勢の作法は性急で当てにならない直感、視覚とぼんやりとした身体感覚から導き出される。上体のたわみに抗しつつ姿勢の矯正が試みられるが、その結果体はますます後ろにのけぞることになる。腹部を突き出し腰を窪ませるという姿勢は、平俗で非分析的な記述のもと、いともたやすく背中の湾曲を避ける手段として重宝される。両肩がこわばればすなわち体はたわむ。かくして知覚の指標は、弓形のフォルムをもとに読み取られる。このようなフォルムは、一七世紀のイコノグラフィーにおいて確かにその存在は認められるが[★100]、実際には完全に普及していた訳ではない。しかし、少なくとも言説のレヴェルでは異なる。そこでは、模範的な身体は確実に前方に膨れた曲線によって表現されている。ただ、その言説は同時に暗示的なものでもある。すなわち、体の各部分が解剖学的に詳しく描写されるということはない。身体の作法の定式化の必要性はますます高まるが、そのような状況では、物腰の抽象的な分析よりも、衣装の描写や儀礼的所作の記述を行う方が結局手っ取り早い。そう考えれば、プリュヴィネルの偏執的な衣装の記述や、ラ・トゥーシュが長々と会釈の儀礼を語るのも[★101]不思議なことではなかろう。

フェンシングや馬術は、姿勢のよさこそが自らの品格の証しとなる「領野＝決戦場」に他ならない。この様な「技巧的」な活動の領野では、身体の直立性は見事に統御された礼節に満たされ成り立つのである。勝ち負けの基準は力量ではなく常に優雅さにある。そして最後にダンスが、この秀麗さと気品を競う活動の模範として登場する。ダンスは、精密に統御された高度で華麗な動作技術の基本を教えるものと言える。ダンスによって「上手な歩き方、会釈の仕方、正しい姿勢が学べ、手足が柔軟になる[★102]」のである。それは立ち居振る舞いの訓練であり、物腰を洗練化することに他ならない。ダンスは体をしなやかに変えてくれるのである。かくして身体という舞台の上では力強さはますます後景へと退くことになる。一六六一年、主として指導者の養成を目的に王立舞踏アカデミーが設立されるが、それとともに、「最も上品で、体を整えるのにも最適で、あらゆる活動、とりわけフェンシングを行う上で初歩的かつ最も自然な基礎を得るのに最も必要不可欠と考えられる[★103]」ダンスは、その制度としての威信をより確かなものにする。

全体として姿勢に関する教育理論は、体の動作というものをより重視するようになる。様々な活動が引き合いに出され、以前と比べてより意識的かつ詳細に正しい姿勢が目指される。例えば、セヴィニェ夫人は背中が曲がった子をもつ自分の娘に対し、運動療法とコルセットの利用を勧めるとともに、「体を動かしほぐすことが大切[★104]」であると書き送っている。この「体をほぐす」という表現は、運動が与える効果が問題になる場合、ますます頻繁に用いられる。「ほぐす」とは、「あらゆる種類の運動に対して容易に順応できるようにする」[★105]という意味である。言いかえるなら、動作の自由を拘束しているものや、体の伸張性と直立性の妨げとなっているものを解きほぐし除去することである。結論的にはそれは体を真直ぐに立て直すということに他ならない。しかしながらこのような隠喩的表現は少々曖昧でもある。必ずしも動作の細かな分析に注意が払われるとは限らないからである。いかなる運動も、体を揺れ動かすことで四肢の接合部を柔らかくし、結果としてより完璧な物腰を確保することにその目的がある。そのプロセスは「振動」を連続的に与えることで成り立ち、むしろ体に混乱を引き起こすような活動とも言える。そのもとには、運動によって弾力性と柔軟性が増す自然界の物質とのアナロジーが存する。

しかしながら、一七世紀では体の運動に不動の地位が与えられているとはまだ言えない。それは是認されると同時に拒絶され、あるいは少なくとも制約を受けることになる。体の動作は常に「慎み深く」あらねばならず、また節度を保たねばならないからである。[★106]激しい動作は「むしろ曲芸師に属する」[★107]もので、それでは気品が失われる。そのような動作は作法を逸脱する恐れがある。貴族たるものは逆に全身で、しかも目にみえる形で自身の統御を体現しなくてはならない。ダンスも十分な用心のもとで実践される必要がある。それは常に「下品でみだらとなり、礼節の限度を越えてしまう」[★108]危険に脅かされているからである。ダンスは秩序を保持し、更に情念を制御するものでなければならない。「ダンスは危険な四大情念、すなわち不安、悲哀、憤怒、歓喜を抑えるのに役立つ」[★109]。明らかに官能的と思われる表現に加え、いかなる唐突な動作も排除される必要がある。かくしてダンスは矛盾した活動の場とならざるを得ない。「かの厳格なランスロがコンティ家の王子たちの家庭教師となった際、彼らにフィギュアダンスを禁止しなければならなかった。しかも彼はそれを納得させるのに非常な苦労をした。だがこのダンス教師は、正しい歩き方、会釈の仕方、体の動かし方、そして手足を柔軟にすることを教えるために、毎日通ったのである」[★110]。姿勢の教育の目的は体の動作を律することであって、動作それ自体から何らかの成果を引き出すことではない。自由な表現の称揚ではなく、動作をコントロールし抑制することが目指される。それは運動能力を養ったり伸ばしたりするのではなく、制限と束縛を課すのである。この教育の言うところに従うならば、様々な動作を行いそれを修練に役立てることが有益であるとされる。練習することで初めて巧みな身のこなしが得られるという訳である。だがその練習というのは、体のダイナミックな動作ではなく、ただ同じ姿勢を反復するだけのことに過ぎない。結局最も重要なのは、礼儀に適ったイマージュを身体に刻印し定着させるということに他ならない。

　生徒はまず何よりも行儀を身につけなければならない。それは基本的に何らかの挙止や動作のひとつの成果として導き出されるものではない。むしろそれは先験的なものとして与えられる。それは常に反復され、それが検閲の対象となる。究極的にはランスロがコンティ家の王子たちに行った禁止は、稽古に対する教師たちの警戒心、そして彼らが課するコードへの用心深さを裏付けるものに他ならない。厳格な作法の手ほどきであるダンスの稽古は、様々な儀礼によって分節化される。その極端なまでの形式主義によりすべてが厳密に規定される。「教師がやって来たら、生徒はまず彼の前に赴かねばならない。教師は礼をもって迎えねばならない。会釈は二度行う。まず最初は深く、二度目はそれほど身を屈める必要はない。それから教師に入ってもらい、彼に椅子を差し出し座ってもらう。彼が席につくとすぐに、生徒（女性でも男性でも）は両手を彼に差し出し、最初のポーズを行い、そのとき四度お辞儀をしなければならない……稽古が終われば、彼を必ず戸口まで案内することを忘れてはならない。そこで二度会釈をする、最初は深く、二度目は軽くである。最後に、彼の苦労と心遣いに対して丁寧に礼を言う[★111]」。厳格な道徳の時代においては、すなわち、身体に脅威となる「悪癖」を好んであげつらい、また「落ち着きがなく我慢もできず粘りにも欠けるため、単調で物静かな作業ができない[★112]」生徒を咎め立てる風潮の中では、身体に関する規律はかつてないほど厳しく、放逸な振る舞いを抑圧することになる。教育は身体を拘束し監禁するのである。「作法」の概念は、姿勢が凝固し動作が節制されて初めてその完全な意味を成す。また身体を不動のまま隷属させることができて初めて、教育は成功したと言えるのである。後に一八世紀の批評が告発することになるのは、まさにこのような企てに他ならない。「彼女たちは、ダンス教師がやって来るとき以外は体を動かすことがない。だがその教師は、重々しく厳しい態度で、しかも普段の窮屈さにもまして一層耐え難い掟を課しつつ、彼女たちの小さな体を操るのである」[★113]。

一七世紀的な企図の本質は、ひとつの支配的な姿勢を呈示することにある。体の姿勢にはますます詳細にそして執拗に忠告や指図が与えられるが、自由な動きと能力の開発が主眼となる肉体の鍛錬が行われることはない。問題は、姿勢に関する基礎的な注意を与えることである。それを土台に子供は将来、制度化された様々な身体の慣習を身につけてゆく。礼儀正しさがますます強調されるが、その点にこそむしろ新しい変化がある。それは一種の禁止命令であって、他に適当な方法がない時は教育の専門家でない者までもがこの禁止に頼ることになる。「私はおばのところにいました。小間使いのひとりが私の世話をしてくれていました。彼女は衣装に細かく気を配り、いつも体を真直ぐ保つように私に注意するのでした。それ以外のことは、私の好きなようにやらせてくれていました」[★114]。勿論当時のしきたりでは、体を真直ぐにしていればそれだけで十分という訳ではなかった。また、無知な小間使いに子供を、とりわけ女の子を預けておくことなど許されはしなかった。すなわち、「できるだけ子供たちを、女中や特に従僕と二人だけにするのは避けねばならない」[★115]のである。明らかにここには新しい要求と意識がある。身体のレヴェルではそれは監視の強化という形で現れる。体の姿勢は、以前にもまして注意深いしつけの対象となるのである。

更に付言しておかねばならないのは、身体の矯正を正当化して来たその一連の論拠にかすかな変化が生じているという点である。従来それが依拠して来たのは、均整の神秘学であり、礼儀作法の道徳であり、また肉体の障害（例えばせむし）という脅威であった。これらの中で、身体をミクロコスモスと捉え、宇宙の鏡としてその調和を反映するという考え方は姿を消すことになる。姿勢の正しさとその作法は、身体とは別のところにある象徴や調和に照応すべきものとはもはや考えられなくなる。残る二つの論拠、すなわち相変わらず詳しい説明もなしに強要される礼儀作法と、せむしによる脅しについては放棄されることはない。それらは可能なひとつの拠り所として生き残る。特に礼儀作法に関しては、詮索好きで批判的な世人の絶えまない人間観察の尺度として、ますます幅をきかせることになる。

平然としてひとから揶揄されないためには、いつもきちんとした態度を保つ必要がある。なぜそうすべきなのかその理由が明かされることはない。説明はなく、ただ禁止と戒律が押しつけられるのである。教育が試みられる際、しきたりと羞恥心という言葉が口にされるだけで、それ以上のことは何も述べられない。教育の手段は説明ではなく、むしろ強要と脅しである。

しかし、子供に真直ぐで正しい姿勢を教えるのに、以上とは全く異なる論拠が持ちだされることも時にはある。一七世紀では道徳はますます厳格なものとなってゆくが、それに伴い、この厳格さの追求が同時に矛盾を孕んでいることが意識されるようにもなる。多くのカトリック作家たちは、正しい姿勢と「優雅な物腰」は礼節に従うためには無視できないが、同時にそれは子供の精神にとって危険なものとも考えていた。子供たちが過剰なうぬぼれと「自己愛」を誤って身につける恐れがあるからである。教育者たちのこの当惑を、われわれは以後、様々なところで目にすることになるだろう。教育は、傷つきやすい子供たちを俗世から守るとともに、他方ではその俗世で生きる将来の宮廷人を育てねばならない。子供に対する新しい見方が誕生するが、教育はそれと妥協しつつ実践されねばならない。この新しい子供観に従うなら、子供はか弱い存在で常に脅威にさらされ、彼らはその脅威に対して全く無力であるという。「悪魔が子供たちに襲いかかるが、彼らは戦う術を知らない」★116のである。従って、品位ある姿勢への崇拝と、それに伴う避けることのできない世俗のしきたりは、子供たちにとっては常に危険なのである。教育者たちは、俗世の慣習が及ぼすこの脅威に子供が押し潰されることを恐れる。子供たちに努力を促す際には慎重に説得を行う必要がある。あまり外観に重きをおきその点を強調すると、そこには常に罠が待ち構えている。子供たちは体を真直ぐ礼儀正しく保ち、常に姿勢に配慮を行う必要があるが、その目的が世俗的なものである点を意識させてはいけない。作家の中には、ほとんど宗教的とも言える価値基準をもとに論を展開する者もいる。重要なのは世間の目ではなく、むしろ神の視線だという訳である。そこから完全に逃れることは不可能だが、俗世間に対する配慮という点をできる限り曖昧にしておくことが大切なのである。ひと言で言えば、隠すと同時にあらわにするのである。「そういう次第で、たとえそれが身体の育成にとって必要不可欠なことであっても、彼らを知らない間に自己愛へ導くような助言を行ってはならない。俗世への愛とは別の理由をもって彼らを説得しなければならない。自分の娘に体を真直ぐ保つことを促したい時には、次のように言ってやればよい。姿勢に注意しなければならないのは、神が体を与え給うたからであり、常に私たちの顔が彼の方へ向けられていることを願っておられるのだと。それは神を讃えるためでもあり、また神の慈悲を乞い願うためでもあるのだと。この世のものしか愛せない者が、体を大地の方に曲げることになるのだと。そしてキリストがわれわれを縛っていた鎖を断ち給うたのも、ひとえにわれわれが天の方を向いて歩けるようにするためであったのだと」[★117]。かくして身体の直立性は、宗教の名において記述され適用されることになる。

イエズス会士たちの劇場

イエズス会の戒律は、身体の直立性とその作法に関する一七世紀の教育の実践を考える上で、ひとつの興味深い例を与えてくれる。コレージュの目的は、生徒たちを将来政府の要職につける人物に育て上げることにあるが、それだけに世俗の礼儀作法の習得は重要な課題となる。作法によって自己を洗練すること、学問を修めること、そして「宗教的な務め」[★118]に関して正しい観念を身につけること、クロワゼ神父は以上の三点を教育の目的の中で特に重要なものとしている。「われわれの外見、振る舞い、態度」[★119]に規律を与える礼儀作法は、どこにいても付きまとうようになる。それは「あらゆることに口を出す権利を有し、規則の数は無限で、すべてが戒律で満たされている」[★120]のである。道徳的に非難されるべき不作法の数々が細かく規定される。「締まりのない姿勢、落ち着きのない歩き方、ぶっきらぼうな会釈の仕方、下品な物腰、陰気な表情、或いはあまりに陽気すぎる表情も作法から逸脱する」[★121]。これほど厳密に要求されるとバランスを保つのはもはや困難である。身体の保持が口やかましく求められる。同時に、従来の礼節論にはなかった活動が取り上げられることにもなる。例えばフェンシングやダンスの目的が、礼節にとって必要な技能を養うことにある点は異論の余地はない。特にダンスとそれに付随する様々な活動は、ますます表現の芸術としての色彩を濃くする。それはやがてスペクタクルの理論的基盤を完成させ、新たな次元を獲得するに至る。そして身体は、この種の技能の修得によって、ひとつの舞台へとひそかに変えられることになるのである。

イエズス会士たちによって初めて、子供の身体生活が明確に意識されるようになったとしばしば言われる。「教育は、われわれの時代のように知性中心ではなかった。筋肉の鍛錬がかなり重視されていたのである」[★122]。実際、神父たちは田舎に屋敷を購入し、子供たちに自由に運動できる場所を与え、時には神父たちも子供たちの仲間入りをすることがあった。しかしそれは気晴らしに過ぎず、その内容が記述されることは稀にしかない[★123]。何らかの技能を修得させ伸ばそうという、組織的な教育の意図をそこに見出すことは不可能である。詳しい記述としてはせいぜい一八世紀のマルモンテルの例があるくらいである。「われわれは昔ながらのスタイルで気晴らしを行ったものである。冬には雪の降る氷の上、天気がいい時には田園の奥深く、照りつける太陽のもとで。競争、レスリング、拳闘、円盤投げ、石投げ、水泳などはわれわれになじみの遊びであった」[★124]。記述は確かに詳しいが、同時に文学的でもある。ここに挙げられている遊びは専門的な教師の指導とは無縁である。それらは何ら「予習」を行う必要もなく、また教育的な配慮の対象ともならない。むしろそれは古代の模倣である(円盤投げ、レスリング、拳闘)。遊戯的な側面が支配的で、言外では歴史や文学への言及が行われているとみるべきだろう。紛れもなくそれはリクリエーションであって、教育を目的とした技術の訓練ではない[★125]。

反対に、フェンシングやダンスの稽古は本当の意味で組織化されたものである。それらは厳密な計画に則って修得される。フェンシングやダンスの教師に関しては、「最も熟達した者が、決まった時間に正確にやって来て稽古を与える。他所で学ぶかどうかは生徒の自由に任されている」[★126]。つまり稽古は強制的なものではなかったのだが、それは表向きのことで、言外には執拗なほのめかしがある。すなわち、「若者にはきちんとした教育を行い、優雅な物腰と歩き方をしつけなければならない」[★127]のである。この点ではイエズス会士たちは世俗の慣習と妥協することになる[★128]。例えばフェンシングの練習が重要視されるが、それはリシュリューによって設立された士官学校《アカデミー・ミリテール》[★129]と張り合うためである。一七世紀を通じて将来軍人を志す若い貴族は、この学校で二年の教練を受けるのが慣例であった。しかしクロワゼ師によれば、「あまり知られていないことではあるが、この官立のアカデミーは無垢な者たちにとって非常に有害なところである。彼らにとって最初の躓きの石となる場所[★130]」とされる。古典主義の教育は、自らを世俗の影響力から免れた場とし、その防御を完全にするためにラテンの教養に頼ることになるが、それでもやはり世俗に屈することになる。しかし、屈するといえどもそれは世俗の影響力をよく抑制するためでもあった。つまり彼らは、礼節や作法の根気づよい習得など無視しかねない外部の施設に任せるより、むしろ自分たち自身でフェンシングを教える方が安心だと考えた。将来必要となることはすべて、壁で守られたコレージュの中で学ばせた方が賢明なのである。だが、コレージュで習得される内容が世俗と異なるということではない。ただ、そしてそれが重要な点だが、学ばれる場所が異なるということである。つまり「ここでは諸君に、アカデミーで教授されるのと同じ技能を習得する機会を与えたいと望んでいる[★131]」という訳である。

ダンスもまた、既に言及した曖昧さに遭遇することになる。ダンスは、物腰の作法と正しい歩き方を習得させるものでなければならない。放逸な振る舞いはすべて、礼節によって厳しく取り締まられねばならないのである。「だが諸君は、われわれが寛容さをみせたからといって、あらゆる類いのダンスが許されるなどと考えてはならない。厳しく非難されている舞踏会もだめである。傑出した宮廷人であったビュシ・ラビュタン氏も、それが『常に危険であると考えている』と語ったではないか[★132]」。宮廷人ビュシ・ラビュタンへの言及は偶然のことではない。引き合いに出されているのが成功した人物であるからこそ、それだけ制約と要求も受け入れやすくなる。ダンスは一種の「訓練」であって、気晴らしではない。

だがイエズス会において本当の意味で作法が学ばれるのは、「弁論術」と演劇を通してである。まず弁論術であるが、そこで注意が払われるのは声の響きと態度に対してである。勿論、その目的は話し方を洗練させることにあるが、同時にそれはより優雅で柔軟な物腰を身につけるためでもある。ジュヴァンシィによれば、弁者が守るべき最低限の決まりとはすなわち、「体は決然としてぐらつかせず、真直ぐに保たねばならない。頭を左右に傾けたり前に投げ出したりしてはいけない。また理由もなく動かしたり伸ばしたりしてもいけない。両手は体より前に出過ぎてはならないし、肩より高く上げてもならない。不具者のようにだらりと垂らしてもいけない。腰に手をかけそれを弓形に、あるいは取っ手のような格好に曲げることがあってはならない[★133]」。つまり、問題になっているのは単なる弁舌の訓練ではない。弁論を行う者は同時に、自身の態度を意識し統御するように努力しなければならない。しかしながら身体の記述はまだ幾分隠喩的である。やはり詳細かつ客観的な描写は容易ではないのである。身体をとりまく言説の目的は、何よりも効果的にひとを説得する点にある。従って、体の姿勢を規定するのはむしろ隠喩や日常的な表現であって、解剖学者が用いる表現ではない(例えば「頭を前に投げ出したり」してはならないし、両手は「弓や取っ手」のような格好にしてはならない)。ひとの視線を受けながらも、確固とした姿勢を崩さずに弁論を行うことに慣れる必要がある。考えを明確に述べるとともに、姿勢もきちんとしていなければならない。勿論、弁舌の見事さがまず第一だが、それと同時に表情や物腰の見事さというものがある。更には、そのような表情や物腰のもとにある自己統御の見事さ、礼儀作法の見事さというものもある。「弁論」とはひとつのコードを習得することであり、そのコードとはすなわちスペクタクルのコードに他ならない。

最後に演劇であるが、これは「弁論」にもまして正しい姿勢と身体にまつわる慣習を学ぶに相応しい場となる。学校に演劇をもたらしたのはイエズス会士たちではないが、しかし彼らによって初めてそれは制度化され、教育的な機能を負わされたと言えよう。一六世紀のコレージュで催されていた演劇は、基本的には娯楽であり気晴らしであり、また息抜きであった。例えばパヴィアの戦い以後、高等法院は国民全体の服喪を布告し、あらゆる修道院長やコレージュの校長に対して「次の公現祭では、悪意ある者が無礼講に乗じ不穏な言辞を弄するようなことがあってはならず、子供たちにいかなる笑劇、諷刺劇、阿呆劇も禁止する[★134]」との旨を通達したほどである。悲劇が一六世紀にコレージュに登場するが、しかし何らかの教育的な意図が示されることはない。むしろそこに読み取るべきなのは、劇上演の問題に関する教会内部の動揺である。一五八七年の視察の折、マジオ神父は「悲劇、喜劇、道化とダンス」を禁じたが、[136]上演の回数は最小限におさえられ、他にも様々な制約が加えられることにもなる。しかし同時に、厳格な規定により、上演の回数は最小限におさえられ、他にも様々な制約が加えられることになる。例えば、劇はラテン語で書かれ、作中に女性が登場してはならず、その目的は教訓を与えるものでなければならないとされた。[137]

しかし一七世紀になると、演劇の利用はより組織的となり、その教育的な効用もずっと高く評価され、従って数を限定して上演するだけでは満足されなくなる。教育の一環として演劇は真の意味で理論化されるに至る。すなわち「コレージュで公に行われる劇の上演を、勉学を損ない、若い精神を散漫にする無意味な催しと考えてはならない」[138]とされるのである。それは心の育成を行い、記憶力を鍛え伸ばすだけでなく、子供たちに「気高く自在な物腰を与える」[139]ものでもある。演劇は、正しい姿勢と動作の統御の仕方を教えるのである。演劇は行儀正しさとその保持をたき込み、世俗で生きてゆく術を子供たちに教えるには理想的でうってつけの手段である。世俗とはまさにひとつの舞台で、各人に役柄が割りあてられ、厳密なコードのもと態度によってその役柄を表出せねばならない。それだけに劇の稽古は重要な教育の場となる。それは俗世に出る前のリハーサルで、子供たちは態度で役どころを演じることに慣れるのである。まさに「声に抑揚を与えそれを魅力あるものにし、動作を優雅にし、足取りに威厳を添え、立ち居振る舞いを上品で優美なものにしてくれる」[140]演劇によってこそ品のある話し方と物腰が習得される。ジュヴァンシィが強調するのもやはり、この「動作を自在に、足取りを気高く、物腰を優雅で上品にする」[141]ことへの絶えざる配慮に他ならない。俳優の技術を学ぶことで、宮廷社会へのデビューが準備される。身体の陶冶は芝居の上演として、つまり態度と視線のパフォーマンスとして確立されるのである。立ち居振る舞いを支配する規範は、かつてないほどスペクタクルの一部としてその内に包摂されるに至る。同時に、姿勢の問題がどれ程動作の統御と「高貴さ」とに結びついているか明らかでもある。例えば、神父たちは喜劇を他の何よりも低く評価する。それは喜劇には気高い人物が登場することがないからである。「育ちのよい若者が、奴隷や卑しい下僕たちの愚劣な振る舞いや習慣などを教わるのを、誰が黙って見ていられようか」[★142]。劇において重要なのは、正しい姿勢を身につけそれを守るということである。そして、その姿勢とは社会階級が命じるものに他ならない。

だが、同時に、このような劇の上演は論争の的とならざるを得なかった[★143]。この論争は一七世紀では一層激しくなる。「バレエが、イエズス会の舞台でも彼ら独自の領域であり（初演は一六三八年）、彼らの数ある出し物の中でも最も魅力的で、想像力の限りが尽くされている」[★144]点を考えるなら、尚更のことであろう。教育的な見地から言えば、ダンスは節度をわきまえねばならない。舞台芸術と称されるものは、常に限界を踏み越えてしまう恐れがある。そのため、それを非難する声があちこちで上がることになる。特に強調されるのは、世俗への準備というものが危険な賭であって、子供たちが何らかの「感化」を受けずにいるのは容易ではないという点である。特にマンドモン司教は、一六八二年に率先して上演の禁止を試み、規律の遵守を呼びかけると同時にそれを更に厳格なものに変えた。すなわち「われわれは、これらの悲劇、喜劇、ダンス付きの歌劇の上演に加わることを一切禁止する。これらは堕落の種を撒き散らし、多感な年頃の若者たちに絶対的な影響を及ぼす恐れがあるからだ」[★145]。演劇は「教練」の場であって、「気晴らし」ではないことがしきりに強調される[★146]。一方で社会的制約が暗黙のうちに行われ、他方では劇とその観衆が彼ら独自の要求を行うようになるが、その時点より人々は明らかに当惑を覚え始めることになる[★147]。

演技や舞台上での立ち居振る舞いを統括する教育の手法に関しては、その詳しい内容を明らかにするのは困難である。少なくとも、優雅さと作法を身につけさせるという意図だけは公言されている。だが実践はと言えば、ひとつの動作が与えられるとともに消え去り、ぼんやりとした痕跡がそのあとに残るだけである。実際に「演じて」みることによってしか、姿勢の矯正は叶えられないのである。何よりもまず、正しい姿勢を取り優雅に振る舞ってみることこそが重要で、その折に詳細な指示が行われることはない。実践は曖昧で、常に言説化を逃れるものとして残る。戒律と視線のやりとりによってのみ姿勢は洗練化されるはずだと言う訳である。だが演劇という手段の利用には、もっと深い意味がこめられてもいる。ひとつの姿勢を演じることによって、ひとは離れたところから自身の姿勢を眺めることが可能となる。結果として、姿勢はより完璧にコントロールされるに至るのである。つまり、演劇とは自己統御と自己配慮の訓練である。そして気高い態度と振る舞いだけが精選され学ばれる。演劇とは自己監視の教育に他ならない。少なくともそれは、無駄のない慣習的な所作を伴う演技的な表現形式のひとつの理想であると言えよう。従って、矯正＝直立化される身体とはすなわち、作法が命じる姿勢を真似し、素直にそれに従う身体のことに他ならない。それは自らをスペクタクルとして呈示し、スペクタクルにおいてのみ成立することが可能である。宮廷社会は、その社会に固有の非常に特異な教育法によって姿勢に対してひとつのコードを課すことになるのである。

※編集部註　本論は、Georges Vigarello, "Le Corps redressé. Histoire d'un pouvoir pédagogique" pp.17-45. の全訳である。

註 文中★標示

★1—LANGLOIS (C.V.), 1925, *La vie en France au Moyen Age*, Paris, tome II, p.193.

★2—Anonyme, 1924, *Le Roman de Flamenca*, (XIIIe s.), in: LANGLOIS, *op.cit.*, T.I, p.144.

★3—Robert DE BLOIS, *Le Chastoiement des Dames* (fin XIIIe s.), in: LANGLOIS, *op.cit.*, tome II, p.177.

★4—「優雅さと力強さ、それが理想的な特質であるが、二つが常に同時に満たされるとは限らない。だが力強さの方が美よりもむしろ高く評価される」(GAUTIER L., 1884, *La chevalerie*, Paris, p.114.)。

★5—ドミニコ会の伝説作家のテクストによる (in: LE GOFF (J.), 1964, *La civilisation du Moyen Age*, Paris, Arthaud, p.414.)。肉体の力強さへの崇拝、或いはベルトラン・ド・ボルンの詩の分析に関しては、前掲書を参照。

★6—Robert DE BLOIS, *Le Chastoiement des Dames*, in: LANGLOIS, *op.cit.*, tome II, p.195.

★7—Anonyme, 1846, *Le Mesnagier de Paris* (fin XIVe s.), éd. Paris, Tome I, p.15.「直立性」が、作法と恭順さへの配慮という点で、眼差しや更には歩き方の問題とどれほど密接な関係にあるかこれでわかるだろう。

★8—Convenances de table (XVe s.), in: FURNIVAL (F.), *The Babees Books*, Londres, 1868, Tome II, p.18.

★9—Urbain LE COURTOIS (XIIIe s.), in: *Romania*, Paris, 1903, p.71.

★10—Régime pour tous serviteurs (XIVe s.), in: *ibid.*, tome II, p.20.

★11—*The Babees Books*, in: *ibid.*, Tome I, p.4.

★12—Hugues DE SAINT-VICTOR, 1818: *La règle de Saint Augustin*, (XIIe s.), Paris, p.206.

★13—ERASME (D.), 1544, *La civilite puerile*, trad., Lyon (éd. latine, 1530).

★14—CASTIGLIONE (B.), 1537, *Le courtisan*, trad., Paris (1re éd. Venetia, 1528).

★15—最近フランス語に翻訳されたN・エリアスの書物においても、同じ問題が扱われている (Norbert ELIAS, 1973, *La civilisation des Mœurs*, Calmann-Levy, Paris)。話題にされているのは、不作法とそうでないものの識閾に対する感性の微妙な変化である。「エラスムスとその同時代人は、数世紀後の読者なら憤慨したり赤面したであろうような事柄や行為やふるまいを、依然として口にすることができた…一六世紀人の「ふるまい」やその作法を振り返って検討するなら、そこからわれわれは矛盾した二つの印象を受けることになる。一方でそれは『まるで中世のよう』であると同時に、『われわれ現代人の感性にも匹敵し得る』もので、また『この表面上の矛盾は現実を反映したものに他ならない』とも感じられるのである。」(p.118) われわれの目的は、これらの立ち居ふるまいの規範の中でも、特に姿勢に関するものだけに絞って明らかにすることにある。
★16—CALVIAC (C.), 1560, *La civile honesteté pour les enfants avec la manière d'apprendre à bien lire, prononcer…*, Paris, p. 14.
★17—ibid.
★18—この概念に関しては次節を参照。
★19—ERASME, *op.cit.*, p.131.
★20—この様な傷痕は明らかに、姿勢のだらしなさとせむしを厳密な因果関係のもとで結び付けるような何らかの証拠に基づくものではないし、またそもそもそれは不可能でもある。
★21—*ibid.*, p.132.
★22—CASA (G.della), 1562, *Galatée ou la manière dont un gentilhomme se doit gouverner en toute compagnie*, trad., Paris, pp.510-512.
★23—CHASTEL (A.), 1961, *Art et humanisme à Florence au temps de Laurent le Magnifique*, Paris, PUF, p.305.
★24—Cf.in: *ibid.*, La dignité des formes, p.299 et sq.
★25—この「象徴」はそもそも、一六世紀では様々な理由から具体化されることはなかった。
★26—「ルネッサンスの作家たちが、身体の均整美のその形而上学的な意味について熱弁を奮うほど、概して彼らに実証的な研究の能力がないことが明らかとなる」(Ervin PANOFSKY, 1969, *L'œuvre d'art et ses significations*, Paris, NRF, trad., p.87)。
★27—CASA (G.della), *op.cit.*, p.104.
★28—*ibid.*, p.106.
★29—RABELAIS (R.), (*Œuvres complètes*, éd. Pléiade, Paris, 1955, p.179 (Ire éd. 1532).
★30—ESTIENNE (M.), 1579, *Dialogue du nouveau langage français, italianisé*, Paris, tome I, p.210. 著者によれば、この新しい習慣はイタリアから持ち込まれたものである。フランソワ・ブーシェは『衣装の歴史』の中で、フランソワ一世時代の終わり頃に登場した強固なコルセットに言及し、その起源がスペインとイタリアにあることを明らかにしている（*Histoire du costume*, Flammarion, Paris, 1965, p.227 et sq.)。
★31—MONTAIGNE (M.de), 1958, *Essais*, éd. Pléiade, Paris, p. 81, (Ire éd. 1580). 一六世紀にはこれらの強固なコルセットに対する異論もあった。その点については後述するが、しかし矯正される身体のその受動性が疑問に付されることはなかった。古代では若い娘に対して、方幅を縮め臀部を豊かにするために帯具が用いられたが、ガレノスは同じくそれが体を締め付けすぎるとして非難している（*Opéra Selecta…, De Causis Morborum*, Paris, Compère Jeune, 1862, tome I, p.404)。
★32—CASA, *op.cit.*, p.534.
★33—CASTIGLIONE, *op.cit.*, p.63.
★34—*ibid.*, pp.62-63.
★35—*ibid.*, p.69.
★36—TUCCARO (A.), 1599, *Trois dialogues sur l'exercice de sauter et de voltiger*, Paris, p.2.

★37－ARBOT (T.), 1599, *Orchésographie,* Paris, p.2.

★38－THIBAULT (G.), 1626., *Académie de l'épée,* Paris.

★39－著者はこの観念的で非実証的なアナロジーの適用範囲を拡大し、当時の羅針盤や航海術、城壁や要塞の建築術、弁論や雄弁術などにまで言及している。

★40－ティボー、同上書(p.3)。ティボーは地面に内部に格子を含んだ円を描いて説明を行っている。この円も格子も、フェンシングの剣士が表現する調和（後述するようにこれは全く「形態学的」なものではない）から着想されたものである。剣士の動作はひとつのモデルに従わねばならない。そのモデルは一見非常に精巧であるが、しかし実際には実践不可能なもので、デッサンに示されるように直線と曲線の交錯から成り立っている。調和は形而上学に属するものであり、問題の円はマクロコスモスを表現したものに他ならない。この円と動作との関係は「夢想された」ものであって、現実的なものではないのである。

★41－*ibid.,* p.4.

★42－この円のイマージュによって、動作に先験的にひとつの方向性が押しつけられ、描写の客観性が歪められることになる。またその強度に関しても、力の支点や筋力の働きよりもむしろ「中心」の探求が重視される。結局、この様な定理においては筋肉の問題が言及されることは一度もない。

★43－*ibid.,* p.1.

★44－VINCI (L. de), 1942, *Les Carnets,* Paris, NRF, tome I, p. 95.

★45－MOSCOVICI (S.), 1968, *Essai sur l'histoire humaine de la nature,* Paris, Flammarion, p.244.

★46－VINCI, *op.cit.,* p.63.

★47－ibid.

★48－SARTON (G.), *Léonard de Vinci, ingénieur et savant,* in: *Léonard de Vinci et l'expérience scientifique* au XVIe s., Ouvrage collectif, Paris, PNF, 1953, p.17. 言うまでもないことだが、ちぐはぐで雑多な異質の要素で成り立つマクロコスモスのアナロジーがまずもとにあるため、筋肉固有の構造とその作用だけを取り出して明らかにすることは困難である。「人間の身体は、この地上に限らず天上のあらゆるものの縮図なのである…」(チボー、前掲書、p.1)。

★49－GALIEN (C.), *De Sanitate tuenda,* in: HOFFMANN (F.), *De medica vita,* Francfort, 1680, p.34.

★50－TUCCARO, *op.cit.,* p.184.

★51－PARE (A.), (*Œuvres*, éd. Malgaigne, Baillère, Paris, 1840–1841, tome II, p.611 (1re éd. Paris, 1579.).

★52－問われることのなかった帯具による変形と、筋肉の鍛錬によるその矯正が初めて意識されるようになるのは、一八世紀に入ってからのことである。筋肉の鍛錬が、姿勢の新しい教育のひとつの明確な手段となるのも一八世紀のことである（VIGARELLO, 1978, *Le Corps redressé,* Paris, Edition Delarge 第三章参照）。

★53－「子供はどろどろしたものと熱いものとの混淆である。なぜなら子供の体はそれらによって構成され、形作られているからである。生まれたばかりの状態は非常にどろどろとして熱いからであり、最も成長が早いからである…体の成長が止まった成人は乾燥して冷たい。なぜなら、熱いものの充溢がもはや勝ち誇ることなく、反対にそれが衰微するからであり、成長が止まるとともに体が冷やされるからである…」(HIPPOCRATE, *Du Régime*, éd. Budé, Paris, 1967, XXXIII, 1 et 23.)

★54－「一六世紀のように原典に立ち返ることなくしてギリシアの偉大なる医学を理解することは不可能である。だがギリシアの影響が全くなかったという訳でもない。アラビアの医学がもたらしたものの大部分はギリシアに由来する。ヒポクラテスの学説が、小児医学に決定的な影響を及ぼし始めるのは一六世紀からのことである。」(ULMANN J., 1967, *Les débuts de la médecine des enfants*, Palais de la Découverte, Paris, pp.22-23)

★55－Cf.: *ibid.*, pp.15-16.

★56－SORANUS d'Ephese, 1895, *Traité des maladies des femmes*, (trad. Herrgott), Nancy.

★57－GUILLEMEAU (J.), 1609, *De la nourriture et gouvernement des enfants*, Paris, pp.26-27.

★58－VALLEMBERT (S.de), 1565, *De la manière de nourrir et de gouverner les enfants*, Poitiers, pp.49-50. この種のフランス語のテクストとしては、ヴァランベールのものが最初である。

★59－FARRARIUS (O.), 1577, *De acte medica infantium, libri quatuor, quorum duo priores de tuenda eorum sanitate, poste riores de curandis morbis agunt*, Brixiae, p.49.

★60－SORANUS d'Ephese, *op.cit.*, p.1.

★61－*ibid.*, pp.115-116.

★62－《apostume》という言葉は一般的に腫瘍を意味する(リトレ辞典を参照)。せむしとこの腫瘍はしばしば同一視されるが、それは当時の医学が、せむしを厳密な形態学の視点から理解できなかったことを物語るものに他ならない。体液で満たされた袋のイメージが勝り、骨格の構造にかかわる「異常」とは捉えられなかったのである(VIGARELLO の *Le Corps redressé* 第一章第四節、及び CHAULIAC (G.de) の著作を参照(*Des apostèmes du dos* in *La grande chirurgie*, éd. Joubert, Paris, 1580, p.172)。

★63－VALLEMBERT, *op.cit.*, p.45.

★64－*ibid.*, p.56.

★65－GUILLEMEAU, *op.cit.*, p.396.

★66－SORANUS d'Ephese, *op.cit.*, p.91.

★67－GALIEN, *op.cit.*, p.404.

★68－SORANUS d'Ephese, *op.cit.*, pp.91-92.

★69－PARE, *op.cit.*, tome II, p.365.

★70－このようなアナロジーは特に、一七、八世紀の様々な矯正器具の発想のもとにあり、そこで重要な役割を果たすことになる。Cf.VIGARELLO (G.), *D'un corps redressé à un corps qui se redresse, Machines à redresser le corps*, in *Annales de l'ENSEP*, Paris, mai 1974.

★71－RODION (E.), 1536, *Des divers travaux et enfantements*

des femmes, trad. Paris; (l^re èd. Augsbourg, 1508) p.95.

★72－ERASME (D.), 1714, *Le mariage chrétien,* Paris, (l^re édition), p.333. エラスムスはこの問題に関して批判的でなかった訳ではない。一六世紀におけるそのような批判の意義とその効力に関しては拙著を参照（ヴィガレロ、前掲書）。

★73－《corps pique》とは、裏地に鯨のひげを「合わせ縫い」(piqué) したものである。

★74－ERASME, *op.cit.,* pp.333-334.

★75－PARE, *op.cit.,* tome II, p.611.

★76－Marie DE ROMIEU, 1976, *Instructions pour les jeunes dames,* Paris, p.20.

★77－PARE, *op.cit.,* tome II, p.611.

★78－ibid.

★79－当時、医学的な問題としての矯正は外科の分野に属するものであった。一六世紀ではそれは脱臼の治療と捉えられていた。

★80－LA SALLE (J.B. de), 1736, *Les règles de la bienséance et de la civilité chrétienne,* Reims.

★81－Cf. ARIES (P.), 1973 (2e éd.), *L'enfant et la vie familiale sous l'ancien régime,* Paris, Seuil, p.115.

★82－COUSTEL (P.), 1687, *Règles de l'éducation des enfants,* Paris, p.343.

★83－Mme de MAINTENON, 1884, *A la classe verte, juillet 1716,* in: *Choix de lettres, entretiens et illustrations,* Paris, p. 116.

★84－COURTIN (A.), 1671, *Nouveau traité de la civilité qui se pratique en France,* Paris, p.12.

★85－GRACIAN (B.), 1973, *Le héros,* trad. Paris, éd. Champ libre, p.26 (l^re éd. 1645).

★86－COUSTEL, *op.cit.,* p.341.

★87－「身体習練の曖昧性」の節を参照。

★88－FARET (N.), 1630, *L'honnête homme ou l'art de plaire à la cour,* Paris, p.32.

★89－LA NOUE (P.), 1620, *La cavalerie françaçaise et italienne,* Lyon, p.32.

★90－FARET, *op.cit.,* p.27.

★91－LA TOUCHE (P.), 1670, *Les vrais principes de l'épée seule,* Paris, pp.6-7.

★92－PLUVINEL (A.de), 1623, *Le manège royal,* Paris, pp.13-14.

★93－LA NOUE, *op.cit.,* p.34.

★94－FIERLANTS (A.), 1888, *L'escrime et les escrimeurs,* Bruxelles, p.120.

★95－LE PERCHE (J.B.), 1635, *L'exercice des armes ou le maniement du fleuret,* Paris, s.p.

★96－LA TOUCHE, *op.cit.,* p.6.

★97－CROISET (J.), 1711, *Heures et règlements pour messieurs les pensionnaires,* Paris, p.100.

★98－FONTAINE (N.), *Mémoire pour servir à l'histoire de*

Port Royal, Paris, tome II, p.481.

★99－「宮廷社会と劇場社会」の関係に関しては、N・エリアスの著書を参照(N.ELIAS, *La société de cour*, Paris, Calmann-Levy, 1974)。演劇は「宮廷における社交生活の重要な要素であり、決して気晴らしなどではなかった。観客たちが舞台に詰めかけ、劇場は彼らで一杯に埋め尽くされることになる。宮廷生活の慣例にならい、上演はいつも同じリズムで同じ正確さで進められる」(p.109)。後の時代との差異は明らかである。「ブルジョワ有産階級の合理性の起源は、経済的な相互依存の法則にある。この法則によって、個人や公共の資本に基づく権力奪取の機会が産出されることになる。それに対し宮廷の合理性の起源は、エリートたちの社交的相互依存の法則にある。この法則は、権力の手段としての人脈と威信を獲得する機会を産出するのに利用される」(p.108)。

★100－このような形象は、J.RIGAUDの版画に如実に表れている。*Le château de Versailles du côté de la terrasse* (XVIIe s.), reproduite in: LACROIX (P.), XVIIs., Lettres, sciences et arts, Paris, 1882, p.424.

★101－LA TOUCHE, *op.cit.*

★102－FONTAINE, *op.cit.*, tome II, p.481.

★103－Lettres patentes...pour l'établissement de l'Académie royale de danse de la ville de Paris, mars, 1661.

★104－Mme de SEVIGNE, 1862, *Lettres*, Paris, Hachette, (1re éd. 1734), tome IV, p.434.

★105－FARET, *op.cit.*, p.25.

★106－DEFRANCE (J.), 1974, *Transformation des usages sociaux du corps*, Exemplaire dactylographié, Paris.

★107－DU CHESNE (J.), 1606, *Le portrait de la santé où est au vif représentée la règle universelle et particulière de bien sainement et bien longuement vivre*, Paris, p.309.

★108－*ibid.*, p.306.

★109－MENESTRIER (P.), 1682, *Des ballets anciens et modernes selon les règles du théâtre*, Paris, p.311.

★110－SNYDERS (G.), 1965, *La pédagogie en France aux XVIIe et XVIIIe siècles*, Paris, PUF, p.148.

★111－GUILLEMAIN (Maître de danse, XVIIe s.), 1905, cité par MENIL (F.de) in: *Histoire de la danse à travers les âges*, Paris, pp.177-178.

★112－NICOLE (P.), 1670, *De l'éducation d'un Prince*, Paris, in: CADET (F.), 1887, *L'Education à Port-Royal*, Paris, pp.206-207.

★113－DESESSARTZ (J.C.), 1760, *Traité de l'éducation corporelle des enfants en bas âge*, Paris, p.398.

★114－Mme de MAINTENON, 1703, *Instruction à la classe verte*, mars, in: *op.cit.*, p.90.

★115－VARET (A.L.), 1666, *De l'éducation chrétienne des enfants*, Paris, p.115.

★116－FONTAINE (N.), *op.cit.*, Tome I, p.195.「この段階の教育は二重の課題によって特徴づけられる。すなわち子供を自然のままのひどい姿勢から守るために彼らを世俗から切り離し、常に

子供の監視を怠らないことである。」(SNYDERS G., *op.cit.*, p.42)

★117―VARET, *op.cit.*, pp.195-196.

★118―「宗教の務めを果たし、作法を守り、学問を身につけねばならない。」(CROISET J., *op.sit.*, p.2)

★119―*ibid.*, p.101.

★120―*ibid.*, p.104.

★121―*ibid.*, p.105.

★122―SCHIMBERG (A.), 1913, *L'éducation morale dans les collèges de la Compagnie de Jésus en France sous l'Ancien Régime*, Paris, p.300.

★123―多くの場合それは一種の休息に過ぎず、描写も説明も行われることはない。「教会の聖水盤が凍りつくことがない限り、気晴らしをするのが習慣であった」(BEAUNE, Henri, *Voltaire au Collège*, Paris, 1867, p.71)。Beauneはそれ以上のことは述べていない。簡単に兵隊遊びのことがふれられるにとどまっている(同書 p.73)。

★124―MARMONTEL (J.-F.), 1804, *Mémoires*, Paris, tome I, pp.20-21.

★125―サンベールが一九一三年の時点で、当時の遊戯をどのように記述しているか見るのは興味深い(前掲書、p.300)。彼は描写もせずごく簡単に、しかも暗示的に述べるにとどめている。(「われわれが幸運にも取り戻しつつある、これらの昔ながらの遊戯」)。このような記述は混乱を招くものでしかない。イエズス会での子供たちの気晴らしは、「指導される」ものではなかった。それは学習や訓練の原則に従うものではなかったのである。スポーツとは異なって、それは何らかの制度的な規則(ルールの成文化、チーム分け、選手権試合など)に従うものでも勿論ない。教領もこの領野においては何らの指示も行っていない。それに対し、ダンスやフェンシングや馬術、そして紳士となるための訓練には、専門の教師がいた。

★126―CROISET, *op.cit.*, p.116.

★127―ibid.

★128―このような「妥協」は社会的な選択に他ならない。一七世紀においては、「イエズス会士たちはますます世俗に譲歩することとなる。彼らは貴族の口調をまね、若くて優れた宮廷人の物腰にならい、更には主(すなわち王)におもねるのであった。そして彼らはすべてを上手にこなしたのであった」(サンベール、前掲書、p.417)。いささか古典的であるとはいえ、サンベールのその道徳的な問題提起は注目に値する。「われわれは真剣に次のように問うことができるだろう。神父たちは譲歩を繰り返したことで、旧体制末期の支配階級のうぬぼれを助長させたのではないか」(pp.419-420)。一七世紀にも行われたこの種の議論によって、それ以降、世俗の慣習の導入と、起こり得る「堕落」の「必要不可欠な」排除が問題にされることになる。

★129―Cf.CHEROT (H.), 1836, *Trois éducations princières*, Paris.

★130―CROISET, *op.cit.*, p.115.

★131―*ibid.*, p.116.

★132—*ibid.*, p.117.

★133—JOUVENCY (J.), 1892, *CHristianis litterarum magistrid de ratione discendi et docendi*, Paris (trad. de H.Ferté, 1re éd. 1692), p.44.

★134—BOUQUET (H.-L.), 1891, *Le collège d'Harcourt-Saint-Louis*, Paris, pp.179-180.

★135—Cf. ibid.

★136—DUPONT-FERRIER (G.), 1922-1925, *Du collège de Clermont au lycée Louis le Grand, la vie quotidienne d'un collège parisien*, Paris, Tome I, p.285.

★137—Cf. ibid.

★138—CROISET, *op.cit.*, p.119.

★139—*Ibid.*, p.120.

★140—POREE (Le P. Ch.), 1899, in SERVIERE (J. de la), *Un professeur d'Ancien Régime: le p. Charles Porée*, Paris, p.93.

★141—JOUVENCY (J.), in: SCHIMBERG (A.), *op.cit.*, p.408.

★142—JOUVENCY, *op.cit.*, p.56.

★143—一五九九年の教領が課した制約が完全に守られた訳ではない。いくつかの劇では作中に女性が登場する。例えばアントワーヌ・モナコ・ド・ヴァランチノワは、一六七二年にルイ・ルグランでの上演で女性役を演じている（DUPONT-FERRIER G., *op. cit.*, p.289）。

★144—BOYSSE (E.), 1880, *Le théâtre jésuite*, Paris, p.31.

★145—Guy de Sève de Rochechouant, évêque de Mandemont, lettres du 28 septembre 1698, in: GOFFLOT (L.V.), *Le théâtre au collège*, Paris, 1907, p.191.

★146—*ibid.*, p.192.

★147—Cf. SNYDERS (G.), *op.cit.*, p.144.

身体ととけあう

●深井晃子●

アフリカの或る地域の人達のことが、テレビに映しだされていた。その映像の中の人たちは、ずっと昔から作り続けているという食べ物を、それ以来ほとんど変らないような調理方法で、今も食べ続けているという。住んでいるのも、見るかぎりでは昔と同じ材料を使い同じ方法で建てられたような住居だった。それなのに着ているものはというと、摂氏40何度という気温のもとであったのに裸ではなかったし、彼等の固有の服というのでもなく、われわれが着ているのと同じ、西欧型のシャツでありズボンなのであった。以前文化人類学者に聞いた話を、その時私は思い出していた。

イギリスの植民地下にあった一九世紀のアフリカの或る地域では、それまで裸で暮していた住民たちに服を着ることが義務付けられた。住民の多くはこのことに抵抗を示したが、統治側は強制した。むりやり服を着せられた住民は、この時与えられた服を細かく切り刻んで食べてしまった、というのである。広大なアフリカのことだから、服を食べてしまったという部族はいまでも裸でいるのかもしれないから、シャツを着、ズボンを履いた人達と彼等とは何ら関係はないかもしれない。だから、アフリカをこんなふうに短絡的に結び付けるなどは顰蹙ものではあるけれど、それにしても一〇〇年なにがしで、食べ物や住む家に先行して、西欧風に着る、という行為が広く行き渡っていることは、やはり興味深かった。

反対に最近、人間は、服というものを着てきた時間より、裸でいた時間のほうが何倍も長かった、という当り前のことを改めて思い出すことがしばしばある。このことを考えるようになったきっかけはパリコレクションのショーをみていたときだった。九〇年代末に若者たちの間に広がった入れ墨やピアシング、ボディペインティングは、七〇年代末、ロンドンに現われたパンクが思い出されるが、パリ・コレクションではJ＝P・ゴルチエの九四春夏のショーに登場した。この時、彼は一八世紀のフランス貴族の男が着ていたような、だが絢爛のブロケードではなくデニム製の、ジャケットやキュロットやらを、入れ墨と入れ墨風のTシャツ、それに鼻輪に耳輪などの過激なピアシングでアクセント付けたのだ。女性服のショーだったが、男性モデルも何人か登場し、彼等の乳首には長い針のようなピンがぶすっと突き刺さっていた――ただし、後で聞いたところによると、ピアシング自体は本当の穴開けではないらしかったし、入れ墨も本物ではなかった。

いつも男と女、社会のタブー、空間と時間などにいっさい縛られないで、現在に片足をしっかりと付けておきながら、自由にどこへでも行ったり来たりするこのファッション・デザイナーの服やアクセサリーの見事な着装にその時も感心しながら、私はいわゆる狭義の衣服という枠の中に納まり切らないような服の再来がこの中で予見されていることを感じていた。こうした方向がパリ・コレクションで明らかになったのは、八〇年代も半ば頃からだった。

ヘルムート・ラングというオーストリア出身のデザイナーも、入れ墨のような服を作ったり、身体に固有の人間の皮膚を、ある種の動物たちが行なうように変容させることを目論んでいるかのような、服を皮膚と極めて曖昧にするようなテクスチャーの服を得意とした。だから彼の服はいつも基本形ばかりで、デザインの対象になっているのは、ひたすらに質感だった。彼の興味は身体の皮膚感覚、触感にしかないように思われた。日本では、川久保玲（コムデギャルソン）、渡辺淳弥（ジュンヤ・ワタナベ・コムデギャルソン）といったデザイナーたちの服が、触覚をざわめかせる。

ついこの前まで、ファッションがああでもないこうでもないと散々思いを巡らせて来たのは、服と身体との関係における〈形〉だった。ところが二〇世紀前半にマリアノフォルチュニーやマドレーヌヴィオネが先鞭をつけた、服が触覚を取り戻す方向は、日本人デザイナーたちによって再提案されることになる。とりわけ一九八〇年代以来、いわゆる西欧的な意味での形の概念を葬りさるようなぐずぐずの服やまるで皮膚に穿たれたように穴があけられた服は形よりも質感へシフトすることを明らかにした。それは、身体と服との境界を取り払い、感触を服のデザインのポイントにおこうとしていた。

かつて入れ墨、ピアシングなど、着ることを知らなかったわれわれの祖先が行なってきた装いのこれらの行為は、その皮膚のテクスチャー・デザインだったともいえるのだが、着替えることができる皮膚である〈服〉という便利な道具が見つけられて以来、片隅に押し遣られていた。だが、服があらゆる意味と造形の可能性を歴史の中で既に十分に展開した後に、もうどう転んでも魅力ある意味を持てなくなってしまった今、その服に代わって、着ることの意味を広げ、新たな意味を持とうとしているのは身体と直接的に関わるこれらの装いの行為なのかもしれない。

「意味ですって、今雪が降っている、それに何の意味がありますか？」という『三人姉妹』の科白が頭の隅をかすめたが、九四春夏のショーでゴルチエが入れ墨、ピアシングに託して送って来たメッセージがあんまりわくわくするような楽しさだったものだから、彼の謎掛けに挑発されたりするものかと思いながらもいつの間にか、身体と服の関係は、形からようやく解き放たれて、感触とのつながりを取り戻していこうとしていることなのかと気づいたことを思い出した。

あとがき

身体の問題が、〈物体〉のひとつとして、もしくはその生理学的・解剖学的機構という面においてではなく、個々の人間の生きた存在の様態として、あるいは〈主体の器官〉として、あるいは〈文化の媒体〉として、具体的に主題化されるようになったのは、二〇世紀に入ってからのことである。人間がそれであるものとしての身体が、それじたいとして学問研究の対象になるその長い歴史について、二〇世紀の身体論はそれを対自的に考察する視点をようやく手に入れた。哲学が、文化人類学が、社会学が、そして一部の心理学がである。本叢書《身体と文化》は、現在という時点におけるその方面の研究の、総括的な報告であろうとしている。

とはいえ、現在という時点そのものがずいぶん長く引き延ばされてきたことは、編者のひとりとして、というよりも第三巻の編者として、頸を長くしてお待ちいただいた読者のみなさまへも、ご執筆を依頼してすぐに論考をお寄せくださった研究者の方々にも、時代の空気をみごとに内に畳み込んだ軽やかなエッセイをお寄せいただいた方々にも、たいへんに申し訳なくおもっている。

編集には、ずいぶん長いあいだ頭を突き合わせ、時間に時間を重ねたが、その過程で編者のひとり、市川雅さんが体調を崩され、第二巻を刊行後、急逝された。さらにこの企画を立てられ、編集作業のために、残された編者たち三名の勤務先のある関西方面に頻繁に足を運んでくださった大修館書店編集部の鈴木龍治さんも、定年退職を迎えられた。そうして幾星霜を経て、ここに最終巻『表象としての身体』をやっと刊行できたのは、ひとえに、その後鈴木さんの仕事を引き継いでくださった元編集部、改発祐一郎さんと、さらにそのお仕事を引きついでくださった現編集部の太田明夫さんの粘り強いご努力による。この四名の方がこの事業にあたって注ぎ込まれた熱意とご心労には、いくら感謝申し上げても足りないとおもっている。

わたしたちの身体はいま、人類がかつて想像もしなかったような汀に立ちすくんでいる。いのちの座としてのその核心のところに、精密なテクノロージー操作が挿入されだしている。社会の構造的なきしみが身体の生理まで疲弊させはじめている。育ちと老いのかたちが揺らいでいる。ときに奇怪な記号に身体とその感覚じたいが翻弄されだしている。そういう現在における身体のぎりぎりの悲鳴と、そのつどテクノロージーの変換に老獪ともいえるほどに対処してきた懐深い身体のしぶとさのあいだで、わたしたちの文化が培ってきた身体の智恵をじっくり見とどけること、そこにこの叢書を編んだ意図がある。それがわずかなりとも実を結ぶことを祈りつつ、筆を擱きたいとおもう。

この叢書全三冊を、菅原和孝・野村雅一とともに、謹んで、市川雅さんのご霊前に捧げる。

二〇〇五年四月

鷲田清一

●執筆者紹介（執筆順）

鷲田清一（わしだ・きよかず）
一九四九年京都市生まれ。大阪大学大学院文学研究科教授。京都大学大学院文学研究科博士課程修了。
〈主著・主論文〉――『モードの迷宮』、ちくま学芸文庫、筑摩書房、一九九六年。『メルロ＝ポンティ―可逆性』、講談社、一九九七年。『「聴く」ことの力』、ＴＢＳブリタニカ（現、阪急コミュニケーションズ）、一九九九年。

河合俊雄（かわい・としお）
一九五七年奈良生まれ。京都大学大学院教育学研究科教授。京都大学大学院教育学研究科修士課程修了。Ph.D.（チューリッヒ大学）
〈主著・主論文〉――『概念の心理療法』、日本評論社、一九九八年。『ユング』、講談社、一九九八年。『心理臨床の理論』、岩波書店、二〇〇〇年。『心理療法＝イニシエーション』（共著）、岩波書店、二〇〇〇年。

松浦寿夫（まつうら・ひさお）
一九五四年東京生まれ。東京外国語大学教授。東京大学大学院人文科学研究科博士課程単位取得退学。
〈主著・主論文〉――『絵画の準備を！』（共著）、セゾン・アート・プログラム、二〇〇二年。『モデルニテ３×３』（共著）、思潮社、一九九八年。

本間直樹（ほんま・なおき）
一九七〇年、京都生まれ。倫理学・臨床哲学。大阪大学大学院文学研究科博士課程単位取得退学。大阪大学コミュニケーションデザイン・センター講師、大阪大学大学院文学研究科講師。
〈主著・主論文〉――『応用倫理学講義１　生命』（共著）、岩波書店、二〇〇四年。「オートポイエーシスと『身体』の問題」『現象学年報』第15集、一九九九年。

森田登代子（もりた・とよこ）
国際日本文化研究センター共同研究員。大阪樟蔭女子大学学芸学部非常勤講師。近世庶民文化史、チベット文化専攻。家政学博士。
〈主著・主論文〉――『近世商家の儀礼と贈答』、岩田書店、二〇〇一年。「大雑書研究序説―『永代大雑書萬暦大成』の内容から」国際日本文化研究センター紀要『日本研究』第29集、二〇〇四年。

小岸昭（こぎし・あきら）
一九三七年北海道生まれ。京都大学名誉教授。京都大学大学院文学研究科修士課程修了。
〈主著・主論文〉――『スペインを追われたユダヤ人―マラーノの足跡を訪ねて』、人文書院、一九九二年。『マラーノの系譜』、みすず書房、一九九八年。『隠れユダヤ教徒と隠れキリシタン』、人文書院、二〇〇二年。

吉田憲司（よしだ・けんじ）
一九五五年京都市生まれ。国立民族学博物館教授・総合研究大学院大学文化科学研究科教授。京都大学文学部卒、大阪大学大学院文学研究科博士課程修了。学術博士。
〈主著・主論文〉――『仮面の森―アフリカ・チェワ社会における仮面結社、憑霊、邪術』、講談社、一九九二年。『文化の「発見」』、岩波書店、一九九九年。

谷川渥（たにがわ・あつし）
一九四八年生まれ。國學院大學文学部教授。

東京大学大学院人文科学研究科博士課程修了。
〈主著・主論文〉――『形象と時間』、講談社学術文庫、一九九八年。『廃墟の美学』、集英社新書、二〇〇三年。『芸術の宇宙誌―谷川渥対談集』、右文書院、二〇〇三年。

松枝到（まつえだ・いたる）
一九五三年神奈川県生まれ。和光大学表現学部イメージ文化学科教授。
〈主著・主論文〉――『ヴァールブルク学派』（編著）、平凡社、一九九八年。『奪われぬ声に耳傾けて』、書肆山田、二〇〇四年。『アジアとはなにか』、大修館書店、二〇〇五年。

大塚和夫（おおつか・かずお）
一九四九年北海道生まれ。東京外国語大学アジア・アフリカ言語文化研究所教授。東京都立大学大学院社会人類学専攻博士課程単位取得、博士（社会人類学）。
〈主著・主論文〉――『イスラーム主義とは何か』、岩波書店、二〇〇四年。『テクストのマフディズム』、東京大学出版会、一九九五年。『異文化としてのイスラーム』、同文舘出版、一九八九年（二〇〇三年ＯＤ版）。

市川雅（いちかわ・みやび）
一九三七年東京生まれ。舞踊評論家。早稲田大学大学院芸術学専攻博士課程修了。九七年没。
〈主著・主論文〉――『舞姫物語』、白水社、一九九〇年。『ダンスの20世紀』、新書館、一九九五年。

辻信一（つじ・しんいち）
一九五二年東京都生まれ。明治学院大学国際学部教授。米国コーネル大学で博士号(Ph.D.―文化人類学）取得。
〈主著・主論文〉――『ブラックミュージックさえあれば』、青弓社、一九九五年。『スロー・イズ・ビューティフル―遅さとしての文化』、平凡社、二〇〇一年。『スロー快楽主義宣言！』、集英社、二〇〇四年。

角野幸博（かどの・ゆきひろ）
一九五五年京都府生まれ。武庫川女子大学生活環境学部生活環境学科教授。京都大学大学院工学研究科修士課程修了。大阪大学大学院工学研究科博士後期課程修了。工学博士、一級建築士。
〈主著・主論文〉――『郊外の20世紀』、学芸出版社、二〇〇〇年。『マネジメント時代の建築企画』（共著）、技報堂出版、二〇〇四年。『近代日本の郊外住宅地』（共編）、鹿島出版会、二〇〇〇年。

神田修悦（かんだ・しゅうえつ）
一九六一年大阪府生まれ。関西外国語大学国際言語学部助教授。大阪大学文学研究科博士課程単位取得退学。カン大学大学院博士課程修了。
〈主著・主論文〉――『エクリチュールの冒険―新編フランス文学史』（共著）、大阪大学出版会、二〇〇三年。

深井晃子（ふかい・あきこ）
静岡文化芸術大学大学院教授。京都服飾文化研究財団チーフキュレーター。お茶の水女子大学大学院修士課程修了。
〈主著・主論文〉――『ジャポニスム　インファッション』、平凡社、一九九四年。「皮膚と被服」『皮膚の想像力』所収、国立西洋美術館、一九九九年。『ファッション』、タッシェン、二〇〇二年。

叢書《そうしょ》・身体《しんたい》と文化《ぶんか》（全三巻《ぜんさんかん》）
第3巻　表象《ひょうしょう》としての身体《しんたい》

NDC700 434P 22cm

初版第1刷――2005年7月15日

編　者――鷲田清一《わしだきよかず》・野村雅一《のむらまさいち》
発行者――鈴木一行
発行所――株式会社大修館書店
〒101-8466 東京都千代田区神田錦町3－24
電話03-3295-6231（販売部）03-3294-2358（編集部）
振替00190-7-40504
［出版情報］http://www.taishukan.co.jp
http://www.taishukan-sport.jp（体育・スポーツ）

装幀者――平　昌司
印刷所――厚徳社
製本所――三水舎

ISBN 4-469-16340-6（セット）
ISBN 4-469-16343-0　Printed in Japan